江苏人才强省建设决策咨询研究基地成果

江苏人才发展报告 2017

曹杰 蒋莹 等 著

科学出版社
北京

内 容 简 介

人才是地区经济发展的核心资源。到 2020 年,江苏省要成为具有全球影响力的人才集聚中心。人才发展既要坚持党管人才,又要遵循社会主义市场经济规律。人才竞争日趋动态化,人才发展规律也需进一步深入研究。

本书分为五个专题:(1)高层次人才发展篇:包括江苏籍院士、江苏省高层次人才朋友圈和江苏省"333"高层次人才;(2)行业人才发展篇:涉及互联网技术、互联网金融、文化产业、人力资源服务业、公立医院等不同行业;(3)企业人才发展篇,包括发展企业家人才发展理念、中小企业人才发展、中小企业人力资源管理活动等;(4)创新创业人才篇,包括高校教师、大学生群体的创业行为分析;(5)人才政策专题篇,江苏省人才政策汇集与评价。

本书适合政府人才管理部门、高校人才研究学者、企业管理者阅读和交流。

图书在版编目(CIP)数据

江苏人才发展报告 2017 / 曹杰等著. —北京:科学出版社,2017.12
ISBN 978-7-03-055705-6

Ⅰ. ①江… Ⅱ. ①曹… Ⅲ. ①人才培养–研究报告–江苏– 2017 Ⅳ. ①C964.2

中国版本图书馆 CIP 数据核字(2018)第 294162 号

责任编辑:胡 凯 许 蕾 邢 华 / 责任校对:王 瑞
责任印制:张 伟 / 封面设计:许 瑞

科 学 出 版 社 出版
北京东黄城根北街 16 号
邮政编码:100717
http://www.sciencep.com

北京九州迅驰传媒文化有限公司印刷
科学出版社发行 各地新华书店经销

*

2017 年 12 月第 一 版 开本:720 × 1000 1/16
2017 年 12 月第一次印刷 印张:23
字数:464 000

定价:139.00 元
(如有印装质量问题,我社负责调换)

前　言

　　人才是区域经济发展的核心资源，争夺人才，尤其是高端人才是区域竞争的关键领域。江苏省的人才资源丰富，高校众多，学术氛围浓郁，研发型人才集聚，科技成果丰富。在人才发展的政策制定和管理实施上，江苏省的人才工作走在全国前列，人才发展为区域经济、社会发展做出了重要贡献。

　　但是，近年来，江苏省的人才持续创新发展面临着一些新的挑战。首先，江苏省的人才优势停留在人才总量上，质量优势和结构优势并不明显，高端人才特别是顶尖人才数量不够。其次，虽然科技人才集聚，但是相对缺乏有市场意识和运作能力的复合型人才，一定程度上阻碍了科技成果的持续转化。再次，一些新兴行业的高精尖人才缺乏，对战略性产业升级与转化的人才引导和支持力度还不够。最后，高端的创新创业人才相对缺乏，复合型企业家人才尤其缺乏。

　　2017年，江苏省的人才发展工作持续推进，人才理念不断创新，再建高峰。在政府与市场的人才发展协调问题上，江苏省将坚持政府有限作为、主动让路于市场、充分发挥补位作用的角色，做好基础保障工作。为此，江苏省的人才发展管理实践面临着新的里程、新的挑战，这其中，将会涌现出许多新生事物，需要引发新的思考、探索和交流。江苏人才强省建设决策咨询研究基地是江苏省社科联设立的人才发展研究机构，与南京信息工程大学共建。自2011年成立以来，该基地一直致力于江苏省人才发展科学研究，并紧跟人才发展的趋势和潮流，逐步扩展研究视野与合作交流平台。2017年，研究基地开展了多项开放式研究课题，在此基础上，汇集了十五篇人才发展研究分析报告，形成此书。

　　全书内容共分五篇，分别从高层次人才发展、行业人才发展、企业人才发展、创新创业人才和人才政策的角度，对江苏省人才发展现状进行描述、分析和探究，以及相应的人才发展思路提炼。参与本书的研究人员分别来自南京信息工程大学、南京大学、东南大学、南京财经大学、江苏大学等多家高校，以及上海德锐（原德至锐泽）人才战略咨询公司。本书旨在从一定角度、多维度地呈现江苏省人才发展的近况，希望能促进更多的信息交流和思维碰撞，以创造更多的合作研究机遇，共同为江苏省的人才发展大计贡献一分力量。

本书的出版得到了江苏高校哲学社会科学优秀创新团队建设项目（2015ZSTD006）、江苏省"333工程"项目（BRA2017396）的资助，也得到了科学出版社的大力支持，在此表示感谢！

　　由于时间仓促和作者水平有限，书中不当之处在所难免，请读者批评指正。

作　者

2017年11月

目　录

前言

第一篇　高层次人才发展

1　江苏省"333高层次人才培养工程"实施绩效评估研究……………………3
2　江苏省顶尖科技人才的群体特征分析——以江苏籍院士为例……………42

第二篇　行业人才发展

3　江苏文化产业人才发展状况与竞争趋势研究………………………………77
4　公立医院的人才流动机制研究：基于医师多点执业政策实施情况的调研
　　分析……………………………………………………………………………91
5　江苏省互联网金融人才发展状况与竞争趋势研究——基于江苏问卷调查的
　　分析……………………………………………………………………………114
6　江苏省人力资源服务业的发展现状与创新模式研究………………………128
7　江苏省县级党委宣传部人才队伍分析报告…………………………………140

第三篇　企业人才发展

8　网络平台战略驱动的江苏科技型中小企业人才竞争优势发展研究………167
9　中小企业人力资源管理从业者职业发展与管理效能调查报告——以南京市
　　为例……………………………………………………………………………184
10　聚焦于人——人力资源领先战略……………………………………………219

第四篇　创新创业人才

11　科技员工创业意向提升与创业行为转化研究………………………………237
12　微观制度环境下的高校教师创业活动与创业环境研究——以江苏省
　　为例……………………………………………………………………………256
13　政策感知下的科创企业管理活动研究………………………………………278
14　大学生创业意向与创业能力分析报告………………………………………306

第五篇　人才政策专题

15　江苏省人才发展政策分析及区域比较………………………………………347

后记

第一篇　高层次人才发展

1 江苏省"333 高层次人才培养工程"实施绩效评估研究

摘要： 当前的人才工作已经进入深度落实阶段，人才工程的关注点从人才政策制定和人才规划转移到政策监测评估和实施成效上。江苏省"333 高层次人才培养工程"（简称"333 工程"）是江苏省委组织部（人才办）组织实施的高层次人才培养工程，旨在选拔一批政治素质好、业务水平高、创新创业能力强的中青年优秀人才，为实现江苏省经济社会发展战略目标提供坚强的人才保证。本文基于文献回顾和访谈调研，明确了江苏省"333 工程"实施绩效评估的基本内涵和评估内容，对江苏省"333 工程"的管理情况和实施成效进行了总体评价；同时，运用调研和数据统计分析方法，对"333 工程"培养对象的基本情况进行了深入分析，得出以下分析结论。

（1）"333 工程"实施绩效评估内容包括人才工程的相关政策制定、人才工程实施或执行管理、人才工程实施成效评估三部分内容，每部分包含若干评估指标。

（2）对"333 工程"的管理情况和实施成效的总体评价："333 工程"管理科学，培养目标明确，反映时代特点和发展需求；选拔和培养层次分明，培养目标逐步提高；培养规模逐步增长。"333 工程"具有良好的社会效应，对个人、组织和社会发展产生了重要作用。

（3）对"333 工程"培养基本信息分析反映的主要特征：人才总数逐期稳步上升，第三层次人才选拔不足；科学研究人才稳占四成，学科分布以工科为主占比四成；企业人才多处于第三层次，占比四成但三期以后显著下降；南京人才占比独占鳌头，占比一半但三期后有下降趋势；苏南、苏中和苏北人才稳中有升。

（4）"333 工程"实施绩效评估反映了人才工程政策制定、实施和成效三方面评估中的问题，具体表现在人才选拔公平、培训组织力度和成效、考核方法和考核激励、交流信息平台、资助力度及人才培养地区平衡等问题上。培训活动松散且成效较低，考核方法不够完善，考核激励不足，交流信息平台的建设力度不够，人才支持力度显弱，人才培养的地区分布不平衡。

（5）基于调研信息和数据分析，课题组提出了提升"333 工程"实施绩效的对策建议，体现为：一是丰富"333 工程"的内涵，加大实施力度；二是拓宽选拔渠道，提升选拔力度；三是丰富资助形式，加大资助力度；四是构建交流合作平台，增加人才学习机会；五是加强考核管理，培养灵活多样；六是进行动态管理，及时跟踪反馈政策实施成效。

关键词：高层次人才；人才政策；政策评价

1.1 引　　言

江苏省"333工程"是江苏省委组织部（人才办）组织实施的高层次人才培养工程，旨在选拔一批政治素质好、业务水平高、创新创业能力强的中青年优秀人才。"333工程"自1997年开始启动至2016年已累计实施了四期。2017年起省委组织部（人才办）完成了第五期"333工程"培养对象选拔、科研项目资助等工作。"333工程"的持续推进对江苏省高层次人才队伍建设与发展以及省经济、科技和社会发展起了重要作用，也将为江苏省"十三五"经济社会发展战略目标的实现提供人才保证。

人才工程的有效实施，不仅需要科学制定的人才政策、系统的人才规划，还需要科学的过程管理、适度的监测评估，确保人才工程有序开展，确保阶段性目标和总体目标与预期目标的一致性，确保政策投入后的高效产出等。自2010年《国家中长期人才发展规划纲要（2010—2020年）》（以下简称《人才规划纲要》）颁布以来，中央和省市县四级人才规划体系日益完善，从中央到地方一系列重大工程课题稳步推进，一系列重要政策措施陆续出台，《人才规划纲要》提出的理念和目标逐步具体化、课题化，人才工作已经进入深度落实阶段，人才工程的关注点也从人才政策制定和人才规划转移到政策监测评估和实施成效上。关于江苏省政府持续推进的"333工程"，在新时期、新经济形势下，如何更有效地保证政策的落实和目标的实现至关重要。基于此，本文就"333工程"开展实施绩效评估。通过系统的绩效评估，促使"333工程"培养对象以及相关科研项目主持人明确要求与努力方向，提高责任意识，提升业务水平和创新创业能力，为江苏省的经济和社会发展多做贡献；督促依托单位更加认真地加强对"333工程"人才课题的管理工作；为政府管理部门提供实际有效的信息，帮助相关部门及时了解问题，发现新的生长点与创新思想，以利于进一步选好、管好人才，进行绩效挂钩与连续性资助。此外，绩效评估有利于加强人才资助成果的宣传与展示力度。

本文进行了如下工作：第一，查阅公共政策评估、人才工程绩效评估等相关理论，总结国内有关人才工程实施绩效评估等人才工作经验，在此基础上明确江苏省"333工程"实施绩效评估的基本内涵和评估内容；第二，梳理"333工程"相关的管理办法、管理制度等，以及通过访谈调研等方法，对江苏省"333工程"

的管理情况和实施成效进行总体评估；第三，运用调研和数据统计分析方法，对"333 工程"培养对象的基本情况进行深入分析，反映"333 工程"人才培养的主要特征，并分析原因；第四，基于调研数据和人才工程实施绩效评估要点，分析"333 工程"实施过程中存在的问题；第五，围绕"333 工程"实施情况、人才培养特征及绩效评估中的问题反映，有针对性地提出提升"333 工程"实施绩效的对策建议。

1.2　相关理论基础

关于人才工程实施绩效评估的研究，目前侧重实践工作研究，深入的理论研究较少，相关可借鉴的理论主要为政府公共政策评估、项目绩效评估等，以及相关人才工程实施绩效评估的工作经验总结。

1.2.1　公共政策评估相关研究

关于政策评估的研究，主要集中在公共政策评估、政府政策绩效评估等方面。

公共政策评估是评估主体依据一定的标准和程序，对政策的效益、效率、效果等价值进行判断的一种政治行为，目的在于取得有关这些方面的信息，作为决定决策变化、政策改进和制定新政策的依据。政府政策绩效评估是指基于结果导向、科学的方法、规范的流程、相对统一的指标及标准，对政府公共政策的投入产出进行综合性测量与分析的活动。

关于政府政策绩效评估，包括对政策制定的评估、对政策实施或执行的评估以及对政策绩效的评估三部分内容，对每一个部分的评估又包含对许多更小部分的评估。政府政策绩效评估主要围绕政策目标规划与设定、目标分解和责任落实、目标评审与修正、目标实施过程监控与分析、目标实现程度评价、绩效学习改进与提升六方面内容，进一步指出构建科学的政策绩效评估体系原则，即系统与简便相结合，能力指标与结果导向相结合，客观评价与满意度评价相结合（宋健峰和袁汝华，2006）。

关于评估主体，公共政策评估主体可以分为公共组织内部的评估主体和公共组织外部的评估主体两种。政府政策绩效评估主体要进一步规范，三方评估主体包括国家机关专门评估机构、中介机构性质的专门评估机构及公民个人（王新心，2014）。

1.2.2　人才政策绩效评估的相关研究

人才政策绩效评估是指对地方政府所制定实施的人才政策所达到的目标与产

生的影响力的评估（王燕，2011）。人才政策绩效评估可以从过程和结果两个角度进行界定，过程角度是根据既定目标对项目进展情况进行评估；结果角度是通过制定规范的程序、公平的标准、科学的方法对项目结果、成就、成绩、效益进行准确的衡量（张金岱，2015）。

人才政策绩效评估包括人才政策结果评估、政策结果和政策投入关系评估、综合影响力评估等方面。例如，吴江（2013）对广州市开展的珠江人才计划进行绩效评估，主要从支持经费计划及实现情况，入选人基础信息、社会效益情况，入选后承担（参与）科研项目情况，入选以来个人获得奖项、荣誉称号、资格、资质情况，入选以来成果业绩情况，市、县、用人单位财政专项经费、相关意见建议情况，入选以来工作进展情况等进行评估，建立了以匹配性（现实绩效）、适应性（环境条件）和成长性（发展潜力）为核心要素的人才工作绩效评估指标体系。张金岱（2015）以张家港为例，从人才项目的过程及结果角度，结合人才项目的系统性、连贯性及各生命周期环节的侧重点，从系统性角度对区域高层次人才项目的全过程评价进行分析，并对人才项目引进评价（前评价）、中期评价、验收评价（后评价）关键节点引入不同的评价方法。胡倩楠（2016）从政府层面、企业层面、社会层面构建人才工程评价模型与指标体系。政府层面包括政府战略绩效、政府执行绩效和政府服务绩效，企业层面包括企业人才环境绩效和企业人才项目绩效，社会层面则包括人才工程对促进城市品牌效应、增进市民社会信心、增进城市开放性、增进城市创新创业氛围等方面。

关于评估主体，评估主体由政府逐渐转向第三方评估，第三方评估具有专业优势、评估客观优势等，例如，郭俊华等（2015）对上海浦江人才工程进行了绩效评估，孙锐和吴江（2013）对珠江人才计划进行了绩效评估，周蕾（2015）对苏州吴江区的人才政策进行了评价。

1.2.3 "333 工程"实施绩效评估

上述公共政策评估、人才政策/项目/工程绩效评估的理论研究和实践经验总结为本文提供了参考信息和研究方法。基于此，本文认为江苏省"333 工程"绩效评估是指江苏省政府依据一定的标准和程序，对"333 工程"相关政策制定、执行、实施管理，以及项目所达到的目标和成效进行全方位的评估。

关于江苏省"333 工程"实施绩效评估，评估内容包括人才工程相关政策制定、人才工程执行或实施管理、人才工程实施成效三部分，每个部分的绩效评估包含若干评估指标（表1）。

表1 江苏省"333工程"实施绩效评估内容

评估维度	维度说明	评估内容
人才工程相关政策制定	考查政策制定/设计的科学性和合理性,评估内容涉及政策目标、方案、决策程序等	培养目标清晰和导向明确
		选拔标准的合理性和选拔过程的公开公平性
		资助力度的合理性和资助方式的灵活性
		培养方案、考核方案设计的合理性、有效性和激励性
人才工程执行或实施管理	考查执行主体的态度、执行力度以及执行过程中监督控制的能力等	选拔过程的公平推进情况
		资助经费落实和使用情况
		培训组织管理和培训资源整合情况
		人才培养考核的执行情况
		交流平台的建设情况
		平台利用或作用发挥情况
		培养对象管理信息系统建设情况
		各相关部门培养政策的配套衔接、资源整合情况
人才工程实施成效	考查"333工程"培养目标的实现程度,以及人才工程对个人、组织和社会发展的作用,反映此人才工程的功能发挥	人才工程对个人发展的作用,包括对个人职业发展、业务能力提升、成果产出促进、社会知名度提升等
		人才工程对组织发展的作用,包括对组织绩效的提升、促进组织创新成果产出、提升组织对人才重视度、提升组织人才管理效能以及促进组织中人才队伍建设等
		人才工程对社会发展的作用,包括增进江苏省的创新创业氛围、提升省人才吸引度、推动省高层次人才队伍建设、提升经济和社会效益等

首先,人才工程相关政策制定层面,主要考查政策制定/设计的科学性和合理性,评估内容涉及政策目标、方案、决策程序等。具体评估内容包括:"333工程"培养目标清晰和导向明确,选拔标准的合理性和选拔过程的公开公平性,资助力度的合理性和资助方式的灵活性,培养方案、考核方案设计的合理性、有效性和激励性等。

其次,人才工程执行或实施管理层面,主要考查执行主体的态度、执行力度以及执行过程中监督控制的能力等。具体评估内容包括:选拔过程的公平推进情况,资助经费落实和使用情况,培训组织管理和培训资源整合情况,人才培养考核的执行情况,交流平台的建设情况,平台利用或作用发挥情况,培养对象管理信息系统建设情况,以及各相关部门培养政策的配套衔接、资源整合情况等。

最后，人才工程实施成效层面，主要考查"333工程"培养目标的实现程度，以及人才工程对个人、组织和社会发展的作用，反映此人才工程的功能发挥。具体评估内容：一是人才工程对个人发展的作用，包括对个人职业发展、业务能力提升、成果产出促进、社会知名度提升等；二是人才工程对组织发展的作用，包括对组织绩效的提升、促进组织创新成果产出、提升组织对人才重视度、提升组织人才管理效能以及促进组织中人才队伍建设等；三是人才工程对社会发展的作用，包括增进江苏省的创新创业氛围、提升省人才吸引度、推动省高层次人才队伍建设、提升经济和社会效益等。

1.3 "333工程"实施管理的总体评价

江苏省"333工程"从1997年启动至今已累计实施了四期，第五期培养对象选拔已完成。在江苏省政府的组织和持续推进下，"333工程"已构建了一套完整的组织管理和评价体系，制定了一系列管理制度，形成了有效的管理机制。对此，本文梳理了"333工程"相关的管理办法、管理制度等，以及通过深度访谈调研等方法，对江苏省"333工程"的管理情况和实施成效进行总体评价。

1.3.1 "333工程"管理科学

1）培养目标

培养目的明确，反映时代特点和发展需求。"333工程"设立目的是加强高层次人才队伍建设，提升人才队伍的整体素质，为实现江苏省经济和社会发展战略目标提供人才保证。但五期"333工程"的培养目的存在一定差异，反映所在时代的特点和经济社会发展需求。从1997年开始，江苏省组织实施"333跨世纪学术、技术带头人培养工程"（"333工程"第一期），旨在选拔一批政治素质好、业务水平高、创新能力强的优秀中青年拔尖人才，通过重点培养，使他们成为能担负跨世纪历史重任的学术、技术带头人，为实现江苏省跨世纪经济和社会发展目标奠定高层次人才基础。从2001年起，江苏省组织实施"333新世纪科学技术带头人培养工程"（"333工程"第二期），重点培养选拔人才成为能担负新世纪历史重任的科学技术带头人，为实现江苏省21世纪初经济和社会发展战略目标奠定高层次人才基础。从2006年起实施江苏省"十一五"期间"333高层次人才培养工程"（"333工程"第三期），培养选拔人才成为能担负新世纪历史重任的科技领军人才，为实现江苏省"十一五"经济社会发展战略目标奠定高层次人才基础。从2011年起实施第四期"333高层次人才培养工程"，为实现江苏省"十二五"经济社会发展战略目标提供坚强的人才保证。从2016年起，实施江苏省第五期"333高层次人才培养工程"，为实现江苏省"十三五"经济社会发展战略目标提供坚强的人才保证。

选拔和培养层次分明，培养目标逐步提高。"333工程"选拔和培养目标层次分明，划分为三个层次，即选拔第一层次中青年首席科学家、第二层次中青年科技领军人才和第三层次中青年学术、技术带头人。通过重点培养，第一层次中青年首席科学家成长为国际一流的高级专家，第二层次中青年科技领军人才成长为国内一流的高级专家，第三层次中青年学术、技术带头人，在省内相关领域具有一流水平，取得显著成果和突出业绩。各期培养层次分明且一致，分别强调成为国际、国内和省内高级专家或具有一流水平。但具体的培养目标要求上存在一定差异，即从第三期"333工程"（2006）起各层次培养目标提高，如各期第一层次人才的培养强调能带领一个国际水准的学术团队/创新团队，以及力争成长为中国科学院院士或中国工程院院士。

培养规模逐步增长。"333工程"各层次培养规模逐步增大。第一、二、三期"333工程"中第一、二、三层次的培养规模分别为30名、300名和3000名。第四期"333工程"经过增选后的第一、二、三层次的培养规模分别为60名、600名和6000名。第五期"333工程"的第一、二、三层次的培养规模分别为60名、600名和5000名。可见随着江苏省经济和社会发展，高层次人才队伍的需求增大，人才培养规模增大。

2）培养对象的选拔

"333工程"各期选拔办法对培养对象的选拔范围、规模、基本要求和不同层次选拔标准有明确的说明。

从选拔范围看，从第四期开始，"333工程"选拔对象对组织性质不做规定，但对行业和学科领域有所侧重，反映当时经济社会发展需求的导向。如第四、五期"333工程"选拔对象为全省各类组织（含中央驻苏单位、部队）中直接从事自然科学、工程技术科学、哲学社会科学研究或从事技术开发、推广、应用的中青年专业技术人才（不包括中国科学院院士和中国工程院院士）。第五期"333工程"重点选拔高端装备制造、新能源、新材料、节能环保、软件互联网和物联网、生物医药与生命健康、现代服务业、现代金融、文化产业、现代农业等领域的中青年高层次创新创业人才。同时注重从基础学科、基础理论研究等领域中选拔优秀中青年人才。

从选拔规模看，选拔规模呈增长趋势。第四期"333工程"选拔规模通过后续增选比以往各期增加一倍，第一、二、三层次的培养规模分别为60名、600名和6000名。第五期与第四期选拔规模相当，第五期"333工程"的第一、二、三层次的培养规模分别为60名、600名和5000名。

从选拔标准看，选拔要求逐步提升。"333工程"各期对培养对象选拔的基本条件要求一致，但不同层次培养对象的选拔标准存在差异。在新时期、新形势下，人才选拔要求越来越高，技术创新、经济效益和社会效益等要求突出。培养对象人选的基本条件：政治素质好，拥护党的路线方针政策，遵纪守法；有较强的事业心和责任感；专业基础扎实，自主创新能力强，有高尚的学术道德、严谨的科研作风和科学、求实、团结、协作的精神。不同层次培养对象的年龄和专业技术职务要求为：第一层次中青年首席科学家人选一般应具有博士学位和正高级专业技术职务，年龄在55周岁以下；第二层次中青年领军人才人选一般应具有研究生学历和正高级专业技术职务，年龄在50周岁以下；第三层次中青年学术、技术带头人人选一般应具有大学本科以上学历和高级专业技术职务，年龄在45周岁以下。贡献特别突出者，以上条件可适当放宽。另外，不同层次在业务和能力方面的选拔要求不同。同时人才选拔要求以科技、经济和社会发展战略目标为导向，强调技术创新、技术创造、经济效益和社会效益等。

3）人才培养

"333工程"的关键任务是人才培养。"333工程"建立起较为完善的培养管理体系，通过多种方式培养和激励人才，提升他们的整体素质。从各期人才培养管理制度看，当期人才培养不仅注重学术、技术国际化水平的提升，更着重创新创业能力、团队协作能力等的培养，培养激励方式多样化，注重培养资源集成和利用。具体分析如下。

（1）培养内容丰富，着重创新、团队合作等素质培养。"333工程"注重培养提升人才政治理论水平、国际化素质、业务水平、学术水平、技术水平等，近年来更加注重人才的创新创业能力提升，以及他们的创新精神、团队精神和奉献精神的培养。

（2）培养方式多样。针对高层次人才，多形式、多渠道组织培训开发活动。一是培训班形式，例如，组织开设培训班，提供培训对象高层次的政治、经济、科技、管理等方面的培训，提升管理技能和培养创新、团队精神；组织学术、技术研讨班，加强人才的业务学习交流。二是选派或自行联系国内外机构学习，拓宽学习渠道，例如，以组织选派或自行联系方式，每年选派培养对象到世界知名大学、研究机构、跨国公司担任高级访问学者，或到国家重点学科、重点实验室等学习进修，或选派培养对象到高等院校、科研院所、重点实验室、工程技术研究中心、高新技术企业、科技创业园区的企业等学习或工作，提高他们的学术、技术水平和参与国际科技竞争的能力。三是鼓励和支持培养对象参加各种国际学术会议和学术交流活动，开展国际和地区科技交流与合作。四是建立导师制，积极为培养对象聘请相应领域的权威专家作导师，提高培养起点，促进其尽快成长。

（3）多样化的激励，增强人才的学习动力，提升培养成效。一是多种培养方式如培训班、选派学习、导师制、鼓励和支持学术交流等方式对人才而言就是激励。二是项目资助激励，鼓励和支持培养对象承担国家和省重大科研项目、重大建设项目、重点学科和重点实验室建设等项目。以项目实施带动培养对象创新能力的提高，促进人才培养和团队建设。三是给予集成支持。各地、各相关部门要加强培养政策的配套衔接，整合资源优势，形成培养合力。四是培养期内，对培养对象发放一定补助。五是给予表彰奖励，提升荣誉感、学术地位、技术地位和社会影响力。培养期满后，省人才工作领导小组表彰奖励一批取得重大学术和科研成果，获得国家重大奖项，为经济社会发展做出显著贡献的培养对象。

4）人才管理

"333工程"建立了一套完整的管理制度规范，各期遵照执行，并不断改进和完善，确保培养工作顺利、高效地开展和进行。"333工程"人才管理工作注重目标绩效考核、信息管理、动态管理、专项资金管理等。

目标绩效考核，分类考核管理。一是工作目标和年度工作计划制订。培养对象与所在单位签订双向目标责任书，纳入培养对象年度工作考核内容，报送培养工作主管部门。二是经费使用情况核查，省财政厅定期对培养对象项目资金使用情况进行核查。三是个人绩效考核及考核结果运用。培养期内，主管部门分别对培养对象进行期中考核，提出退出、调整、继续培养等意见。培养期满后，主管部门对培养对象进行严格考核。第一、二层次培养对象，由省人才办负责考核，第三层次培养对象按现单位归属关系，由各市人才工作领导小组、省有关牵头部门负责考核，培养对象所在单位配合。根据考核结果，做出等级评价。

建立信息管理系统，加强培养对象跟踪和服务。一是运用大数据等现代科技手段，建立培养对象信息管理系统，加强对培养对象的跟踪管理，及时更新培养对象信息库。二是加强与培养对象个体的联系，提供工作支持和生活服务等。各市人才工作领导小组或省有关牵头部门与培养对象建立联系制度，定期走访慰问，及时了解和帮助解决培养对象在工作、学习和生活中遇到的困难。

加强动态管理，建立动态流动机制。一是加强培养周期动态管理，确保培养对象有序进出流动；二是建立动态退出机制，例如，对弄虚作假、剽窃他人成果，以不正当手段骗取荣誉以及其他严重违反学术道德和职业操守行为的，因个人责任给国家造成重大损失的，未经组织同意出国逾期不归或擅自脱离原单位的培养对象，经审核批准后取消培养资格。

注重"333工程"专项资金管理，出台《"333高层次人才培养工程"专项资金管理办法》，明确培养资金的使用、管理和监督等，具体说明资金管理原则，培养资金使用范围和标准，资金申报、审批和执行及资金管理和监督等，确保培养资金的合理使用。

1.3.2 "333 工程"产生良好的社会效应

对企业来说,"333 工程"项目十分重视、尊重、信任人才,为入选人才提供了在江苏银行等银行可以无担保、低利率贷款的政策,使得所入选的人才包括企业家、科研人才及他们所在的企业可以真正地受惠,有利于解决企业融资难的问题,第三层次人才可以贷款的数额逐年增加,促进了企业的发展。

对个人来说,评选"333 工程"人才是对个人的一种肯定,对个人来讲可看成一种荣誉,"333 工程"人才政策有一定的激励作用,促进入选的人才更加努力地工作。不仅如此,"333 工程"还为人才的发展提供了一个宽松的学习环境,有利于人才的自由发展,创造出更多优秀成果。

对单位来说,"333 工程"覆盖面广,涵盖了各种学科,平衡了单位人才发展,使人才得到均衡全面发展,提高了教育质量,改善了教育创新,促进了学术研究和发展,从而为学生创造了更好的学习环境,有利于高校培养人才。同时为其他类型的单位创造了一定的经济和社会效益,在一定程度上提升了培养单位的市场开拓能力、业务发展能力、知名度及综合实力。

对江苏省来说,"333 工程"的实施有利于创造人才创新、创业的良好氛围,增强了吸引高层次人才的向心力和凝聚力,吸引了一批海外留学人才回来创业,带动了江苏省经济的发展,促进了江苏省的人才建设和经济发展,江苏省已经成为高层次人才向往的一片创业热土。

对社会来说,"333 工程"培养了一大批人才,形成了合理的人才梯队。"333 工程"实施了五期,培养对象有的被评为院士,部分人成为国家重点实验室及学科带头人,同时很多人才专业技术职称得到晋升,甚至被评为全国劳动模范进而获得全国五一劳动奖章,在其周围带动了一批教学科研新人,并使他们业务能力增强、学术水平进一步提高,发挥的领头和辐射作用明显。"333 工程"在实施的过程中安排了人才交流活动,有利于江苏省各种人才之间进行交流学习,促进人才进一步发展,为社会培养出更多全国性高级人才,促进社会的进一步发展。

1.4 "333 工程"培养对象的基本情况分析

1.4.1 总体分布

1)各期人才分布

江苏省"333 工程"自实施以来(1997~2017 年),一共实施了五期的人才选拔与培养。这个项目见证了江苏省在高层次人才队伍建设上的持续投入。五期的人才培养总数为 16102 人。自实施以来，培养对象人数平稳递增，其中第三期、第五期人数增长较多，第三期人数为 3901 人，占总数的 24.2%；第五期人数为 4220 人，占总数的 26.2%（表 2，图 1）。

表 2 "333 工程"各期人才总数分布及占比

期数	人数	百分比
第一期	2029	12.6%
第二期	2465	15.3%
第三期	3901	24.2%
第四期	3487	21.7%
第五期	4220	26.2%
总计	16102	100.0%

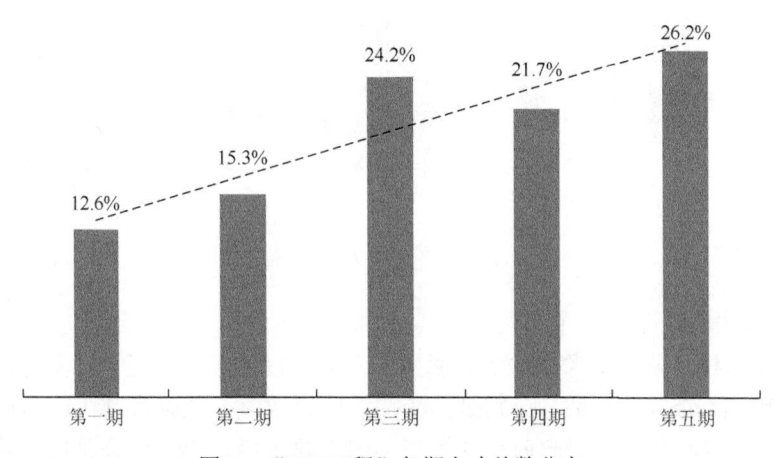

图 1 "333 工程"各期人才总数分布

2）各层次人才分布

"333 工程"将培养对象分为三个层次，第一层次为 30 名在国际科学技术前沿取得重大突破的中青年首席科学家；第二层次为 300 名在国内科学技术界具有一流水平的中青年科技领军人才；第三层次为 3000 名在省内科学技术界具有一流水平的中青年学术技术带头人。

由历年的数据分析可见，五期的人才总数中，第一层次人数最少，占总数的 1.3%，第二层次人数为 1943，占总数的 12.1%，第三层次人数最多，为 13952，占总数的 86.6%（表 3，图 2）。从三个层次的人才占比上，基本符合 1∶10∶100 的阶梯式人才分布，但是第三层次的人才还有进一步扩展的空间。

表 3 各层次人才分布

层次	人数	百分比
第一层次	207	1.3%
第二层次	1943	12.1%
第三层次	13952	86.6%
总计	16102	100.0%

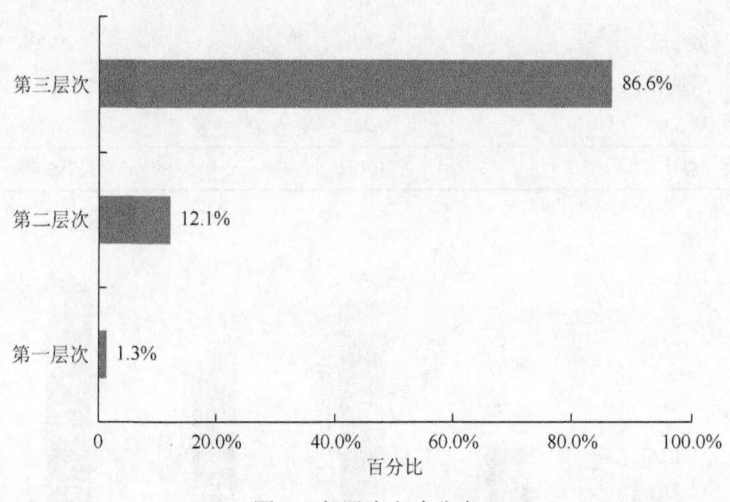

图 2 各层次人才分布

3）人才单位性质分布

"333 工程"培养对象基数大，涵盖的专业、行业领域广泛。本文将培养对象的所在单位区分为六大类，分别是高校、企业、政府公共管理部门、科研院所、医院和中小学。在这里，政府公共管理部门主要包括省交通厅公路局、徐州矿务局、江苏省环境监测中心、江苏省高级人民法院等单位。

从表 4、图 3 的数据可以了解到，高校的培养对象人数最多，为 4384，占总数的 27.2%；其次是企业，占比为 26.2%，人数为 4213；政府公共管理部门、科研院所、医院随后，分别占比为 15.6%、13.4%、11.8%。中小学的培养对象人数最少，为 945，仅占总数的 5.9%。

表 4 人才所在单位性质分布

单位性质	人数	百分比
高校	4384	27.2%
企业	4213	26.2%

续表

单位性质	人数	百分比
政府公共管理部门	2506	15.6%
科研院所	2160	13.4%
医院	1894	11.8%
中小学	945	5.9%
总计	16102	100.0%

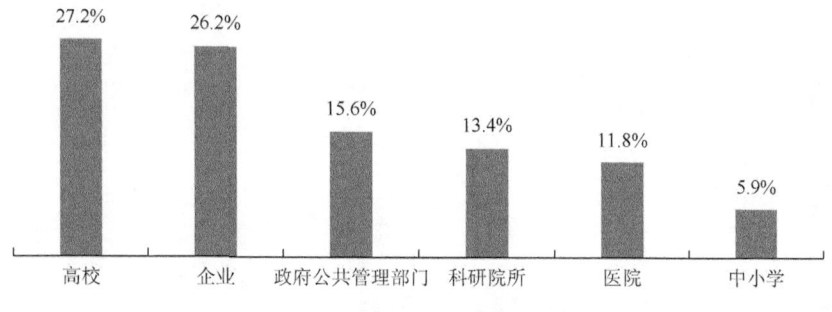

图3 人才所在单位性质分布

4）人才城市分布

"333工程"覆盖了江苏省多个地区，根据数据分析，可以看出"333工程"在城市分布上存在较大的差距。历年来，南京市培养对象的人数最多，为7343，占总数的45.6%；其次是苏州、无锡、徐州，人数为1225、1019、1022，分别占总数的7.6%、6.3%、6.3%。然而泰州、宿迁居于最后，人数仅为439、430，都只占总数的2.7%，详见表5和图4。

表5 人才所在城市分布

城市	人数	百分比
南京	7343	45.6%
苏州	1225	7.6%
无锡	1019	6.3%
徐州	1022	6.3%
常州	761	4.7%
南通	759	4.7%
镇江	726	4.5%
扬州	724	4.5%

续表

城市	人数	百分比
盐城	599	3.7%
连云港	527	3.3%
淮安	528	3.3%
泰州	439	2.7%
宿迁	430	2.7%
总计	16102	100.0%

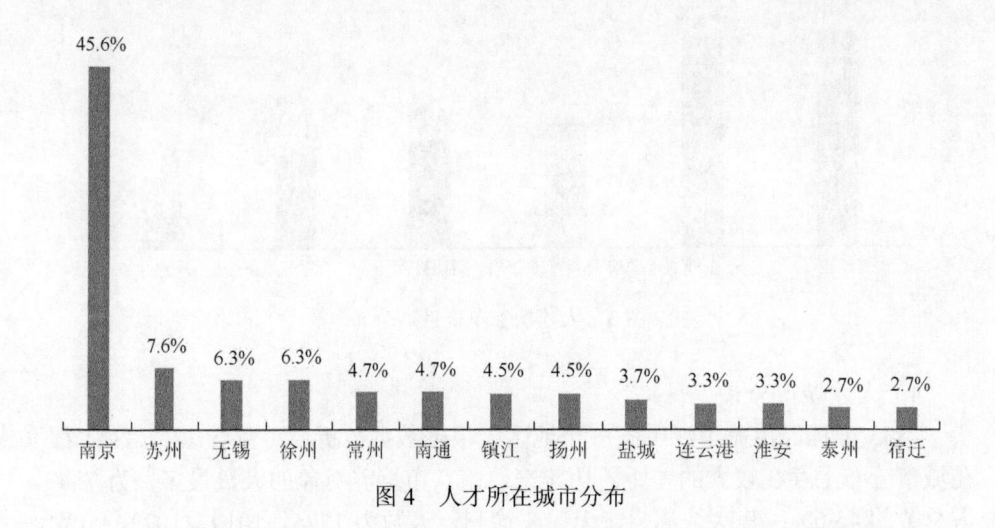

图 4　人才所在城市分布

可见，南京市作为省会，在"333 工程"中具有巨大优势，其次是苏州、无锡和徐州，也显示出苏南地区的地域优势。由于南京等地所处的苏南地区经济、政治、文化的发展水平高于其他地区，以及苏南地区的人才基数大于其他地区，造成了城市分布的明显差距。

1.4.2　人才分布的历时性演化分析

江苏省"333 工程"自 1997 年起，共评选了五期，下面按照不同期数，在层次、单位性质、地区等方面进行历时性的对比分析。

1）不同期数人才的层次分布

表 6 列出了五期工程中，三个层次的人才分布情况。根据数据分析可以看出，第一层次的五期人数总额最少，五期总计人数为 207。其中除第二期人数不足 30，其余四期均超过 30，符合培养对象人数标准。第二层次的五期人数总额为 1943，

其中第二期人数最少，仅为 185；第四期人数最多，为 576。第三层次的培养对象五期人数总额占主导，五期总计人数高达 13952。历年来，五期第三层次培养对象的数量呈增长趋势，稍有波动。其中第一期最少，人数为 1677；第五期最多，人数为 3703。

表 6　不同期数的人才层次分布

期数	第一层次 人数	第一层次 百分比	第二层次 人数	第二层次 百分比	第三层次 人数	第三层次 百分比	总计
第一期	33	1.63%	319	15.72%	1677	82.65%	2029
第二期	20	0.81%	185	7.51%	2260	91.68%	2465
第三期	40	1.03%	395	10.13%	3466	88.85%	3901
第四期	65	1.86%	576	16.52%	2846	81.62%	3487
第五期	49	1.16%	468	11.09%	3703	87.75%	4220
总计	207	1.29%	1943	12.07%	13952	86.65%	16102

按照"333 工程"所制定的战略目标，三个层次的标准比例应为 1∶10∶100，应占比为 0.9%、9.0%、90.1%。根据数据分析（图 5），得出：

第一期的三个层次比例为 1.00∶9.67∶50.82；

第二期的三个层次比例为 1.00∶9.25∶113.00；

第三期的三个层次比例为 1.00∶9.88∶86.65；

第四期的三个层次比例为 1.00∶8.86∶43.78；

第五期的三个层次比例为 1.00∶9.55∶75.57。

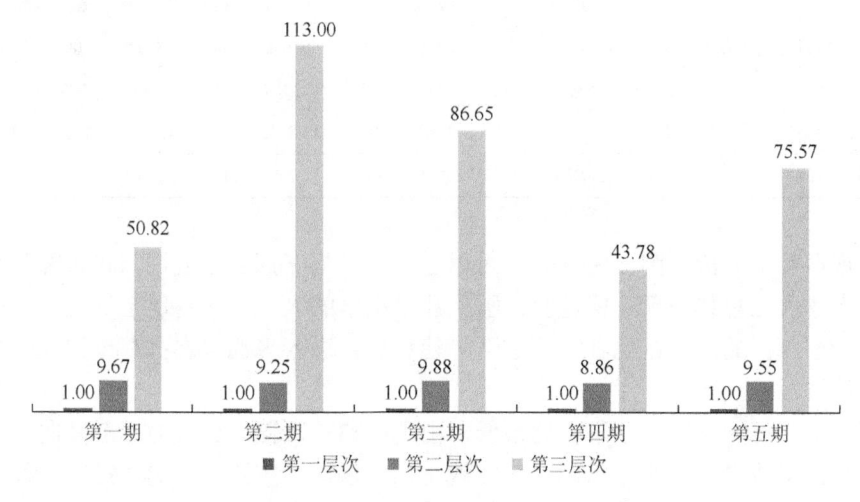

图 5　各期三个层次人才的比例对比

综合来看，以第一层次基数为 1.00 来进行分析，五期的第二层次的人数占比总体接近标准，为第一层次的 10.00 倍。但是，第三层次的比例变化较大。除了第二期中，第三层次的人员比例是第一层次的 113.00 倍，其余都明显低于 100.00 倍。其中，第四期的第三层次人员仅为第一层次人员的 43.78 倍。可见，第三层次人才的选拔是相对困难的。第三层次的人才选拔标准是省内各学科、各行业具有一定声望的学术、技术带头人。从目前这个状况来看，可能存在选拔标准制定过高，或者比例标准制定过高的现象。

2）不同期数人才的单位性质分布

从表 7 中数据可以看出，高校的培养对象五期总计人数最多，为 4384。历年来，培养对象数量呈现出明显的上升趋势。其次是企业的培养对象人数，为 4213。其中，第一期人数最少，为 558；第三期人数最多，为 1091。企业培养对象的数量增长趋势明显，稍有波动。政府公共管理部门和医院培养对象的五期总人数分别为 2506 和 1894。在五期中，两者都保持了相对稳定的趋势，波动不大。科研院所培养对象的五期总人数虽为 2160，但前三期的人数经历了缓慢的增长，第四、五期的培养对象人数下降趋势明显。中小学培养对象的五期总人数最少，仅为 945。但总体呈现出缓慢增长的趋势。

表 7　不同期数人才的单位性质分布

期数	高校 人数	百分比	科研院所 人数	百分比	中小学 人数	百分比	医院 人数	百分比	政府公共管理部门 人数	百分比	企业 人数	百分比
第一期	448	22.08%	372	18.33%	119	5.86%	191	9.41%	341	16.81%	558	27.50%
第二期	667	27.06%	495	20.08%	95	3.85%	237	9.61%	360	14.60%	611	24.79%
第三期	1116	28.61%	546	14.00%	168	4.31%	369	9.46%	611	15.66%	1091	27.97%
第四期	1008	28.91%	301	8.63%	248	7.11%	449	12.88%	539	15.46%	942	27.01%
第五期	1145	27.13%	446	10.57%	315	7.46%	648	15.36%	655	15.52%	1011	23.96%
总计	4384	27.23%	2160	13.41%	945	5.87%	1894	11.76%	2506	15.56%	4213	26.16%

根据数据分析（图 6～图 11）可以看出，从第一期到第五期，科研院所和企业的人才占比总体呈现下降趋势；医院和中小学的人才占比呈现上升趋势；政府公共管理部门的人才占比在经历过下降趋势后，进入平稳状态；高校的人才占比始终保持平稳状态。

其中，每一期中小学的占比最低，由于"333 工程"选拔的标准倾向于科研能力和论文成果，中小学教师从事的教学工作偏向于实践，入选"333 工程"的中小学工作者倾向于管理职务，忽视了广大教学能力优秀的教师。高校、医院和

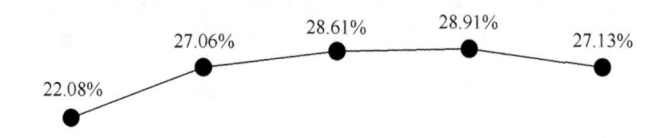

1 江苏省"333高层次人才培养工程"实施绩效评估研究

图6 五期"333工程"的高校人才占比变化

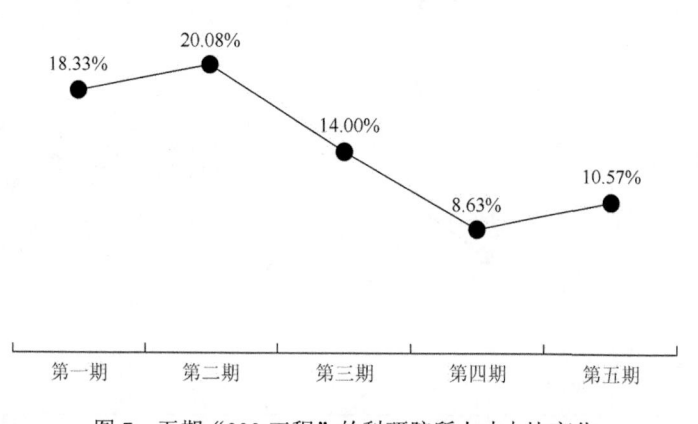

图7 五期"333工程"的科研院所人才占比变化

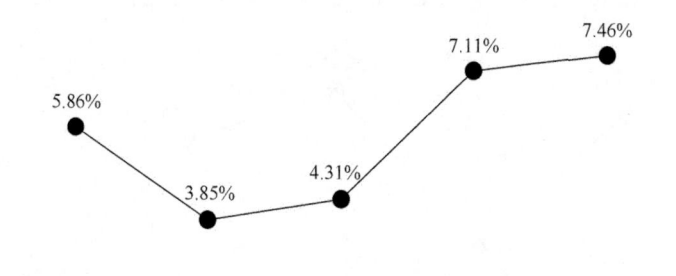

图8 五期"333工程"的中小学人才占比变化

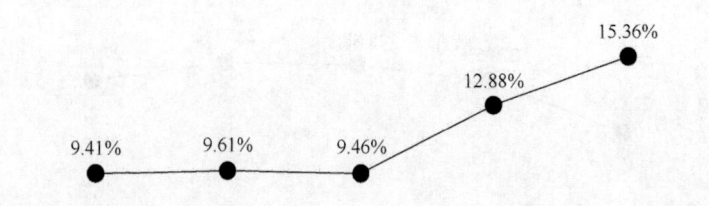

图9　五期"333工程"的医院人才占比变化

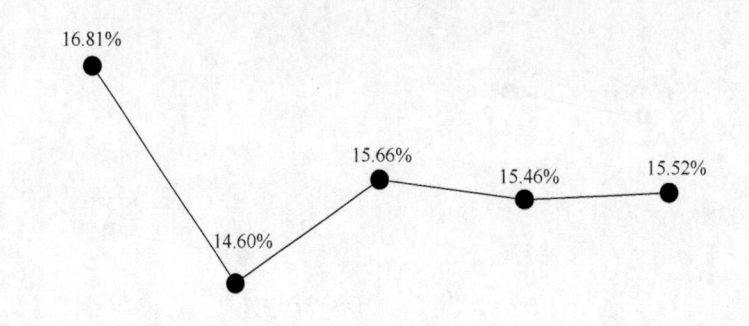

图10　五期"333工程"的政府公共管理部门人才占比变化

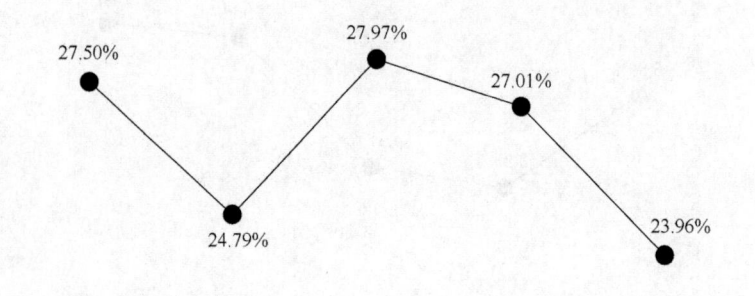

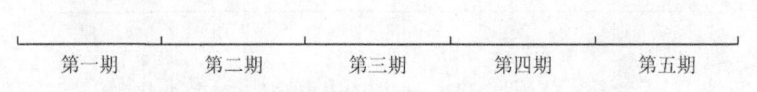

图11　五期"333工程"的企业人才占比变化

科研院所是科研能力强、最易出论文成果的单位,所以高校的人才占比高,且保持平稳趋势,医院的人才占比趋于上升,科研院所由于项目周期长,科研成果要求高,近年来的人才占比呈下降趋势。政府公共管理部门体制固定,每期能够按照配额人数,保质保量地完成推选工作,因此政府公共管理部门的人才占比保持了平稳的趋势。企业作为江苏省经济发展的主体,为江苏省创造了大量社会经济效益,因此人数占比占据一定的优势,仅次于高校。

3)不同期数人才的地区分布

在进行地区分析的时候,考虑到南京单独一个城市在人才分布上占比近乎50%,因此本文将对南京进行单独分析。另外,苏南四市包括苏州、无锡、常州、镇江,苏中三市包括南通、扬州、泰州,苏北五市包括徐州、连云港、宿迁、盐城、淮安。

表 8 数据显示,不同地区的人才占比不同,每个地区在不同期数人才分布较为一致。南京五期人才平均占比最高,为 45.60%,前三期人才占比均超过 47%,从第四期开始呈缓慢下降趋势;苏南四市各期人才呈稳步上升趋势,五期平均占比为 23.17%;苏中三市五期人才平均占比为 11.94%,各期人才数平稳上升;苏北五市各期人才呈缓慢上升趋势,五期人才平均占比为 19.29%。

表 8 不同期数人才的地区分布

期数	南京 人数	南京 百分比	苏南四市 人数	苏南四市 百分比	苏中三市 人数	苏中三市 百分比	苏北五市 人数	苏北五市 百分比
第一期	966	47.61%	439	21.64%	233	11.48%	391	19.27%
第二期	1215	49.29%	557	22.60%	277	11.24%	416	16.88%
第三期	1858	47.63%	871	22.33%	465	11.92%	707	18.12%
第四期	1536	44.05%	844	24.20%	412	11.82%	695	19.93%
第五期	1768	41.90%	1020	24.17%	535	12.68%	897	21.26%
总计	7343	45.60%	3731	23.17%	1922	11.94%	3106	19.29%

南京作为省会城市,拥有发达的交通系统以及高校资源,因此企业较多在此奠基。高校及企业是人才主要来源,因此南京这个城市就拥有将近一半的人才资源。但是,南京近期人才占比呈现下降趋势,部分原因可能源于近年来南京地区的高生活费用以及其他地区的人才吸引政策,导致很多人才决定去其他地区谋求发展。

苏南四市人才占比大于苏北五市和苏中三市,这受各区域经济状况和区域规模影响。经济富足的地方往往企业较多,教育也较为优越,因此人才资源自然相对较多。近年来,为了吸引高素质人才,各地方政府都颁布了一系列的优惠政策,因此随期数的增加,各地区的人才占比呈现缓慢增加趋势(图 12)。

```
47.61%    49.29%    47.63%    44.05%    41.90%

21.64%    22.60%    22.33%    24.20%    24.17%
19.27%    16.88%    18.12%    19.93%    21.26%
11.48%    11.24%    11.92%    11.82%    12.68%

 第一期     第二期     第三期     第四期     第五期
      ●—南京  ◆—苏南四市  ■—苏中三市  ×—苏北五市
```

图 12 不同期数人才的地区分布变化

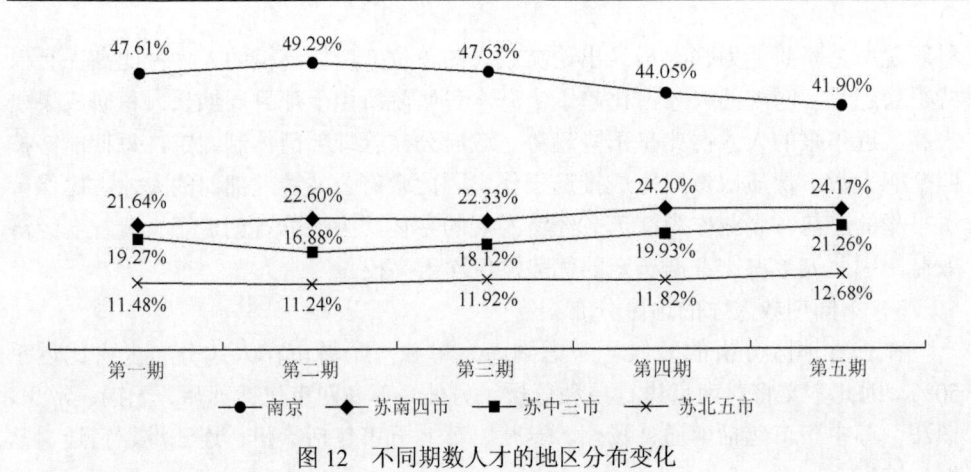

1.4.3 人才分布的层次特征分析

1) 不同层次人才的单位性质分布

总体上看，第一层次中的单位按人才占比排序依次为高校、科研院所、企业、医院、政府公共管理部门和中小学；第二层次中的单位按人才占比排序为高校、企业、科研院所、医院、政府公共管理部门和中小学；第三层次中的单位按人才占比排序为企业、高校、政府公共管理部门、科研院所、医院和中小学。三个层次综合看来，高校和企业贡献的人才最多，加起来所占比例超过近半成人数（表 9，图 13～图 15）。

表 9 不同层次人才的单位性质分布

层次	高校 人数	高校 百分比	科研院所 人数	科研院所 百分比	中小学 人数	中小学 百分比	医院 人数	医院 百分比	政府公共管理部门 人数	政府公共管理部门 百分比	企业 人数	企业 百分比
第一层次	141	68.12%	27	13.04%	0	0	11	5.31%	6	2.90%	22	10.63%
第二层次	956	49.20%	308	15.85%	14	0.72%	154	7.93%	151	7.77%	360	18.53%
第三层次	3287	23.56%	1825	13.08%	931	6.67%	1729	12.39%	2349	16.84%	3831	27.46%
总计	4384	27.23%	2160	13.41%	945	5.87%	1894	11.76%	2506	15.56%	4213	26.16%

"333 工程"普遍倾向于高校，高校人才总体上在每个层次都占据着较大比例，尤其在第三层次中，占有 23.56% 的比例，这说明"333 工程"在高校中的

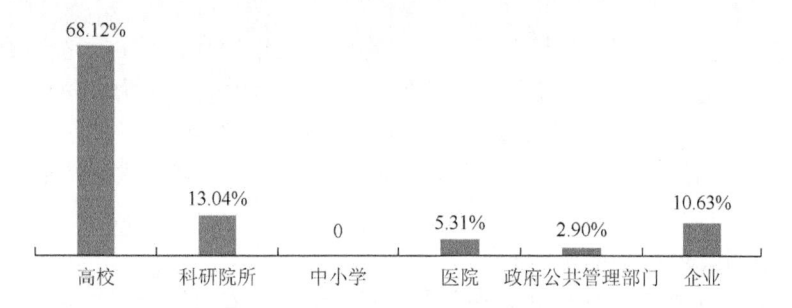

图 13　第一层次人才的单位性质分布

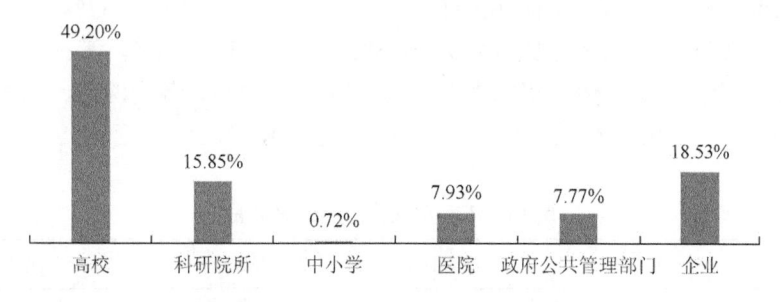

图 14　第二层次人才的单位性质分布

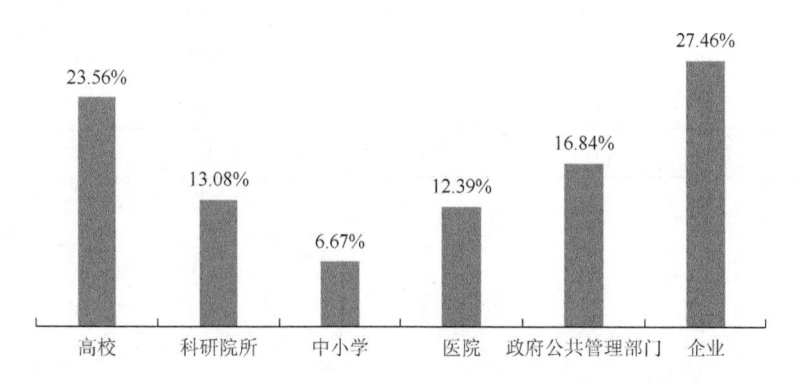

图 15　第三层次人才的单位性质分布

推广是最成功的，吸引了一大批高校人才，这主要是因为"333 工程"覆盖面广，涵盖了各种学科，平衡了高校人才发展，使高校人才得到均衡全方面发展，提高了教育质量，改善了教育创新，促进了学术研究和发展；而且高校的人才偏于科研，学术能力非常高，符合本工程选拔标准的高层次人才多。科研院所和企业紧跟其后，因为"333 工程"项目十分重视、尊重、信任人才，为入选人才提供了在江苏银行等银行可以无担保、低利率贷款的政策，使得所入选的人才包括企业家、科研人员以及他们所在的企业可以真正地受惠，有利于解决企业融资难的问题。第三层次人才可以贷款的金额逐年增加，促进了企业的发展，"333 工程"无论是对个人还是企业的发展都有着巨大的吸引力。然而，中小学人才在每个层次中的比例都是最少的，第一层次的人数为0，这是因为中小学人才的时间较少且不偏于科研，学术能力较低，从而导致高层次人才的储备越来越少。

2）不同层次人才的地区分布

不同层次人才的地区分布存在差距。从表10可以看出第一层次人才集中分布于南京市，人才占比为80.68%，苏南四市、苏中三市和苏北五市人才占比总计仅为19.32%。第二层次人才同样集中分布于南京，人才占比为67.11%，苏南四市、苏中三市和苏北五市人才占比分别为16.68%、6.79%和9.42%。第三层次人才集中分布趋势有所减弱，但南京的人才占比仍然为42.09%，苏南四市、苏中三市和苏北五市分别为24.25%、12.80%和20.86%（表10，图16）。

表10 不同层次人才的地区分布

层次	南京 人数	南京 百分比	苏南四市 人数	苏南四市 百分比	苏中三市 人数	苏中三市 百分比	苏北五市 人数	苏北五市 百分比
第一层次	167	80.68%	24	11.59%	4	1.93%	12	5.80%
第二层次	1304	67.11%	324	16.68%	132	6.79%	183	9.42%
第三层次	5872	42.09%	3383	24.25%	1786	12.80%	2911	20.86%
总计	7343	45.60%	3731	23.17%	1922	11.94%	3106	19.29%

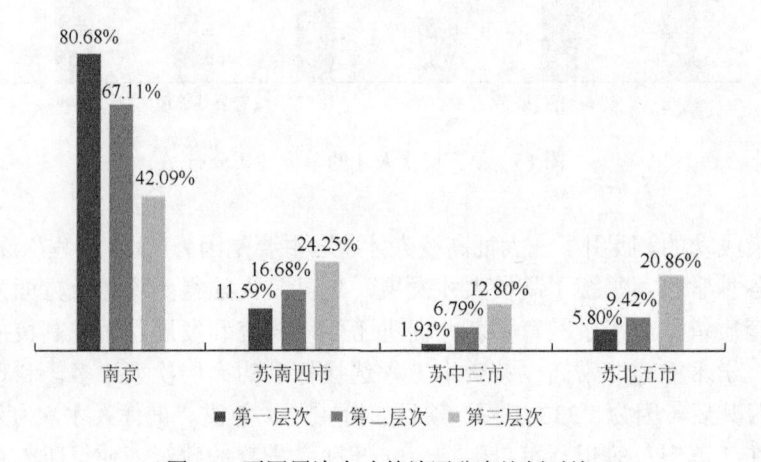

图16 不同层次人才的地区分布比例对比

由于南京市经济发展水平高,基础设施完善,科教资源丰富,人才技术优势明显等,且其余城市落后于南京得天独厚的条件,所以三个层次的人才主要集中于南京市。苏南四市(苏州、无锡、常州、镇江)由于独特的地理位置,沿海地区外贸发达,招商引资带来了大量的资本,毗邻南京、上海,自然受到了良好的经济辐射,三个层次的人才人数虽低于南京,但始终高于苏中三市、苏北五市。和南京、苏南四市相比较,苏中三市、苏北五市经济相对落后,其中有历史政治因素,然而产业结构不协调,高等教育发展缓慢,层次低,造成大量的人力资源流出,导致了三个层次人才的人数占比最低。

1.4.4 不同单位性质人才的地区分布

不同单位性质人才的地区分布存在较大的差距,从表 11、图 17 和图 18 可以了解到,在高校中,南京人才占比最多,半数以上(56.93%),苏南四市和苏北五市人才占比都不及南京的一半,分别为 19.73%、16.56%。在科研院所中,南京人才人数占大多数(70.19%),苏中三市和苏北五市相比少很多,人才占比分别为 6.34%和 9.95%。在中小学中,苏北五市人才占比最多,为 31.85%,其次苏南四市与苏北人数相当,为 31.11%,南京人才占比最少,为 14.18%。在企业中,苏中三市和苏北五市人才占比较小,分别为 15.57%和 18.02%。在政府公共管理部门中,南京人数最多,接近半数(45.53%),其他区域差距不大。在医院中,南京人才占比最多,为 30.57%,其他区域差距不大。

表 11 不同单位性质人才的地区分布

单位性质	南京 人数	南京 百分比	苏南四市 人数	苏南四市 百分比	苏中三市 人数	苏中三市 百分比	苏北五市 人数	苏北五市 百分比
高校	2496	56.93%	865	19.73%	297	6.77%	726	16.56%
科研院所	1516	70.19%	292	13.52%	137	6.34%	215	9.95%
中小学	134	14.18%	294	31.11%	216	22.86%	301	31.85%
医院	579	30.57%	504	26.61%	296	15.63%	515	27.19%
政府公共管理部门	1141	45.53%	455	18.16%	320	12.77%	590	23.54%
企业	1477	35.06%	1321	31.36%	656	15.57%	759	18.02%
总计	7343	45.60%	3731	23.17%	1922	11.94%	3106	19.29%

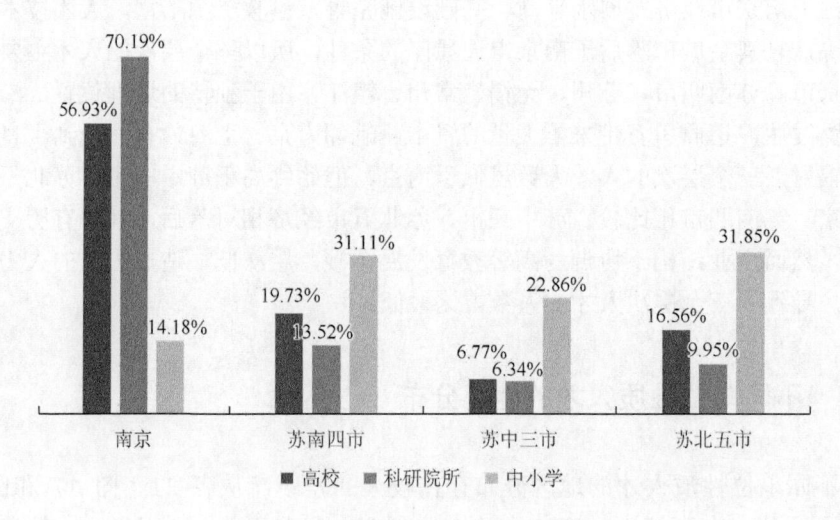

图 17　不同单位性质人才的地区分布

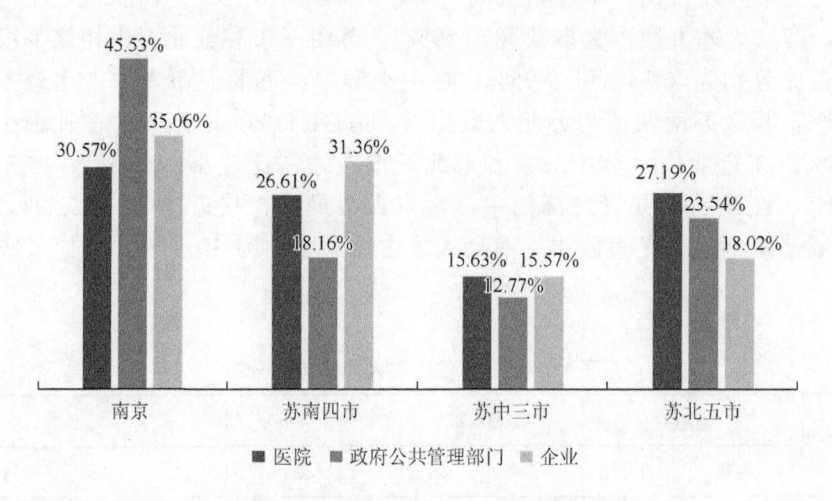

图 18　不同单位性质人才的地区分布

南京市集聚的高校和科研院所数量在全国位居前三，所以南京持续了这种科教资源带来的红利，在高校、科研院所中的人才人数占比上具有压倒性的优势；政府公共管理部门、企业和医院的人才人数占比优势明显。苏南四市外向型经济的发展，外贸的发达，以及承接了上海的部分产业转移，使得企业的人才人数占比优势突出。苏北地区在经济发展水平上较弱，但政府管理、中小学教育和医疗方面发展较好，所以政府公共管理部门、医院、中小学人才数量与苏南地区没有明显差异。

1.4.5 企业人员情况分析

1）企业行业人才分布

总体来看（表12），制造业人才占比最多为48.11%。其次是信息传输、软件和信息技术服务业及科学研究和技术服务业，人才占比分别为14.40%和11.67%。房地产业、住宿和餐饮业、教育及公共管理、社会保障和社会组织人才占比最少，都不足0.1%。

表12 企业行业人才分布

行业	人数	百分比
制造业	2048	48.11%
信息传输、软件和信息技术服务业	613	14.40%
科学研究和技术服务业	497	11.67%
卫生和社会工作	356	8.36%
电力、热力、燃气及水生产和供应业	172	4.04%
建筑业	170	3.99%
交通运输、仓储和邮政业	77	1.81%
金融业	77	1.81%
农、林、牧、渔业	68	1.60%
采矿业	53	1.25%
批发和零售业	41	0.96%
水利、环境和公共设施管理业	40	0.94%
居民服务、修理和其他服务业	31	0.73%
租赁和商务服务业	5	0.12%
房地产业	4	0.09%
住宿和餐饮业	2	0.05%
教育	2	0.05%
公共管理、社会保障和社会组织	1	0.02%
总计	4257	100.00%

制造业人才占比最多，因为本身制造业行业的企业就很多，总人数上占据一定优势。加上现代企业多录用高素质人才，进行企业的科研革新，因此优秀人才很多，人才占比自然也就高了。信息传输、软件和信息技术服务业及科学研究和技术服务业作为新兴行业，在当今互联网时代蓬勃发展，这些企业往往能提供高工资，因此很多高素质人才选择待在这些行业里，因此其中的人才人数也占据了一定比例。

2）不同地区的企业行业人才分布

总体上来看，江苏省 13 市高层次人才主要分布在制造业，除了南京以外的苏南四市、苏中三市和苏北五市的制造业人才占比都在 50%以上，其他行业人才占比相对较少。这是因为江苏省地处长三角，沿江靠海，交通发达，拥有完备的工业制造体系和充裕的产业发展资源，所以江苏省"333 工程"的人才主要集中在制造业中。

其中，就南京而言，制造业（29.42%）与信息传输、软件和信息技术服务业（23.57%）的人才占比超过一半，这是因为南京是江苏省发展的重要支柱城市，经济发展资源雄厚；建筑业（2.06%），交通运输、仓储和邮政业（3.12%）及金融业（3.85%）的人才占比较低（图 19）。苏南四市中，制造业（52.75%）占据了行业人才的一半；其中农、林、牧、渔业（1.13%），居民服务、修理和其他服务业（1.36%）在南京人才中不构成比例，这可能是由于南京的高校和科研院所占主导，而且土地成本较高，所以留给这两个行业的发展空间不多（图 20）。苏中三市和苏北五市的人才还是主要分布在制造业（图 21 和图 22）。

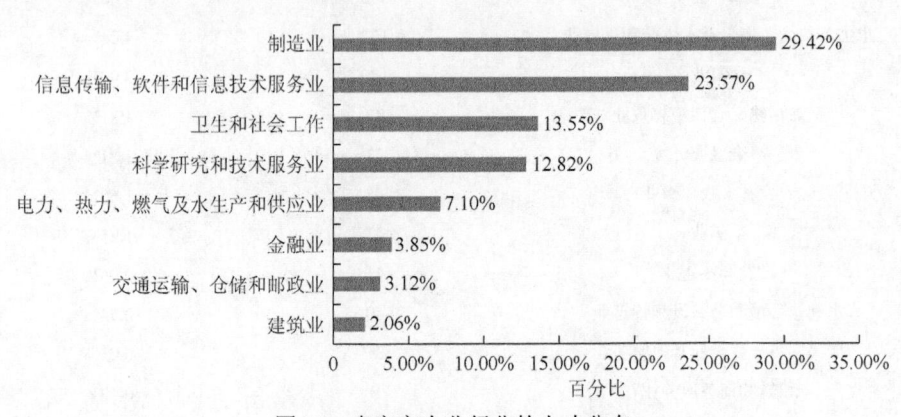

图 19　南京市企业行业的人才分布

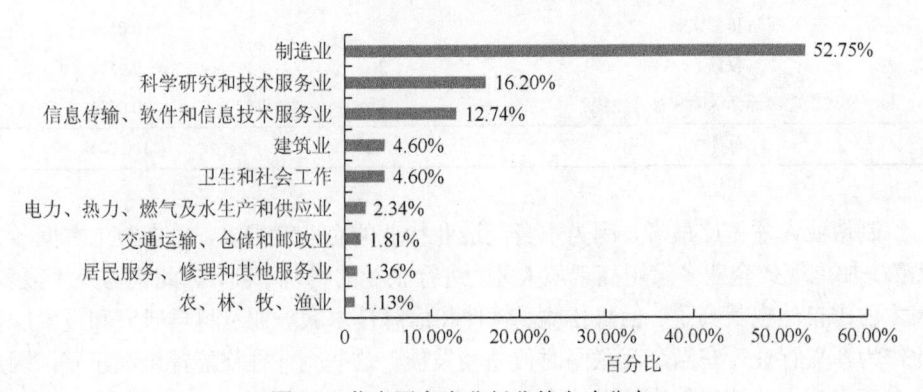

图 20　苏南四市企业行业的人才分布

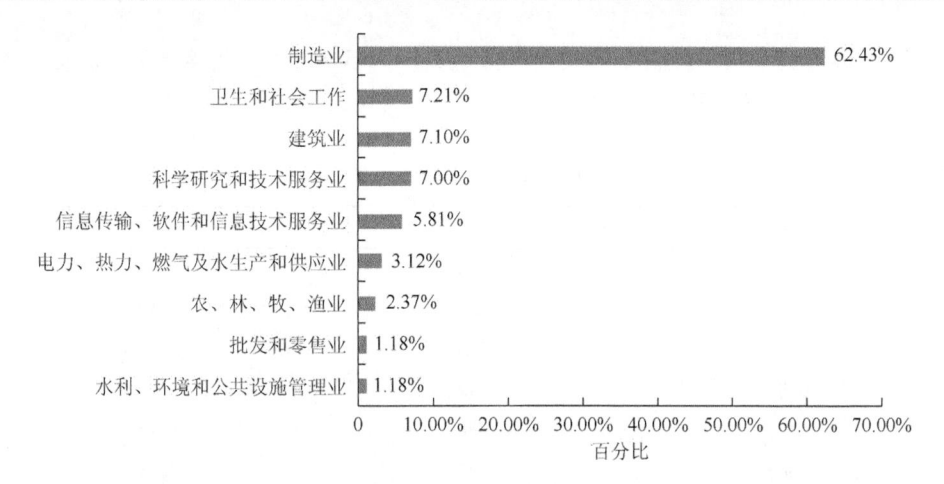

图 21　苏中三市企业行业的人才分布

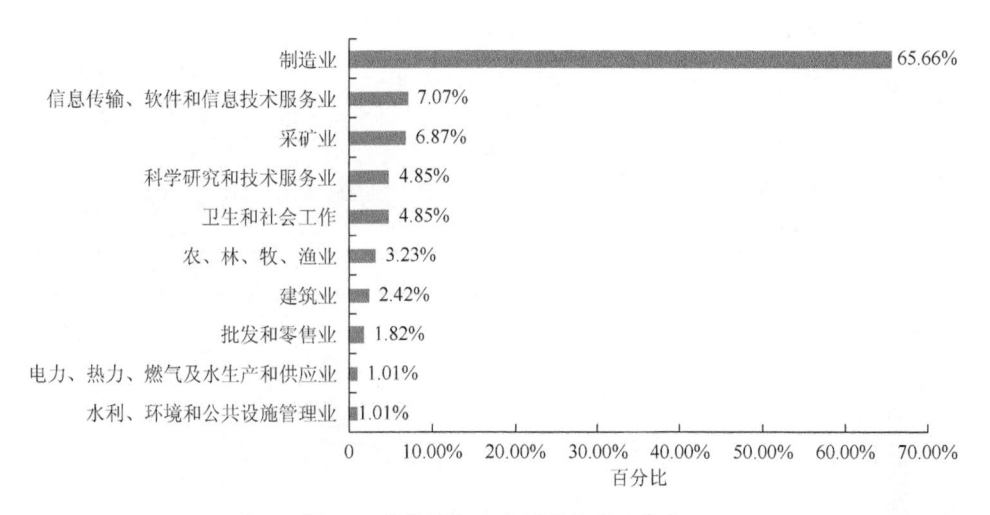

图 22　苏北五市企业行业的人才分布

1.4.6　研究人员分析

1）研究人员的学科分布

研究人员为高校和科研院所中的人员。

从表 13、图 23 的数据可以看出，自然科学领域（工学、农学、理学和医学）占据了主导地位，总计人员占比高达 75.60%。其中工学的人员人数最多，为 2762，占比为 41.35%；农学人员其次，人数为 890，占比为 13.32%；理学和医学人员人数依次为 826 和 572，分别占比为 12.37%和 8.56%。然而，社会科学领域（教育学、经济学、军事学、管理学、艺术学、文学、哲学、法学、历史学）总计人员占比仅 24.39%。其中教育学的人员人数最多，为 548，占比为 8.20%；历史学人员的人数最少，为 35，占比为 0.52%。

表 13 研究人员的学科分布

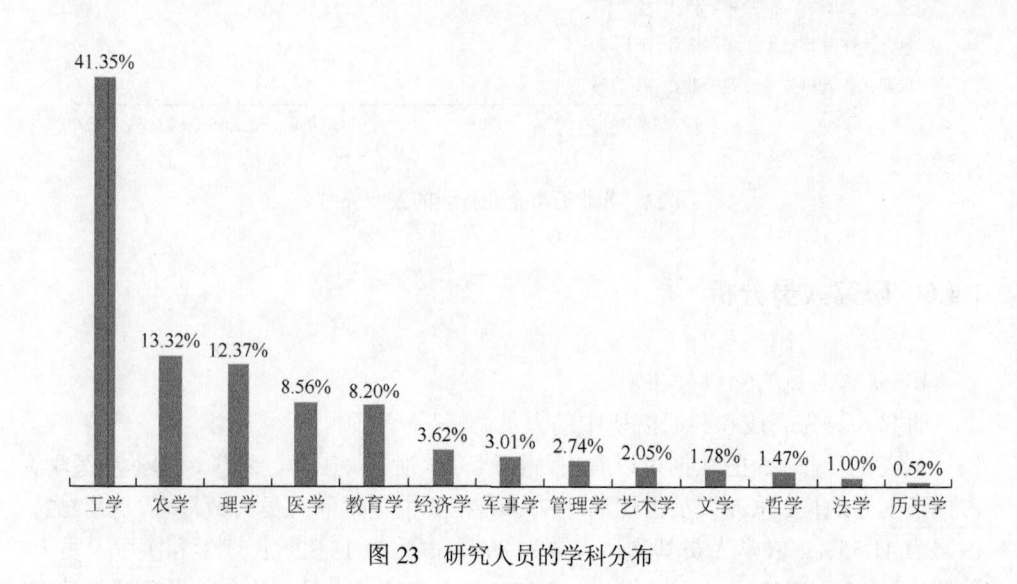

高校/研究院所人员所在学科	人数	百分比
工学	2762	41.35%
农学	890	13.32%
理学	826	12.37%
医学	572	8.56%
教育学	548	8.20%
经济学	242	3.62%
军事学	201	3.01%
管理学	183	2.74%
艺术学	137	2.05%
文学	119	1.78%
哲学	98	1.47%
法学	67	1.00%
历史学	35	0.52%
总计	6680	100.00%

图 23 研究人员的学科分布

根据数据分析可以看出，自然科学领域和社会科学领域的人员比例严重失衡。

直接原因是两类学科的领域差异。由于自然科学领域侧重于科研能力的发展,论文和科技成果丰富,易达到选拔标准;社会科学领域由于自身的特点,研究成果的出现周期长,且难以评定不易达到选拔的标准,导致两大学科领域人员在比例上的失衡。

2)研究人员的层次分布

在"333 工程"的实施中,可以总结出不均衡的传递性规律。延续了研究人员的学科分布严重失衡的特点,研究人员的层次分布仍旧严重失衡。在第一、二、三层次中,自然科学领域的研究人员在数量上占主导地位,三个层次的占比总和分别是82.14%、81.97%、73.81%。在第一层次中,社会科学领域总和占比为17.88%。其中,教育学的占比最高,为 5.36%;其他学科的占比均不超过3%;法学和艺术学均没有研究人员入选。在第二层次中,社会学科领域占比总和仅为 18.02%。在第三层次中,社会科学领域的占比总和有所上升,达到 26.19%。其中,教育学的占比超越了医学,为 9.23%;但其他学科的占比仍旧处于低值(表14,图24~图26)。

表14 研究人员的层次分布

第一层次		第二层次		第三层次	
学科	百分比	学科	百分比	学科	百分比
工学	47.02%	工学	44.35%	工学	40.42%
理学	15.48%	农学	14.63%	农学	13.05%
农学	11.90%	理学	11.61%	理学	12.45%
医学	7.74%	医学	11.38%	教育学	9.23%
教育学	5.36%	教育学	4.41%	医学	7.89%
哲学	2.98%	经济学	2.86%	经济学	3.83%
经济学	2.98%	管理学	2.86%	军事学	3.39%
管理学	2.98%	军事学	1.70%	管理学	2.70%
文学	1.79%	文学	1.55%	艺术学	2.32%
军事学	1.19%	法学	1.47%	文学	1.84%
历史学	0.60%	哲学	1.39%	哲学	1.44%
法学	0	艺术学	1.24%	法学	0.92%
艺术学	0	历史学	0.54%	历史学	0.52%

由于不均衡的传递性,认为研究人员的层次分布失衡,是研究人员的学科分布不均衡导致的。但其中存在一定的特殊性,如社会科学领域中的教育学。

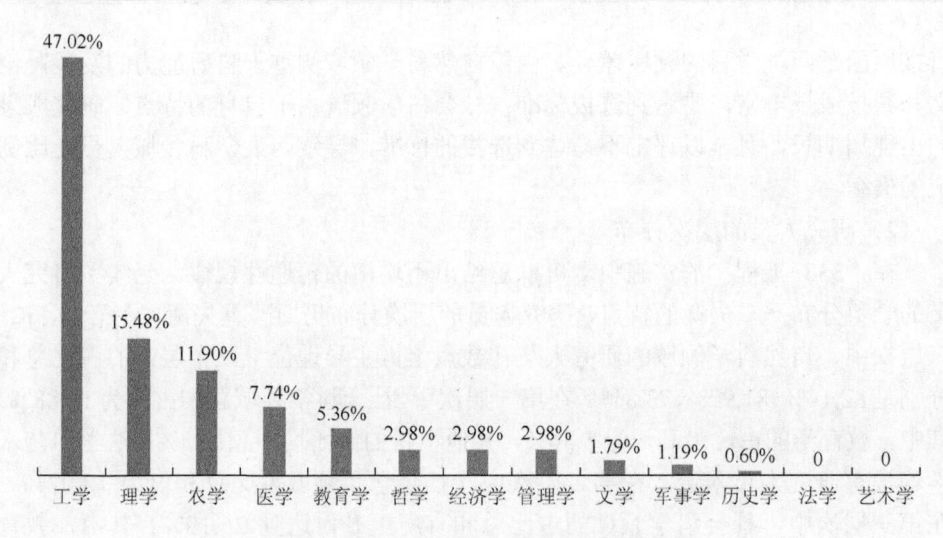

图 24　研究人员在第一层次中的学科分布

工学 47.02%　理学 15.48%　农学 11.90%　医学 7.74%　教育学 5.36%　哲学 2.98%　经济学 2.98%　管理学 2.98%　文学 1.79%　军事学 1.19%　历史学 0.60%　法学 0　艺术学 0

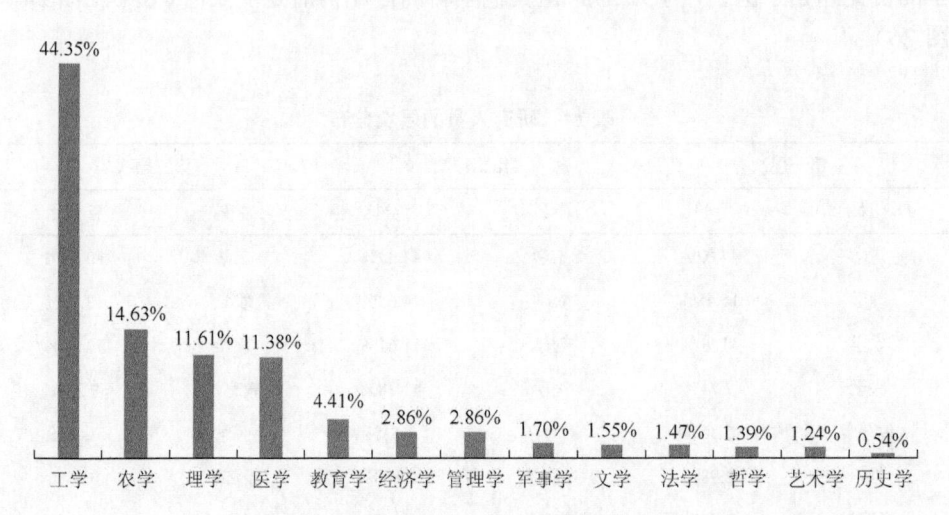

图 25　研究人员在第二层次中的学科分布

工学 44.35%　农学 14.63%　理学 11.61%　医学 11.38%　教育学 4.41%　经济学 2.86%　管理学 2.86%　军事学 1.70%　文学 1.55%　法学 1.47%　哲学 1.39%　艺术学 1.24%　历史学 0.54%

教育学中的研究人员在社会科学领域中的占比历年来都是最高的，原因可能是教育学培养了一批批教育工作者，促进了社会的发展，且教育学相比其他学科有直接、显现的实践成果，实践成果易评定，因此研究人员占比在社会科学领域突出。

1.4.7　江苏省"333 工程"人才培养的主要特征

1）人才总数逐期稳步上升，第五期人数已为首期人数的两倍以上

根据数据分析可以看出，第一期人才总数仅为 2029，占五期人才总数的 12.26%。

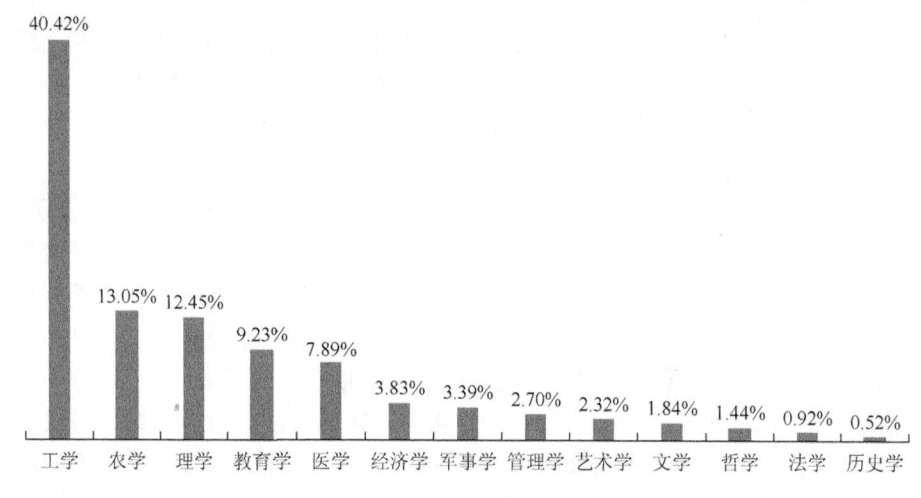

图 26　研究人员在第三层次中的学科分布

第五期人数已达 4220，占总数的 26.2%，已经达到第一期人数的两倍以上。由于"333 工程"的逐步成熟、江苏省经济发展水平的提升，以及社会各界对江苏省人才队伍建设的推动，其余三期保持了稳定的增速，人才总数逐期稳步上升。

2）第三层次人才选拔不足，未达到第一层次人数的 100 倍

"333 工程"制定的人才战略为培养 30 名在国际科学技术前沿取得重大突破的中青年首席科学家、300 名在国内科学技术界具有一流水平的中青年科技领军人才、3000 名在省内科学技术界具有一流水平的中青年学术、技术带头人。因此应达到比例为 1∶10∶100 的阶梯式人才分布。

历年来的数据表现出，第一层次的比例基本符合标准，均值为 1。第二层次的人才比例均值为 9，比例在小范围内有一定波动，但基本接近 10 的标准比例。值得注意的是，第三层次五期的人才比例分别为 50.82、113.00、86.65、43.78 和 75.57。根据数据可以看出，第三层次的人才选拔不足，有四期比例未达到标准比例，且均值较低，难以靠近标准比例。其中第二期的比例高达 113.00，第四期的比例仅有 43.78，显示出第三层次五期人才的比例波动大，偏离标准明显。由于选拔标准制定不合理，或第三层次的选拔标准比例制定偏高，在年龄和职称上也有一定的限制，所以第三层次的门槛较高，导致第三层次人才选拔不足，未达到第一层次人数的 100 倍。

3）科学研究人才稳占四成，学科分布以工科为主占比四成

"333 工程"在人才的单位性质、学科分布上存在明显失衡的现象。来自高校和科研院所的培养对象占据了总数的四成，在五期中的总人数分别为 4384 和 2160，分别占总数的 27.23%和 13.41%。在学科分布上的差距仍旧很大，其中工学无论是培养对象的人数总和，还是层次分布上，都占据了主导地位。其中，研

究人员的学科分布中，工学的人数最多，为2762，占总数的41.35%；研究人员的层次分布中，工学在三个层次的比例分别为47.02%、44.35%、40.42%。

根据数据分析可以看出，由于"333工程"在选拔标准上侧重于论文发表、科研成果，且选拔范围广泛，覆盖了大多数学科。这一特点促进了高校人才全方位发展，加之高校的学术能力较强，人才又倾向于科研，符合选拔标准的人员多。科研院所为社会提供了丰富的科技成果，创造了大量的社会效益，且科研成果显现，为科学研究人才入选"333工程"贡献了力量。学科分布中自然科学领域独占鳌头，其中工学则是支柱性学科，因此工学占据了主要优势。

4）企业人才多处第三层次，占比四成但三期以后显著下降

在不同层次的单位性质分布中，企业培养对象的人才总数位居第二，仅次于高校，人数为4213，占总数的26.16%。纵向来看，在三个层次中企业的培养对象人数比例分别为10.63%、18.53%、27.46%。横向来看，第一层次中，企业培养对象的人才总数不占有优势，远低于高校和科研院所；第二层次中，企业以微弱的优势高于科研院所，但仍旧大幅度低于高校；第三层次中，企业培养对象的人才总数反超高校，位居第一。

根据数据分析可以看出，由于企业作为社会经济发展的主动力，基数大，且覆盖行业广泛，所以企业的培养对象总人数较多。但由于选拔标准侧重于论文、科研成果，尽管企业为社会带来了大量的经济效益，却无法占据较高的层次，集中分布于第三层次，且处于第三层次的企业培养对象并未受到丰富的资助或大力度的培养，仅将其视作一份荣誉。

5）南京人才占比独占鳌头，占比一半但三期后有下降趋势

南京作为省会城市，在经济发展水平、政治文化、基础设施建设、科教资源上有着得天独厚的优势。在不同层次的地区分布中，南京培养对象的人才总数最多，为7343，占总数的45.6%；在三个层次中的地区分布比例中，南京独占鳌头，三个层次的比例分别为80.68%、67.11%、42.09%。在不同期数的地区分布中，南京五期的比例均值在40%以上，远超其他城市，但第三期之后出现了小幅度下降趋势。

根据数据分析可以看出，由于南京作为高校、科研院所、企业的集聚区，又拥有完备的基础设施建设，对人才的吸引力度较大，所以形成了南京在工程中独占鳌头的局面。在后期，由于其他地区得到了不同程度经济、教育、政治、文化的发展，尤其苏南四市、苏中三市保持了平稳增长的趋势，在一定程度上减轻了南京独占鳌头的趋势。

6）苏南、苏中和苏北地区人才稳中有升

在不同期数的地区分布中，纵向上来看，苏南四市五期均保持在20%以上的占比，仅低于南京，始终高于苏中三市、苏北五市；苏中三市、苏北五市保持平稳上升趋势，逐渐缩小与苏南四市的差距。

由于苏南、苏中地区位置的优越性，加之产业结构逐步优化，受到周边地区的经济拉动，基础教育发达，且增强对高等教育的重视力度，苏南、苏北地区在"333工程"中有了一定的进步。苏中、苏北地区的经济发展相对较弱，但近年政策支持、区域经济转型发展等促进经济发展，以及高层次人才的引进和培养。

1.5 "333工程"实施绩效评估中的若干问题

1.5.1 人才选拔力度不够，选拔过程有待完善

1）人才选拔力度不够

从2016年起"333工程"的人才选拔数量开始有所增加，并且分为两批选拔，突破30、300、3000的标准，数量改为60、600、5000，虽然随着社会的发展选拔数量做出了一定调整，但显然相对于经济、人才素质的提高，增加的力度不足，一定程度上不利于调动人们的积极性，仍然存在限制人才进一步发展的问题。尤其，第三层次的人才范围广，但调研数据分析结果显示，第三层次人才入选名额只有5000，名额增加有限，比例未达到第一层次的100倍（培养目标三个层次应达到比例为1∶10∶100的阶梯式人才分布），第三层次人才的选拔不足。

"333工程"自开办以来引进了不少海外高层次人才，但与发达国家相比，"333工程"人才吸引力度仍不够大，在科学研究、技术开发和自主创新实力等方面可以不断创新突破的战略家和领军人才尤其匮乏，引进人才的数量和质量都需要进一步提高。

2）人才选拔过程不甚公开透明

"333工程"虽然制定了申请资格标准，但是偌大一个江苏省符合这种标准的人才非常多，因此参加申报的人也很多。但往往人们递交申请书之后就没有后续工作了，也不知道上级采取什么标准从众多申请人中选拔人才，能做的只有等待，在结果出来之后，没有被选上的人都不知道自己是什么原因没有被选中，从而不知道在哪些方面做改进，没有办法认识到自己的不足，大部分没有被选上的人不会再申请第二次，不利于激励人才。

3）人才选拔方法不健全

从目前情况来看，"333工程"吸纳人才的渠道和方法仍不健全，具体体现：①没有为有效引进海外高层次人才建立宽广的信息库，导致引才信息不够及时；②自主自发的引才招聘活动较少，"333工程"人才选拔没有一个独立具体的选拔机构，往往都是权力下放，从下一层一层层往上推荐，过程太烦琐，很容易出现靠关系获得推荐资格的情况，会造成不公平情况发生。同时，设立的竞争性项目评选额太少，使大部分人才没有项目研究，不利于科学和学术的发展，也不利于激励人才。

1.5.2　培训活动松散且成效较低

在人才培训方面，师资力量雄厚，进修方式多样，培训内容广泛，但在培训组织管理、培训成果、培养政策的政策衔接等方面存在一些问题。

第一，培训组织管理较为松散，没有较为严格的培训组织管理制度。在对"333工程"人才的访谈中可以看出，他们去参加红色革命区、参加培训班、与其他专家学者进行交流，但也有些人对于一些交流和培训并没有积极参与，对于培训也不太清楚和了解。同时人才主要依靠自己学习，缺乏专业有效的指导。这说明，在培训的设置时间、设置周期、方式等制度上不够严格，对培训内容的传达以及其重要性的宣传不够到位。

第二，对于培训成果，没有建立一套完整的反馈体系。"333工程"人才在参加了一些培训和交流会之后，都感到受益匪浅，但是并没有一套反馈体系能较为准确和及时地记录和展现培训后的效果，这会令受培训者的收获停留在感性层面，不能长期保存和为其他人提供借鉴和参考。

第三，培养政策衔接不够流畅。各地区和各部门对于人才的培养上存在方向上的差异，因此只有在各个培训政策之间建立时间、空间上的适当衔接，才能帮助"333工程"人才更好地接受培训，增强培训的后期效果。

1.5.3　考核方法不够完善，考核激励不足

"333工程"的考核标准仍然集中于成果数量、获奖情况以及取得的经济效益这些层面，没有针对不同领域人才的成果差异与周期不同进行有效考核，缺乏规范性管理，环境太过自由，没有对人才进行跟踪，缺乏考核后的认定，尚未形成制度化的退出、更新机制，不同人才没有一个规范性的评价和考核管理，容易造成人才懈怠，光享受政府的投资而不干实事，造成政府的资源浪费。进而，考核的实质意义（提升个体绩效、组织绩效和社会效益等）难以实现，可能还产生负面影响，产生不公平感，打击持续努力人才的工作积极性和热情，容易削弱个人的团队协作和奉献精神。

1.5.4　交流信息平台的建设力度不够

在"333工程"人才交流平台中，尤其是第三层次人才，存在最广泛的是一些微信群等社交平台和非正式的圈子，但是人才在微信群中交流和分享信息，或者私下交流并不多，也有些人甚至没有交流的平台，这对于信息之间的流通和人

才之间的交流分享是不利的，这直接妨碍了不同领域、不同行业和不同层次人才之间的相互学习与交流，因此"333 工程"人才之间的交流平台有待建设，人才之间的交流渠道有待拓宽，进一步增加"333 工程"人才深层学术交流的机会，加强交流环境的管理和引导，最大限度地利用和发展交流平台。

进一步，培养对象管理信息系统还需要建设与完善。可以参照其他省市的做法，建立信息联系制度、进行培养对象的跟踪管理和服务，发展人才培养发展等方面的大数据应用等。

1.5.5 人才支持力度显弱

"333 工程"人才项目作为省级政府项目，具有一定的引领作用和公信力，但在实施效果上还存在着一些问题。

首先，"333 工程"对人才及其所在单位的资金支持力度较弱。在 2016 年，"333 工程"第三层次人才所在单位仅能拿到每年 6000 元的补助，即使是第一、二层次的培养对象，每人每月也仅分别发放补助 1 万元、3000 元，而且补助主要用于发放图书资料补贴等，人才本身普遍反映并没有得到工程本身的经费支持。高校自身为本校"333 工程"人才发放每人每月 500 元的补助，显然难以满足支撑自身科研的需求。企业同样也是自费为本企业的"333 工程"人才提供书费、报刊费等费用。事实上"333 工程"给予更多的是荣誉而不是实质上的支持。

其次，"333 工程"缺乏官方的交流平台，也未建立专门网站对人才进行项目资助申报、档案管理、业务能力及成果宣传，"333 工程"人才只能靠自发的微信群等相互联系，官方对人才之间的交流不够重视。

再次，"333 工程"后续发展不足，在结束"333 工程"人才的培训周期后，没有回访和继续培训等后续活动，不能及时了解人才的需求并加以解决。缺乏后续支持、反应不够灵敏、效率不高，都不利于人才的持续发展。

1.5.6 人才培养的地区分布不平衡，但差距在缩小

从调研数据分析了解到，人才培养在不同区域分布不平衡，南京"333 工程"人才占比近半数，五期平均占比为 45.60%，远高于苏南四市、苏中三市和苏北五市。苏南四市人才占比又高于苏中三市和苏北五市，但差距在缩小，第五期人才数苏南四市略高于苏北五市，分别为 24.17%和 21.26%。地区分布不平衡主要受各区域经济状况、教育资源等因素影响，苏南经济发展状况优于苏中和苏北地区，而南京作为省会城市，高校和科研资源丰富，高层次人才吸引和培养上具有一定优势。

1.6 提升"333工程"实施绩效的建议

1.6.1 丰富"333工程"的内涵,加大实施力度

自从第四期"333工程"以来,培养的人数逐渐有所增加,直到2016年三个层次人数增加到了60、600、5000,但增长幅度有限仍然无法满足社会、人才发展的需要,因此在知识经济及信息网络的时代,需要丰富"333工程"的内涵。一方面对关键行业领域如生物工程、信息技术、新材料新能源等急需的高级技术工人和高级人才有所侧重,另一方面要重点培养中青年科学专业人才。

根据数据分析发现,中小学人才入选"333工程"的比例很低。一个社会与地区的发展,未成年人的培养力度、优先程度应该高于成年人。江苏省作为文化强省,不仅要强在高校教育,还应该首先强在基础教育。

目前,从社会上的基础教育文化氛围来看,并不容乐观。2017年9月24日,中共中央办公厅、国务院办公厅印发了《关于深化教育体制机制改革的意见》,其中明确强调了国家的育人导向:培养认知能力,引导学生具备独立思考、逻辑推理、信息加工、学会学习的能力及语言表达和文字写作的素养,养成终身学习的意识和能力,并明确提出深化义务教育和普通高中教育的教学改革,要以拓宽知识、提升能力和丰富生活为导向,健全促进终身学习的制度体系。这其中,中小学教育管理理念、方法的创新,带来具有深远影响的育人创新,其重要性程度可以说优于论文的发表、优于当前科技产品的创新。"333工程"在各类人才培养项目中,具有广泛的社会知名度,其社会影响力很高。为此,建议在"333工程"中突出强调对中小学人才的选拔与支持,以打造江苏省人才建设的品牌。

1.6.2 拓宽选拔渠道,提升选拔力度

企业人才目前是一个地区经济发展的重要人才。在"333工程"人才的选拔中,企业人才的能力界定是一个有挑战性的事情。在本文进行的访谈中,也了解到企业人才对"333工程"的评估,认为自身受重视的程度不如带有教授头衔的研究型人才。

目前,各类创新创业活动层出不穷,对高层次企业人才的支持力度逐步提升。企业人才不仅重在引进,还重在持续的培养和成长。企业人才的发展途径多元化,研发、市场营销、物流、财务、金融、人力资源管理等,企业对人才绩效的评估本身就复杂多样。为此,在这种情况下,政府对企业人才的界定也需要多元化的

认可标准，不能过多套用高校、事业单位里传统的依赖职称、论文发表、专利获取等指标，应该用更为开放的视角来认定企业人才。

在坚持学历、年龄、职称、成果选拔标准的条件下，需要根据人才所在地区、行业、学科特点的差别，进行灵活性的变通，可以对每个地区、行业制定适当切实可行的选拔标准。对于基层工作人员，尤其是实际工作操作能力强但缺少科研理论成果的一线基础学科、教研工作人员，采用其他替换指标进行选拔。

建立同行业、同学科、同地域的交流合作平台，由江苏省人才工作领导小组办公室操作。通过协会交流形式，在节假日期间，根据地域、专业、学科举办不同行业、学科、地域间的联谊交流会，聘请院士、国内外专家进行讲课，促进人才之间的思想碰撞。

1.6.3 丰富资助形式，加大资助力度

除了对人才的论文发表、专著出版、专利申请等成果进行资助外，设立"论文基金"、"出版基金"等基金形式加强对基础学科领域的资助，或者以减免个人所得税或者企业税金的形式对人才本身及依托单位进行更为现实的资助，以灵活多样的资助形式简化手续，真正调动人才的积极性并惠及所在单位。

适度加强江苏省经济欠发达地区如苏北地区人才的资助，并适当提高对相应地区人才的资助比例。资助项目在注重经济效益的同时，还要关注社会效益。

此次数据分析区分了企业中人才所处的行业背景，以制造业为重中之重，其次是信息传输、软件和信息技术服务业，科学研究和技术服务业等。"333 工程"作为一个省级人才工程，在人才支持的行业匹配度上还需要具有一定的战略发展性眼界。

为此，将此次行业分布与江苏省"十三五"十大战略性发展行业进行了对比，本文提出在后续的"333 工程"人才选拔中，可以进一步加大具有科技含量的数字创意产业、人工智能创新产业、高端装备制造产业等的人才资助力度。

1.6.4 构建交流合作平台，增加人才学习机会

建立"333 工程"官方网站、公众号，通过专门的成果及项目信息库定期公布每个人才所取得的成果，主动积极地向社会和企业实现经济建设提供高级专家支持，推动智力成果转化。

对人才的基本情况进行统计分析，与各地区、各行业、各学科的人才信息库进行实时连接、反馈和互动，定期公布举办活动的信息，增加人才之间的业务学术交流，为管理部门与人才之间、人才与人才之间提供多种形式的信息交流与沟通渠道，推动"333 工程"人才资源的共享。

1.6.5 加强考核管理，培养方式灵活多样

目前，人才评定的发展趋势必须突出以品德、能力、业绩为导向，克服"唯学历、唯资历、唯论文"的倾向，建立科学客观公正的评价专业技术人才系统，以科学评价为核心，健全职称制度体系，完善职称评价标准，创新职称评价机制。在这方面，江苏省也需要走在变革的前列。

可以多应用大数据思维来提升人才评定的创新程度。通过采集、存储人才成长过程中相关有价值的信息，用数据的形态，形成人才成长过程海量数据库，运用先进的互联网、云计算、物联网和心理测量等技术对数据进行深度挖掘、分析，对人才成长全过程进行全面、科学的分析和评价，为人才的培养、选拔、使用、管理与开发提供依据，为政府选拔人才提供个性化、多样化、更具效率和针对性的信息服务。为此，建议江苏省在这个方面能多关注、多投入，细化考核指标，建立可操作性的考核指标，对于考核合格的人才进行阶段总结、表彰等，甚至对授予"优秀学术、技术带头人、精英人才"的培养对象，给予一定的物质奖励。

根据人才的需要，举办大规模、高层次的培训，向农业、勘探、水利等艰苦行业进行适当倾斜。通过定期座谈、交流访谈等形式，增加各层次、各行业、各类型人才间的横向交流机会。继续增加留学机会，紧跟新知识、紧跟学术前沿，以便扩大人才知识面、拓宽人才视野。

1.6.6 进行动态管理，及时跟踪反馈政策实施成效

1）改革管理周期，加强考核

根据"333 工程"不同层次、不同行业、不同类别的人才特点进行不同的周期管理。江苏省是文化大省，在学科类的建设上，除了工学、理学作为推动社会经济发展的直接学科需不断加强支持，在社会科学上增强投入，还需要根据学科特点调整管理周期和考核目标。根据调查可以看出，江苏省"333 工程"除了对人文学科人才的支持力度较小，管理周期和考核目标与学科特点还存在出入，这与当前的文化强省建设还有一定的差距。因此，需要根据人才所处的行业或者承担的项目周期，制定相应的阶段目标、长期目标和管理周期，根据目标制定详细的培养办法及考核指标措施。

通过建立并自主维护"333 工程"人才管理数据库，实施分级管理的部门之间共享、定期交流进而根据人才的实际情况进行目标调整。

2）及时管理更新信息，跟踪服务人才

首先，完善"333 工程"人才信息库，根据人才取得的业务成果、科研水平、

奖惩、经济社会效益及职称等变动情况，及时更新修改有关信息并存入信息库，定期发布人才信息或者举行定期交流会，使得人才能够及时了解其他人才的研究动态和变化情况，建立完善的晋升与淘汰机制。

其次，建立健全各级人才数据库，尤其将国内外院士、突出贡献专家、特殊补贴专家信息进行收录，为江苏省发展提供信息服务。

最后，苏中、苏北地区加强高层次人才队伍建设。苏中、苏北地区与苏南地区的一个重要差异就是高校少，为此，在"333 工程"中不占优势。那么，建议在逐步发展自己高等教育的前提下，苏中、苏北地区可以在自身的情况下，建设不同产业、不同领域的人才队伍，多从优秀企业家、高层次专业技术人员、高技能人员中选拔人才，整体推进各类人才队伍建设。同时，积极发展这两个地区的人力资源服务业，从人才规划、人才引进、人才配置、人才评价等方面，逐步脱离传统的、行政管理过多的人员激励和人员流动氛围，积极引导现代的、富含良性竞争的人才流动环境。

（曹 杰 蒋 莹 姜农娟 刘 娜）

参 考 文 献

郭俊华, 程聪慧, 何军, 等. 2015. 基于熵权法的科技人才项目绩效评价研究——以上海市浦江人才计划为例[J]. 科技进步与对策, 32（19）：119-125.
胡倩楠. 2016. 区域人才工程绩效评价研究[D]. 徐州：中国矿业大学.
宋健峰, 袁汝华. 2006. 政策评估指标体系的构建[J]. 统计与决策, （22）：63-64.
孙锐, 吴江. 2012. 公共项目评估视角下的我国人才战略规划实施效果评估机制研究[J]. 中国软科学, （7）：18-27.
王燕. 2011. 地方政府人才政策评价机制研究[D]. 合肥：安徽大学.
吴江. 2013. 人才计划评估——珠江人才计划案例[J]. 国际人才交流, （12）：22-23.
张金岱. 2015. 区域高层次人才项目绩效评价研究[D]. 杨凌：西北农林科技大学.
周蕾. 2015. 苏州市吴江区政府人才政策研究[D]. 杨凌：西北农林科技大学.

2 江苏省顶尖科技人才的群体特征分析
——以江苏籍院士为例

摘要： 在创新驱动发展的时代，高层次创新型人才是稀缺资源，对科技创新发挥越来越重要的作用。以江苏籍两院院士为研究对象，运用履历分析和统计研究相结合的方法，对当选院士的年龄、籍贯、毕业院校、学历构成、留学情况等关键特征进行了统计分析，总结两院院士的群体特征，探究两院院士的成长过程及影响因素，把握其发展特点和成长规律，以期为高层次创新型科技人才的培养提供教育启示。研究表明：

（1）女性院士比例极低，其出生地、工作地及工作领域集聚性更强。女性院士在科技领域处于弱势地位，创设平等的科研制度、公正的选拔机制有利于女性精英人才的成长和发展。

（2）院士的平均年龄已过70岁，存在严重的老龄化现象。不合理的年龄结构增大了科技创新和成果推广的难度，一定程度上抑制了青年精英人才获得社会认可的机会。从本科教育、研究生教育、出国深造等方面营造优质的教育环境，可以促进青年精英人才的快速成长。

（3）院士籍贯集中在苏南地区，工作地多选择北京。快速的经济发展和优质的教育资源有利于培养出更多的优秀人才，优良的外在环境导致了高层次人才的集聚。

（4）良好的教育结构和系统的学术积累是院士成材的关键，多元复合化、高学历、教育国际化是院士普遍具有的教育特征，这些现象折射出高层次创新型人才的培养与高等教育系统的质量密切相关。均衡优质教育资源、完善学科建设及分类分层的人才培养机制，有利于高层次创新型人才的培养。

关键词： 群体特征；集聚性；马太效应；教育启示

2.1 引　　言

高层次创新型科技人才是稀缺资源，也是人才竞争的焦点。《国家中长期人才发展规划纲要（2010—2020年）》把培养高层次创新型科技人才摆在了突出的位置。2016年，南京市也制定了科技顶尖专家集聚计划。院士是我国最高的学术荣誉称号，入选的院士作为我国科学家中的精英群体，代表中国科技界的最高成就、科学界的最高水平，是我国科学技术发展的宝贵财富，他们对科学研究做出了突出贡献。

中国科学院和中国工程院（简称"两院"）分别成立于1949年和1994年，是国家在科学技术方面的最高咨询机构。中国科学院从成立之初的4个学部、不定期增选的制度逐步转变为6个学部、每两年增选一次的规范化体制；中国工程院从1995年开始每两年增选一次院士，从工程科学技术方面做出重大、创造性成就和贡献的群体中遴选精英人才，经过12次院士选举，逐步改革完善了增选制度。截至2015年底，当选的江苏籍院士（不包括已故院士）共267人，其中，中国科学院院士138人、中国工程院院士129人。就中国科学院而言，男性132人，女性6人；最小入选年龄41岁，最大入选年龄78岁。而中国工程院中，男性123人，女性6人；最小入选年龄41岁，最大入选年龄78岁。各学部入选的院士见表1和表2。

表1 江苏籍中国科学院院士学部分布

学部	数学物理学部	地学部	生命科学和医学学部	化学部	技术科学部	信息技术科学部
人数	41	22	21	19	19	16

表2 江苏籍中国工程院院士学部分布

学部	土木、水利与建筑工程学部	医药卫生学部	能源与矿业工程学部	化工、冶金与材料工程学部	信息与电子工程学部	机械与运载工程学部	环境与轻纺工程学部	农业学部	工程管理学部
人数	22	18	18	17	16	16	10	10	2

对高层次创新型科技人才需求的迫切性，驱使学者和企业去探寻其匮乏的原因，并寻求解决之道，从而创造一个有利于高层次创新型科技人才成长、发展的环境。因此，选取了院士这一精英群体，以2015年之前当选的江苏籍院士为研究对象，分析当选院士的性别、年龄、籍贯、毕业院校、学历构成、留学情况等，深入研究江苏省顶尖科技人才的成长过程及影响因素，把握其发展特点和成长规律，逐步完善在人才培养、选拔、使用和环境营造等环节的不适宜之处。人才培养和使用只有遵循其自身特点和成长规律，才能营造人尽其才的良好环境，充分发挥顶尖人才在科技创新、科学研究领域的领军作用。

2.2 性别结构分析

2.2.1 性别构成

普通的科学家群体中，男性科学家的从业比例占绝对优势，女性院士则更是"珍稀品种"。在研究的267位江苏籍院士中，男性院士255人，占院士总数的95.5%；女院士人数极少，仅有12人，占院士总数的4.5%，如表3所示。其中中国科学院有女性院士6人,占中国科学院院士总数的4.3%;中国工程院有女性院士6人,占中国工程院院士总数的4.7%。我国女性院士人数少,比例低。女性科技人员总量偏少,女性在代表我国最高层次和水平的科技人才群体——两院院士中比例更低,女性院士人数与男性院士人数之比约为1∶21。

表3 院士性别构成

性别	中国科学院		中国工程院	
	人数	所占比例	人数	所占比例
男	132	95.7%	123	95.3%
女	6	4.3%	6	4.7%
总计	138	100.0%	129	100.0%

资料显示,欧美一些发达国家,女性院士的比例也较低。近年来,科技领域中的女性比例有了显著提高,但科学技术界的性别分层仍然存在,反映出男女科学家在学术职位、荣誉及研究成果等方面的不平等,表明女性参与科学技术领域的活动会遇到比男性更多的障碍与困难(张利华和王义超,2006),性别差异并未随着时代的进步和科学的发展而改善。

2.2.2 女院士群体分析

当选的12位女性院士中,11位年龄已超过70岁,占女性院士总人数的91.7%,呈现严重的老年化倾向。1999年以前的女性院士入选年龄相对稳定,在60岁左右;1999年以后的女性院士入选年龄呈不规则变化,1999年和2005年平均年龄提高到70岁和69岁,年轻化趋势缓慢,且很多年份没有女性科学家入选院士(图1)。科学创造在最佳年龄区的成功率是最大的(徐飞和陈仕伟,2012),应重视女性科学精英年龄结构的合理化。

女性院士的入选年龄集中在50~69岁的,共11位,占女性院士总人数的91.7%。中国科学院与中国工程院各年龄段的入选比例无显著差异,50~59岁为当选高峰,共6位女性院士,占女性院士总数的50%(表4)。

苏南地区的女性院士共11人,占女性院士总数的91.7%;选择在北京工作的女性院士7人,比例达到58.3%,其余女性院士工作地集中在经济发达、高校云集的江苏、上海、广东等地(表5)。

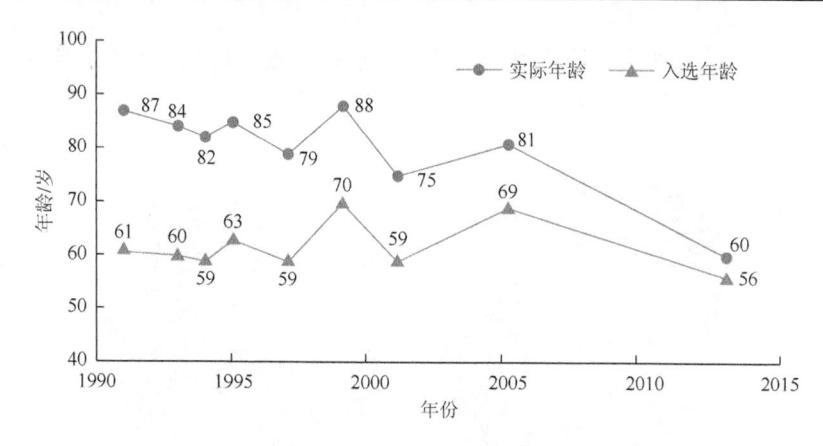

2 江苏省顶尖科技人才的群体特征分析——以江苏籍院士为例

图 1 女性院士的平均年龄

表 4 女性院士入选年龄

年龄段	中国科学院			中国工程院		
	院士人数	平均入选年龄	所占比例	院士人数	平均入选年龄	所占比例
50~59 岁	3	59.0 岁	50.0%	3	56.3 岁	50.0%
60~69 岁	3	62.0 岁	50.0%	2	66.0 岁	33.3%
70~79 岁				1	70.0 岁	16.7%
总计	6	60.5 岁	100.0%	6	61.8 岁	100.0%

表 5 女性院士的地域分布

籍贯			工作地		
地区	人数	所占比例	地区	人数	所占比例
苏州市	5	41.7%	北京市	7	58.3%
无锡市	4	33.3%	安徽省	1	8.3%
常州市	1	8.3%	广东省	1	8.3%
南京市	1	8.3%	江苏省	1	8.3%
南通市	1	8.3%	辽宁省	1	8.3%
			上海市	1	8.3%
总计	12	100.0%	总计	12	100.0%

中国科学院共 6 个学部，女性院士工作的领域分布在 5 个学部，技术科学部的女性院士比例最高，达到 33.3%，其他学部分布相对均衡；中国工程院共 9 个学部，女性院士工作的领域仅涉及 3 个学部，分别为环境与轻纺工程学部、医药卫生学部和化工、冶金与材料工程学部，50%的女性院士工作于环境与轻纺工程

学部（图2）。男性科学家注重对世界的理性审视和规律探求，女性科学家更注重生命意义的感悟，关心人类自身的健康和生命质量。

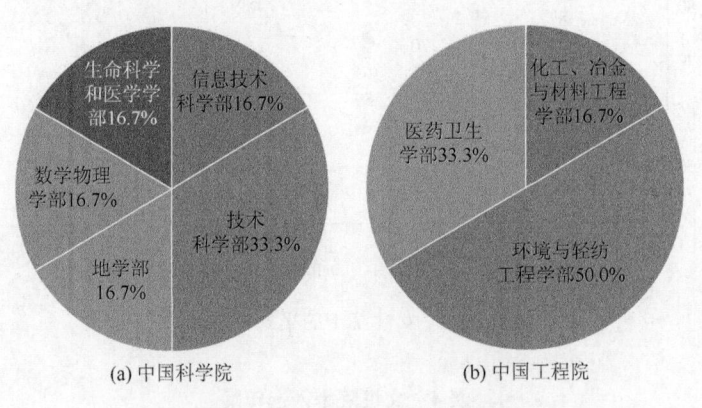

(a) 中国科学院

(b) 中国工程院

图2 女性院士的学部分布图

女性院士中拥有博士学位的5人，占总数的41.7%；中国工程院的女性院士博士学位拥有率比中国科学院高16.7%，且硕士及以上学位的拥有比例也高于中国科学院（表6）。高学历、高素质的科学技术人才是保持科技竞争力的重要条件，今后的培养过程中，应保质保量地提高女性院士的博士学位获取率。

表6 女性院士的学历结构

学历层次	中国科学院		中国工程院		总计	
	人数	所占比例	人数	所占比例	人数	所占比例
博士	2	33.3%	3	50.0%	5	41.7%
硕士	1	16.7%	2	33.3%	3	25.0%
学士	3	50.0%	1	16.7%	4	33.3%
总计	6	100.0%	6	100.0%	12	100.0%

2.3 当选年龄分析

2.3.1 年龄组成

由表7可见，两院院士的平均入选年龄在60岁左右，中国科学院院士的平均入选年龄低于中国工程院院士的平均入选年龄（40~49岁除外），且老龄化现象严重，其中中国工程院院士入选年龄的老龄化现象更明显，49.61%院士的入选年龄集中在60~69岁。

中国科学院中，院士的平均入选年龄为58.38岁，60~69岁年龄段入选比例最高，为42.03%；中国工程院中，平均入选年龄是61.76岁，同样，高龄院士入选比例较高，60~69岁年龄段入选比例为49.61%，此年龄段比中国科学院还高出7.58%。

表7 两院院士的入选年龄

年龄段	中国科学院			中国工程院		
	院士人数	平均入选年龄	所占比例	院士人数	平均入选年龄	所占比例
40~49岁	17	45.76岁	12.32%	6	45.50岁	4.65%
50~59岁	56	54.91岁	40.58%	41	55.17岁	31.78%
60~69岁	58	63.79岁	42.03%	64	64.58岁	49.61%
70~79岁	7	72.00岁	5.07%	18	72.17岁	13.95%
总计	138	58.38岁	100.00%	129	61.76岁	100.00%

总的来说，中国科学院的平均入选年龄比中国工程院小，且50岁以下的入选比例高。50岁以下的中国科学院院士入选人数占院士总人数的12.32%，而中国工程院仅占4.65%（图3）。中国科学院在院士年龄结构合理化方面做出了大的努力，年龄构成相对较合理。纵观当选的年轻院士，均在所从事的领域内获得创造性的重大成就，被授予国家自然科学奖、国家科技进步奖等。例如，杨乐，数学家，41岁当选中国科学院院士，对整函数与亚纯函数亏值与波莱尔方向间的联系作了深入研究，并与英国海曼教授合作解决了著名数学家立特沃德的一个猜想；陈竺，分子生物学家，42岁当选中国科学院院士，从事白血病系统生物学、人类多基因复杂性状疾病的系统生物医学研究，提出白血病的"靶向治疗"观点，为肿瘤的选择性分化、凋亡治疗开辟了全新的道路，被美国、英国等多国授予院士称号。

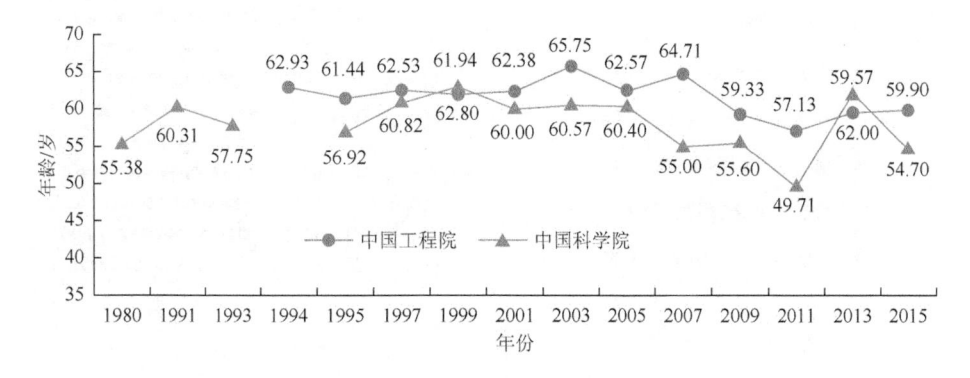

图3 两院院士当选的平均年龄

科学合理的年龄结构有利于提升顶尖科技人才的创造能力。有发展潜力的科技人才年龄结构为准高斯分布，峰值在 40 岁左右（徐飞和陈仕伟，2012）。两院院士当选年龄的分布与 40 岁相差较大，呈现低年龄化不规则缓慢变化趋势，院士入选年龄基本在 60 岁左右徘徊，只有 2009 年、2011 年和 2015 年这三年平均入选年龄在 60 岁以下。总的来说，中国工程院院士的平均入选年龄大于中国科学院的平均入选年龄，中国工程院成立时间较晚，在 1994 年之前，很长一段时间内积压了大批优秀的工程技术专家，他们急需得到社会和国家的认可，一大批年龄相对较大的科学家入选中国工程院，且中国工程院更偏重工程技术方面的实践研究，成果的认可需要时间的检验。

院士荣誉称号不仅是对顶尖人才前期工作的认可，更应该以此激发科技人才的潜力，进行更加深入的攻坚研究。院士遴选机制中应该给青年高科技人才更多展现自己和获得认可的机会，这样不仅有利于院士队伍年龄结构的合理化，更能激发青年高科技人才研究的热情，使其贡献更多的研究成果。

2.3.2　学部年龄差异

中国科学院院士的平均入选年龄低于中国工程院，两院院士所属学部的平均当选年龄也存在差异。图 4 显示，对于中国科学院，除信息技术科学部的平均入选年龄为 62.38 岁，大于 60 岁，其他学部的平均入选年龄均在 60 岁以下，其中，入选年龄最小的是生命科学与医学学部，平均当选年龄为 55.71 岁。中国工程院中各学部的平均入选年龄除信息与电子工程学部外，其他学部的平均入选年龄均在 60 岁以上，老龄化现象更严重。工程管理学部平均入选年龄最大，为 71 岁，这可能与该学部的江苏籍院士仅有 2 位，样本量太小有关，其他学部的平均年龄均在 55~66 岁，学部入选年龄最年轻的是信息与电子工程学部。

中国科学院	年龄/岁	中国工程院	年龄/岁
生命科学和医学学部	55.71	工程管理学部	71.00
化学部	56.84	农业学部	63.60
数学物理学部	57.76	信息与电子工程学部	57.50
地学部	58.87	医药卫生学部	63.22
技术科学部	59.63	环境与轻纺工程学部	61.10
信息技术科学部	62.38	土木、水利与建筑工程学部	62.82
		能源与矿业工程学部	62.72
		化工、冶金与材料工程学部	60.71
		机械与运载工程学部	61.06

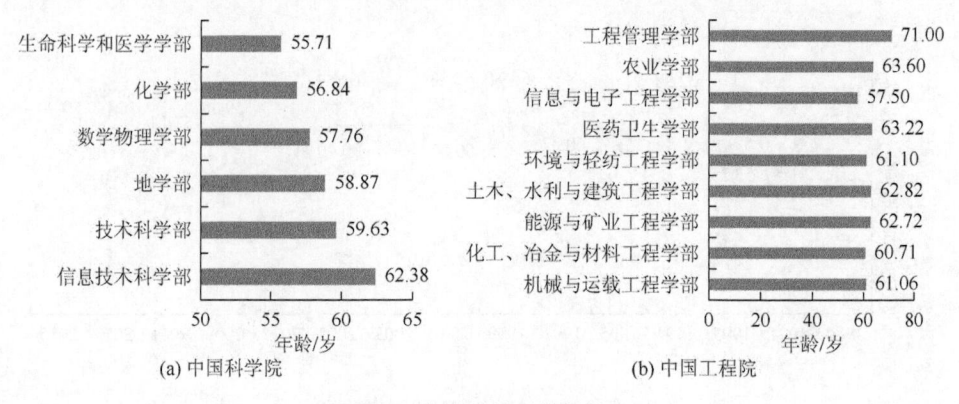

(a) 中国科学院　　　　　　(b) 中国工程院

图 4　各学部的入选年龄

综合来看，学科差异导致学部入选年龄的不同，生命科学和医学及信息与电子工程学科作为世界科学研究的热点和前沿学科，专业发展潜力巨大，越来越多的年轻科学家投身于相关专业，故这两个学部成为两院中院士平均入选年龄最年轻的学部。

由表 8 和表 9 可以看出，两院院士的出生年份在不同学部中的分布。总体上，两院院士的出生年份大多数集中在 1930~1939 年，中国工程院的年龄段集中性更强，1930~1939 年出生的中国工程院院士的比例达到 48.1%。从出生年份来看，1930~1939 年期间出生的两院院士最多，共 122 人，占总数的 45.7%；其次是 1940~1949 年，共 49 人，占总数的 18.4%；1950~1959 年出生的院士共 39 人，占总数的 14.6%。1930~1959 年出生并当选院士的共 210 人，占江苏籍院士总数的 78.7%。以两院院士的平均学成年龄 28 岁计算的话，那么中国工程院 80% 左右的江苏籍院士，求学年代应该在 1958~1987 年，原因相对较多，既有政治因素，也有国家经济发展需求的影响。

表 8 中国科学院学部院士的年龄分布表

学部	年份							总计
	1910~1919	1920~1929	1930~1939	1940~1949	1950~1959	1960~1969	1970~1979	
数学物理学部	1	6	21	6	3	4		41
地学部		3	10	3	4	2		22
生命科学和医学学部	2	2	5	2	6	3	1	21
化学部		4	3	6	3	3		19
技术科学部	1	2	9	5	1	1		19
信息技术科学部		1	12	2		1		16
总计	4	18	60	24	17	14	1	138
比例	2.9%	13.0%	43.5%	17.4%	12.3%	10.1%	0.7%	100.0%

表 9 中国工程院学部院士的年龄分布表

学部	年份					总计
	1920~1929	1930~1939	1940~1949	1950~1959	1960~1969	
土木、水利与建筑工程学部	5	9		7	1	22
能源与矿业工程学部		11	5	2		18
医药卫生学部	5	4	4	5		18
化工、冶金与材料工程学部	1	9	4	1	2	17
机械与运载工程学部		9	4		3	16

续表

学部	1920~1929	1930~1939	1940~1949	1950~1959	1960~1969	总计
信息与电子工程学部		7	6	2	1	16
环境与轻纺工程学部		7		3		10
农业学部	1	4	2	2	1	10
工程管理学部		2				2
总计	12	62	25	22	8	129
比例	9.3%	48.1%	19.4%	17.1%	6.2%	100.0%

与学部平均入选年龄相似，两院出生年代较晚、较年轻的一批院士大都集中在当前热门、前沿的学科，而 1940 年之前出生的、年长的院士，在中国科学院多集中在数学物理学部和地学部，而在中国工程院中则主要分布在土木、水利与建筑工程学部和能源与矿业工程学部等传统工业学部。

2.4 地域分布

2.4.1 院士籍贯的空间分布

籍贯是指曾祖父及以上父系祖先的长久居住地或出生地。地理环境对人才的成长有着重要的影响，正如但丁所说："要是白松的种子掉在石头缝里，它只会长成一棵很矮的小树，但要是它长在南方肥沃的土地里，它就能长成一棵大树"。

院士籍贯的空间分布呈现东多西少、南多北少的现象（图 5）；院士成才比率与籍贯地的经济发展水平和水域面积比呈显著的正相关（吴殿廷等，2003）。江苏

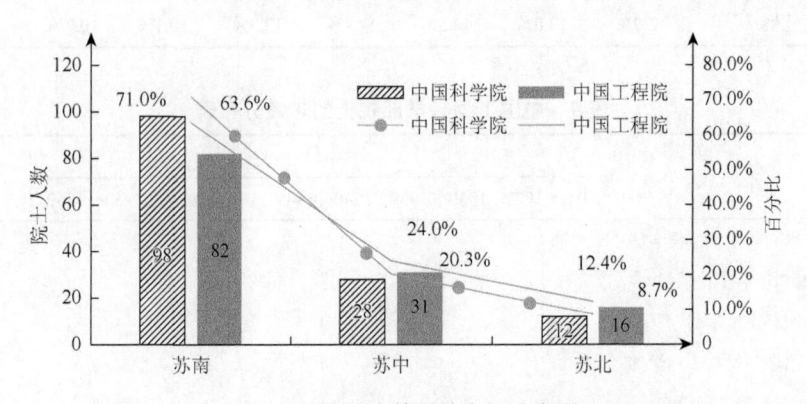

图 5 两院院士籍贯的空间分布图

籍院士在三大地区的分布极不平衡、相差悬殊，苏南地区占了绝大部分。中国科学院院士中 85 人集中在苏南四市，比例达到 61.6%。中国工程院院士中 71 人集中在苏南四市，占比达到 55.0%，主要集中在经济中心、文化中心及人口密集的地市。苏南地区不仅经济发达、交通便利、还汇聚了较多的优势教育资源，是人才的发源地。经济发达的地区才有充足的物质条件用于发展教育文化事业，进行智力资本投资，普及教育，为科技人才的培育创造良好的环境和条件。表 10 和表 11 给出了中国科学院和中国工程院两院院士的籍贯分布。

表 10 中国科学院院士的籍贯分布表

城市	数学物理学部	地学部	生命科学和医学学部	化学部	技术科学部	信息技术科学部	总计
苏州市	5	4	4	6	4	5	28
无锡市	8	4	2	2	2	4	22
常州市	6	1	4	1	6	1	19
镇江市	4	2	1	4	2	3	16
南京市	7	1	3	1	1		13
南通市	3	3	1	1	1	2	11
泰州市	3	3		1	2		9
扬州市	2	2	1	2		1	8
徐州市	1	1	1		1		4
盐城市	1		3				4
宿迁市	1	1					2
淮安市			1				1
连云港市				1			1
总计	41	22	21	19	19	16	138

表 11 中国工程院院士的籍贯分布表

城市	土木、水利与建筑工程学部	医药卫生学部	能源与矿业工程学部	化工、冶金与材料工程学部	信息与电子工程学部	机械与运载工程学部	环境与轻纺工程学部	农业学部	工程管理学部	总计
无锡市	7	6	3	6		2	2	1		27
苏州市	1	5	2	3	4	2	2	1		20
常州市	2	2	1	1	2	2	3	2	1	16
南通市	2	2	2	2	1	1	1	1		12
南京市	3			1	1	2	2	1	1	11
泰州市	1	1	1		2	1		4		10

续表

城市	土木、水利与建筑工程学部	医药卫生学部	能源与矿业工程学部	化工、冶金与材料工程学部	信息与电子工程学部	机械与运载工程学部	环境与轻纺工程学部	农业学部	工程管理学部	总计
盐城市	3	1	3		1			1		10
扬州市		1	4	1		3				9
镇江市				2	2				1	8
徐州市	2		1			1				4
淮安市					1					1
连云港市	1									1
总计	22	18	18	17	16	16	10	10	2	129

由表10可以看出，中国科学院院士主要集中在苏州、无锡、常州、镇江苏南四市，共入选85名院士，占总数的61.6%；而徐州、盐城、宿迁、淮安、连云港苏北五市共入选12名院士，仅占总数的8.7%。2015年末，苏南、苏中、苏北地区总人口数分别为3324万、1642万和3009万。以2015年末人口为基数，三个地区每千万人产生院士人数依次为29.5、17.1和3.99。苏南地区入选人数无论从相对数还是绝对数，都明显高于苏中和苏北地区。

不同地市的院士在各学部之间分布也存在差异。数学物理学部和地学部两个学部江苏籍入选院士较多，尤其数学物理学部占总数的29.7%，明显高于其他学部。这与2017年统计的全体院士在各学部之间的比例分布存在较大的差异，2017年，全体院士在各学部之间的比例分布依次为数学物理学部19%、生命科学和医学学部19%、技术科学部18%、地学部16%、化学部16%、信息技术科学部12%。全体院士中，除了信息技术科学部的院士占比稍低外，其他学部基本均衡分布。苏南地区中除了苏州和镇江两市各学部分布的人数相对均衡外，无锡市的院士主要集中在数学物理学部和地学部，常州市的院士主要集中在数学物理学部和技术科学部，南京市的院士主要集中在数学物理学部与生命科学和医学学部。苏中地区入选的院士也主要集中于数学物理学部和地学部，而苏北的淮安和连云港两市在统计期间仅在个别学部入选1名院士。

从表11可以看出，江苏籍中国工程院院士的区域分布虽然大部分集中在苏南地区，但有别于中国科学院苏南四市占绝对优势的状况，排名前5的为无锡市27人、苏州市20人、常州市16人、南通市12人、南京市11人，有4个城市属于苏南地区，而苏中地区的南通市排名第4；苏北地区的盐城入选10人，并列第6名，淮安市和连云港市入选人数仍然较少，各入选1人。

江苏籍院士在各学部之间除了土木、水利与建筑工程学部22人，占总数的17.1%，在医药卫生学部、能源与矿业工程学部等5个学部分别为18人、18人、

17人、16人、16人，分布相对均衡，且与全体中国工程院院士在这5个学部中的分布基本一致，在14%左右；环境与轻纺工程学部和农业学部院士入选比例为7.8%，接近全体中国工程院院士的入选比例；而工程管理学部仅入选2名院士，占江苏籍院士人数的1.6%，远低于其他学部的入选人数及全体院士在此学部的入选比例，截至2017年，全国两院院士中，工程管理学部的院士占比为5.0%。

无锡市入选院士主要集中在土木、水利与建筑工程学部、医药卫生学部和化工、冶金与材料工程学部，占所有9个学部的70.4%；苏州籍院士在医药卫生学部和信息与电子工程学部优势明显；泰州籍院士在农业学部比例较为突出，为40.0%；扬州籍院士多集中于能源与矿业工程学部和机械与运载工程学部，比例达到77.8%；镇江籍院士多分布于机械与运载工程学部和信息与电子工程学部及化工、冶金与材料工程学部，比例高达87.5%，且院士总数相对于排名第4的中国科学院院士而言，优势不明显，镇江籍的中国工程院院士人数在13个地市中排名第9。

2.4.2 院士工作地的空间分布

院士集中性不仅表现在籍贯，工作地集中性也很明显，两院院士的工作地都集中在北京、上海和江苏三个省（直辖市）。就中国科学院而言，工作地位于北京的88人、上海的22人、江苏的8人，三省（直辖市）工作的院士占总院士的85.5%，其中以北京居最，为63.8%；中国工程院院士在北京工作的有70人、江苏20人、上海13人，三省（直辖市）工作的院士占总院士的79.8%，北京工作的院士占总院士的54.3%，两院中北京工作的院士都远高于其他省（直辖市），这与北京是全国的政治、经济、文化中心密不可分。

由表12可见，数学物理学部的院士工作地集中在北京、上海、江苏、浙江四个省（直辖市），其他学部院士多工作于北京、上海、江苏、浙江和天津五个省（直辖市）；地学部在安徽、甘肃、河南三地工作的院士各占4.5%，生命科学和医学学部在河北和山东两地工作的院士各占4.2%，技术科学部在五个省（直辖市）之外的其他地区工作的院士占26.3%。虽然工作地的分布极不平衡，但各学部的院士大部分都在高校和科研院所工作。

表12 中国科学院院士的工作地分布表

学部	北京	上海	江苏	浙江	天津	其他	总计
数学物理学部	27	6	5	3			41
地学部	18		1			2	21
生命科学和医学学部	13	5			1	2	21
化学部	10	6	1	1	1		19

续表

学部	北京	上海	江苏	浙江	天津	其他	总计
技术科学部	10	3	1			6	20
信息技术科学部	10	2			1	3	16
总计	88	22	8	4	3	13	138

由表 13 可见，中国工程院院士的工作地分布有别于中国科学院的高度集中性，除土木、水利与建筑工程学部，能源与矿业工程学部，化工、冶金与材料工程学部和信息与电子工程学部 4 个学部的院士在北京工作的比例大于 50%，其他 5 个学部的院士工作地相对于中国科学院而言比较分散。中国工程院的院士有一部分工作在黑龙江、湖北和陕西等省（直辖市）。

表 13 中国工程院院士的工作地分布表

学部	北京	江苏	上海	湖北	黑龙江	陕西	浙江	其他	总计
土木、水利与建筑工程学部	13	5		2		2			22
能源与矿业工程学部	12	3		1	1			1	18
医药卫生学部	6	3	7			1		1	18
化工、冶金与材料工程学部	14		2		1				17
机械与运载工程学部	8	1	3	2				2	16
信息与电子工程学部	12					1	2	1	16
环境与轻纺工程学部	2	3	1			2		2	10
农业学部	2	5			1			2	10
工程管理学部	1						1		2
总计	70	20	13	5	5	4	3	9	129

相对于出生地而言，院士的工作地更为集中（吴殿廷等，2006）。由图 6 也可以看出，两院院士的工作地主要集中在北京、上海和江苏三个地区，呈现北多南少的现象，这与籍贯的南多北少的分布存在差异。江苏籍院士共 267 人，留在本地工作的仅 28 人。江苏省为典型的院士输出地，即籍贯所在地的人数大于此地工作的人数，江苏省经济发达、重视教书育人，是院士的"高产区"。

图 6 显示，相对于中国工程院而言，中国科学院院士的工作地集中性更强。63.8% 的中国科学院院士工作于北京，15.9% 的院士就职于上海，5.8% 的院士在江苏工作，其余省（直辖市）工作院士的比例都低于 3.0%；而中国工程院院士的工作地除了汇聚于三个省（直辖市）外，还集中在陕西、黑龙江和湖北。在北京工作的中国工程院院士比例达到 54.3%，超过一半。

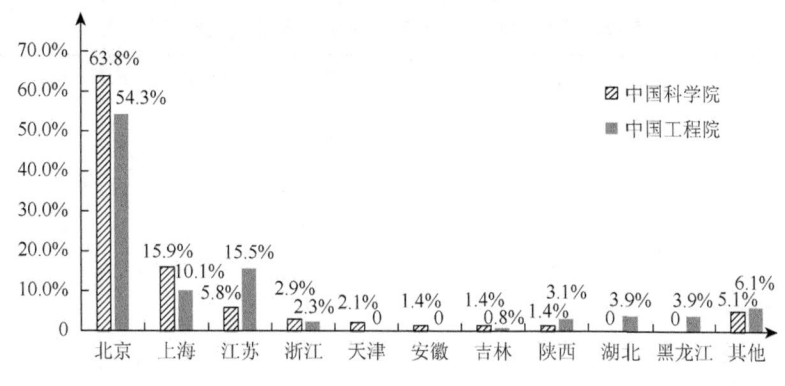

图 6 两院院士工作地的对比图

北京作为首都，集政治、经济、文化优势于一体，为人才发展提供了优良的物质基础和卓越的成长环境。因此，北京成为院士工作的首选之地，越是高科技精英人才，学习、工作越需要特定的条件，集聚性越强。中国工程院院士的成长除了受经济、文化、教育等因素影响，还与国家的工业化进程紧密关联，东北的近代工业始于清末洋务运动时期，外国资本的输入加快了东北近代工业的发展，在修筑铁路和开矿建厂等方面渐具规模。再加上知名院校和科研院所的优势资源，促使高科技人才集聚。在黑龙江工作的中国工程院院士有 5 名，其中在哈尔滨工业大学工作的有 3 名，比例达到 60.0%。同样，陕西和湖北也拥有重点高校和知名院所，中国工程院院士在陕西和湖北工作地基本集中于西安交通大学、华中科技大学和武汉大学等重点高校。

2.5 教育经历分析

2.5.1 第一学历结构

1）高产院校

顶尖人才的培养主要靠重点院校、科研院所，靠大师，院士也存在"聚堆"的现象。学校的综合实力和性质以及学科地位的不同，学生成为顶尖人才的可能性也不一样。表 14 和表 15 给出了两院院士第一毕业学校的排名，主要集聚在重点大学，如北京大学、清华大学和南京大学。这些重点院校成为院士的主要培养基地，其他高校难以比拟。

总的来看，江苏籍中国科学院院士的第一学历毕业院校中，南京大学居首，其次是北京大学、清华大学、复旦大学和中国科学技术大学，其中，南京大学毕业的院士主要分布在数学物理学部和地学部。南京大学排名居首，除了与就近选

表 14　中国科学院院士第一学历毕业院校（前八）

院校	地学部	化学部	技术科学部	生命科学和医学学部	数学物理学部	信息技术科学部	总计
南京大学	9	2	2	2	12		27
北京大学	2	2	2	3	7	4	20
清华大学	1	1	5	2	5	3	17
复旦大学		3		1	6		10
中国科学技术大学	1			2	4		7
浙江大学		2	1		3		6
西南交通大学	1		2				3
中国地质大学	3						3
其他院校	5	9	7	11	4	9	45
总计	22	19	19	21	41	16	138

择第一学历就读院校有关，学校的综合实力也决定了院士产生的数量。2017 年，南京大学的地质学和物理学在"双一流"建设学科名单中榜上有名。此外，江苏籍院士毕业院校人数前六名的高校均为"2＋5"高校，这在一定程度上也肯定了一流高校在学术研究和人才培养方面的贡献。

表 15　中国工程院院士第一学历毕业院校（前五）

院校	工程管理学部	化工、冶金与材料工程学部	环境与轻纺工程学部	机械与运载工程学部	能源与矿业工程学部	农业学部	土木、水利与建筑工程学部	信息与电子工程学部	医药卫生学部	总计
清华大学		1		2	4		1	4		12
北京大学			2		1		1	2	1	7
东南大学				1			5	1		7
复旦大学		1					1	2	3	7
上海交通大学	2	1		1			3			7
南京农业大学						4				5
哈尔滨工程大学				2			1	2		5
河海大学		1					3			4
华东理工大学		2								4
同济大学		1	1	1			1			4
浙江大学				1	1		1	1		4
南京大学				1		1	1			3

续表

院校	工程管理学部	化工、冶金与材料工程学部	环境与轻纺工程学部	机械与运载工程学部	能源与矿业工程学部	农业学部	土木、水利与建筑工程学部	信息与电子工程学部	医药卫生学部	总计
上海交通大学医学院									3	3
其他院校		10	6	8	11	5	3	4	10	57
总计	2	17	10	16	18	10	22	16	18	129

相对于中国科学院，江苏籍中国工程院院士第一学历毕业院校比较分散，广泛分布于国内一流高校，排名前五的依次为清华大学、北京大学、东南大学、复旦大学和上海交通大学。就学部而言，土木、水利与建筑工程学部的江苏籍院士人数最多，达到22人，除环境与轻纺工程学部、农业学部和工程管理学部分布人数较少，其他学部的江苏籍院士在18人左右，其中，工程管理学部院士仅2人，这与学部的领域特征和成立时间有关。排名前五名的高校除了是熟悉的"2+5"高校，东南大学高居第2名（四校并列第2名）。其次是南京农业大学和河海大学也名列前茅，分别位于第3名和第4名。第一学历毕业于东南大学的院士主要集中在土木、水利与建筑工程学部，该专业在2012年教育部学位与研究生教育发展中心组织的全国高校学科评估中位列全国第3名，并且入选了2017年"双一流"建设学科。

2）高产院校的区域分布

第一学历毕业于北京市、江苏省和上海市三地高校的院士比例最高，依次为25.8%、22.9%和18.7%，占总毕业院校的67.4%，其中，北京市和江苏省的院校集聚性最明显，排名前五名（四省并列第5名）的地区如表16所示。这与2017年双一流高校入选比例基本一致，入选学校数和学科数排名前三的地区依次为北京市、上海市和江苏省。高产院校的区域分布与经济发展水平、教育资源累积优势相关。

表16 两院院士第一学历毕业院校所在的区域（前五）

毕业院校区域	中国工程院	中国科学院	总计	百分比
北京市	28	41	69	25.8%
江苏省	30	31	61	22.9%
上海市	30	20	50	18.7%
浙江省	4	6	10	3.8%
安徽省	2	7	9	3.4%
黑龙江省	7	2	9	3.4%
陕西省	6	3	9	3.4%

3)院士的学科分布

从院士研究领域所属学科来看,对于中国科学院院士,除信息技术科学部,其他5个学部的江苏籍院士研究领域存在明显的集聚效应,尤其化学部,毕业于一级学科——化学专业的院士占化学部总院士人数的90%,如图7所示。生命科学和医学学部、数学物理学部和地学部的院士毕业专业所属特定一级学科的人数均在50%以上。从学部的一级学科构成来看,化学部与生命科学和医学学部的学科集中性更强,入选院士的毕业专业仅分布于三个一级学科,其中单个学科的独占优势明显。

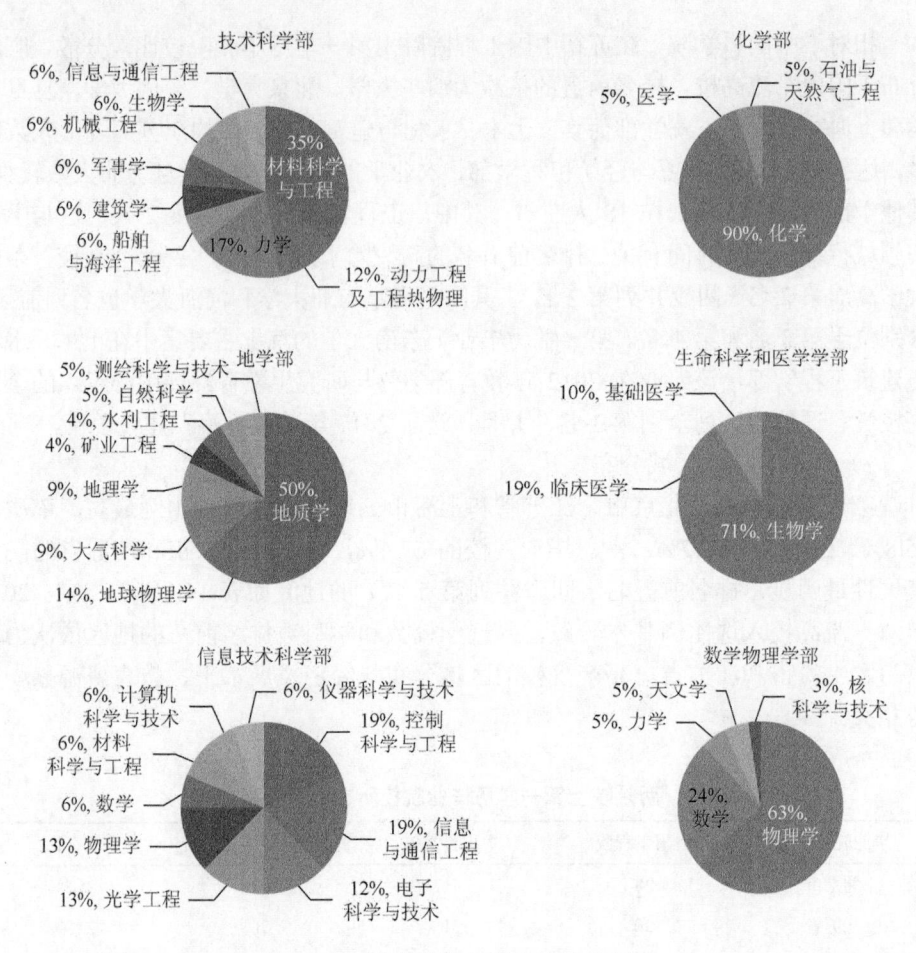

图7 中国科学院院士所在学科分布图

化学部中有19名江苏籍院士,毕业的院校比较分散,但学科集聚性最强,复旦大学以3人的微弱优势位于第1名,90%的院士毕业专业所属的一级学科为化学。生命科学和医学学部中共21名江苏籍院士,71%的院士毕业专业所在的一级学科为生物学，其余两个学科为临床医学和基础医学，学科聚集性类似于化学部。但毕业院校同样分布分散，北京大学3人，清华大学、中国科学技术大学和南京大学各2人。

数学物理学部中共有41名江苏籍院士，位于学部排名榜首。63%的院士毕业于物理学一级学科，24%的院士毕业于数学一级学科。"2+5"院校毕业的院士占该学部江苏籍院士的85%，其中，南京大学毕业的院士最多，共12人，国家重大科学研究项目"固体微结构的量子效应、调控及其应用"的首席科学家邢定钰院士就毕业于南京大学的物理学专业。

地学部共入选江苏籍院士22人，毕业于一级学科地质学的人数最多，共11人，其中高达50%的院士，毕业于南京大学的地质学专业，其次为中国地质大学，毕业人数为3人。2016年地质学学科排行榜中，南京大学与中国地质大学（武汉）分别位于前两名，是世界一流的研究型学科，现任南京大学校长、江苏省科协主席陈骏也毕业于南京大学地质系。南京大学地质学学科历史悠久，是我国最早建立的地质学系，有深厚的历史根基，系内设有内生金属矿床成矿机制研究国家重点实验室。

技术科学部中，毕业专业所在的一级学科分布比较分散。院士毕业专业所在的一级学科——材料科学与工程所占比例为35%，还广泛分布于力学、动力工程及工程热物理等6个一级学科。该学部中5名院士毕业于清华大学，载人航天工程应用系统总设计师兼总指挥顾逸东院士毕业于清华大学的工程物理系，长期从事宇宙射线和高能天体物理实验研究。

信息技术科学部共入选16名江苏籍院士，是入选人数最少的学部，毕业专业所属的9个一级学科，分布相对均衡，但毕业院校具有集聚性，43.8%的院士毕业于清华大学和北京大学两所院校。

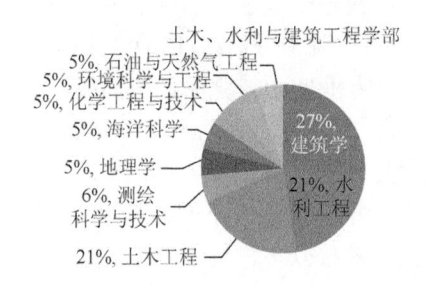

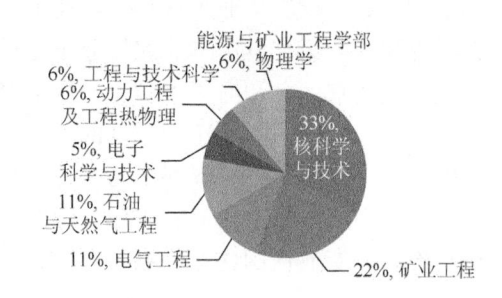

相对中国科学院而言，中国工程院院士毕业专业所属一级学科分布比较均衡，不存在单一学科独占鳌头的现象，工程管理学部只入选2名江苏籍院士，未给出学科分布图，其他学部的一级学科分布如图8所示。

共22人入选土木、水利与建筑工程学部，位居各学部人数之首。土木工程、水利工程、建筑学三个一级学科人数相对较多，占到总数的69%。其中，东南大学培养出5位院士，4位为建筑系毕业，反映了东南大学在建筑学的强大实力与底蕴，在2012年第三轮全国学科评估中，东南大学建筑学位列全国第二名；河海

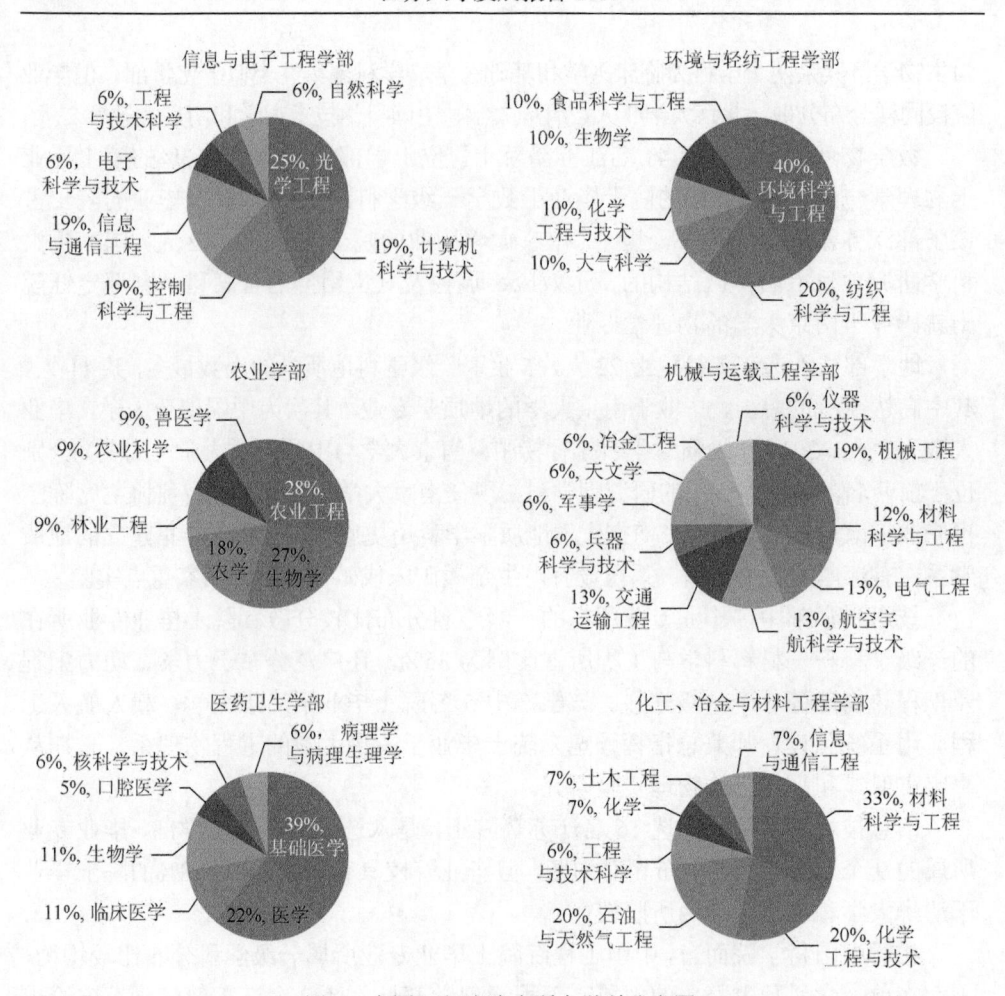

图 8　中国工程院院士所在学科分布图

大学也有 3 位院士上榜，该校在治水兴邦的奋斗历程中发展壮大，拥有水文水资源与水利工程科学国家重点实验室，被誉为"水利高层次创新创业人才培养的摇篮和水利科技创新的重要基地"。

能源与矿业工程学部中，江苏籍院士共有 18 位，仅次于土木、水利与建筑工程学部，第一学历毕业于核科学与技术、矿业工程两个一级学科的院士占 55%。该学部院士的第一学历毕业院校分布相对分散，18 位院士分散在 15 个院校，其中既包括北京大学和清华大学等一流学府，也包括专业实力较强的地方高校。

化工、冶金与材料工程学部的分布情况与能源与矿业工程学部十分相似，毕业的专业主要集中在材料科学与工程、化学工程与技术、石油与天然气工程三个一级学科，共占整个学部的 73%。17 位江苏籍院士毕业于国内不同的院校，说明该学部相关专业在国内竞争激烈，综合实力较强的院校众多。同样，信息与电子工程学部、环境与轻纺工程学部、机械与运载工程学部的院士第一学历毕业院校和学科分布类似于化工、冶金与材料工程学部。

医药卫生学部中,江苏籍院士也有 18 位,基础医学和医学两个一级学科的院士占到学部总院士的 61%。该学部第一学历毕业的院士具有聚集性,3 位来自复旦大学,3 位来自上海交通大学医学院,北京大学和华南理工大学各 1 人,主要集中于上海地区的高校,上海地区医学领域的教育教学和医疗水平具有明显优势。

农业学部中,江苏籍院士有 10 位,分布于 6 个一级学科,有 8 位院士的第一学历毕业于江苏省内高校,其中 4 位来自南京农业大学,占到总数的 40%。南京农业大学建有作物遗传与种质创新国家重点实验室等 65 个国家及部省级科研平台,农业以及生命科学专业底蕴深厚,同时也是国家首批卓越农林人才教育培养计划改革试点高校,故在农学部院士培养方面遥遥领先其他高校。

2.5.2 最终学历结构

表 17 给出了两院院士获得最终学位在各个年龄段的分布情况,最终学位获得人数排名依次为学士及以下＞博士＞硕士,前 2 名获得人数所占比例相当,在 40% 左右,最终学位为硕士研究生的中国科学院所占比例为 19.6%、中国工程院所占比例为 18.6%。

从不同学历层次获得年龄段来看,学士及以下学位基本在 30 岁以前完成,只有 1 名中国工程院院士第一学历获取年龄超过 30 岁,中国科学院院士获取学士及以下学位的平均年龄为 22.9 岁,而中国工程院为 23.3 岁;74.1% 的中国科学院院士和 66.7% 的中国工程院院士在 30 岁以下获得硕士学位,两院院士获取硕士学位的平均年龄都在 27 岁;74.5% 的中国科学院院士和 66.7% 的中国工程院院士在 30 岁以上获得博士学位,获得学位的平均年龄为 34 岁。

表 17　两院院士的最终学历构成

学位	获取年龄段	中国科学院 人数	中国科学院 平均年龄	中国科学院 人数所占比例	中国工程院 人数	中国工程院 平均年龄	中国工程院 人数所占比例
博士	20～29 岁	14	27.2 岁	10.1%	16	25.2 岁	12.4%
	30～39 岁	32	34.1 岁	23.2%	19	34.3 岁	14.7%
	40～49 岁	8	42.9 岁	5.8%	13	44.6 岁	10.1%
	50～59 岁	1	52.0 岁	0.7%			
	总计	55	33.9 岁	39.9%	48	34.1 岁	37.2%
硕士	20～29 岁	20	26.2 岁	14.5%	16	24.7 岁	12.4%
	30～39 岁	7	32.9 岁	5.1%	8	33.5 岁	6.2%

续表

学位	获取年龄段	中国科学院 人数	中国科学院 平均年龄	中国科学院 人数所占比例	中国工程院 人数	中国工程院 平均年龄	中国工程院 人数所占比例
硕士	总计	27	27.9 岁	19.6%	24	27.6 岁	18.6%
学士及以下	10~19 岁	1	19.0 岁	0.7%	1	19.0 岁	0.8%
学士及以下	20~29 岁	55	23.0 岁	39.9%	55	23.1 岁	42.6%
学士及以下	30~39 岁				1	38.0 岁	0.8%
学士及以下	总计	56	22.9 岁	40.6%	57	23.3 岁	44.2%
总计		138	28.3 岁	100.0%	129	28.1 岁	100.0%

学历结构受历史条件的影响。老一辈院士在青年时代，读书条件艰辛，加上战乱与政治原因，求学经历相对不易，学历层次相对较低，获取硕士及以上学历的时间相对较晚，但老一辈院士凭着对科学的热爱和坚定的信仰，在有限的条件内创造出重大成就。以陈学庚院士为例，最终学历仅是中专学历，长期扎根于边疆基层一线，从事农机研究和推广工作46年。20世纪80年代初，陈学庚院士研发出棉花铺膜播种机系列产品，填补我国地膜植棉机械化应用领域的空白；21世纪初，又研制出成功一次作业完成8道工序的膜下滴灌精量播种机，使得2012年新疆膜下滴灌精量播种面积达7663万亩[①]。2013年，陈学庚当选中国工程院院士。习总书记曾评价陈学庚院士说，英雄不问出处，谁是英雄，要在"战场"上见分晓。

与老一辈院士相比，年轻院士最终学历呈现以下特征：博士化、低龄化和国际化。年轻院士在新时代有更多的教育选择，出国或者选择进入更好的高校进修，获得博士学位的院士中，年龄最小的仅为24岁，博士学历、海外经历已经成为年轻顶尖人才入选院士的基本要求。图9和图10给出了不同年份入选的两院院士学历结构的变化情况，硕士、学士及以下学位的院士人数呈不规则下降趋势，而博士人数呈上升趋势。从2007年开始，博士学位人数多于硕士、学士及以下学位人数，有些年份已经没有硕士、学士及以下学位的人才入选院士。

1979年1月，中国科学院学部恢复活动，次年10月，增补大量学部委员，1994年6月3日，中国工程院在北京成立，在两院恢复活动与成立之前，很长一段时间内积压了大批优秀的老一辈科学家，这些顶尖的科学家入选两院院士。由于历史条件的限制，部分科学家获得第一学历学位后参加工作，因此，在两院成立的前几年，学士及以下学位获得者入选院士人数先上升、后下降，此后呈现波动降低趋势。获得硕士学位的院士变化规律类似于学士及以下学位的院士，但波

---

① 1亩≈666.67m²。

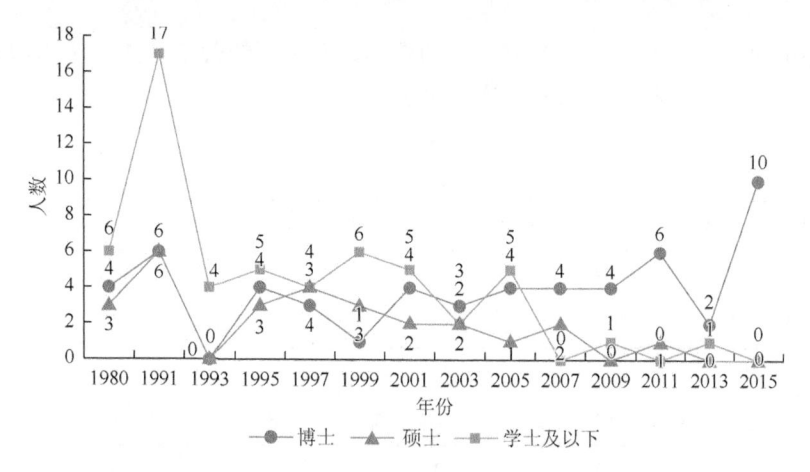

图 9　中国科学院入选院士学历构成的时间变化图

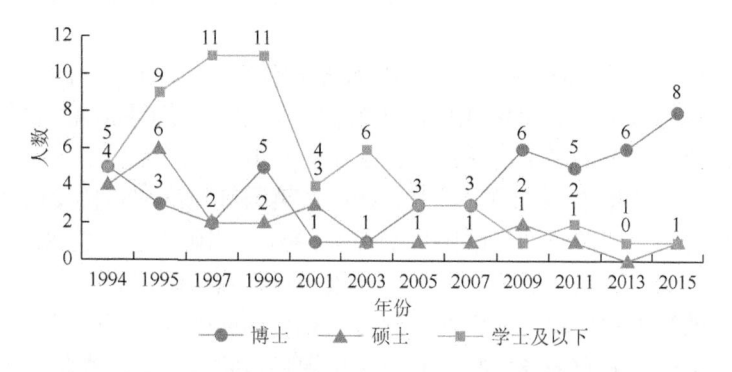

图 10　中国工程院入选院士学历构成的时间变化图

动幅度较小。21世纪以来，获得博士学位的院士人数持续波动上升，院士博士化是必然趋势。

2.5.3　留学经历

　　始于清末的中国近代留学潮至今已有 140 多年的历史，历代留学生回国后成为工业发展和科学研究的骨干力量，对我国的改革开放和科技进步产生了根本性的影响。系统学中的一个普适定律表明：只有在一个对外开放的系统中，通过与外界交换物质、能量、信息、人才，才能聚集和增大有效的发展动力，获取有用的信息，才能使系统迅速、稳健地发展成长。相反，封闭系统中的无序性只能不断增长（宋健，2003）。纵观各国的发展历程，无一行业例外，科技进步更是如此。

　　建国初期，中国科技人员严重不足，缺乏工作经验，必须加速派遣各类留学生，加强对尖端技术和科学前沿人才的培养。邓小平的改革开放政策为留学生创造了有利条件，两院院士的留学情况见表18。

表18 两院院士留学情况

类型		美国	苏联	德国	英国	法国	日本	加拿大	澳大利亚	其他	总计
中国科学院	人数	30	13	6	5	5	4	2	1	5	71
	占比	42.3%	18.3%	8.5%	7.0%	7.0%	5.6%	2.8%	1.4%	7.0%	100.0%
中国工程院	人数	17	10	1	5	3	3		2	4	45
	占比	37.8%	22.2%	2.2%	11.1%	6.7%	6.7%		4.4%	8.9%	100.0%
人数总计		47	23	7	10	8	7	2	3	9	116

注：表中统计的留学人数是指在国外系统学习，获得学位的人员，不包括短期的访学、项目合作等。

截至2015年，江苏籍院士中共116人有留学经历，其中，中国科学院71人，占中国科学院总人数的51.4%；中国工程院45人，占中国工程院总人数的34.9%。相对于中国科学院，中国工程院的总留学比例低16.5%。

留学国家主要集中在美国、苏联、德国、英国等经济和科技发达的国家。美国留学比例最高，两院分别为中国科学院42.3%、中国工程院37.8%。留学国家主要集中在美国、苏联、德国、英国、法国和日本六个国家，中国科学院留学以上六个国家的院士占总留学院士的比例为88.7%；而中国工程院留学以上六个国家的院士占总留学人数的86.7%。相对于中国科学院，中国工程院院士去德国留学的比例较低，仅占2.2%。中国工程院院士有7人具有多个国家留学经历，表18中只统计了第一留学国家。

各学部的留学情况存在较大差异。对于中国科学院而言，留学美国的院士在留学总数、各学部的留学人数（除信息技术学部）都最多，其次是苏联。数学物理学部、生命科学和医学学部两个学部的留学院士占总留学人数的50.7%。美国重视科学发展，崇尚创新精神，积极创设有利于科学技术发展的系列政策，因此，留美的院士最多。美国是生命科学和医学的研究大国，自第二次世界大战后，美国投入了大量的资金用于医药研究。1931~1960年的30年间，美国有24人获得诺贝尔生理学或医学奖，而此前的30年间获奖人无一人是美国人。留学美国的学部中，数学物理学部（52.6%）和化学部（50.0%）的比例高于所有学部留学美国的平均水平（42.3%），而信息技术科学部（20.0%）和技术科学部（30.0%）远低于平均水平；留学苏联的学部中，技术科学部的留学比例是化学部的3.6倍；信息技术科学部有40.0%院士留学于德国；留学法国的院士中，数学物理学部达到60.0%（表19）。

表 19 中国科学院院士各学部的留学分布表

学部	美国	苏联	德国	英国	法国	日本	其他	总计
数学物理学部	10	3		1	3	1	1	19
生命科学和医学学部	6	3	1	2	1		4	17
化学部	6	1		1	1	2		12
技术科学部	3	3	1			1	2	10
地学部	4	2	1	1				8
信息技术科学部	1	1	2					5
总计	30	13	6	5	5	4	8	71

对于中国工程院而言，化工、冶金与材料工程学部、土木、水利与建筑工程学部等五个学部的留学比例相对均衡，平均达到 16.4%，工程管理学部和机械与运载工程学部的院士留学比例较低均为 2.22%。留学美国的院士中，化工、冶金与材料工程学部和信息与电子工程学部两个学部的人数占 58.8%；留学苏联的院士中，土木、水利与建筑工程学部和医药卫生学部两个学部的人数占 50.0%。化工、冶金与材料工程学部和信息与电子工程学部两个学部的院士主要留学美国，留学比例分别为 62.5%和 71.4%。化工、冶金与材料工程学部和医药卫生学部等 5 个学部与高科技发展比较密切的领域，留学比例较高，而工程管理学部和机械与运载工程学部留学比例较低（表 20）。国家在注重尖端领域科技发展的同时，需适当鼓励其他学科人员的深造，做到学科的均衡发展。

表 20 中国工程院院士各学部的留学分布表

学部	美国	苏联	英国	日本	法国	澳大利亚	其他	总计
化工、冶金与材料工程学部	5	1			1		1	8
土木、水利与建筑工程学部	3	3			1		1	8
能源与矿业工程学部		1	2		1	2	1	7
信息与电子工程学部	5	1		1				7
医药卫生学部	1	2					2	7
环境与轻纺工程学部	1		1	1				3
农业学部	1		1				1	3
工程管理学部	1							1
机械与运载工程学部		1						1
总计	17	10	5	3	3	2	5	45

由表 21 和表 22 可见，两院院士留学情况存在共同的特征，留学人数排名前

3 名的分别是出生于 1930~1939 年、1950~1959 年和 1940~1949 年这 3 个时间段，且 1940 年以前出生的院士大多数选择留学苏联，其余两个时间段出生的院士都选择美国，1940 年后出生的院士中没有留学苏联的，这主要受当时政治因素的影响。中国现代科学家学成年龄基本集中于 35 岁以前，大多数在 26~30 岁上下完成学位（徐飞和卜晓勇，2006）。从院士取得最终学位的年龄分布来看，大多数院士留学年龄在 20 多岁。新中国成立后，中苏合作、共同发展，中国派遣一大批有识人士到苏联学习新知识、新技术，但从 1960 年开始，中苏关系开始恶化，影响了两国间的学习和交流。

表 21　中国科学院院士各年龄段的留学分布表

年龄段	美国	苏联	德国	英国	法国	日本	其他	总计
1930~1939	6	11	2		2	1		22
1950~1959	10		2	2	1		1	16
1940~1949	6		1	2	2	2	2	15
1960~1969	4		1			1	1	7
1920~1929	1	2					2	5
1910~1919	2			1			1	4
1900~1909				1				1
1970~1979	1							1
总计	30	13	6	6	5	4	7	71

表 22　中国工程院院士各年龄段的留学分布表

年龄段	美国	苏联	英国	日本	法国	澳大利亚	比利时	其他	总计
1930~1939	7	8	4						19
1950~1959	1		1	3	2	1	1	2	11
1940~1949	5				1	1	1		8
1920~1929	2	2						2	6
1960~1969	2								2
总计	17	10	5	3	3	2	2	4	45

两院院士中具有留学经历的院士比例呈现不规则的折线形。总的来说，中国科学院院士的留学比例大于中国工程院。早期阶段，1920 年之前出生的院士，大多数都具有留学经历，此后急剧下降，到 1920~1929 年阶段，中国科学院院士留学比例降到最低点 31.3%，中国工程院在统计的范围内，没有 1929 年之前的数据，到 1930~1939 年间降到较低点 30.6%。留学政策的时代特征导致留学比例的不规则变化以及在不同国家中的分布。早期的院士多留学于美国、苏联，1940 年以后

出生的院士留学国家除了美国,还会选择英国、日本、法国和德国等国家。1960年以后出生的院士留学比例维持在一个较低的水平,中国科学院 50%、中国工程院 25%(图 11)。国内外的科学技术水平差距在缩小,越来越多的科学技术人才源自本土培养,自主培养的高层次人才正成为科学技术界的生力军;再加上近期留学回国的人才还未进入科学创造的高峰成熟期(徐飞和卜晓勇,2006)

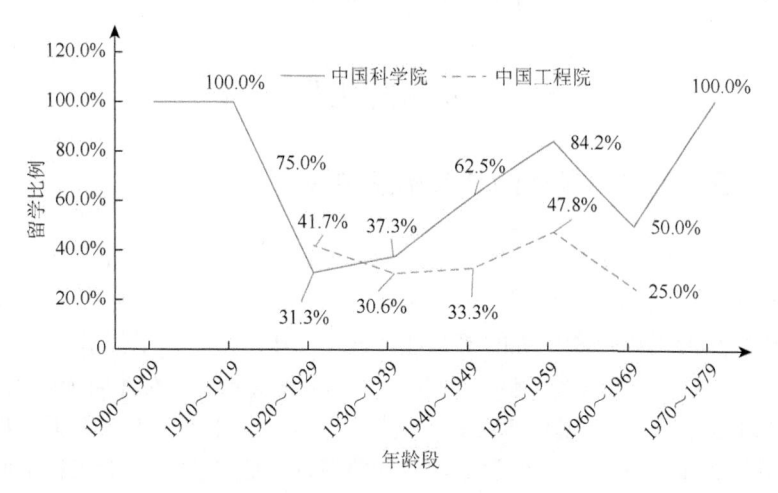

图 11 两院院士各年龄段的留学比例

留学比例在各学部间的分布不均衡。由图 12 可知,对于中国工程院而言,机械与运载工程学部和工程管理学部两个学部留学比例很低,仅为 2.2%。土木、水利与建筑工程学部、化工、冶金与材料工程学部和能源与矿业工程学部留学人数较多,这些领域是工程技术领域中与高科技关系密切的部分,学习国外先进的技术和经验。中国科学院中,留学比例最低的是信息技术学部(7.0%),最高的是数学物理学部(26.8%)。

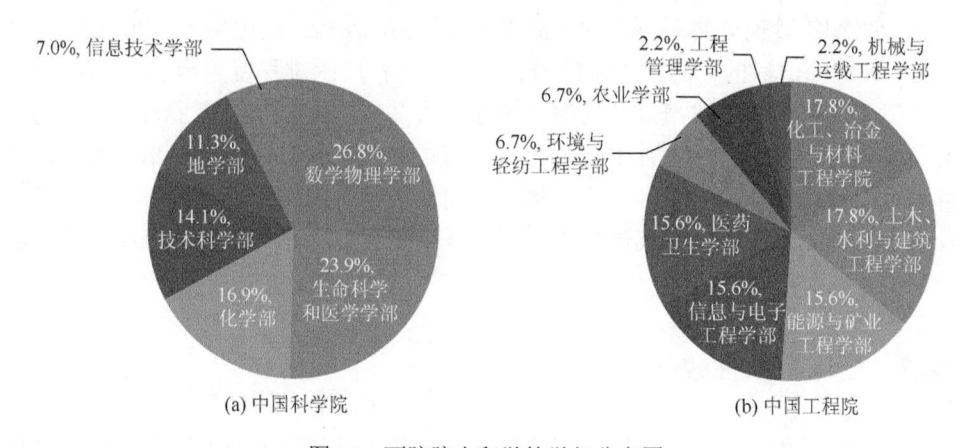

图 12 两院院士留学的学部分布图

中国科学院成立于 1949 年，1955 年首届学部委员共 172 名（不含哲学社会科学部），有 158 位是归国学者，占 92%。中国工程院成立于 1994 年，首批院士 96 人，留学专家 46 名，占 48%。1999 年 9 月中国共产党中央委员会、国务院、中央军事委员会决定表彰为研制"两弹一星"做出突出贡献的科技专家并授予"两弹一星功勋奖章"。23 名受奖者中 21 名是归国学者。可见，从科技进步到经济建设的成就，历代留学生都起到了不可替代的作用。

2.6　江苏籍院士群体特征

2.6.1　女性院士是科学界的"珍稀品种"

男性院士占绝对优势，女性院士比例极低。女性科学家从业人数偏少，女性顶尖科技人才更是"珍稀品种"。女性院士人数与男性院士人数之比大约是 1∶21，且存在更严重的老年化和更强的聚集性。截至 2015 年底，江苏籍院士共 267 人，女性院士 12 人，平均入选年龄为 61 岁，无 50 岁以下年轻女性当选院士；91.7%的女性院士出生于苏南地区、58.3%的女性院士聚集在北京工作；中国工程院的女性院士工作领域仅分布在三个学部，专业集聚性更强。女性院士在科学研究和工程技术领域处于弱势地位，创设平等的科研制度、公正的选拔机制有利于女性顶尖科技人才的成长和发展。

2.6.2　存在严重的老龄化现象

2017 年，267 位江苏籍两院院士的平均年龄为 76.7 岁。相关科学史研究证明，杰出科学家做出贡献的最佳年龄为 25～45 岁，世界范围内相关领域的诺贝尔奖获得者的平均年龄也分布于该区间（徐飞和陈仕伟，2012；刘俊婉等，2015）。不可否认，超过峰值后的年龄增加意味着科学发现与推广困难程度的增加。由此看来，江苏籍院士群体呈现出严重的老龄化现象，大多数院士已经结束了科研成果创造的黄金年代。尽管院士团体的定位已逐渐演进为授予荣誉、促进学术交流、开展咨询，但究其根本，学术导向仍为第一导向，而不合理的年龄结构不利于科学的发现与推广，偏离院士制度的初衷，同时，一定程度上也抑制了青年高层次人才获得社会认可的机会。

2.6.3　区域集聚性较强

院士籍贯集中在苏南地区、工作地多选择北京。超过七成的江苏籍院士来自苏南地区，籍贯的空间分布呈现南多北少。院士籍贯在江苏三大地区分布相差悬殊，苏南、苏中和苏北三大地区的院士人数之比为3∶1.3∶1，且不同地区入选院士的学科分布也不均衡。工作地的空间分布呈现北多南少的现象，且中国科学院的工作地聚集性更强。59.2%的院士选择在北京工作。籍贯和工作地的相对集中表明经济、文化和教育等因素影响着顶尖人才的成长（吴殿廷等，2006）。

2.6.4 良好的教育结构和系统的学术积累

毕业院校以"双一流"中国建设院校为主。从第一学历毕业院校来看，19.6%的江苏籍中国科学院院士毕业于南京大学，9.3%的中国工程院院士毕业于清华大学，其他培养院士较多的高校依次为北京大学、复旦大学、浙江大学和中国科技大学，均为"双一流"建设大学。中国科学院偏向于科学研究，注重培养科研型人才，这与南京大学浓厚的学术氛围相契合；中国工程院则倾向于工程技术，侧重技能型人才的培养，清华大学的工程类学科是全国一流的。毕业院校也具有明显的区域集聚性，北京市、江苏省和上海市三个地区的高校培养出67.4%的院士，毕业于北京高校的院士最多，达25.8%，其次为江苏省（22.8%）和上海市（18.7%）。

博士化率呈上升趋势。江苏籍两院院士的最终学位获得人数排名依次为学士及以下＞博士＞硕士，前2名获得人数所占比例相当，在40%左右。但近十年入选的两院院士获得博士学位的人数持续上升。高质量、系统的科研训练是提升人才创新能力的关键，因此，研究生教育是顶尖人才成长的重要过程，且在研究生学习阶段，能够得到名师的指导和熏陶，进行深入的科研探索，迅速成长为推动科技发展的中坚力量（樊向伟和肖仙桃，2015）。两院刚成立初期，受历史条件制约的老一辈院士不能接受正常的高等教育，导致博士化率较低。

国际化是顶尖科技人才成长不可或缺的教育经历。平均超过40%的院士有留学经历，中国科学院院士的留学比例高于中国工程院。院士在不同年代的留学比例和留学国家存在差异。1930~1959年期间出生的院士留学人数较多，1940年之前出生的院士大多数选择留学苏联，其余时间段出生的院士则倾向选择留学美国，与高科技关系密切的领域及科学理论研究更倾向于出国深造。国际交流使院士有更多的机会接触科学前沿，是顶尖科技人才成长的助推剂。

2.7 院士成长的影响因素分析

院士的成长受到经济、教育、家庭氛围等多因素的交叉作用，是一个复杂的演化过程。

2.7.1 经济投入是院士成长的基础保障

经济基础决定上层建筑，经济支撑为院士的持续求学提供条件。江苏籍院士数量分布、密度分布都呈现东多西少、南多北少的现象。江苏省的经济发展呈现同样的规律，东部强于西部、南部快于北部。经济发展对其他行业也产生着巨大的影响，经济基础好的地区有充足的资金投入教育，相应地，教育硬实力和软实力的增强，有利于该地区培养出更多的优秀人才，良好的教育反过来又促进经济的发展。经济投入和教育水平相辅相成，导致院士分布的马太效应（陈仕伟和徐飞，2011）。

2.7.2 优质教育是院士成材的关键要素

院士是我国科学技术发展水平的顶尖代表，梳理其教育历程，存在一些共同的特点与规律。第一学历属地依赖性、多元复合化、高学历、教育国际化是院士普遍具有的教育特征。

1）个人教育经历的多元复合化

教育经历的多元复合是指一个人在其接受从本科到硕士、博士的高等教育经历中，就读的学校在两个以上，接受过不同学术氛围、校园文化的熏陶。结果显示，在改革开放后开始接受高等教育的两院院士中，90%以上的院士本科、硕士、博士阶段曾就读于不同的学校和科研院所，仅10%左右的院士在一所高校完成从本科到博士的求学过程。多元化的教育经历使院士能够接受不同校园文化的熏陶、接触不同教育理念的指导，培养出创造、创新性的思维方式，对顶尖人才的成长具有重要的促进作用。

2）优质的本科教育坚固个人发展的基础

统计结果显示，院士的本科教育具有以下特征：①就读于"双一流"建设大学的比例高，表明初始高等教育阶段学校的综合实力、学术氛围、师资力量等因素对顶尖人才的成长起着基础性作用（刘少雪和庄丽君，2011）；②就读于综合性院校的人数多，说明基础知识教育的广度和深度在很大程度上决定了顶尖人才发展的后劲；③40%的院士最终学位为本科及以下，该群体主要受特殊的历史条件影响，但可以通过后天努力，来弥补高等教育中存在的不足，提升自身的创造力和影响力。

3）高水平研究生教育提升院士的创新能力

本科期间收获了扎实的基础知识和专业知识，研究生阶段确立了终身的研究领域。院士要求具有独特的创新思维和极强的研究能力，研究生阶段是创新思维形成和科研能力培养的关键时期。正所谓"名师出高徒",院士在某一领域的重大突破,离不开导师的指引。研究生阶段,通过导师的帮助和特定领域的探索,逐渐形成了系统的思维方式和独立的工作能力。因此,学识渊博的导师、优越的科研条件和良好的学术氛围对院士创新思维的形成和创造能力的提升起着关键作用。

4)教育国际化使院士密切跟紧科学前沿

教育国际化可以拓展国际视野、密切跟紧科学前沿。到国外一流高校学习和交流,更有机会进入重点实验室,接受名师的指导,不仅能接触到学科前沿理论,而且能在名师潜移默化的影响下,学会科学的思维方法,促进创新能力的提升。在发达国家接受高水平教育或培训,促进了我国科学家的快速成长。出国留学的作用不在于语言训练和良好的科研条件,而在于开阔视野、提高创新思维能力和了解国际学术前沿。教育国际化极大地促进了我国科学技术与国际接轨。教育国际化是开阔视野、提高创新能力和直接进入国际前沿领域的捷径。

2.7.3 家庭氛围是院士成长的文化基石

江苏省处于江浙文化区,人才的育成,更多地依赖于后天教育和自我学习。一个人出生后首先受到的是家庭教育,家庭教育是学校教育的基础和延伸,家庭对人才成长的贡献率较大,家庭教育对一个人的成长主要由家庭的经济背景和家长的思想道德素质、科学文化素养决定。江浙文化中的"士族文化,书生气质"深深地影响着家庭的教育,不断作用于下一代,在这种思想的传承下,家庭教育促使更多的人进入仕途,进行读书识字,具有探索精神和追求学术的思想。绘画艺术大师徐悲鸿,6岁时便跟随父亲读四书五经,后来又学习绘画,他的父亲对他的教育一直保持着鼓励支持的态度,即使在更高的求学阶段,家庭没有足够的经济去支撑他学习绘画,也依旧不反对他对绘画的追求,正是在家人的支持下,在个人不断努力的情况下,徐悲鸿愤然勃发,成为一代国画宗师。

海纳百川、兼收并蓄,一方水土涵养一方文化。长江、太湖、濒海的"山水形胜",造就了吴越文化缔造者的文人习性与人文精神,注定了这一方文化与生俱来的开放胸怀,加上江苏省位于东南沿海,受到西方文化的冲击较早,部分家庭接受了这些新思想,女性受教育意识也不断提升,这也是女性院士集聚于苏南地区的原因之一。

2.8 院士成长对创新高层次人才培养的教育启示

明显的集聚性和马太效应是江苏籍院士的群体特征,即南多北少的籍贯分布、北多南少的工作地分布、大多数毕业于"双一流"建设高校。院士个人成长过程受到众多因素的影响，成长路径也各不相同，但从院士成长经历中折射出高层次人才培养与高等教育系统的质量密切相关（瞿振元等，2008）。优质的本科教育、扎实的基础知识是高层次人才成长的基础，高水平的研究生教育、高质量的科研训练是高层次人才成长的关键，教育国际化是高层次人才接触学科前沿的重要途径。多元复合的教育经历、科学的思维方法对于高层次人才成长具有明显的促进作用。这些结论对布局高等教育资源、完善学科建设和健全人才培养机制具有重要的借鉴意义。

2.8.1 均衡优质教育资源

院士籍贯和工作地的聚集性映射出优质教育资源的可获得性与人才成长密切相关。经济发展水平落后、教育资源相对薄弱的地区极少有人当选院士，也难以引进院士。要培养出更多卓越的高层次人才，需要均衡教育资源配置。教育资源的合理布局从基础教育做起，政府宏观调控和市场机制调节相结合，为经济发展相对落后的地区提供教育设施、吸引优质教师资源。加大资源薄弱地区院校的扶持力度，加强对普通院校的有效投入；加大对学校的监督，促使学校机制体制的现代化、健康化；学校本身要本着以人为本的教学思想，充分激发学生对学习的积极性，营造良好的学习氛围，采用多种教学模式增加课堂趣味性，激发学生的创造力。

2.8.2 完善学科建设

大学的使命是人才培养、科学研究和社会服务，必须坚持以学科为基础，学科实力越强，越能培养和吸引高层次人才。根据"双一流"建设总体方案的指导原则，积极完善学科布局，一是控制学科规模。任何组织的资源都是有限的，难以做到全科发展，有主有次，集中有限的资源打造比较优势，优先发展特色、优势学科。二是加快学科转型。学科定位由粗放、低质发展向集约、高质发展升级转型，科学研究和社会服务相结合。三是优化学科结构。凝练学科发展方向，建设重点学科和特色优势学科，增加资源支持优先发展的学科领域。尽快建成一流大学，应从学科建设出发，重点打造学科高峰，跻身一流学科行列，带动学校发挥优势、办出特色，再接再厉，逐步建设一流大学。四是打破学科壁垒。改变传统学科模式，进行学科融合，做到跨学科发展。学生汲取其他学科的知识，不仅有利于全面发展，还可以创新思维方式。学科建设是高层次人才培养的支点。

2.8.3 坚持分类分层的人才培养机制

回归人才培养本位,院校最根本的任务在于人才培养。要培养更多的优秀人才,要使其职能定位真正回归到人才培养的根本使命上来。现有大学通常分为研究型大学、应用型大学和高职高专院校等,各类学校应明确办学理念和职能定位,借鉴法国"双轨制"教育体制,分类培养社会需求的各类人才。非研究型大学应注重专业能力和应用技能的训练,而研究型大学非常重视科学研究,已成为拔尖创新人才的培养基地。

研究型大学也应调整本科、硕士、博士等不同阶段的教育定位,坚持本科教育基础化、研究生教育精英化的变革思路,做到不同层次、不同阶段教育的和谐发展。本科阶段执行面向实践的教与学,在知识传授的同时,创造条件,鼓励学生积极参加实践创新活动,培养学生运用多学科知识解决复杂问题的能力。研究生阶段注重创造创新能力的提升,培养富有独立思考、能够攀登科学高峰、发现新知识的精英人才。加强国际交流与合作、学习和引进国外优质教育资源,提高教育国际化水平。在"双一流"建设的背景下,努力完成现有人才培养上的层级化,打造从本科基础教育到研究生精英教育的完整的科学化人才培养体系。

(魏 娟)

参 考 文 献

陈仕伟,徐飞.2011.中国科学院院士增选中的马太效应——以2001年-2009年院士增选为例[J].科学学研究,29(1):37-43.
樊向伟,肖仙桃.2015.中国科学院院士的年龄及学历结构研究[J].情报杂志,34(11):36-39+29.
刘俊婉,郑晓敏,王菲菲,等.2015.科学精英科研生产力和影响力的社会年龄分析——以中国科学院院士为例[J].情报杂志,34(11):30-35+61.
刘少雪,庄丽君.2011.研究型大学科学精英培养中的优势累积效应——基于诺贝尔奖获得者和中国科学院院士本科就读学校的分析研究[J].江苏高教,(6):86-89.
瞿振元,韩晓燕,韩振海,等.2008.高校如何成为拔尖创新人才培养的基地——从年轻院士当年的高等教育经历谈起[J].中国高教研究,(2):7-11.
宋健.2003-2-12.百年接力留学潮[N].科技日报.
吴殿廷,陈向玲,刘超,等 2006.我国高级科技人才空间集聚的初步研究——以两院院士为例[J].中国科技论坛,(6):108-112.
吴殿廷,李东方,刘超,等.2003.高级科技人才成长的环境因素分析——以中国两院院士为例[J].自然辩证法研究,(9):54-63.
徐飞,卜晓勇.2006.中国科学院院士特征状况的计量分析[J].自然辩证法研究,(3):68-74.
徐飞,陈仕伟.2012.中国杰出科学家年龄管理策略的新思考——从近十年(2001—2010)中国科学院新增院士与诺贝尔奖获得者年龄比较的反差谈起[J].科学学研究,30(7):976-982.
张利华,王义超.2006.关于科学院院士增选制度的剖析[J].自然辩证法通讯,(3):57-61+109+111.

第二篇　行业人才发展

3 江苏文化产业人才发展状况与竞争趋势研究

摘要：本文围绕江苏省中国共产党代表大会"两聚一高"发展主题和建设"强富美高"新江苏实践背景，研究江苏文化产业人才发展状况与竞争力的现状及发展趋势。

本文在相关理论背景分析及指标体系设计的基础上，采用两层次的实证研究：在区域性文化产业人才发展状况与竞争趋势实证研究中，通过对比国内文化产业人才发展较为领先的地区（上海、北京、广东和浙江等）发现，江苏文化及相关产业法人单位从业人数和企事业单位专业技术人员数总量偏低，文化传媒企业品牌价值和品牌影响力不高，重点龙头文化企业数量较少，江苏文化产业人才发展地方文化特色彰显不力；在江苏省域文化产业人才发展状况与竞争趋势实证研究中，通过对江苏省 13 个地级市文化产业人才发展与竞争力的现状进行考察和分析，总结江苏省各地市文化产业人才发展的经验和存在的问题，对江苏文化产业人才发展与竞争力培育进行总体评价。

随后从宏观（政府和社会）和微观（企业和高校）两个层面，为江苏文化产业人才发展提出相关对策：政府应从顶层设计的高度发挥宏观调控作用、社会应从资源统筹安排的角度营造文化产业人才发展的氛围、企事业单位应从人才激励的需要为文化产业人才发展创造环境、高校应从服务社会的层面承担文化产业人才培养的责任等，从而为形成连贯一致的江苏文化产业人才发展战略理论研究逻辑结构与实践操作体系提供一定的理论依据。

关键词：文化产业人才；发展状况；竞争趋势；政策建议

3.1 相关理论背景分析及指标体系设计

3.1.1 理论基础

要对文化产业人才发展状况及竞争趋势进行研究，就必须先搞清楚什么是文化产业，什么是文化产业人才。

由于研究方法和研究角度的不同，目前对文化产业的定义、分类、范围还没有统一的看法。联合国教科文组织把文化产业定义为"文化产业是按照工业标准，生产、再生产、存储以及分配文化产品和服务的一系列活动"。采取经济战略，其目标是追求经济利益而不是单纯为了促进文化发展（胡惠林，2009）。

目前，关于文化产业的定义大致也有精神产品和服务学说、内容产业学说、版权产业核心学说、工业标准学说、文化娱乐集合学说等这样几种。精神产品和服务学说把文化产业理解为"向消费者提供精神产品或服务的行业"；内容产业说把文化产业定位为生产和销售意义内容的产业；版权产业核心说认为，文化产业的核心是版权产业。另外，各国文化产业所包含的范围也有所不同，美国的文化产业分为 6 个行业，英国分为 13 个行业，新加坡分为 3 大类 13 个行业。根据《文化及相关产业分类（2012）》新标准，文化及相关产业行业范围包括《国民经济行业分类》（GB/T 4754—2011）中的 120 个小类。其中，按行业类别分，文化及相关产业分为文化制造业、文化批零业和文化服务业。按活动性质分，文化及相关产业分为两部分：一是"文化产品的生产"，是指以文化为核心内容，为直接满足人们的精神需要而进行的创作、制造、传播、展示等文化产品（包括货物和服务）的生产活动；二是"文化相关产品的生产"，是指为实现文化产品生产所必需的辅助生产活动、作为文化产品实物载体或制作（使用、传播、展示）工具的文化用品的生产活动、为实现文化产品生产所需专用设备的生产活动（包括制造和销售）。

人才是指具有一定的专业知识或专门技能，进行创造性劳动并对社会做出贡献的人，是人力资源中能力和素质较高的劳动者。作为不同于传统行业，以人的创意为中心的文化产业，人才是其发展的核心资源，是推动文化产业持续发展的根本源动力。文化产业人才具有三个标准：一是具有中专以上学历；二是具有相关专业技术任职资格（职称）；三是在文化企事业单位中承担一定的管理或技术工作；符合上述三个条件之一，并且为文化产业发展创造一定价值和做出贡献的人。

雷海涛（2011）强调了文化艺术中介机构及互联网等新兴媒体在文化创意产业创新发展中的重要作用，认为文化创意产业发展效率的影响要素主要包括投入要素和产出要素两大类，前者分为人力资本、文化资本、制度资本和营销资本四个方面，后者主要是指经济和社会效益。而文化产业的创新发展一般会受到以下因素的影响：一是消费者文化需求由潜在到现实的转化，即市场需求因素；二是财政的支持，即资金因素；三是政府的文化产业政策，即政策因素；四是产业发展所需的人力资本，即人才因素；五是拥有的经济资源，即资源因素；六是科学技术与创新，即科技创新因素（纪峰和王建彦，2016）。

3.1.2 文化产业人才发展状况的影响因素

近年来，资源消耗低、附加价值高、市场需求大的文化产业在全国得到蓬勃发展，并成为国家未来重点推动的产业之一，各地区都越来越重视文化产业人才对地区经济的推动作用。通过发展文化产业以转变经济发展方式来推动地区经济发展，成为近年来越来越多国家和地区的发展战略选择。研究中国文化产业人才发展影响因素，可以为政府制定地区发展规划提供现实参考，以更好地吸引文化产业人才，带动地区经济发展。

国内关于文化产业人才发展影响因素的相关理论研究成果较为丰富。贺英（2015）以相关的经济学理论和心理学理论为基础，结合中国国情，以经济因素、政策因素、环境因素三个方面为一级指标阐述了影响文化产业人才发展的因素。黄鹭新等（2007）以北京的艺术家为主要研究案例，认为影响艺术家发展的主要因素有文化环境、经济环境、建成环境和社会环境。赵智慧和夏胜洁（2011）从创意教育因素、政策性因素、企业人才管理因素、大众理解度与社会接受度因素等几个方面分析了杭州创意人才集聚的影响因素。张胜冰（2013）提出文化创意人才表现出一种地域集聚现象，他们大都聚集在一些中心城市或大都市，而且出现不同层级的划分。而具备文化创意产业发展所需各种基本条件的大城市，也就是经济、政策、文化等方面的环境具有明显优势的地区，文化产业人才的发展受经济、政策、文化等因素方面的影响。喻丽君（2012）在分析国内外发达城市创意产业人才培养模式的前提下借鉴其优秀经验，认为文化产业人才的发展受到高校、企业、政府、社会四个方面的影响，提出构建高校、企业、政府、社会四位一体的杭州文化创意产业人才培养模式，发挥多方优势和资源，营造文化创意产业人才培养的多元环境。刘天睿（2012）提出文化产业人才的发展受学校与政府的影响，他认为根据三螺旋演进培养模式，在培养高端人才过程中，学校与产业在合作中充分发挥培养人才的作用，并由政府提供有力支撑。张明磊（2012）认为企业、高校、科研机构、中介机构和政府对文化产业人才的发展有促进作用，他从企业、高校、科研机构、中介机构和政府的角度出发，为陕西战略性新兴产业构建创新型人才发展模式提出了相应对策。

此外，非物质文化遗产项目传承人作为非物质文化遗产的传承主体和保护主体，是非物质文化遗产的灵魂，也是文化产业发展的重要人才基础与保证，因此，各地方国家级非物质文化遗产的数量也在一定程度上反映了文化产业人才的发展状况（郝文军，2013）。

3.1.3 文化产业人才发展指标体系设计

此外，文化产业集群式发展需要多种条件的聚集和积累，综合上述文化产业人才发展的相关理论研究文献，认为文化产业人才发展的影响因素主要包括以下几个方面。

（1）社会经济基础（C1）。包括城镇居民人均可支配收入（C1.1）、各类文化艺术场馆数（C1.2）、国家级非物质文化遗产数量（C1.3）、信息化发展指数（C1.4）、非农人口占总人口比重（C1.5）等。

（2）文化企业发展（C2）。包括文化及相关产业法人单位数（C2.1）、文化企业中高级专业技术人员从业数（C2.2）[①]、文化及相关产业法人单位从业人员数（C2.3）、文化传媒类企业品牌价值（C2.4）等。

（3）政府政策支持（C3）。包括区域对文化人才发展的相关政策数（C3.1）、文化及相关产业固定资产投资额（C3.2）、各项专利申请受理量（C3.3）、国家文化产业发展专项资金支持项目数（C3.4）、获国家文化创意产业示范基地数（C3.5）等。

（4）教育科技水平（C4）。包括区域普通高等学校数量（C4.1）、区域高等学校文化相关专业数（C4.2）[②]、每万人口高等学校平均在校生数（C4.3）、高技术产业平均从业人员数（C4.4）等。

3.2 区域性文化产业人才发展状况与竞争趋势实证研究

3.2.1 研究对象与数据收集

考虑到文化产业的发展水平与区域经济的发展水平紧密相关，同时由于截至定稿时，全国大多数省（直辖市）尚未正式发布2016年文化产业的相关统计数据，因此，本文以2015年GDP在全国排名前10位的省再加上文化产业发展全国领先的北京和上海等12个省（直辖市）为实证研究对象，围绕区域性文化产业人才发展状况与竞争趋势，收集统计相关数据（表1）。

3.2.2 实证研究发现

运用SPSS统计软件对原始数据资料进行无量纲（标准化）处理，然后进行因

---

① 考虑到数据的可获取性，本文在分析全国文化产业发展较为发达的12个省（直辖市）文化产业人才发展影响因素时，该指标采用2015年公有经济企事业单位专业技术人员数（万人）代替。（数据来源：2016年《中国科技统计年鉴》）

② 根据2017年高考大学专业分类目录，高等学校文化相关专业涉及公共管理类中的文化产业管理专业，新闻传播学类中的新闻学、广播电视新闻学、广告学、编辑出版学、媒体创意、传播策划与管理等专业，广播影视类、艺术类及艺术设计类的相关专业，中国语言文化类中的文物鉴定与修复、文化事业管理、文化市场经营与管理、图书档案管理等专业。

表1 区域性文化产业人才发展状况与竞争趋势评价指标体系（相关数据基本截至2015年底①，特别说明除外）

省（直辖市）②	社会经济基础						文化企业发展			政府政策支持					教育科技水平		
	城镇居民人均可支配收入/元	各类文化艺术场馆数/个	国家级非物质文化遗产数/个	信息化发展指数/%	文化及相关产业固定资产投资额/亿元	文化及相关产业法人单位数/万家	企事业单位专业技术人员数/万人	文化及相关产业法人单位从业人数/万人	文化企业中国最具品牌价值500强家③	区域对文化人才发展的相关政策数/项	各项专利申请受理量/件	最新文艺类国家级获奖项、奖项人次④	国家文化产业示范基地数/个	国家文化产业发展专项资金支持项目数⑤	普通高等学校数量/所	区域高校文化相关专业数/个	每万人口高校平均在校生数/人	高技术产业平均从业人数/万人
---	---	---	---	---	---	---	---	---	---	---	---	---	---	---	---	---	---	---
广东	34757	677	115	88.89	19426.3	15.6	150.6	328.3	5	2	138878	12.2	27	66	129	10	197.80	385.5
江苏	37173	843	86	89.17	22782.0	14.2	118.4	110.3	3	5	250264	11.0	16	77	137	50	224.19	246.9
山东	31545	755	99	77.12	22390.4	8.9	181.0	106.0	3	3	93000	8.0	14	64	132	19	193.01	75.1
浙江	40161	482	137	95.89	17523.2	12.8	99.0	119.2	3	3	307000	13.3	17	87	85	34	221.80	69.2
河南	25576	810	74	66.16	15699.6	5.3	138.0	54.7	1	1	74373	10.0	12	34	124	2	164.79	71.5
四川	26205	670	91	73.93	17671.6	3.9	114.5	38.7	1	1	110746	8.3	15	22	100	18	169.19	52.2
河北	26152	649	78	69.64	12847.1	4.3	116.0	33.1	1	2	44060	9.3	12	32	103	2	158.79	20.6
湖北	27051	374	74	74.15	15416.7	5.1	79.7	34.6	2	2	74240	8.0	10	31	108	19	241.07	35.7
湖南	28838	394	73	68.17	14012.2	5.4	99.5	37.6	1	3	54501	7.6	11	44	108	9	174.11	33.9
辽宁	31126	468	38	71.88	9869.6	4.0	72.3	37.5	0	1	42153	8.5	14	33	105	11	229.55	21.4
上海	52962	194	38	99.65	5389.9	5.8	68.1	64.8	2	5	100006	12.1	16	47	63	91	208.85	56.8
北京	52859	236	76	98.28	7202.8	14.7	52.4	79.6	15	2	94031	49.3	27	309	86	49	273.20	28.3

① 由于截至定稿时，全国大多数省（直辖市）尚未正式发布2016年文化产业的相关统计数据，因此，近年来《文化产业统计年鉴》正式发布的数据实际数据，地方政府工作报告及相关文件以及各省（直辖区）相关新闻报道等资料相结合的基础上，并结合2015年《中国文化及相关产业统计年鉴》的数据整理、推算而得，因而会存在一些偏差。

② 本文选择2015年全国GDP排名全国前十位的省份作为全国区域比较研究的样本。另外，虽然上海和北京2015年GDP分别排名全国第12、13位，但考虑到其文化产业发展水平居于全国领先地位，世界品牌实验室（World Brand Lab）基于财务分析、消费者行为分析和品牌强度分析，于2017年2月发布的2016年"中国500最具价值品牌"排行榜，故统计结果出现小数。

③ 数据来源：2014年第十三届精神文明建设"五个一工程"奖，2016年第十五届群星奖及2014年第二届动漫奖获奖名单。因有联合制作，故统计结果出现小数。

④ 数据来源：《2015年度文化产业发展专项资金支持项目公示表》。其中，该项目分一般项目和重大项目两类。其中，一般项目包括：文化金融扶持计划、实体书店扶持试点、文化产业园区及基地建设、文化产品生产及其他等五个方面文化产业的发展资助项目；重大项目则重点支持文化体制改革、促进文化创意和设计服务与相关产业融合发展、文化贸易发展、推动对外文化贸易发展、加快特色文化产业发展、推动传统媒体和新兴媒体融合发展等八个方面。

⑤ 共50亿元，共支持项目850个，项目金额2014年增长6.25%。项目分为重大项目和一般项目两类。其中，重大项目额度×2=一般项目×1。财政部于2015年10月下达2015年度文化产业发展专项资金金50亿元，新闻出版数字化转型升级、推动影视等产业发展、推动对外文化贸易发展、加快特色文化产业发展、推动传统媒体和新兴媒体融合发展等八个方面。

子分析求出指标间的相关系数矩阵,对区域性文化产业人才发展状况与竞争趋势进行综合分析和评价。即使用 SPSS→Analyze→描述性统计→"save standardized values as variables"的计算程序,最终得到了 12 个省(直辖市)文化产业人才发展的综合评价指数及其排名(表 2)。其中的正负值表示该指标与平均水平的正向或负向差距。

表 2　全国 12 个省(直辖市)文化产业人才发展综合评价指数及其排名

省(直辖市)	社会经济基础(C1)	文化企业发展(C2)	教育科技水平(C4)	综合评价指数	排名
广东	3.24113	6.13575	2.86259	3.50	1
江苏	3.84337	1.81906	4.26799	3.32	2
山东	2.28903	2.31189	0.40490	1.06	5
浙江	3.90784	1.10329	−0.40408	1.93	4
河南	−1.05959	−0.74540	−1.45501	−1.57	8
四川	−0.04559	−1.87388	−1.99041	−1.56	7
河北	−1.83100	−1.81536	−3.04979	−2.36	11
湖北	−2.30868	−2.35178	0.32506	−1.80	9
湖南	−2.80460	−1.96832	−1.99298	−2.21	10
辽宁	−3.93510	−3.25419	−0.57856	−2.74	12
上海	−1.52678	−2.14686	0.29008	−0.53	6
北京	0.23000	2.78582	1.32021	2.97	3

综合表 2,2015 年 GDP 排名全国前两位的广东和江苏毫无悬念地排名第 1、2 位,而北京则凭借其优越的区域及政策优势同样跻身第一集团,且第一集团三省(直辖市)的优势十分明显;广东的优势来源于其绝对的文化企业发展水平(该项指标几乎为综合评价指数排名第 2~5 位的江苏、北京、浙江、山东 4 省(直辖市)该项指标的总和),北京在政府政策支持方面优势十分明显,江苏则由于在 4 个指标方面的均衡发展(教育科技水平尤为突出)而体现出整体优势。浙江以其出色的社会经济基础(该项指标排名全国第一),山东凭借较强的社会经济基础和文化企业发展水平,使得两省的文化产业人才发展综合评价指数均名列前茅;上海则由于在社会经济基础和文化企业发展水平方面存在明显的短板(两项指标分列全国第 8、10 位)而仅排在综合评价指数的第 6 位;文化产业人才发展综合评价指数排名前 6 位的省(直辖市)(除北京外)均处在我国的东部经济发达地区,中西部地区与上述地区的差距也存在着被进一步拉大的趋势,且这种差距是全方

位存在的。这一实证研究结果也在一定程度上验证了人才发展水平与地区经济发展相互促进、协调发展的论断。

具体到江苏省,4 个文化产业人才发展综合评价指数中,教育科技水平(C4)在全国遥遥领先,体现出江苏教育强省的特点和优势;社会经济基础(C1)能够仅次于浙江排名第二,主要源自于江苏省在各类文化艺术场馆数和文化及相关产业固定资产投资额方面的强势表现;虽说江苏省在政府政策支持(C3)方面仅次于北京排在全国第二位,但在绝对值方面却低于北京 55%之多;4 个指标中,江苏省在文化企业发展水平(C2)方面的排名是最低的,仅排名第四,且从绝对值来看,广东的该项指标是江苏的 3.37 倍,该项指标偏低主要表现出江苏文化及相关产业法人单位从业人数和企事业单位专业技术人员数总量偏低,文化传媒企业品牌价值和品牌影响力不高,重点龙头文化企业数量较少,江苏文化产业人才发展地方文化特色彰显不力等问题。

3.3　江苏省域文化产业人才发展状况与竞争趋势实证研究

近年来,江苏文化产业呈现加速度发展态势,但江苏文化产业的改革与发展也存在一些问题,特别是在文化产业人才发展方面,与国内文化产业发展先进省(直辖市)相比并不具优势。

3.3.1　江苏文化产业人才发展的现状

2015 年,江苏省文化及相关产业的增加值继 2014 年之后再次突破 3000 亿元,达到 3500 亿元,位列全国第二,文化产业增加值占地区生产总值的比重为 4.99%,接近 5%,基本实现了"十二五"期间将文化产业打造成江苏省国民经济支柱产业的战略目标。目前,江苏省文化企业达到 12 万家左右,从业人员突破 110 万人。

截至 2015 年底,全省共有公共图书馆 114 个,从业人员 3183 人,其中高级职称(含副高 311 人)362 人;全省共有文化馆 115 个,从业人员 2125 人,其中高级职称(含副高 210 人)253 人;全省共有文化站 1281 个,从业人员 4855 人,其中专业技术人员 1278 人;全省各级美术馆从业人员共计 366 人,具有高级职称(含副高 56 人)96 人;全省共有艺术表演团体 309 个、艺术表演场馆 207 个,从业人员 15758 人,具有高级职称(含副高)人员 1208 人;全省共有网络文化、娱乐、艺术品、演出等文化市场经营企业 17586 个,从业人员 103343 人。

近年来,江苏省坚持以"333 工程"、"五个一批"、"青年文化人才"等工程为依托,在全省文化系统内培育了 37 名文化艺术优秀人才,新入选国务院特殊专家津贴 2 人、文化部优秀专家 3 人、省有突出贡献中青年专家 2 人。截至 2015 年底,全省文化及相关行业机构 20263 个,从业人员 167883 人,其中专业技术人才 26281 人,在专业技术人才中,正高级职称 1211 人,副高级职称 2595 人,中级职称 7485 人。江苏文化人才队伍结构基本合理,舞台艺术人才队伍业务水平较高,在全国处于前列;美术人才资源底蕴厚实,新人辈出;群众文化人才队伍遍布全省城乡各地,基础较好;文化产业人才有较强竞争力;图书文博人才实力雄厚;新一代文化科研人才队伍正走向成熟。

3.3.2 研究对象与数据收集

本文以江苏省 13 个地级市为实证研究对象,围绕上述文化产业人才发展状况与竞争趋势评价指标体系,收集统计各地市 2015 年文化产业人才发展的相关数据(表3)。

运用 SPSS 统计软件对原始数据资料进行了无量纲(标准化)处理,然后进行因子分析求出指标间的相关系数矩阵,并通过 13 个地级市各项指标因子载荷乘以因子权重,对江苏省 13 个地级市文化产业人才发展状况与竞争趋势进行综合分析和评价,最终得到江苏省 13 个地级市文化产业人才发展的综合评价指数及其排名(表4)。

3.3.3 实证研究发现

综合表 4,南京和苏州居于第一集团,且优势十分明显。南京在文化企业发展(C2)、政府政策支持(C3)和教育科技水平(C4)三方面均优势明显,而苏州的优势则来源于强大的社会经济基础(C1);无锡和常州作为苏南地区,其文化产业人才发展评价指数排名第 3、4 位并不意外,但同处苏南地区的镇江却被苏中的南通、扬州以及苏北的徐州超越而仅排名第 8 位就值得深思了;苏中的南通市凭借全部 4 个指标的均衡发展且没有明显的短板而跻身全省文化产业人才发展水平的前列;苏北的徐州市由于在教育科技水平(C4)方面的明显优势(该项指标排名全省第三,仅次于南京和苏州)而排名全省第 6 位;不过,从区域整体发展状态看,苏中、苏北地区与苏南地区相比,在文化产业人才发展方面存在的差距依旧十分明显,而且这种差距是全方位存在着的并呈现出逐渐加大的发展趋势。

表3 江苏省域文化产业人才发展状况与竞争趋势评价指标体系（相关数据基本截至2015年底[①]，特别说明除外）

地级市	社会经济基础					文化企业发展				政府政策支持				教育科技水平		
	城镇居民人均可支配收入/元	各类文化艺术场馆数/个	国家级非物质文化遗产数/个	信息化发展指数[②]/%	文化及相关产业固定资产投资额/亿元	文化及相关产业法人单位数/家	中高级专业技术人员从业数/人	文化及相关产业法人单位从业人数/万人	文化企业中国品牌价值500强[③]/家	区域文化人才发展相关政策/项	各项专利申请受理量/件	文艺类国家级获奖[④]项，人次	国家文化创意产业示范基地数/个	国家文化产业发展专项资金支持项目数[⑤]/项	普通高等学校数量/所	省域校内相关专业数/个	每万人口高校平均在校生数/人	高技术产业专业技术人员数/万人
南京	46104	67	7	66.83	1809.2	1034	2370	14.9	3	2	28104	9	4	21	44	30	843.62	5.20
苏州	50390	65	22	74.44	2441.4	1015	1914	27.4	0	1	62263	1	3	10	21	6	322.06	7.34
无锡	45129	54	7	70.93	1159.4	574	2340	12.2	0	1	34776	0	2	10	12	8	240.70	4.75
常州	42710	36	6	61.73	1246.6	887	1811	16.7	0	1	21585	0	1	13	10	0	336.45	3.38
镇江	38666	37	5	61.33	680.1	328	595	4.7	0	0	14136	0	0	2	5	0	314.13	2.46
扬州	32946	54	12	51.35	236.1	268	965	4.6	0	0	13948	0	2	7	6	2	164.04	3.56
泰州	34092	62	4	48.94	153.5	184	1166	2.3	0	0	13383	0	1	0	3	3	110.68	3.82
南通	36291	63	8	52.47	600.1	740	386	10.3	0	0	25970	0	2	0	8	0	117.37	5.50
徐州	26219	100	3	43.58	177.2	252	616	2.8	0	0	8599	0	1	6	9	0	159.13	8.01
盐城	28200	80	3	42.80	274.6	351	307	4.7	0	0	7840	0	0	0	5	0	67.88	5.82
淮安	28105	83	4	41.03	187.6	303	347	4.1	0	0	9365	0	0	0	7	0	120.29	4.03
连云港	25728	55	4	42.15	117.4	211	328	2.2	0	0	5144	0	0	4	4	1	72.60	4.32
宿迁	22233	71	2	38.80	206.5	287	366	3.5	0	0	5151	0	0	4	3	0	46.16	4.48

[①] 由于截至定稿时，全省大多数地市尚未正式发布2016年文化产业的相关统计数据。因此，部分数据是在统筹考虑各地市近年来文化产业发展的实际数据、地方政府工作报告及相关文件以及各地市新闻报道等资料基础上，并参合2015年、2016年《中国文化及相关产业统计年鉴》正式发布的数据整理，推算而得，因而会存在一些偏差。

[②] 数据来源：《2015年江苏省信息社会发展报告》。信息社会指数ISI＝信息经济指数×30%＋网络社会指数×30%＋在线政府指数×10%＋数字生活指数×30%。

[③] 这里的"文化及相关产业法人单位"均是指"规模以上文化及相关产业法人单位"，与表1有所区别。

[④] 数据来源：世界品牌实验室（World Brand Lab）基于财务分析、消费者行为分析和品牌强度分析，于2017年2月发布的2016年"中国500最具价值品牌"排行榜。

[⑤] 数据来源：《2015年度文化产业发展专项资金支持项目公示表》，其中，该项得分＝重大项目×2＋一般项目×1。财政部于2015年10月下达2015年度文化产业发展专项资金50亿元，共支持项目850个，项目数较2014年增长6.25%。其中，项目分为重大项目和一般项目两类，重大项目包括：文化金融扶持计划、支体书店扶持试点（北京等16个试点省市），新闻出版业数字化转型升级、文化产业创意和设计服务与相关产业融合、加快特色文化产业发展、推动对外文化贸易发展、推动传统媒体和新兴媒体融合发展等八个方面；一般项目则重点支持文化体制改革、文化传播渠道建设、文化产业园区及基地建设、文化产业升级、文化产品生产及其他等五个方面文化产业的发展。

表4 江苏省13个地级市文化产业人才发展综合评价指数[①]

地级市	社会经济基础（C1）	文化企业发展（C2）	政府政策支持（C3）	教育科技水平（C4）	综合评价指数	区域平均指数	排名
南京	4.05197	7.55455	10.85464	9.33463	7.95		1
苏州	8.75838	4.97554	5.71507	3.27209	5.68		2
无锡	2.66878	2.09693	2.81813	0.66572	2.06	2.99（苏南地区）	3
常州	0.55608	3.02119	1.69862	−0.90342	1.09		4
镇江	−0.82712	−1.86646	−2.82341	−2.04572	−1.89		8
扬州	−0.58644	−1.60543	−0.50302	−1.72102	−1.10		7
泰州	−1.84354	−1.92437	−2.41986	−1.95549	−2.04	−1.23（苏中地区）	9
南通	−0.45893	−0.08135	−0.86138	−0.76379	−0.54		5
徐州	−0.79479	−2.33283	−1.76629	1.12816	−0.94		6
盐城	−2.01645	−2.155	−3.13284	−1.06243	−2.09		10
淮安	−1.92917	−2.33637	−3.44068	−1.7795	−2.37	−2.24（苏北地区）	11
连云港	−3.77753	−2.90358	−3.06971	−1.96794	−2.93		13
宿迁	−3.80119	−2.44281	−3.06927	−2.20128	−2.88		12

3.4 江苏文化产业人才发展存在的问题

3.4.1 中低端人才过剩，高端紧缺人才不足

创意人员是文化产业发展的关键与核心人才，但目前江苏文化产业创意人员大多属于复制型或模仿型，真正能够实现创意创新的文化产业人才，无论是数量上还是质量上都难以满足江苏文化产业快速发展的需要。本文实证研究的结果表明，江苏省在教育科技水平（C4）方面遥遥领先于全国其他省（直辖市），但此项指标所反映的更多的是中低端层次的文化产业人才，如高校在校学生及毕业生，专业技术人员等。而江苏在代表文化产业高端紧缺人才的文艺类国家级获奖（项、人次）和国家级非物质文化遗产数两项指标方面却远远落后于国内其他省（直辖市）（两项指标均排名第5位）。文化产业高端紧缺人才的缺乏将直接导致优秀的原创文化产品的匮乏，同时也影响文化企业核心竞争力的培育。

---

① 该综合指数是相对值，即表示该指标与平均水平的正向或负向差距。表4中南京市的综合评价指数达到7.95，而表2中排名第一的广东省的综合评价指数只有3.50，这种数字差异说明表2中全国12个省（直辖市）文化产业人才发展水平的不均衡程度较江苏省13个地级市文化产业人才发展水平的不均衡程度小很多。

3.4.2 政府政策支持，特别是国家层面的政策支持力度有待加强

文化产业要迅速、健康发展就必然离不开政府的大力支持。如果政府能提供合适的外部环境，并且在知识产权方面做好保护策略，就能够提升文化产业人才的能力以及整个行业的整体能力层次。如表1所示，江苏在区域对文化人才发展的相关政策方面力度较大（与上海市并列第一），但在国家层面的政策支持方面，如国家文化产业发展专项资金支持项目数和国家文化创意产业示范基地数（位列第三）方面，却不尽如人意。随着文化产业的发展，对人才的要求越来越高，人才的培养需要地方及国家政策的扶持，以促进文化产业发展得更快更好。

3.4.3 高校文化产业人才培养的作用尚未得到充分发挥

文化产业的发展，既需要高层次的创意人才，又需要掌握科技且精通文化产业管理和运作的复合型人才，高校作为人才培养的基地，更应责无旁贷地承担起这一责任。尽管江苏省在区域高校文化相关专业数以及每万人口高校平均在校生数方面居于全国领先地位（表1），然而，在江苏的134所高校中，目前只有6所高等院校（南京师范大学、南京农业大学、江苏师范大学、南京艺术学院、三江学院、常熟理工学院）开设文化产业管理本科专业，每年招生不到500人，不论从文化产业管理人才的培养数量还是质量上看，都无法与江苏文化大省或文化强省的地位相匹配，远远不能满足江苏省建设经济文化强省和快速发展文化产业的需要（郭新茹和王洪涛，2016）。

3.4.4 文化产业人才省域发展水平不平衡，差异过大

从表4可以看出，目前江苏文化产业人才省域发展水平极不平衡，苏中和苏北地区8个地级市的文化产业人才发展区域平均指数均为负值。表4中南京市的综合评价指数达到7.95，而表2中排名第一的广东省的综合评价指数只有3.50，这样的数字差异说明江苏省13个地级市文化产业人才发展水平的不均衡程度远比表2中全国12个省（直辖市）文化产业人才发展水平的不均衡程度高出很多。也就是说，相比于苏中和苏北地区，苏南地区的文化产业人才发展水平表现得异常突出。苏南地区经济较为发达，各项公共文化基础设施较为完善，文化市场机制相对健全，文化需求比较丰富，这为文化产业人才发展提供了良好的发展基础，也为苏中和苏北地区提供了极为丰富的经验与启示。与此同时，苏中和苏北地区

需要进一步提高对文化产业人才发展的重视程度，从文化企业发展、科研技术水平、政策扶持力度等方面加大投入，进一步完善文化基础设施建设，尽快缩小与苏南地区的差异。

3.5 江苏文化产业人才发展对策研究

综上所述，江苏文化产业人才发展有成绩，也存在一定的问题，为此，对照江苏省委省政府新近颁布的《省政府关于加快提升文化创意和设计服务产业发展水平的意见》《加快提升文化创意和设计服务产业发展水平行动计划（2015—2017）》等文件所提出的发展目标，本文从宏观（政府和社会）和微观（企业和高校）两个层面，为江苏文化产业人才发展提出相关对策。

3.5.1 政府应从顶层设计的高度发挥宏观调控作用

政府在培养文化创意产业人才方面应做好文化创意产业人才队伍建设的发展规划，从战略的高度为文化创意产业人才的培养工作提供引导、指明方向。在文化产业人才发展集聚的过程中，市场经济的弊端，会导致文化创意产业人才集聚产生不经济效应，造成资源浪费，需要政府发挥宏观调控功能。政府根据各地区文化产业人才集聚发展的实际情况，找准自身的职能定位，明确自己该做的与不该做的，该做到什么程度，这些对于最大化地发挥政府宏观调控功能具有重要意义。政府应该加强基础设施建设、保护生态环境、开发多样化的地区文化资源，加强城市绿化和风气建设，提高城市居住意愿，并最终提升城市魅力，为文化产业人才的发展提供良好的环境。

要统筹推进各类人才队伍建设。把握人才成长规律的科学性，加强党政人才、企业经营管理人才、专业技术人才、基层文化骨干等队伍的建设工作。重点做好面向基层、面向剧团、面向百姓的文化活动策划人才、组织人才、专业人才的业务培训和技能培训。举办文化管理人才、文化专业人才、基层文化骨干等培训班，注重普遍轮训与重点培训相结合，逐步形成集中培训、在职学习、挂职实践和业绩考评相结合的培养格局。此外，由于文化产业人才流动是知识、技术和效益的流动与扩散，能够为文化产业和社会经济的持续发展注入新鲜的血液，因此，基于文化产业人才流动的重要意义及现实障碍，政府应该积极地消除文化产业人才流动壁垒。

3.5.2 社会应从资源统筹安排的角度营造文化产业人才发展的氛围

文化创意产业人才的发展离不开各类博物馆、图书馆、艺术团体和其他承载文化的社会机构,所以社会各界应为文化产业人才的发展尽可能地提供良好的社会环境。社会各界应拓展视野,提高对发展文化创意产业,培养文化创意产业人才重要性和迫切性的认识,要进一步解放思想,转变观念,明晰文化创意产业的战略性和人才培养的重要性;应尽一切可能为文化产业人才发展提供实践机会和条件,为他们成长的阶梯奠定良好基础;社会各界应对文化创意产业人才充分尊重与认可,使其感受到自身对于社会的价值和贡献,为他们提供一个能充分发挥的轻松环境;最后,社会应不断推进各项资源向文化产业人才发展集聚,促进其发挥作用和做出贡献,包括推进已有资源的集聚和充分利用以及加大未有资源的投入和开发。

要加强文化人才培养引进。实施更加开放的人才政策,建立全方位、多层次的人才培养、培训和使用机制。依托南京大学、南京师范大学、南京艺术学院,充分发挥文化系统各艺术学校、各级文化馆的作用,加强高层次人才、重点专业人才、基层文化骨干的培养。重点培养善于统筹规划、宏观管理、具有较强组织协调能力的文化管理人才;培养不同领域不同门类、国内一流、业内公认的文化专业人才;培养擅长文化企业经营、熟谙文化市场运作规律的文化产业人才。以委托培养、公开招聘、业外引进等方式,培养一批创新型、复合型、科技型文化人才。

3.5.3 企事业单位应从人才激励的需要为文化产业人才发展创造环境

企业是相关专业人才的需求者和使用者,企业在追求利益最大化的同时尽可能地给予员工更满意的薪资福利,使得员工的进入意愿和驻留意愿更强,吸引更能满足职位要求的人才进入,搭建出更好的工作团队。企业最直接了解其对人才的需求,企业应积极主动地与高校沟通,及时向高校表明自身所需人才类型及要求,企业应从自身人力资源规划和团队建设战略出发,及时对人才进行评估,并将评估意见及时反馈给高校;企业应建设好相关激励机制,可以采取对文化创意产业人才进行物质与精神激励的措施,大胆探索新型激励机制和以"创意资本"为主的新型分配机制,采用技术入股、管理入股、股票期权等分配形式,以提高他们的创新积极性;企业应为文化产业人才提供尽可能多的系统性、实战性培训机会。

要优化文化人才发展环境。健全人才培养开发、评价发现、选拔任用、流动配置、激励保障机制,建立以岗位职责为基础,以品德、能力和业绩为导向的人才评价考核指标体系,逐步形成面向全社会的统一、规范、科学的文化人才激励机制。加大文化人才宣传推荐力度,支持中青年优秀人才举办个人专场展演展览。对做出突出贡献的文化工作者给予奖励,对文化名人名家在工作和生活上给予更多关心支持。

要实施人才基地建设工程。支持省文化馆培训文化普及人才、省戏校培训艺术专业人才,为文化强省建设提供人才支撑。发挥省文化馆在基层文化人才培训、群众文化艺术创作和群众文化活动方面的龙头作用,将其建设成为全省文化普及人才培训基地和群众文化示范基地,升格为国家一级馆。发挥省戏校在舞台艺术和应用型艺术人才培养方面的龙头作用,将其建设成为全省文化艺术专业人才培养基地,升格为高等艺术职业院校。

3.5.4 高校应从服务社会的层面承担文化产业人才培养的责任

高校是培养文化产业人才的主要力量,必须发挥好主要角色与功能,构建并完善文化产业人才培养的长效机制。在学科建设方面,高校一方面应充分利用自身的科技和教育优势,形成科学的文化学科体系,为文化产业人才的培养奠定良好的基础;另一方面,在学科、专业设置和课程设置上应基于江苏文化产业的发展趋势,坚持培养与就业统一,及时了解社会的需求,并根据市场变化及时做出调整,培养多元化和具备多方面能力的文化产业人才,适应江苏文化产业的快速发展,培养文化产业人才的竞争优势。在人才培养方式上,高校一方面需创新人才培养方式,改进人才培养模式,根据自身优势、地域优势和行业优势,明确文化产业人才培养的目标和定位,增强知识创新能力与培养文化产业人才的能力;另一方面,高校应该意识到良好和完备的软硬件条件是文化产业人才培养的保障,必须根据其文化创意产业人才成长规律,进一步优化文化产业人才培养的软硬件条件。

(张 敏 陈建军)

参 考 文 献

郭新茹,王洪涛. 2016. 创新融合视角下中国高校文化产业人才培养模式研究——以南京师范大学为例[J]. 传播与版权,(11):164-166.
郝文军. 2013. 非物质文化遗产传承人特点及其传承效果研究[J]. 商业时代,(7):145-146.
贺英. 2015. 中国文化创意产业人才集聚影响因素的实证研究[D]. 长沙:湖南大学.
胡惠林. 2009. 变革与创新:2009 中国文化产业新突破[M]. 昆明:云南大学出版社.
黄鹭新,胡天新,杜澍,等. 2007. 艺术创意人才空间集聚的初步研究6——以北京的艺术家集聚现象为主要研究案例[C]. 和谐城市规划——2007 年中国城市规划年会论文集.
纪峰,王建彦. 2016. "互联网+"时代文化产业创新浅议[J]. 合作经济与科技,33(6S):50-51.
雷海涛. 2011. 创意产业发展效率评价研究——以我国主要城市创意产业为例[D]. 福州:福州大学.
刘天睿. 2012. 北京市文化创意产业高端人才培养模式研究[D]. 北京:中央民族大学.
喻丽君. 2012. 杭州文化创意产业人才培养模式研究[D]. 杭州:浙江工业大学.
张明磊. 2012. 陕西省战略性新兴产业的人才发展研究[D]. 西安:西安建筑科技大学.
张胜冰. 2013. 文化创意人才的地域集聚与环境要素的关系[J]. 成才之路,(25):2-3.
赵智慧,夏胜洁. 2011. 创意人才生存现状调查分析与对策研究——以杭州市为例[J]. 科技管理研究,(21):127-130.

4 公立医院的人才流动机制研究：基于医师多点执业政策实施情况的调研分析

摘要： 在对国外医师多点执业政策的内容、规制办法和效果评估进行比较分析的基础上，对江苏省医师多点执业政策实施现状进行定量分析，并设计相应调查问卷，对公立医院人才流动以及医师对多点执业的认知进行调研分析，发现：公立医院人才流动并不频繁、多数医师赞成多点执业政策，并认为多点执业可以实现自我价值和增加收入，同时还可以提升医疗市场的竞争水平并且能够控制与共享资源，但也存在多点执业会分散医师的时间和精力，医疗风险难以分担并且导致医师工作量增加、医疗事故纠纷难以处理、工作环境的差异和工作时间难以协调等问题。在此基础上，对我国多点执业政策提出如下建议：①多点执业政策的实施要结合我国情境，我国开展多点执业的初衷，一方面是鼓励公立医院医师向下流动，大医院的医师向基层医院流动；另一方面是鼓励公立医院医师向民营医院流动，促进社会资本办医，形成公立、民营医院有效竞争的格局。②加快推进多点执业的实施，使高水平医师在不同级别的公立医院之间以及公立和民营医院之间得到有效配置；引导不同疾病严重程度的患者到不同级别的公立医院或民营医院就诊，最终实现患者、医师、社会总福利水平的提高。③注意多点执业负面效应的防范，多点执业政策可能会造成第一执业医疗机构的服务挤出效应。

关键词： 医师多点执业；政策比较；人才流动

4.1 引 言

长期以来，我国医疗资源不断向城市、大医院集中，导致医疗资源形成了"倒三角形"的不合理配置格局，影响城乡居民的医疗服务可及性和公平性。公立医院作为优质医师资源的集聚地，其人才流动机制直接关系到医疗资源的优化配置问题。为鼓励公立医院优质医师资源的流动，让更多优质医疗资源下沉，缓解百姓"看病难"的问题，国家卫生和计划生育委员会等五部门于2014年出台了《关于印发推进和规范医师多点执业的若干意见的通知》，推进医师多点执业政策的实施。

医师多点执业是指符合条件的临床、口腔、中医类别执业医师（不含执业助理医师），经卫生计生行政部门注册后在本省行政区域内两个或两个以上医疗机构从事执业活动的行为。第一执业医疗机构是指医师多点执业前已注册执业的医疗机构。

随着多点执业政策的逐步推行，国内各地也出台了相应的管理办法。例如，江苏省于 2015 年推出了《江苏省医师多点执业管理办法》（以下简称《办法》），按照《办法》，医师要申请多点执业除了自身条件外，还需要完成第一执业医疗机构任务，并且与第一执业医疗机构签订协议。这就意味着多点执业是医师在完成本职工作任务前提下，在本职工作时间外（夜间或周末）的出诊行为。安徽省、浙江省等也都出台了相应的管理办法。国内也出现了自由执业、医师工作室、医师集团等多种医师多点执业的形式。

但是，相当多医疗界人士认为，《办法》虽然出台，但是医师如想多点执业仍然面对现行医疗体制的多种束缚，因为原医疗单位控制着医师的档案、人事关系、职称、升迁等，体制内的医师仍牢牢被医院所掌控，让医师从"体制人"、"单位人"转变成为"社会人"，在当前的人事制度体制下基本上是不现实的。因此，医师多点执业政策虽然自上而下的力度不可谓不大，但现实却出现了申请者寥寥，多为退休医师或协作所需的现象。

因此，本文在对国内外医师多点执业的政策进行比较分析的基础上，对江苏省医师多点执业的情况进行定量描述，并对医师多点执业进行问卷设计，形成调研报告，并为我国多点执业政策的推行提出可行性的措施建议。

4.2　国内外医师多点执业的政策比较分析

医疗市场的非完全竞争性，导致医疗资源配置的低效率，各国多点执业政策的出台都是希望盘活医师这一最为重要的医疗资源，通过打破医师管理体制的枷锁，增强优质医师的流动性，从而促进医疗市场的有效竞争，提高资源配置的效率。近年来，绝大多数国家都出台相关法律，保障医师多点执业的权利。

欧美发达国家医师多点执业经历长期的发展，目前取得了较为丰富的研究成果和经验，对于我国推进医师多点执业具有重要的借鉴意义。鉴于欧美等发达国家私立医院发展较好，且私立医院与公立医院的医师薪酬收入差距较大，因此在多点执业政策下，可能会出现公立医院医师向私立医院流动的情况，因此多点执业政策的目标多是保证公共医疗服务的提供。因此，在此主要从执业医师与公立医院的关系入手来对国外多点执业政策进行分析。

4.2.1 各国多点执业政策内容的比较分析

由于各国医疗服务体系的不同,各国在多点执业具体的政策实施方面既有相同性,又存在一定的差异性。

各国多点执业政策的相同性主要体现在对执业医师的资格基本都有严格的规定。其主要原因有两个方面:①加强医疗市场的质量监管。例如,澳大利亚规定只有高年资的医师才可以申请多点执业,奥地利将多点执业医师的范畴划定为资深专科医师。②保证公共医疗服务的充分供给。这在私立医院为主导的自由主义体制国家表现得更为明显,美国限制住院医师在外执业,英国则要求医师每周在公立医院工作四天,阿根廷甚至要求医师在毕业后必须在公立医院工作 7 年以上。

各国多点执业的差异性主要表现在其具体的政策安排。

1) 执业医师与公立医院的关系

(1) 全职型。该类型多点执业的医师与公立医院签订雇佣合同,其大部分劳动供给在公立医院,在私人机构的工作时长和收入都受到严格的限制。例如,英国采取"四加一"模式,五天工作日只能有一天在其他医院或基层医疗机构出诊,且从事私人医疗服务的收入一般不能超过总收入的 10%。

(2) 兼职型。在诸如美国这类私人医疗市场发达的国家,医师大部分是自由职业者,独立开业。在医师自己的诊所之外,可以自由安排时间在医院兼职。此时医院与医师之间不存在直接的雇佣关系,只需要满足各州卫生主管部门的相关要求即可执业。

(3) 混合型。这类国家在执行多点执业时给予医师更多的选择空间,根据工作时间的长短划分多种工作方案,医师依据自身偏好和利益诉求加以抉择。例如,葡萄牙就曾为公立医院医师提供 4 种工作方案:①兼职方案不规定医师在公立医院的工作时间;②全职方案要求医师在公立医院每周至少工作 35 小时;③延时全职方案则将工作时间延长至 42 小时;④排他性工作方案不允许医师办私人门诊,但会给予医师相应的工资补偿。

2) 多点执业的地点安排

(1) 院外执业。即医师在本职工作时间外(夜间或周末)于其他机构进行额外的服务供给。多数国家在推行多点执业时采取的是院外执业的方式,其优点是将医师的主业与兼职相区分,便于主管部门进行监管。

(2) 院内执业。为促进多点执业政策的推广,一些国家允许执业医师与医院签订契约,利用医院的设备和护理人员诊疗自己的患者。例如,德国有 6%的医师选择院内执业的方式,其收取的诊疗费依据合同应按一定比例上缴医院。澳大利亚公立医院的医师同样可以收治有私人保险的患者，但私人保险患者占用的病床数不得超过总病床数的 25%（唐超等，2014）。院内执业为医师提供了更为便捷、低成本的多点执业方式，但由于难以区分医师在公共患者与私人患者间的时间、资源投入，因而增加了政策监管的难度。

4.2.2 各国多点执业政策的规制办法

虽然各国的多点执业政策在具体制度安排上有所区别，但为了避免优秀医师受到高额薪金的吸引而涌向私立医院，导致公共医疗服务供给短缺，绝大多数国家都对医师多点执业予以规制。规制方式主要分为以下几种：行政禁止、经济激励和行业自制。

1）行政禁止

行政禁止是指通过行政命令的方式禁止医师多点执业。尽管行政禁止可以在一定程度上避免公共医疗服务质量的下滑，但也会产生相应的诸多弊端，主要表现为以下几点：①难以完全禁止。国际实践经验表明，即便政府明令禁止也难以阻止医师私下参与多点执业。例如，我国 2009 年以前官方文件不允许医师私人行医，但走穴、兼职现象屡禁不止（Bian et al.，2003）。②公立医院医务人员流失。禁止多点执业很可能导致公立医院的人才流失，医师为获得更好的工作环境可能会移居到其他国家（Buchan and Sochalski，2004）。③不规范的行医行为。在发展中国家医师工资水平低，完全禁止多点执业，会激励医师寻求灰色收入以补偿其劳动投入，从而产生大量的不规范行医行为，不利于医疗市场的监管和规范。

2）经济激励

经济激励就是调整公、私立医院的收入水平。经济激励主要涉及两种规制思路：一是利用收入激励，通过调整医师在公立医院与私立医院的收入，从而影响医师行为（Hicks and Adams，2000）；二是通过政策优惠，对选择公立医院的医师予以额外的经济收益补偿。

（1）收入激励。可以通过调整公立、私立医院的收入，引导医师在公共部门的劳动投入，弱化多点执业的负面影响。①提高公立医院的工资。②限制私立医院的收入。在实践中，许多国家通过立法的形式限制公立医院医师在私立医院获得的收入份额。例如，英国公立医院全职医师在私立医院的执业收入不能超过总收入的 10%，兼职医师没有收入限制，但需扣除其在公立医院工资的 10%（Hicks and Adams，2000）。

（2）政策优惠。公立医院医师可以签约承诺不在其他医疗机构执业，政府给予签约者工资补偿或升迁机会作为回馈。西班牙、葡萄牙、意大利、泰国和印度一些州的政府都曾为公立医院的医师提供排他工作的优惠契约（Oliveira et al.，2005）。

3）行业自制

行业自制就是通过行业自治组织制定、推广行业规范保证医疗服务供给的数量和质量。在发达国家，医疗行业自治组织能够在规范医师、医疗服务机构行为中扮演重要角色，其制定的行业规范及行业文化会约束医师的不当举措，如医师之间的朋辈压力就被证明能够有效增加其在公立医院的服务供给（Encinosa et al., 2007）。相比之下，许多发展中国家的行业组织薄弱，在对私立医院监管中没有发挥有效的作用。

4.2.3 国外多点执业的政策效果评估

在欧美发达国家，多点执业实施较早，多点执业的政策效果已经显现，大量的文献对此展开了研究，研究结论对我国推进多点执业具有重要的借鉴意义。从现有文献来看，主要从医疗资源配置、医疗服务质量和社会福利三个方面考察多点执业政策的效果。

1）多点执业对医疗资源配置的影响

（1）多点执业对医师资源配置的影响。多点执业增加了医师的工作选择，医师可以将公立医院作为自己的第一工作单位，在保留相关福利的基础上，通过私人出诊获得补偿性收入，从而增加了公立医院对医师的吸引力。实证研究也证明多点执业能够防止公立医院医师，特别是高水平医师流向私立医院，这在低收入国家表现得更为显著。

（2）多点执业对患者资源配置的影响。不同疾病严重程度患者的配置：多点执业的医师会将患者分流到不同的医疗机构，以此实现收益的最大化，这在按病种付费的支付方式下表现得更加明显。按病种付费（case-based payment）依据各类型疾病的平均费用进行付费，如果接收超过平均严重程度的患者，医师就要承担额外的费用。实施多点执业后，医师在私立医院的行医收入与行医成本密切相关，因此医师倾向于在私立医院接收患病程度较轻的病人，或将公立医院患病较轻的病人转诊至私立医院，从而造成多点执业执行过程中产生"撇脂效应"（cream skimming effect），即高利润的患者被转移到私立医院治疗（Barros and Siciliani, 2012）。因为患者疾病的严重程度难以识别，政府无法通过行政干预来削弱这种负面影响。

2）多点执业对医疗服务质量的影响

关于多点执业对医疗服务质量的影响，目前理论上还未达成共识，主要有三种观点：质量挤出说、声誉维护说和具体情境说。

质量挤出说观点认为多点执业分散了公立医院医师的精力、时间和资源，这会对其在公立医院的医疗服务质量产生负面影响（Brekke and Sørgard, 2007）。这种影响主要来自于两个方面：时间挤出和资源挤出。时间挤出是指多点执业医师为提高个人收入，会增加在私立医院的服务供给，延长公立医院的等待时间，让更多患者无法在公立医院接受治疗从而求助于私立医院，这种操纵等待时间的行为无疑降低了公立医院的服务供给效率（Iversen，1997）。然而医师在私立医院的服务量和收入额是否与公立医院的等待时间存在关联还缺乏实证基础（Morris et al.，2008）。资源挤出是指多点执业的医师可以无须支付租金或任何使用费用，挪用公立医院的资源治疗私人患者。这种利用公共资源谋取个人利益的搭便车行为同样会损害公立医院服务供给的质和量。更为严重的是，这种"搭便车"行为使多点执业医师比私立医院定点执业的医师更具成本优势，抑制了医疗市场的竞争水平，推高了医疗服务的总体成本（Mitchell and Sass，1995）。

声誉维护说主要来源于Gonzalez关于医师声誉与私立机构收入正向关系的模型假设。该理论认为医师具有个人品牌意识，为维护良好声誉，在私人行医中吸引更多患者，往往会在公立医院付出更多的诊断努力，从而提升患者治疗的准确性，优化公立医院的服务质量。但是目前关于该理论观点，仍缺乏实证基础。

还有一些学者提出了更加情境化的观点，认为多点执业对医疗服务质量的影响没有普遍性的结论，其受到医师类型和医疗市场环境的影响，提出具体情境说。世界卫生组织（World Health Organization，WHO）的报告显示，在一些国家多点执业损害了公共医疗服务的质量。然而，在同一份报告中专家表示这些国家大多存在服务标准不完善，组织和管理能力匮乏的问题，这在一定程度上扭曲了医师的动机和表现（Hicks and Adams，2000）。因而有理由认为，多点执业和公共医疗服务质量之间可能不存在绝对的因果关系，低收入国家有限的财政资源和监管能力才是两者背后的深层原因。

3）多点执业对社会福利的影响

（1）多点执业对患者福利的影响。患者福利是医疗领域政策评估的核心问题，现有文献主要围绕以下3个视角展开。①患者选择视角。多点执业增加了患者的选择范围，保证了就诊决策的自由和有效性，以此对患者福利的提升有积极意义。②医师类型视角。利他主义倾向更强的医师往往会选择去公立医院。因而穷人获得利他主义医师治疗的可能性更大，其更有机会接受质优价廉的公共医疗服务（Delfgaauw，2007）。③服务关系视角。该观点认为公立医院与私立医院服务替代性的高低是影响患者福利的重要因素。当两者替代性较高时，患者可以在公立医院接受与私立医院相似的医疗服务，多点执业对患者福利提升的作用不大；当两者提供的医疗服务有较大区别时，多点执业有助于医师根据患者的支付能力、病情和服务质量诉求提供不同类型的医疗服务，继而提升患者的福利水平（Biglaiser and Ma，2007）。

（2）多点执业对医师福利的影响。多点执业对医师福利的影响主要体现在三个方面：收入、工作量和社会心理效用（刘国恩，2010）。①收入效应。从医师收入的角度来看，多点执业提高了医师的收入水平，增进了医师福利。②工作量效应。多点执业导致医师劳动投入量的增加也会产生负面效应。且随着医师劳动负荷的不断增强，其效用损失的速度在不断加快。一是因为医师工作时间越长，对闲暇的价值评估就越大；二是医师每天的工作量存在限制，越接近医师体能的上限，对医师产生的身体劳损程度越高（Brekke and Sørgard，2007）。③社会心理效用。该效用包括教学、社会责任、自我实现、工作环境和职业满足感（Ferrinho et al.，2004）。

（3）多点执业对社会总福利的影响。社会总福利一般是医患双方及其他社会主体（如政府、卫生主管部门、医疗保险第三方等）福利的加总。评估多点执业政策对社会总福利的影响，对于决定是否应该以及何时实施医师多点执业具有重要意义。国外学者对此展开了大量研究，大多数研究都认为：在一定的限制条件下，多点执业能够促进社会总福利的提升。这些限制条件包括：①医疗市场充分竞争。只有在医疗市场竞争充分，公共、私人医疗服务替代性低时，多点执业才有助于增进社会的福利。②支付方式有效控费（Rickman and McGuire A，1999）。③政策负外部性有限。多点执业可能对公立医院全职医师产生负面影响。如果公立医院的医师不满足与多点执业医师的收入差距，决定在私立医院兼职，那么其在公立医院的质量供给将会下滑，多点执业政策对社会福利的提升作用会受到抑制。

4.2.4　国外多点执业政策对我国的启示及建议

目前，我国医师多点执业实践尚处于起步阶段，理论研究也非常欠缺，西方的研究成果为我国实践提供了很好的借鉴，但仍有诸多问题有待进一步探索，例如，中西方多点执业的政策动机存在巨大差别，政策评估的着眼点应根据本国的医疗市场环境加以调整等。结合我国多点执业政策的具体情境，就已有研究对我国推进医师多点执业的启示进行了总结。

第一，多点执业政策的实施要结合我国情境。我国政策实施的动机和背景与国外存在差异：西方主要是增强公立医院的吸引力，引导优质医师在公立医院就职。由于我国是公立医院主导的医疗服务体系，公立医院在医疗服务体系中占有绝对优势地位，其对人才的吸引远远超过民营医院。因此，我国开展多点执业的主要目的是①鼓励公立医院医师向下流动，大医院的医师到基层医院流动，从而实现患者分流，提高资源配置效率；②鼓励向外流动，促进社会资本办医，形成公立、民营医院有效竞争的格局。国外多点执业的研究成果虽然对我国实践具有启示意义，但在参考实践经验和成果时，不能照搬国外的经验和结论，需结合我国的政策目标进行修正。

第二，通过医师多点执业，有效配置医疗资源，提升社会福利水平。国外研究成果系统阐述了多点执业对医疗资源配置的影响，这对我国医疗政策具有重要启示：加快推进多点执业的实施，使高水平医师在不同级别的公立医院之间以及公立和民营医院之间得到有效配置；引导不同疾病严重程度的患者到不同级别的公立医院或民营医院就诊，最终实现患者、医师、社会总福利水平的提高。

第三，注意多点执业负面效应的防范。西方多点执业实践证明其可能对医师在公立医院的服务产生挤出效应，造成公立医院服务质量下降，这是政策在实施过程中的必然影响。我国在政策推行中应有相应的准备，并进行相应的规制。

4.2.5 多点执业政策未来研究的方向

（1）应注重从医师个体层面进行分析。从上述对多点执业政策的政策内容及效果评估的文献可以看出，对多点执业政策的研究多侧重于经济学层面的分析，而医师层面的研究较少，因此今后的研究应注重从医师个体层面进行分析。本文后续也将针对医师个体层面进行问卷调查，获得医师层面对多点执业政策的认识和看法，从而更有利于提出对政策的建议。

（2）评估多点执业对我国医师资源配置的影响。西方发达国家多点执业的政策动机是让公立医院将优秀医师"引进来"，而我国恰好相反，是让公立医院的优秀医师"走出去"，提升医疗服务市场的竞争水平，促进社会办医的发展。因此，多点执业对我国医师资源配置的影响，特别是对我国基层医院、民营医院人才队伍建设的积极作用，是未来该政策效果评估的重中之重。

（3）评估多点执业对公立医院医疗服务质量的影响。国外政策效果评估已经发现多点执业会对公立医院医疗服务质量产生负面影响，这对于我国在政策实施中采取相应的应对措施提供了方向。因而有必要在国内展开公共医疗服务质量的政策评估，一方面可以维护公立医院的公益性和有效性，实时防控政策可能引发的公共医疗服务质量下滑的问题；另一方面，可以帮助评估各种政策干预措施的实施效果。在具体评估中，由于各地区经济发展不平衡以及我国医疗卫生体制的特殊性，可以针对不同地区（发达、欠发达、落后）、不同层级（三级医疗服务机构）的公立医院医疗服务质量来进行研究。

4.3 江苏省医师多点执业现状分析

4.3.1 江苏省医师多点执业的条件

江苏省于2015年推出了《江苏省医师多点执业管理办法》指出，医师申请多点执业应当符合以下条件：①取得医师执业证书，且具有中级及以上卫生专业技术资格；②完成第一执业医疗机构任务；③不是医疗机构法定代表人或主要负责人；④执业类别和执业范围在拟申请多点执业医疗机构的《医疗机构执业许可证》诊疗科目范围内，并与在第一执业医疗机构从事的执业类别和执业范围一致；⑤最近连续两个周期医师定期考核合格。

符合条件的医师提出多点执业申请，第一执业医疗机构应予以支持，并通过签订协议的方式，明确时间安排、工作任务、薪酬、保险等内容。医师应当与多点执业医疗机构签订执业劳务协议，并报第一执业医疗机构留存。并且，拟申请注册多点执业的医师，应当向批准医师第一执业医疗机构的卫生计生行政部门提出申请。

医疗机构不应因多点执业影响符合相关条件的医师职称晋升、学术地位取得等。但是，由医疗机构派遣在医疗集团或医疗联合体内医疗机构执业的，签订帮扶、托管协议的医疗机构间，受医疗机构派遣实施对口支援、支援基层的，不属于多点执业范围。

4.3.2 江苏省医师多点执业的现状

通过查阅江苏省医师注册信息系统的相关数据，提取其中标注多点执业的医师相关信息，并进行各地市的汇总分析，结果如表1所示。

表1 江苏省医师多点执业的情况

地市	医师(执业助理医师+执业医师)			多点执业的医师（执业助理医师+执业医师）						
	男/人	女/人	总计/人	临床/人	口腔/人	公共卫生/人	中医/人	男/人	女/人	总计/人
南京市	12641	12383	25034	85	3	0	13	58	43	101
无锡市	9329	7496	16825	49	7	0	10	40	26	66
徐州市	11967	8951	20918	112	9	3	13	91	46	137
常州市	6204	5227	11441	51	2	1	12	48	18	66
苏州市	14710	12462	27172	167	8	1	36	144	68	212
南通市	9691	7354	17045	38	0	0	16	34	20	54
连云港市	5607	3927	9534	26	1	0	3	16	14	30
淮安市	6767	3991	10758	55	0	4	3	44	18	62
盐城市	10046	6623	16669	42	1	2	4	29	20	49
扬州市	6164	4288	10452	28	1	0	6	19	16	35
镇江市	4338	3107	7445	47	1	0	8	38	18	56
泰州市	6954	4214	11168	30	3	0	4	22	15	37
宿迁市	6126	3434	9560	55	2	6	7	50	20	70
总计	110544	83457	194001	785	38	17	135	633	342	975

从表 1 可以看出，①江苏省多点执业的医师数（975 人）相比于医师总数（194001 人）来讲，占比还是非常少的，仅占 0.5%；②在四类执业医师注册中，临床为 785 人，中医为 135 人，口腔为 38 人，公共卫生仅为 17 人，这说明多点执业医师中临床占大多数；③从江苏省各地市情况来看，苏州多点执业医师的人数最多，212 人，其次是徐州市，137 人，再次是南京市，101 人，说明多点执业在省内不同地区是存在差异的；④从多点执业医师的性别来看，男性多于女性，分别为 633 人和 342 人。

整体来看，江苏省多点执业医师的人数相对较少，仅有 975 人；且在多点执业医师中，临床类型占多数；江苏省内各地市多点执业医师的数量也存在差异，苏州、徐州和南京三个地方多点执业医师的人数相对较多；男性多于女性。

4.4 医师多点执业意愿及其影响因素的调研分析

4.4.1 调查背景

从上述江苏省医师多点执业的数据来看，虽然江苏省出台了相关的政策鼓励医师多点执业，但医师多点执业的现状并不乐观。为了了解医师多点执业的意愿及影响因素，本文在对医师进行访谈的基础上，设计了相应的调查问卷，并在江苏省内不同地区进行了发放回收，以期了解影响医师多点执业的因素，并提出相应的对策建议。

4.4.2 调查对象与方法

1）调查对象

本次调研以江苏省内医院的医师为调研对象，基于抽样便利原则，选取了南京市作为调研的主要地区，以江苏省人民医院、胸科医院等三级医院作为主要调查医院。

2）调查方法

（1）问卷调查

本次调查采用留置问卷方式进行，共发放问卷 400 份，回收有效问卷 194 份，有效问卷回收率 48.5%。

（2）随机访谈

调研小组成员在发放问卷的过程中，随机选择了一些医师有针对性地询问一些问题，并进行了一定的交流。

（3）网上资料查阅

为了更好地了解多点执业政策对医师人才流动的影响，调研小组成员还通过在网上查阅相关的文献及网页信息，利用二手资料来帮助小组成员更好地进行调研。

4.4.3 调查内容

为了了解多点执业政策以及公立医院医师人才流动的影响因素，以便更好地了解多点执业政策是否会影响公立医院人才流动、如何影响、影响的程度以及医师对多点执业政策执行的建议与看法。本文设计了相应的问卷，对抽样医院的医师进行了调查。

问卷共分为 3 个部分。第一部分主要是医师的基本情况介绍，该部分共设 5 题，皆为选择题。主要包括对医师的性别、工龄、受教育程度、医师的职称和医师所属医院等级的调查。主要目的是对所调查医师的基本情况进行详细了解。

第二部分主要调查医院的人才流动情况，主要包括医院人才的流动率高低、影响人才流动的因素、医师对多点执业的意愿、医院的人力资源管理存在的问题及编制是否对人才流动产生影响，该部分共设 8 题，皆为选择题。

第三部分为医师对多点执业的认知，包括医师对多点执业政策的了解程度、对多点执业的前景看法及在多点执业过程中遇到的医疗事故纠纷的责任归属问题。该部分共设 14 题，13 个题为选择题，1 个题为填空题。

问卷具体内容见附件。

4.4.4 调研数据分析

1）样本基本情况分析

（1）样本的性别分布

在回收的 194 份问卷中，男性 119 份，占比 61.34%；女性 75 份，占比 38.66%，如图 1 所示。

（2）样本的工龄分布

在回收的问卷中，工龄在 0~10 年的医师人数最多（72 人），占比 37.11%；其次是工龄为 11~20 年（65 人），占比为 33.51%；再次是工龄为 21~30 年（41 人），占比为 21.13%；比例最少的是工龄 30 年以上的（16 人），占比为 8.25%，如图 2 所示。

（3）样本的受教育程度分布

在回收的 194 份问卷中，硕士研究生（117 人）的占比最高，为 60.31%；其次是本科生（46 人），占比为 23.71%；再次是博士生研究生（28 人），占比为 14.43%；占比最少的是专科及以下（3 人），为 1.55%，如图 3 所示。

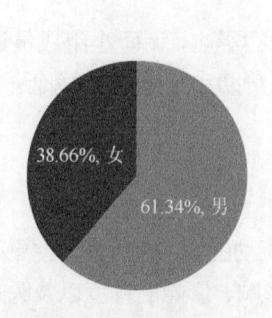

图1　样本的性别分布图　　　　　图2　样本的工龄分布图

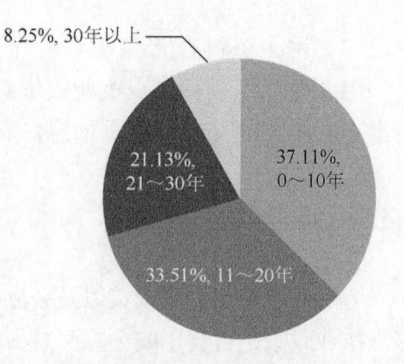

（4）样本的职称分布

在回收的 194 份问卷中，主治医师（62 人）的占比最高，为 31.96%；其次是副主任医师（52 人），占比 26.80%；然后是主任医师（39 人），占比 20.10%；住院医师（30 人），占比 15.46%；其他职称（11 人），占比为 5.67%，如图 4 所示。

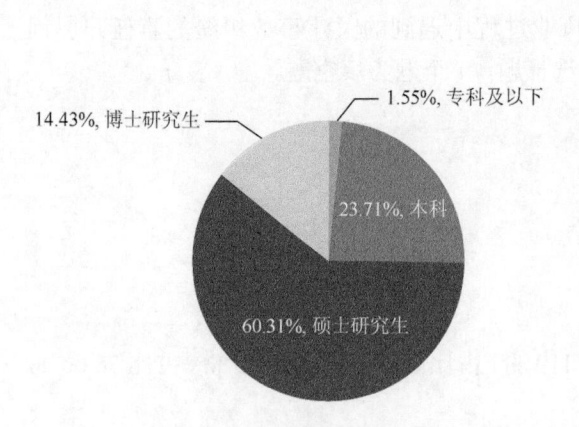

图3　样本的受教育程度分布图　　　　图4　样本的职称分布图

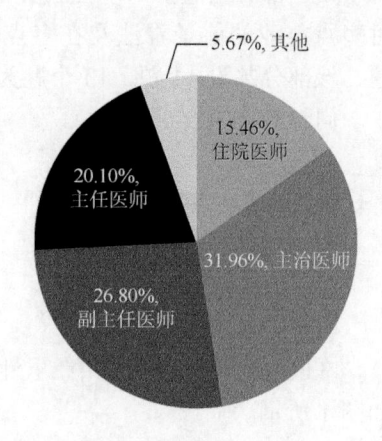

（5）所属医院的等级分布

在调研的 194 份样本中，三级医院（154 人）的占比最高，为 79.38%；其次是二级医院（30 人），占比为 15.46%；占比最少的是一级医院（10 人），占比为 5.15%，如图 5 所示。

整体来看，本次调研回收的样本中，男性多于女性，工龄分布在 0～10 年和 10～20 年两个区间段上，硕士研究生的占比最高，主治医师和副主任医师占多数，并且主要集中在三级医院。

2）医院人才流动情况分析

（1）医院人才流动率情况

在回收的问卷中，认为医院人才流动率一般（98人）的占比最高，为50.52%；流动率低（53人）的占比为27.32%；流动率高（28人）的占比为14.43%；认为，医院人才流动率非常低（13人）的占比为6.70%；最后，认为医院人才流动非常高（2人）的占比为1.03%，如图6所示。可见，医院人才流动率处于一般水平。

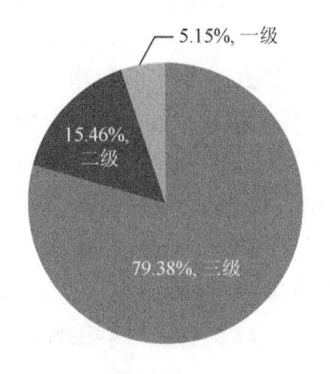

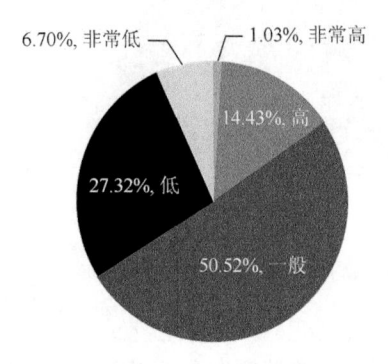

图5 所属医院的等级分布　　　　图6 医院人才流动率的情况

（2）影响医院人才流动的因素

在回收的问卷中，对医院人才流动的影响因素的选择中，工资待遇（156人）占比最高，为80.41%；其次是个人职业发展（134人），占比为69.07%；再次是工作环境（123人），占比为63.40%；医院平台不同（112人）占比为57.73%；自我价值实现（88人）占比为45.36%，领导风格（84人）占比为43.30%；学习培训机会（82人）占比42.27%；其他因素占比为2.06%，如图7所示。可见，

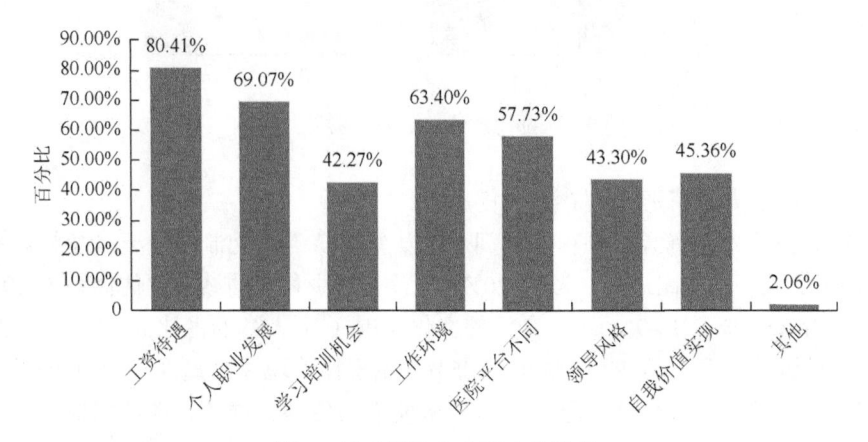

图7 影响医院人才流动的因素

针对医院人才流动的影响因素，所有选项都有涉及，说明导致医院人才流动的因素是多方面的，非常复杂的，其中工资待遇、个人职业发展、工作环境和医院平台不同都有超过半数的医师选择了这些因素。

（3）医师是否具有流动意愿

在回收的问卷中，具有流动意愿的（100人）占比略高于没有流动意愿的（94人），分别为51.55%和48.45%，如图8所示。这说明当前医院医师的人才流动意愿处在一般水平。

（4）医师愿意流动到的医院类型

从回收的问卷来看，在100位具有流动意愿的医师中，愿意流动到三级医院（84人）的占比最高，为84.0%；其次，愿意流动到民营医院（38人）的占比为38.0%；再次，愿意流动到二级医院（23人）的占比为23.0%；愿意流动到一级医院（6人）的占比较低，为6.0%，如图9所示。这说明，医师的流动意向非常明确，普遍倾向于流动到三级医院。

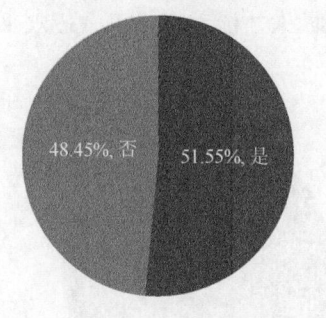

图8　医师是否具有流动意愿分布

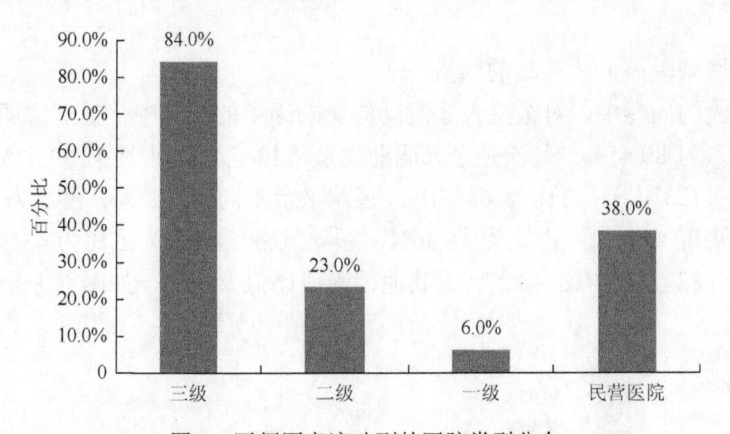

图9　医师愿意流动到的医院类型分布

（5）医院人力资源管理存在的问题

针对医院人力资源管理存在的问题的认知，认为分配制度缺乏竞争性和激励作用（142人）的占比最高，为73.20%；其次，缺少科学的绩效评估体系（129人）的占比为66.49%；再次，缺乏良好的文化氛围（71人）的占比为36.60%；政府部门干预过多（68人）的占比为35.05%；论资排辈现象严重（62人）的占比较低，为31.96%，如图10所示。这说明医院人力资源管理还存在诸多需要改进的地方。

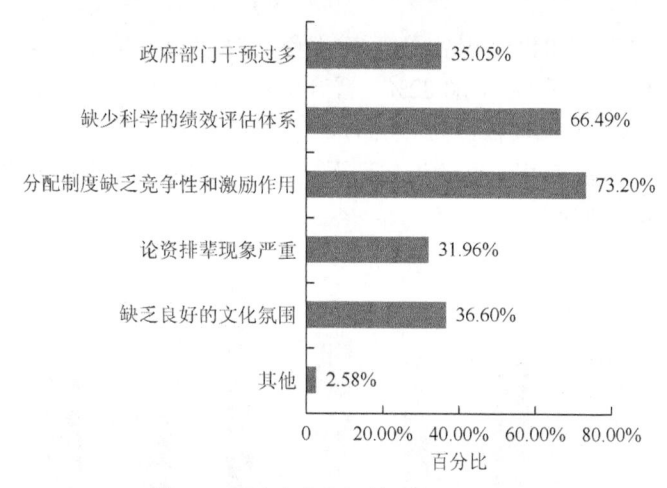

4 公立医院的人才流动机制研究：基于医师多点执业政策实施情况的调研分析 · 105 ·

图10 医院人力资源管理存在的问题

（6）医院编制管理是否对人才流动带来羁绊

大多数人（149人）认为医院编制管理对人才流动带来羁绊，占比为76.80%；23.20%的人认为医院编制管理不会对人才流动带来羁绊（45人），如图11所示。可见，医院的编制管理不利于人才流动。这也是目前新医改在人事制度改革的一个重要方面。

（7）医师对取消编制的看法

对取消编制的看法，一般（81人）的占比最高，为41.75%；其次是赞同（66人）的占比，为34.02%；再次为不赞同（22人）的占比为11.34%；非常赞同（13人）的占比为6.70%；很不赞同（12人）的占比最低，为6.19%，如图12所示。这说明大多数医师对取消编制持中立和赞同态度。

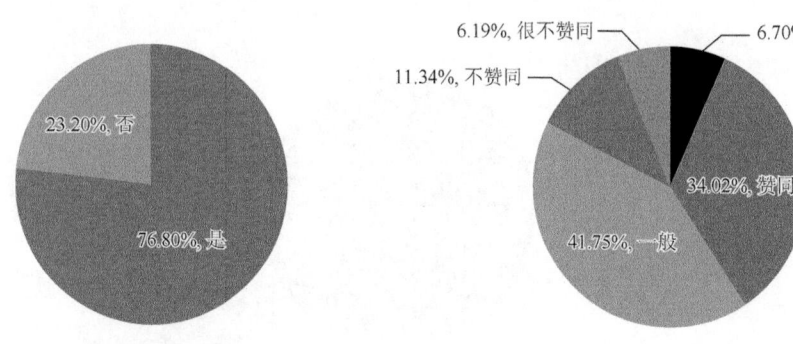

图11 医院编制管理是否对人才流动带来羁绊

图12 医师对取消编制的看法

（8）对取消编制，医师所关心的问题

如图13所示，在调研回收的194份问卷中，关心最多的是退休待遇问题

（132 人），占比为 68.04%；其次是工资问题（126 人），占比为 64.95%；再次是福利问题（118 人），占比为 60.82%；晋升问题（101 人）占比为 52.06%；绩效考核问题（89 人）占比较低，为 45.88%；行政待遇问题（68 人）占比最低，为 35.05%。可见，与编制相关联的退休待遇、工资、福利和晋升问题都成为医师对取消编制所关心的问题。

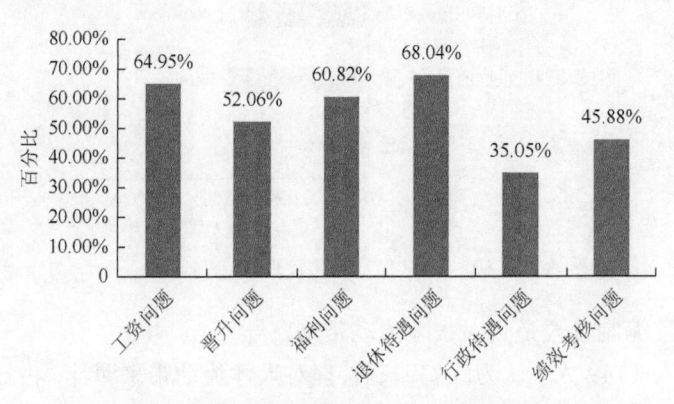

图 13　对于取消编制，医师所关心的问题

3）对医师多点执业的认知情况分析

（1）对多点执业的了解程度

如图 14 所示，调研的 194 份问卷中，了解多点执业政策（95 人）的占比最高，为 48.97%；一般（78 人）的占比为 40.21%；不了解（12 人）的占比为 6.19%；非常了解（8 人）的占比较低，为 4.12%；没听过（1 人）的占比最低，为 0.52%。这说明多数医师对多点执业政策是了解的。

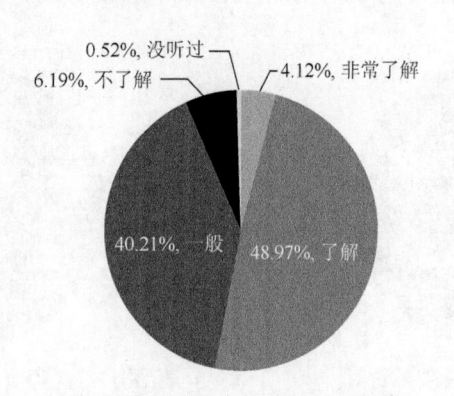

图 14　医师对多点执业的了解程度

（2）是否赞成医师多点执业

如图 15 所示，调研的 194 份问卷中，赞成多点执业政策（152 人）的占比为

78.35%；不赞成多点执业政策（42 人）的占比较少，为 21.65%。这说明多数医师是赞成多点执业的。

（3）医师多点执业带来的好处与机遇

如图 16 所示，调研的 194 份问卷中，实现自我价值（157 人）的占比最高，为 80.93%；其次是增加收入来源（146 人），占比为 75.26%；提升医疗市场竞争水平（111 人）的占比为 57.22%；控制与共享资源（98 人）的占比为 50.52%；有助于患者交流（85 人）的占比为 43.81%；履行社会责任（80 人）的占比为 41.24%；增加工作机遇（66 人）的占比较低，为 34.02%；

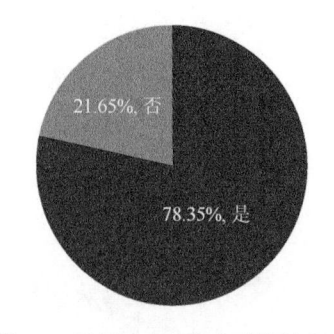

图 15 医师对多点执业政策的态度

另有 2 人选择了其他，占比为 1.03%。这说明医师对多点执业能够带来的好处主要集中在实现自我价值和增加收入来源上。

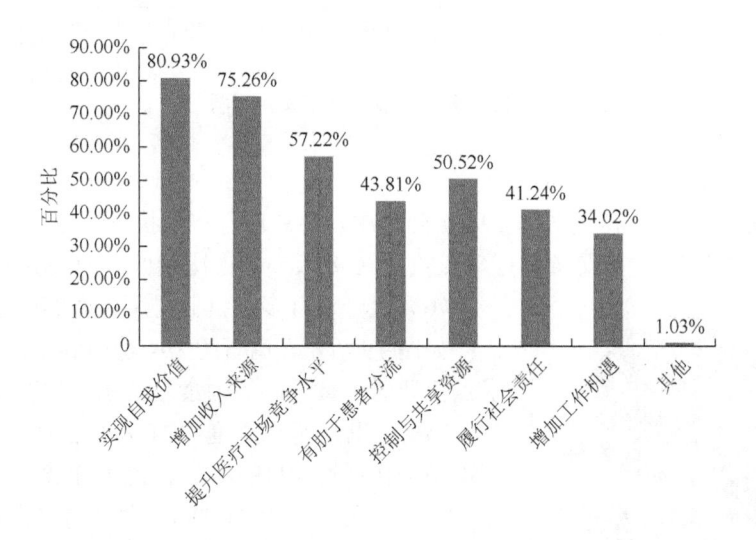

图 16 多点执业带来的好处与机遇

（4）多点执业可能带来的问题

如图 17 所示，调研的 194 份问卷中，针对多点执业执行过程中可能带来的问题的认识，认为分散了医师的时间和精力（134 人）的占比最高，为 69.07%；其次是医疗风险难以分担（125 人），占比为 64.43%；导致医师工作量增加（107 人）的占比为 55.15%；医疗服务质量难以保证（94 人）的占比为 48.45%；归属感降低（72 人）的占比为 37.11%；影响到注册单位的主业（56 人）的占比为 28.87%；占用了优质医疗资源（51 人）的占比较低，为 26.29%；其他（3 人）的占比为 1.55%。

这说明，对多点执业可能带来的问题，多数医师认为集中在分散了医师的时间和精力以及医疗风险难以分担和导致医师工作量增加这三个方面。

项目	百分比
分散了医生的时间和精力	69.07%
占用了优质医疗资源	26.29%
导致医生工作量增加	55.15%
影响到注册单位的主业	28.87%
医疗服务质量难以保证	48.45%
医疗风险难以分担	64.43%
归属感降低	37.11%
其他	1.55%

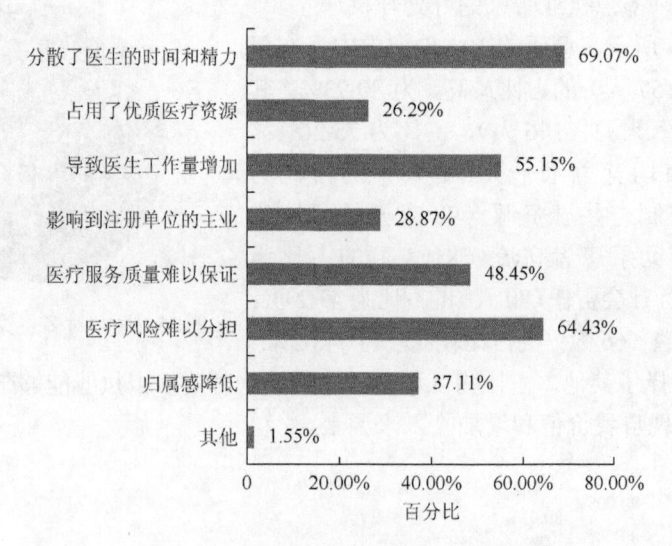

图17　多点执业可能带来的问题

（5）是否愿意进行多点执业

如图18所示，在调研的194份问卷中，愿意进行多点执业（136人）的占比较高，为70.10%；不愿意进行多点执业（58人）的占比较低，为29.90%。

（6）医师进行多点执业时所关心的因素

如图19所示，调研的194份问卷中，医师进行多点执业时，最关心的因素是薪酬（127人），占比为65.46%；其次是尊重度（121人），占比为62.37%；再次是工作环境（118人），占比为60.82%；福利保障（99人）的占比为51.03%；单位与多点执业单位的冲突（88人）的占比为45.36%；职业安全感与归属感（85人）的占比为43.81%；晋升机会（68人）的占比为35.05%；业务发展（45人）占比较低，为23.20%；其他占比最低为1.55%。这说明医师进行多点执业时关心的因素排名前四的是薪酬、尊重度、工作环境和福利保障。

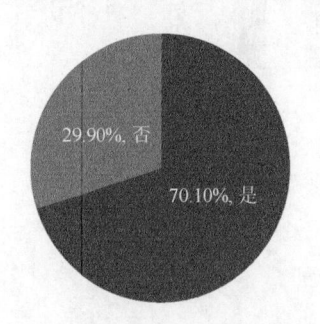

图18　是否愿意进行多点执业

（7）对多点执业的顾虑

如图20所示，调研的194份问卷中，医师进行多点执业时，往往会有很多顾虑，医疗事故及纠纷难以处理（121人）占比最高，为62.37%；其次是工作环境的差异（117人），占比为60.31%；工作时间难以协调（112人）的占比为57.73%；

图19中各项数据：

- 薪酬 65.46%
- 尊重度 62.37%
- 工作环境 60.82%
- 福利保障 51.03%
- 晋升机会 35.05%
- 职业安全感与归属感 43.81%
- 单位与多点执业单位的冲突 45.36%
- 业务发展 23.20%
- 其他 1.55%

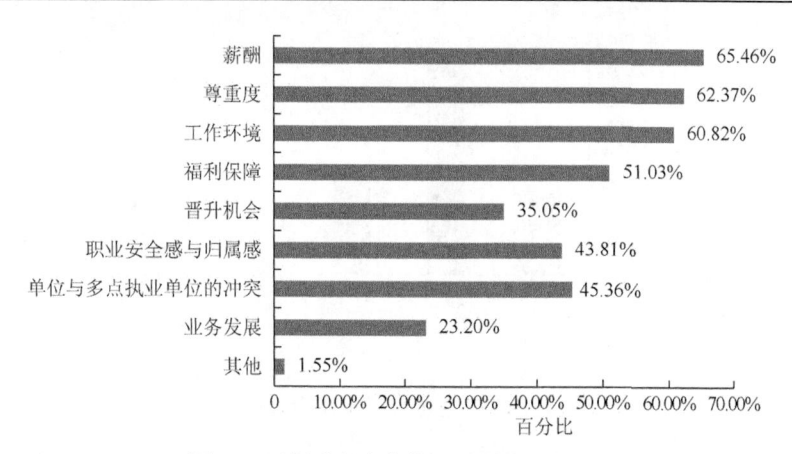

图19　医师进行多点执业时所关心的因素

与原单位的关系难以处理（105人）的占比为54.12%；原单位的职位晋升受到影响（93人）的占比为47.94%；工作强度过大（80人）的占比为41.24%；待遇问题（62人）占比较低，为31.96%；其他（4人）占比最低，为2.06%。这说明医师从事多点执业最担心的问题是医疗事故及纠纷难以处理、工作环境的差异、工作时间难以协调和与原单位的关系难以处理这四个方面。

图20中各项数据：

- 工作环境的差异 60.31%
- 原单位的职位晋升受到影响 47.94%
- 与原单位的关系难以处理 54.12%
- 工作时间难以协调 57.73%
- 工作强度过大 41.24%
- 医疗事故及纠纷难以处理 62.37%
- 待遇问题 31.96%
- 其他 2.06%

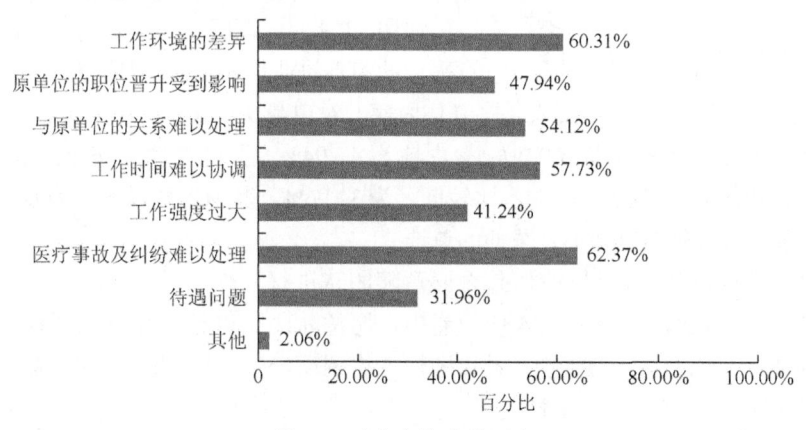

图20　对多点执业的顾虑

（8）多点执业的阻力方

如图21所示，调研的194份问卷中，医师进行多点执业时，会遇到多方阻力，其中来自所在医院的阻力（即第一执业单位，139人）占比最高，为71.65%；其次是来自政府（68人）的阻力，占比为35.05%；再次是来自个人（52人）的阻力，占比26.80%；来自多点执业单位（35人）的阻力占比较低，为18.04%；来自患者（11人）的阻力占比最低，为5.67%。这说明多点执业的主要阻力来自于第一执业单位。

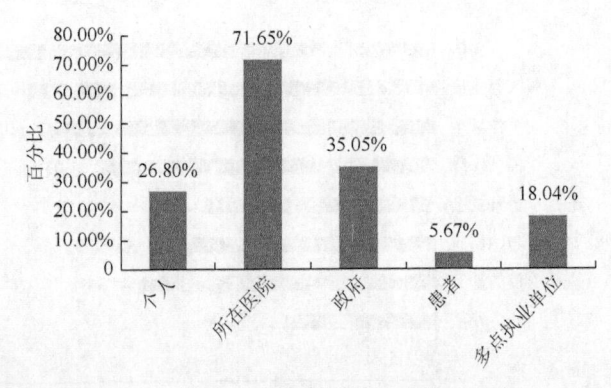

图 21 多点执业的阻力方

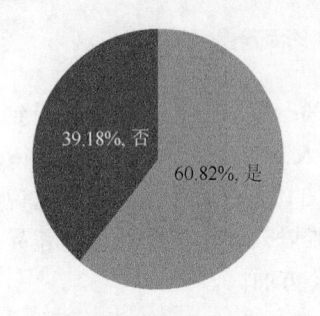

图 22 公立医院是否会为参与多点执业的医师提供很多机会比例图

（9）公立医院是否会为参与多点执业的医师提供很多机会

如图 22 所示，调研的 194 份问卷中，医师进行多点执业，认为公立医院能够提供机会（118 人）的占比较高，为 60.82%；认为不会提供很多机会（76 人）的占比较低，为 39.18%。

（10）医师愿意采用的多点执业形式

如图 23 所示，调研的 194 份问卷中，医师愿意采用的多点执业形式中，医师工作室（120 人）的占比最高，为 61.86%；其次是医联体内部的对口帮扶（104 人），占比为 53.61%；再次是注册多点执业单位（93 人），占比为 47.94%；医师集团（76 人）的占比为 39.18%；组织安排（62 人）的占比较低，为 31.96%；其他占比最低，为 0.52%。这说明注册多点执业单位并不是医师的首选。

（11）发展团队多点执业，是否愿意随团队进行工作调动

如图 24 所示，调研的 194 份问卷中，愿意随团队进行工作调动（144 人）的占比较高，为 74.23%；不愿意随团队进行工作调动（50 人）的占比较低，为 25.77%。这说明团队工作方式的重要性。

（12）多点执业过程中，遇到医疗纠纷问题的责任归属

如图 25 所示，调研的 194 份问卷中，多点执业过程中，遇到医疗纠纷时，认为责任两者共同承担（119 人）的占比最高，为 61.34%；其次，认为多点执业单位承担（72 人）的占比为 37.11%；认为原单位承担（3 人）的占比最低，为 1.55%，认为个人承担的占比为 0。这说明当发生医疗纠纷时，多数医师认为应由第一执业单位和多点执业单位共同来承担责任。

（13）对多点执业政策的前景看法

如图 26 所示，调研的 194 份问卷中，赞成这种政策的，认为这是今后的一种趋

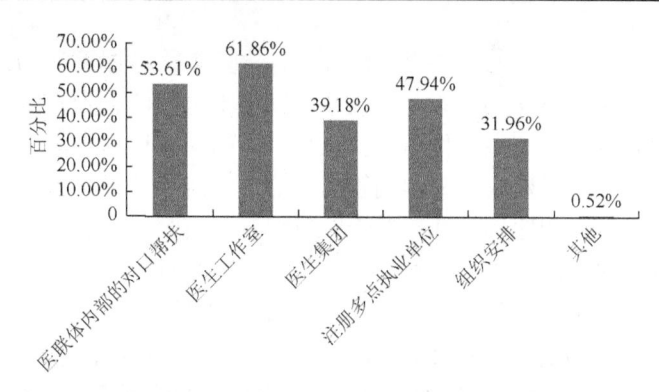

4 公立医院的人才流动机制研究：基于医师多点执业政策实施情况的调研分析 ·111·

图 23 医师愿意采用的多点执业形式

图 24 愿意随团队进行工作调动的占比

图 25 多点执业时，医疗纠纷问题的责任归属

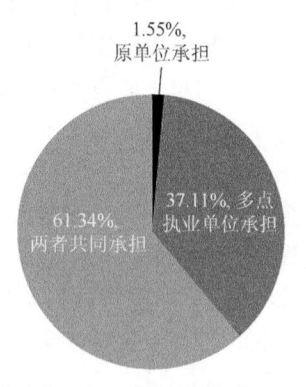

势（92 人）的占比较高，为 47.42%；其次，认为政策一般，主要看政府推行力度（71 人）的占比为 36.60%；否定这种政策，认为还存在很多制度障碍（31 人）的占比较低，为 15.98%。

4.4.5 调查结论

通过上述的分析可以得出以下结论。

（1）从整体上看，本次调研回收的样本中，男性多于女性，工龄分布在 0～10 年和 10～20 年两个区间段上，硕士研究生的占比最高，主治医师和副主任医师占多数，并且主要集中在三级医院。

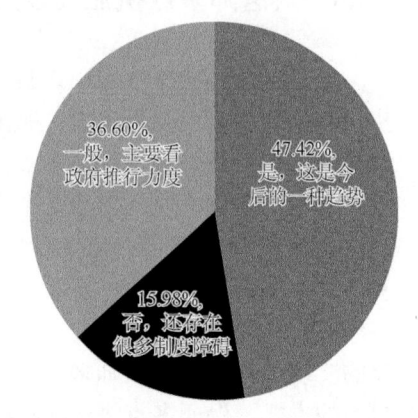

图 26 对多点执业政策的前景看法

（2）针对医院的人才流动情况，①调查地区的公立医院的人才流动率一般；②导致医院人才流动的因素是多方面的，非常复杂的，其中工资待遇、个人职业发展、工作环境和医院平台不同是四个主要影响因素；③具有流动意愿的医师占

比一半，没有明显趋势；④被调查的医师中，大多数医师愿意流动到三级医院执业，极少数医师愿意流动到一级医院执业；⑤对于医院的人力资源管理，普遍存在分配制度缺乏竞争性和激励作用以及缺少科学的绩效评估体系等问题；⑥对于医院编制管理上，大多数人认为编制管理会给人才流动带来羁绊；对于取消编制这一问题上，不赞同的比例较低；对于取消编制，与编制相关联的退休待遇、工资、福利和晋升问题都成为医师对取消编制所关心的问题。

（3）针对多点执业，从整体上看，①在被调查的医师群体中，不了解多点执业政策的医师较少，赞成多点执业的医师较多；②普遍认为多点执业可以实现自我价值和增加收入来源，同时还可以促进提升医疗市场的竞争水平并且能够控制与共享资源；③针对多点执业带来的问题，普遍认为会分散医师的时间和精力，医疗风险难以分担并且导致医师工作量增加；④对于多点执业，医师比较关心薪酬、尊重度和工作环境；⑤对于多点执业的顾虑，医疗事故及纠纷难以处理、工作环境的差异和工作时间难以协调成为医师的主要顾虑；⑥医师多点执业的阻力，主要来自医师所在的第一执业单位；⑦多数医师认为公立医院会为多点执业的医师提供很多机会；⑧对于多点执业的形式，多数医师选择医师工作室和医联体内部的对口帮扶；⑨如果发展团队多点执业，大多数医师愿意随团队进行工作调动；⑩在多点执业过程中遇到医疗纠纷，多数医师认为需要第一执业单位和多点执业单位两者共同承担；⑪对于多点执业的前景，并没有统一的看法，但认为多点执业将是一种趋势的看法偏多。

4.4.6 对医师多点执业的政策建议

通过上述调研可以看出，目前医疗环境严峻，存在许多客观因素，导致多点执业难度加大。但整体来讲，医师对多点执业还是持赞成态度，并且多数医师愿意进行多点执业。但医师对多点执业可能存在一些顾虑，为了促进多点执业的推行和实施，政府可以从以下几个方面入手来推动多点执业政策达到其预期成效。

（1）对多点执业医师的管理需要借鉴国际经验，从激励和约束两个方面来完善其管理体系。首先要结合我国公立医院医师队伍现状和工作负荷情况，来激励三级医院医师进行多点执业，实现人力资源的流动和合理配置，促进我国分级诊疗的实现。其次，对医师多点执业进行有效约束，可以结合采用经济激励和行业自治的方式，保证多点执业医师在多点执业单位的医疗服务质量。

（2）进一步明确多点执业医师的责任归属问题以及对应的回报问题。首先，通过调研可以看出，医师多倾向于第一执业单位与多点执业单位共同承担医疗纠纷责任，但现实情况是第一执业单位对此并没有动力去支持，因此需要从政策层面来对两者能够承担的责任进行明确。其次，由于医师多点执业会分散医师的时间和精力，因此如何确保其获得相应的权利以及回报问题，将极大影响医师多点执业的动力。

（3）加强医院内部管理。在医师多点执业过程中，有可能出现为了个人的经济利益，将第一执业地点的接诊病人转移到其他的执业地点，甚至出现泄漏技术秘密，如出现这种情况，应明确责任承担的主体和承担的方式。

（4）对当前的医院人事管理制度进行改革。从文献以及调研的结果来看，影响医师多点执业最重要的因素是我国医师是单位人，所有的薪酬待遇、职称晋升、发展平台等都掌握在单位手中，因此，从编制、职称评定等多个方面为医师解锁，是当前医院人事管理制度改革所需要突破的问题。

（宋宝香）

参 考 文 献

刘国恩. 2010. 让医生自由执业才能从根本上抑制大处方[J]. 中国医疗保险，（6）：34.

唐超，翟晓辉，谢启麟，等. 2014. 医师多点执业规制的国际经验及启示[J]. 中国卫生政策研究，7（3）：38-42.

Barros P P, Siciliani L. 2012. Pubic and private sector interface[J]. Handbook of Health Economics, 2: 927-1002.

Bian Y, Sun Q, Jan S, et al. 2003. Dual practice by public health providers in Shandong and Sichuan province, China[R]. Health Economics and Financing Program Working Paper.

Biglaiser G, Ma C A. 2007. Moonlighting: Public service and private practice[J]. The RAND Journal of Economics, 38（4）：1113-1133.

Brekke K R, Sørgard L. 2007. Public versus private health care in a national health service[J]. Health Economics, 16(6): 579-601.

Buchan J, Sochalski J. 2004. The migration of nurses: Trends and policies[J]. Bulletin of the World Health Organization, 82（8）：587-594.

Delfgaauw J. 2007. Dedicated doctors: Public and private provision of health care with altruistic physicians[R]. Tinbergen Institute Discussion Paper.

Encinosa W E, Gaynor M, Rebitzer J B. 2007. The sociology of groups and the economics of incentives: Theory and evidence on compensation systems[J]. Journal of Economic Behavior and Organizations, 62（2007）：187-214.

Ferrinho P, van Lerberghe W, Fronteiral I, et al. 2004. Dual practice in the health sector: Review of the evidence[J]. Human Resource for Health, 2（1）：14.

Hicks V，Adams O. 2000. The effects of economic and policy incentives on provider practice[C]. Economic and Policy Incentives，Geneva.

Iversen T. 1997. The effect of a private sector on the waiting time in a national health service[J]. Journal of Health Economics, 16（4）：381-396.

Mitchell J M, Sass T R. 1995. Physician ownership of ancillary services: Indirect demand inducement or quality assurance?[J]. Journal of Health Economics，14（3）：263-289.

Morris S, Elliott B, Ma A, et al. 2008. Analysis of consultants' NHS and private incomes in England in 2003/4[J]. Journal of the Royal Society of Medicine，101（7）：372-380.

Oliveira M D, Magone J M, Pereira J A. 2005. Nondecision making and inertia in Portuguese health policy[J]. Journal of Health Politics Policy and Law, 30（1-2）：221-230.

Rickman N, McGuire A. 1999. Regulating providers' reimbursement in a mixed market for health care[J]. Scottish Journal of Political Economy, 46（1）：53-71.

5 江苏省互联网金融人才发展状况与竞争趋势研究
——基于江苏问卷调查的分析

摘要：随着互联网金融的迅猛发展，互联网金融行业对于金融人才的需求不断增加，尤其是需要大量的跨界复合型金融人才。然而，目前社会储备互联网金融人才的供给满足不了互联网金融创新发展所需要的金融人才。针对这种状况，本文首先对江苏13个市具有代表性的30户互联网金融企业进行入户调研，在对调查问卷进行整理、分析的基础上，发现江苏互联网金融人才供不应求，特别是高层次、复合型人才的稀缺性已成为江苏互联网金融创新发展的一个明显软肋，呈现出"一将难求"的发展趋势；接着分析和扩展国内原有的"校企联合"培育互联网金融人才模式，探索"政学企"协同创新模式，从而有质有量地保障江苏互联网金融人才的供给；最后从发挥财政政策对金融资源的支持和引导作用、完善互联网人才的培养模式与引进及制定和强化互联网金融人才的服务制度等方面提出江苏互联网金融人才发展的相关政策建议。

关键词：互联网金融人才；供不应求；竞争趋势；政策建议

5.1 引　言

2015年10月，江苏省互联网金融协会对互联网金融人才进行调研预测，未来5年我国互联网金融人才总缺口将会超过300万人。其中，江苏未来3年互联网金融人才缺口在20万人左右。面对如此巨大的互联网金融人才缺口，互联网金融人才的培养问题具有紧迫性。2017年，江苏共有167所普通高等学校，大学综合排名全国第一，有2所985高校，11所211大学，其中有10所部委直属高校，30所省属高校。江苏省内大部分高等院校都设有电子商务、计算机和金融专业，可以为互联网金融创新发展输送大量人才。当前，全国约有10所高校开设互联网金融专业，江苏已有部分高校增设互联网金融相关课程，而且互联网金融相关课程设置正走向多样化，开始重视培养全方位的互联网金融人才，主要课程有"互联网营销导论"、"互联网思维"、"新媒体营销"、"互联网金融导论"等。江苏作为我国教育大省，其教育资源丰富，能够为互联网金融创新发展提供全方位的金融人才。

5.2 文献综述

5.2.1 互联网金融人才供不应求分析

王利东和刘梅娟（2016）经过研究发现，当前我国互联网金融从业人员存在专业基础知识储备不丰富、技能知识不够扎实、职业礼仪比较欠缺、思维能力不强等方面的不足。陈炜和蔡晓霞（2016）指出，互联网金融创新发展的模式需要大量多样化的互联网金融人才。当前我国互联网金融正处在初步发展时期，互联网金融人才培养机制很不完善。严玉华（2015）总结出了互联网金融企业培养人才、吸引海外人才及高等院校培育人才三条互联网金融人才的供给渠道。李乐和彭华（2016）指出互联网金融的迅猛发展创造了对金融专业人才巨大的潜在需求。然而，我国高等院校金融人才的供给远远满足不了互联网金融企业的需求，互联网金融人才供给缺口有待填补。因此，亟须高等院校与时俱进、不断调整人才培养模式、更新课程体系，以适应跨界人才培养的需求。李思（2014）通过研究，得出互联网金融企业能够拥有的"互联网＋金融"的跨界型、复合型人才很少的结论。曹永琴（2017）也认为，既有互联网技术又有金融专业知识的复合型金融人才缺失，这样就不利于互联网金融行业的发展。陆岷峰和徐阳洋（2016）研究认为，互联网金融是一个跨学科的行业，需要兼具互联网技术和金融知识的复合型人才。

5.2.2 校企联合模式

面对互联网金融人才供给的巨大缺口，国内一些高等院校做出了实质性的工作。2014年，清华大学五道口金融学院和北京航空航天大学软件学院分别开设了互联网金融方向硕士研修班和互联网金融硕士专业。近两年来，北京大学、中央财经大学、北京理工大学及武汉大学等相继组办了互联网金融方向的在职研究生课程进修班。2015年，北京京北金融信息服务有限公司联合清华大学、上海交通大学等高校，启动了"互联网金融"百千万人才培养工程。目前，国内逐渐建立了互联网金融人才"校企联合"的培养模式：一是高校联合互联网金融企业，实现各自资源"优势互补"，打造互联网培训基地，以浙江金融职业学院、河北师范大学等为代表；二是采用校企联合培养的模式，为在校大学生开设互联网金融培训班，如河北金融学院的"互联网金融特色班"、浙江金融学院的"微贷网订单班"等。

5.2.3 互联网金融人才供求均衡分析

莫易娴和刘仁和（2014）认为我国高等院校应从课程设置、培养方式、培养师资以及国际联合办学等方面构建互联网金融人才的培养模式。卢红（2015）创造性地构建了基于胜任力模型的互联网金融从业人员培训体系。李雪桐（2016）基于新加坡"教学工厂"培养模式，以西安欧亚学院为案例，为我国高等院校提供了培养互联网金融未来发展所需人才的实施方案。赵忠亮（2017）认为互联网金融行业对人才的要求越来越高，只有与时俱进，培养创新型金融人才，为互联网金融发展提供人力资源保障。黄勋敬等（2016）通过调查研究，表明我国商业银行应实施互联网金融人才发展战略。潘长风（2017）认为出台人才激励政策，吸引和培养优秀互联网金融人才。因此，政府应该制定和实施互联网金融人才发展战略；互联网金融企业应借用"外脑"，弥补互联网金融人才的不足；高等院校应优化课程设置，完善教学方式，构建较为完善的互联网金融人才培训体系。

5.3 江苏互联网金融人才调研结果分析

2017年4月，南京信息工程大学经济管理学院课题组从江苏省互联网金融企业基本概况、行业特征、人力资源状况、高层次急需紧缺人才吸引与引进、人才引进配套政策服务需求等方面设计了调查问卷。2017年5月至8月期间，课题组成员对江苏32家具有代表性的互联网金融企业如开鑫贷、互融宝、袋鼠妈妈等进行调研，收回30份问卷，采取定性研究和定量分析相结合的方法，对江苏互联网金融企业人才供需现状、江苏省对互联网金融人才引进的配套政策以及江苏互联网金融人才培养存在的不足进行了剖析，以期为江苏省互联网金融人才相关政策的制定和实施提供参考和决策建议。这样有助于实现江苏互联网金融人才的供需均衡，有助于促进江苏互联网金融健康发展。

5.3.1 江苏互联网金融人才发展现状分析

近年来，江苏注重培养互联网金融人才，尤其是注重高质量金融人才的培养。2015年11月，江苏省政府提出"重视学术研究和人才培养"来保障互联网金融创新发展。根据调研问卷研究表明，目前江苏高层次、急需紧缺互联网金融人才引进满意度一般；近三年企业人均招录成本、效能、利润、培训投入年均增长10%以内；近三年企业人均薪资成本年均增长10%以上；企业互联网金融人才培训、培养主要提升方式是企业组织内部培训为主,行业组织外部培训为辅。被调查企业的人力资源状况包括招聘方式(表1)和在职人员学历与职称分布(表2)。目前互联网金融企业渴望政府主管部门如江苏省人民政府金融工作办公室或江苏省互联网协会组织提供的培训项目主要有国家金融体制改革、国内国际金融产品开发、金融产品营销、人才及团队管理技能、风控管理等方面的培训。本次问卷调研预测表明,未来5年,江苏互联网金融人才供求将出现结构性不平衡,即供不应求。当前值得关注且迫在眉睫的工作是地方政府、互联网金融企业、高校三个主体应尽快打造合适的互联网金融人才培养体系。

表1 企业各类员工常用的招聘方式

招聘方式	中高层管理人员	专业技术人员	营销业务人员
人才市场招聘		√	√
校园招募			√
猎聘服务机构	√	√	
内部举荐	√		
互联网及移动互联网招聘	√	√	√

表2 企业在职人员学历与职称分布情况

学历	高级职称 (CFA、CPA、FRM、ACCA、律师证书等)	中级职称	初级职称 (包括各类从业资格证)
专科	2.0%	34.3%	53.4%
本科	37.0%	58.5%	42.3%
硕士	51.8%	7.2%	4.3%
博士	9.2%	—	—

5.3.2 江苏互联网金融人才需求动向

本次问卷调研发现,江苏互联网金融创新应用比较缺乏、高端复合型人才稀缺(表3)。通过调研发现,目前江苏互联网金融专业高层次人才的供给一部分来自全国的一线城市,但是大部分高层次人才主要依靠省内供给。因此,江苏省填补互联网金融专业人才巨大缺口的最有效办法有待于依托省内众多的高等院校来培养输送,但互联网及互联网金融的发展变化日新月异,企业所需要的非常接地气的人才培养对于传统以培养学术型、科研型人才为主要使命的高校来说有一定的挑战。可见,政府提倡产教融合,校企合作来创办新型前沿以及"互联网+"

专业方向，甚至有一些企业已经开始大胆地尝试，但是这种创新的步伐有待进一步加快。

表3　江苏互联网金融高层次、急需紧缺人才吸引与引进状况

企业需求高层次人才类型排序	业务部门骨干＞高级管理人＞创新型人才＞研究型技术人才
高层次人才的来源	以江苏省内为主，北、上、广、深为辅
吸引人才来江苏工作的主要原因排序	发展前景＞薪酬待遇＞城市生活环境＞工作、学术氛围＞家庭原因＞朋友介绍
企业急需紧缺人才需求排序	首先是IT研发人员需求旺盛；其次是风控、产品营销、融资专业人才需求量较大
目前引进后的高层次人才急需解决问题排序	子女升学和就业＞工资待遇＞住房条件＞配偶调动或安置＞研究成果转化＞继续深造机会＞职称晋升
引进和留住高层次人才的关键因素排序	发展机遇＞工资待遇＞激励措施＞自我价值实现＞领导赏识＞工作环境＞住房条件
目前急需紧缺人才的学历层次	本硕为主，博士为辅
目前急需紧缺人才的专业技术层次	高级、正高级专业技术职称为主，中级专业技术职称为辅

5.3.3　江苏人才配套服务政策分析

江苏省市各级政府给互联网金融企业及其人才引进提供了一些扶持政策，例如，江苏省南京市对领导小组审定的重点项目，每户资金补贴不高于50万元；领导小组审定的重点示范企业，每户资金补贴不高于100万元；实行"一企一策"；领导小组审定的互联网金融示范区一次性资金补贴100万元；领导小组审定的互联网金融孵化器一次性资金补贴50万元。在关于人才发展体制机制改革方面，江苏在推进人才体制机制改革和政策创新上做出了新举措，江苏省委印发了《关于聚力创新深化改革打造具有国际竞争力人才发展环境的意见》。根据问卷调研表明，目前江苏省对互联网金融企业及其人才提供的扶持政策还有待加强（表4和表5）。

表4　企业对配套政策的需求

江苏现有人才引进政策的主要问题排序	政策优惠幅度不够＞政策宣传不到位＞政策分散，不易操作
主管部门在引进高层次人才工作中需要做的工作排序	完善各级各类人才的激励政策＞建立完善的人才服务体系＞建设便捷的生活配套设施＞建立区域人才信息系统
企业对主管部门的建议和要求排序	面向企业的项目和资金支持＞政府协助，加快注册审批程序进度＞设立产业基金，需要政府配套资金支持＞与区领导畅通的沟通机制＞提升政府有关部门的服务意识

表 5　已有政策措施是否需要加强、修订或保留

政策措施	加强	修订/保留
职称和职业资格评定等人事关系的办理		√
引进人才及家属的入户办理	√	
子女入学	√	
居住问题	√	
成果转化及产业化优先获得投资资金的支持	√	
搭建高层次人才、项目交流平台，拓宽服务领域，畅通服务渠道	√	
鼓励和支持高层次人才申报各类科技计划和科研基金项目	√	
知识产权保护	√	

5.3.4　江苏互联网金融人才培养存在的问题

互联网金融人才资源的缺乏已成为制约互联网金融创新发展的"软肋"。就目前而言，江苏省互联网金融的创新发展不仅面临着高端复合型人才稀缺，而且也面临着互联网金融人才培养模式单一的问题。

1）互联网金融高端复合型人才稀缺

随着互联网金融的迅猛发展，互联网金融人才不仅需要具备网络信息技术、金融业务和产品销售等技能，还需要以独特互联网思维完成相关工作。互联网金融人才是具备用户思维、平台思维、跨界思维、大数据思维及迭代思维等创新思维与新型知识技能有机结合的复合型人才。短期内既掌握新型知识技能，又具有互联网金融创新思维的复合型人才培养难度大，供给无法得到保证。就目前而言，互联网金融行业稀缺度最高的首先是营销岗位，互联网金融平台设计的产品或提供的服务都需要营销人员推广和宣传，将产品和平台展示在客户面前。其次是风控和技术岗位，包括项目经理、风控、信审、贷后管理等人才。除此之外，随着大数据等现代科技的广泛应用，移动端开发、金融产品设计、大数据分析等技术人才的需求呈现增长趋势。最后是高管岗位，高管是负责互联网金融企业的发展战略、营运管理等方面的复合型人才，因而对自身综合素养要求较高，也是目前江苏互联网金融创新发展的"瓶颈"。

2）互联网金融人才培养模式单一

目前，众多高等院校的互联网金融人才培养体系不健全，人才培养模式有待完善。就金融专业而言，人才培养计划和教学模式在以下几方面需要调整。

（1）金融专业人才培养目标滞后。许多高等院校金融专业培养模式侧重传统

金融方面的培养，而互联网金融人才不仅需要具备金融业务方面的知识技能，而且需要具备信息技术和产品销售技能，更需要具有独特的互联网创新思维。

（2）课程建设缺乏创新思维，未能反映金融业的新发展。金融类专业的主要课程包括政治经济学、西方经济学、财政学、国际经济学、货币银行学、国际金融管理、证券投资学、保险学、商业银行业务管理、中央银行业务、投资银行理论与实务等。随着互联网金融的发展，以上这些金融类课程已不能满足培养互联网金融人才的时代要求。在互联网时代，金融人才的培养需要寻求新观念、新思路、新突破。

（3）师资力量薄弱，教学模式陈旧。高等院校现有的师资力量没有接受互联网金融相关的专业知识培养，众多相关的老师或精通金融专业或精通互联网知识，而同时精通互联网和金融的教师甚少。所以，目前高等院校的师资队伍还不能够直接给学生讲授互联网金融知识的专业课程。加上传统的填鸭式教学模式已经跟不上互联网金融发展对人才培养的要求，难以培养出复合型的互联网金融人才。互联网金融方面师资力量的缺失也是造成国内互联网金融的复合型人才较少的一个重要因素。所以，当前高校存在的问题主要是计算机技术与金融没有很好地融合，将金融人才与互联网人才分开培养，而互联网金融需要复合型的人才。可见，高校仅围绕传统金融专业人才培养开展工作，很难实现互联网金融人才的大量输出。

（4）培养主体多元"联动"协同培育模式不成熟。目前主要是高校培养金融人才，企业再培养，政府引导的状态，没有形成成熟的多元协同培育互联网金融人才的联动机制。因此，高等院校、互联网金融行业、地方政府，有待"多元协同"培育互联网金融人才，各自发挥优势资源，形成较为完善的互联网金融人才培育机制。这也关系到江苏省相关高等教育制度的改革和创新。

5.4 基于"政学企"模式的互联网金融人才培育机理研究

5.4.1 "政学企"模式建设的基础条件

基于互联网金融发展的人才需求及互联网金融人才的特点，各级地方政府、互联网金融企业及高校应以人才的时代需要为导向加强合作，共同培育出与时俱进的互联网金融人才。人才是一个行业发展的基础。目前，互联网金融行业正面临着"供不应求"的人才短缺困境。作为一个发展迅速的新兴行业，互联网金融行业更需要新型复合型人才，而此类人才须兼具 IT 技术和金融学等方面的知识技能。

互联网金融发展经历了野蛮生长、拓展业务的阶段，目前已进入规范整改阶段。当前互联网金融行业的从业人员多从传统行业而来，在互联网金融行业存在知识盲区。加上市场培训和社会培训机制的不成熟，使高端人才难上加难。高端人才的走俏和紧缺，还引发了多场业内人士哄抢事件。此外，人才流动性强、业务模式的趋同性，再加上越来越年轻化的人员结构，使互联网金融平台频繁面临人员换血的局面，进一步地导致了互联网金融行业无人可用的现象发生。

高校作为人才储备的重要基地，拥有丰富的创新能力突出、学习能力强、接受新知识速度快的人才，可以成为互联网金融企业的"外脑"。当前高等院校已有的培养模式已不能适应互联网金融企业对人才的需求。因此，打通高校与互联网金融企业的人才通道，实现校企合作常态化。对于企业、高校以及人才来说，是多赢的局面。从另一个方面而言，可以有效弥补当前互联网人才培养模式的缺陷，有助于解决行业的人才荒问题。

在激烈的市场竞争中，互联网金融行业既需要一批高素质的科技创新人才和管理人才，也需要大批高素质的技术技能型人才，互联网金融企业与高校合作培养人才则能够满足其对人才的需求。互联网金融企业提供经费、高校提供人力和部分设备，在高校建立"研究院"，研究院的工作纳入双方的工作计划，通过动态性地研究互联网金融的相关先进技术，从而为互联网金融企业提供有利的技术支撑。

5.4.2 "政学企"模式的机理分析

在互联网金融人才需求"动态变化"的现代社会中，互联网金融的发展不仅需要通过互联网金融企业内部的培育人才"自练内功"，而且还应通过外部（政府组织培训和帮助引进及高校培育）的培育和引进，即通过"双轮驱动"加强互联网金融人才建设，形成"政学企"协同创新机制，从而实现互联网金融的广度延伸和深度挖掘。

"政"，即地方政府。地方政府制定和实施互联网金融发展的总体规划以及相关互联网金融企业扶持政策和完善相关互联网金融人才的优惠政策。营造互联网金融人才培育和引进的良好环境，不断完善互联网金融人才的竞争机制。

"学"，即高等院校。高等院校需要增设互联网金融专业，打造一支综合素质良好的师资队伍，加大互联网金融复合型人才的培养力度。从而逐渐满足互联网金融企业的人才需求。

"企"，即金融企业。金融企业以"政府"的人才政策引导为基础，负责提供互联网金融人才的培育和引进服务。在政府的大力扶持和积极引导下，充分借助互联网金融人才扶持政策，"有理、有利、有节"加快互联网金融人才建设。

基于"政学企"三位一体的协同创新机制，充分发挥各个参与主体的积极作用。在地方政府的政策引导下，为地方政府、大学、企业在功能与资源优势上的专业化协同分工与整成化，形成管理学上"1+1>2"协同效应（图1"政学企"协同创新机制），从而构建互联网金融人才生态圈（图2）。这个生态圈的生态基础是营造一个持续不断的良好的互联网金融人才环境；"政学企"三位一体的协同创新机制是互联网金融人才的模式，进而实现互联网金融人才的动态性创新发展。

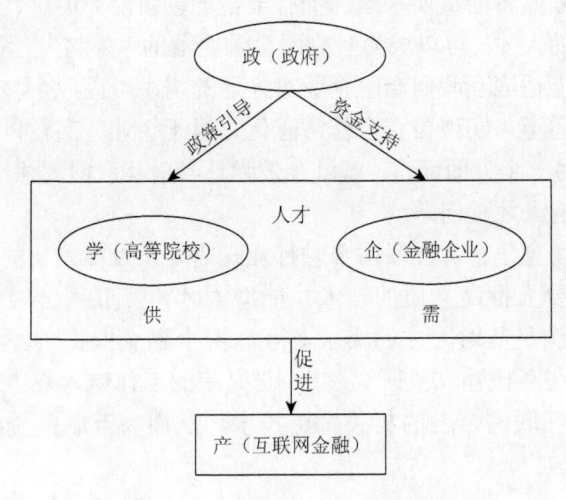

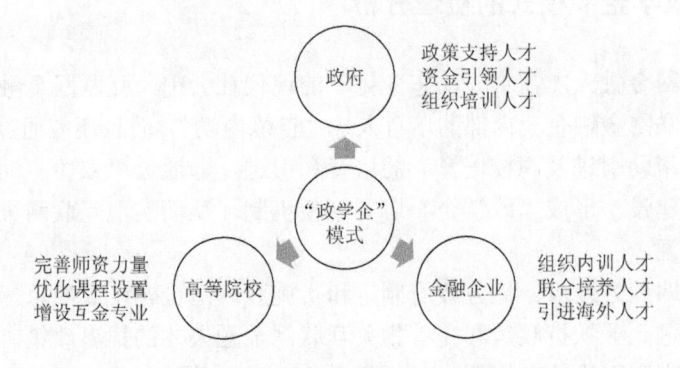

图1 "政学企"协同创新机制

图2 互联网金融人才生态圈

5.5 对策建议

5.5.1 发挥财政政策对金融资源的支持和引导作用

财税政策在很大程度上影响着一个地区的金融发展，金融资源的支持与引导依赖于财政政策。江苏可以从以下几个方面完善财税政策。

（1）设立互联网金融专项资金。江苏省政府可以从财政预算中拨出部分资金设立互联网金融专项资金,用来奖励和扶持重点互联网金融企业、奖励互联网金融优秀人才以及建设互联网金融产业园区、支持互联网金融创业项目孵化等。市、区县地方政府可立足公共财政职能,设立、完善并用好地方互联网金融专项资金,可重点针对互联网金融服务市场失灵的领域,遵循保基本、有重点、可持续的原则,支持和引导互联网支付、网络借贷、众筹等金融新型业态的协调发展。地方政府应积极引导和鼓励互联网金融企业,开展各种互联网金融创新活动,对符合条件的互联网金融企业予以适当的财政补贴,从而营造良好的金融创新氛围。

（2）落实政府各项税收优惠政策。江苏新兴产业创业投资引导基金等政府性股权投资基金和相关财政专项资金应积极支持创投机构投资互联网金融企业。一是对于符合条件的互联网金融企业,可享受省市财政促进金融业创新发展的相关政策;二是对于符合条件的互联网金融产品创新和业务模式创新,可申请省市金融创新奖;三是支持有条件的互联网金融企业进行软件企业、高新技术企业、技术先进型服务企业等方面认定,按照国家、省市规定享受相关财税优惠政策。

（3）完善互联网金融人才的优惠政策。江苏省各级政府应当完善金融人才政策,制订金融人才培养、引进计划,鼓励金融人才的培养和引进。鼓励互联网金融企业通过市场机制,引进各类高层次、紧缺的金融人才。省、市、区、县各级人力资源、教育、医疗卫生、公安、住房、外事等主管部门应当按照规定为高层次紧缺金融人才在落户、住房、医疗保障、子女就学、出入境等方面提供便利。鼓励发展互联网金融,支持互联网金融平台、产品和服务创新,促进从业机构相互合作,支持互联网支付、网络借贷、股权众筹融资等互联网金融业务发展。引导银行业金融机构加大对商业模式创新领域高层次人才创业发展的信贷支持。对开展商业模式创新项目的人才,适度给予免担保信贷支持。对互联网金融人才的住房、医疗等方面给予更多的优惠,重奖有突出贡献的互联网金融创新人才。

（4）加强互联网金融人力资源服务政策。江苏可以考虑尽快出台互联网金融人才认定及扶持办法,鼓励互联网金融人才与传统行业人才双向流动,完善落户、安置和奖励等制度。加强金融人才队伍建设和金融学术交流,支持通过任务外包、产业合作、学术交流等方式,吸引互联网金融领域领军人才、特殊人才、紧缺人才在江苏创业创新和从事教学科研、学术与经验交流等活动。建设江苏省人力资源公共信息服务平台和人力资源数据库,为互联网金融人力资源服务提供支撑。积极引进国际知名人力资源服务机构,推动人力资源服务管理创新、模式创新和产品创新,打造多层次、多元化的人力资源服务网络。

（5）建立培养专项资金,大力引进互联网金融人才。从上海、北京、广州、深圳等全国一线城市,即从互联网金融发达地区加大人才引进的力度,提供更加开放的政策支持,处理好互联网金融人才异地调动的住房、社保、子女升学和就业、配偶调动或安置以及研究成果转化等问题,进一步改善金融人才生活的配套环境；激活金融人才发展体制机制，培养江苏省内本土化的金融优秀人才，让金融人才能够在江苏省内合理流动起来，加快带动与协同江苏各市域之间共同发展；加强江苏金融人才队伍建设组织保障，让外地互联网金融人才愿意来，留得住，干得精。

5.5.2 完善互联网人才的培养模式与引进

（1）优化课程设置。互联网金融的发展依托大数据、云计算、区块链及智能投顾等现代先进技术的快速发展，是互联网技术与金融学相融合的产物。培养互联网金融人才需集金融、网络信息技术、营销、法律等基础知识于一体，因此课程的设置要考虑综合性、科学性。课程的设置应该注重计算机与数学知识的培养，由于互联网金融的风险较大，信誉风险尤为显著，因此应设置关于风险评估、信息安全方面的课程，对法律相关基本知识的掌握是对一个合格的互联网金融人才的最低要求，要掌握相关的金融法律法规，并要培养互联网金融人才开发新产品的能力，增设关于金融产品开放创新方面的相关课程。

（2）完善师资力量。互联网金融人才的素质高低在一定程度上取决于培训讲师关于互联网金融的丰富实践经验与扎实的理论水平。可以有针对性地提高部分特别优秀学者的住房条件、科研经费及工资等，也可以高薪聘请一些金融机构的领导者、一线专家不定期地授课解惑，定期让一些教师深入互联网金融企业，以便更加切合实际地把推行实践与理论教学有机结合起来。

（3）联合国际办学。我国互联网金融发展较晚，与一些发达国家相比具有一定滞后性。互联网金融人才的培养应当具有国际化的前瞻性眼光，需加强与国际互联网金融方面人才的广泛交流。因此，江苏高校如南京大学、东南大学、南京财经大学等高等院校应积极与国外发达国家如美国、英国等常青藤大学加强联系，通过双边合作协议联合办学，聘请发达国家的互联网金融专家来江苏高校兼职任教以及通过交换留学生等方式进行合作交流，从而可以增进了解，相互融合，彼此借鉴。

（4）建立互联网金融高端人才引进机制。基于江苏省互联网金融协会组织的外部培训或者互联网金融企业组织的内部培训，不断提高江苏互联网金融从业人员素质。健全"互联网+"人才引进工作体系，利用国家"千人计划"、省"双创人才"等人才引进计划，引进一批在互联网金融领域具有国际影响力的行业领军人物，重点引进和培养一批互联网金融的复合型人才。同时，江苏尽快出台互联网金融人才认定及扶持办法，鼓励互联网金融人才与传统行业人才双向流动，完善落户、安置和奖励等制度。积极引进国际知名人力资源服务机构，推动人力资源服务创新、模式创新和产品创新，全方位打造人力资源服务网络。

（5）形成"政学企"联合培养机制。目前，江苏不少互联网金融平台企业已纷纷与南京大学、东南大学、南京财经大学及南京审计大学等高校进行金融人才发展战略合作，共同组建互联网金融专家团队和互联网金融研究院，为高校科研人才提供接触互联网金融前沿的"高铁"轨道。"政学企"联合人才培养机制，不仅有助于互联网金融企业打造自身核心竞争力，而且也有助于营造江苏高校学术研究和人才培养的良好氛围，让高校培养的人才能够与市场更好接轨，能够与互联网金融的发展接轨，这对于江苏经济的发展和江苏教育模式的更新大有裨益。互联网金融产学研集企业、高校、政府之力，"政学企"各司其职、各尽其能、携手共进。此外，江苏高校应建立产学研合作的内在调整机制，在互联网金融人才培养方面，应采取"高校+企业"的双导师聘任制，聘请金融行业高管、行业领军人物做兼职研究生导师，共同培养互联网金融人才。完善各类创新载体、研发平台、产学研合作基地的规范化管理，及时总结全国其他地方高校的有效做法和经验，建设一批政产学研合作示范载体、示范平台、示范基地、示范企业，以点带线，以线促面，全面提升政产学研合作水平，实现建设与管理良性互动，确保江苏"政学企"协同持续健康发展。

5.5.3 制定和强化互联网金融人才的配套服务制度

（1）注重互联网金融人才的综合素质，加快推进江苏省金融业发展。一是注重考察金融人才的综合素质，包括金融专业理论水平、计算机软件技术、互联网金融行业知识经验、相关的海外经验、国际资格认证证书等紧跟市场和业务发展方向。为金融人才提供多种创新业务培训，保持其专业性和前瞻性，建立有效的内部创新机制，充分利用金融人才的创新思维，为其提供更大的发展空间。二是强化互联网金融产业发展实力。坚持金融产业发展与转型升级相结合，坚持政府引导与市场运作相结合，坚持公益性服务与经营性服务相结合，坚持社会效益与经济效益相结合，以信息化为手段、产业化为动力、国际化为目标，加快推进江苏省互联网金融业发展。

（2）做好互联网金融人才日常服务工作。一是完善金融人才服务体系。江苏是金融服务大省，加强金融人才服务体系建设，构建形象、标准、制度等各方面相统一的金融人才服务平台，开展统一的金融人才工程、互联网金融人才就业专题和互联网金融合作项目等，提高互联网金融行业做大事、树品牌的能力。二是强化公益服务保障。立足于服务金融人才工作和社会稳定的高度，提高认识、统一思想、形成合力，科学严谨地研制社会化的人才档案公共管理服务系统，加快开发电子档案、诚信档案等。三是提升人才服务窗口工作水平。人才服务窗口是金融人才服务机构履行职能的直接载体。狠抓窗口作风建设是一项长期坚持的重点工作内容。要创新人才服务手段，落实窗口岗位职责，严格工作纪律，不断完善首问负责、全程代理、一次告知、限时办结和责任追究等工作制度，大力引进标准化办公配套服务设施，树立引领全国的标准化窗口形象。四是形成市场化的薪酬机制，合理利用股权激励等多元化的激励方式、摒弃不公的用人机制，建立"能进能出"的晋升机制充分挖掘内部轮岗和转岗制度，有效激励金融人才根据互联网金融行业的变化趋势进行就业选择，逐步实现互联网金融企业用人标准从单一型、业余化、模仿型向复合型、专业化、创新型人才转变。

（3）加强省市金融办与互联网金融企业及互联网金融人才的沟通交流。一是建立高层次人才推荐机制。进一步发挥市场在人才资源配置当中的决定性作用，对在校互联网金融人才培养过程中与整个金融市场发展结合起来，培养互联网金融行业需要的具有创新意识的人才。二是加快集聚金融高端人才，做好高层次人才引进的宣传，加大引进高层次金融产品技术人才和管理人才的力度。三是促进江苏省内金融人才的合理流动，制定更多引进人才的优惠政策，鼓励金融人才投身于中小型金融企业；给予中小金融企业更多支持政策，中小金融企业根据业务发展战略，明确人才的具体需求，通过猎头招聘等渠道获取金融人才。四是加强金融行业人员之间的沟通机制。促进互联网金融企业与各类高级人才的直接沟通及提高与人才沟通效率，加强互联网金融从业人员的高质量培训，创新金融人才培养方式以及发挥多层级机构的共同培养作用。

（4）政府应建立完善的产学研合作政策保障机制。互联网金融行业的迅猛发展对人才的数量和质量均提出了高要求。互联网金融作为一个"跨学科"的新领域，融合了金融、管理、信息和IT等相关专业，需要既懂金融又懂互联网的复合型人才。江苏应当创新金融人才培养模式，建立"政学企"联合人才培养机制。高素质金融人才的培养应以市场需求作为培养模式的主要依据，应遵循金融人才培养过程中产、学、研协作原则，形成政府、学校、企业三方联动机制。江苏省政府也在考虑组建省级互联网金融研究院和互联网金融培训中心，通过"政学企"一体化联动机制，培养互联网金融应用型创新人才，推动互联网金融创新发展，从而实现江苏省一体化、专业化、创新化的互联网金融业态迈向更高台阶。在江苏省政府和江苏省人民政府金融工作办公室指导下，江苏高校应尽快设立互联网金融专业，加强与互联网金融企业合作，共同培育出具备最前沿理论知识与实践经验的互联网金融人才。同时，企业应形成良好的产学研合作的自我需求机制，建立健全有利于产学研联动培养模式运行的评价、考核与激励机制。江苏优化整合"政、产、学、研"资源，不断提升各行业对互联网金融的充分认识和理解支持以及适应和提升"互联网＋"发展创新能力，切实加强对互联网金融发展的"创才"储备和"创智"支撑，致力打造我国具有相当影响力的集互联网金融人才培养、政策研习、产业发展战略研究等服务内容为一体的高端培训平台。

（葛和平　朱卉雯）

参 考 文 献

曹永琴. 2017. 互联网金融发展现状及其存在的问题研究[J]. 上海经济，（1）：101-110.

陈炜，蔡晓霞. 2016. 互联网金融人才需求问题的研究[J]. 时代金融，（10）：25.

黄勋敬，黄聪，赵曙明. 2016. 商业银行互联网金融人才工作满意度研究[J]. 金融论坛，（10）：62-71.

李乐，彭华. 2016. 应用型本科互联网金融人才的培养[J]. 福建金融，（2）：47-49.

李思. 2014-04-15. 互联网金融人才需求激增[N]. 上海金融报，A14.

李雪桐. 2016. 教学工厂理念在互联网金融专业人才培养中的应用——以西安欧亚学院为例[J]. 时代金融，（8）：372-373.

卢红. 2015. 基于胜任力模型的互联网金融从业人员培训体系探讨[J]. 金融与经济，（12）：86-88.

陆岷峰，徐阳洋. 2016. 互联网金融人才发展战略研究[J]. 区域金融研究，（4）：19-24.

罗明雄，唐颖. 2013. 互联网金融[M]. 北京：中国财政经济出版社.

莫易娴，刘仁和. 2014. 论我国"互联网金融"人才的培养[J]. 金融教育研究，（3）：66-68.

潘长风. 2017. 促进福建互联网金融发展的几点建议[J]. 福建论坛，（5）：184-187.

王利东，刘梅娟. 2016. 互联网金融人才需求分析研究[J]. 时代金融，（1）：24-5.

严玉华. 2015. 互联网金融发展下人才供需状况和高校的应对措施[J]. 牡丹江教育学院学报，（9）：55-56.

赵忠亮. 2017. 互联网金融企业人才培养问题的探讨[J]. 中国集体经济，（15）：115-116.

6 江苏省人力资源服务业的发展现状与创新模式研究

摘要：近年来，江苏省人力资源服务业发展迅速，多层次、多元化的服务体系初步形成，服务功能逐步完善，服务能力明显提升，市场管理日趋加强，步入了高速发展阶段，市场潜力大，投资收益率增长较快。江苏省人力资源服务行业已经基本形成了包括中高端人才访寻、灵活用工、人力资源外包、在线招聘、人力资源综合咨询、人力资源软件系统、转职服务等在内的产业链。但是，目前江苏省人力资源服务业仍存在整体实力不强、行业规模偏小、国际竞争力较弱、市场秩序有待进一步规范等问题，难以满足新时期经济社会发展的新要求。与此同时，江苏省人力资源服务行业的产业链结构发展不够合理，尤其是低端服务和高端产品业务链不合理，业务同质化和低水平竞争问题突出，现有服务产品结构相对滞后，难以满足客户差异化的服务需求。

在新形势下，通过创新驱动促进江苏省人力资源服务业更加健康快速地发展已经成为人力资源领域的广泛共识。本文以"改革创新模式"为中心，从业态创新、服务模式创新与盈利模式创新三个方面探索江苏省人力资源服务行业的创新模型，寻找江苏省人力资源服务行业新的增长点。

关键词：人力资源服务业；服务模式；盈利模式

6.1 江苏省人力资源服务业发展现状分析

近年来，江苏省人力资源服务业发展迅速，多层次、多元化的服务体系初步形成，服务功能逐步完善，服务能力明显提升；与此同时，行业竞争日趋激烈，急需明确今后的竞争战略及发展趋势。

6.1.1 江苏省人力资源服务业市场规模分析

近年来，随着江苏省人力资源服务业的不断发展和转型升级，人力资源产业园的迅速发展，人力资源服务机构的规模不断扩大和调整，江苏省人力资源服务产业的市场规模也不断扩大。

1）江苏省人力资源产业园的发展规模

目前，我国已经初步形成了多层次、多元化的人力资源市场服务体系，人力资源服务内容也由最初的职业介绍、培训和流动人口档案管理等延伸至完整的人力资源服务产业链。据统计，2014年，江苏省人力资源服务业营业总额近800亿元，正式成立和同意筹建国家级、省级人力资源服务产业园10家，产业发展进入了突飞猛进阶段。截至2015年上半年，江苏省共有人力资源服务产业园13家，其中，国家级产业园1家，省级人力资源服务产业园9家（已正式成立4家，同意筹建5家），市级人力资源服务产业园3家（苏州吴中、无锡崇安、宿迁市）（朱跃，2015）。人力资源服务产业园作为人力资源服务业的一种重要的、特殊的产业集聚形态，已经成为江苏人力资源服务业发展现阶段的重要支柱。

2）江苏省人力资源服务机构的发展规模

江苏省人力资源服务业在近几年呈现出较快的增长态势，树立了良好的产业发展形象，成为一个令人瞩目的朝阳产业。一方面表现在全省人力资源服务机构数量的变化，截至2016年末，见表1，全省各类人力资源服务机构有5827家，其中公共人力资源服务机构211家，社会经营性人力资源服务机构5616家；另一方面表现在人力资源服务市场用人单位数量的变化，2010年以来，人力资源服务市场用人单位数量不断变化，获得人力资源服务机构提供的服务也越来越专业化。这两方面都反映出江苏省近几年人力资源服务业机构整体实力进一步提升，进行了重大的结构性调整，服务机构作为基本保障，注重发挥市场人力资源服务机构的作用，提升了整体服务能力，这为全省人力资源服务提供了更好的平台（梅鹏和奚国泉，2015）。

表1 江苏人力资源服务机构的数量（2010～2016年）

项目	2010	2011	2012	2013	2014	2015	2016
人力资源服务机构/家	4119	3883	4027	2476	3099	2967	5827
公共人力资源服务机构/家	1617	1565	1605	219	262	201	211
社会人力资源服务机构/家	2502	2318	2422	2257	2837	2766	5616
服务用人单位/万家	80.5	72.4	221.0	89.1	117.5	82.2	97.6

数据来源：江苏省人力资源和社会保障事业发展统计公报（2010～2016年）。

6.1.2 江苏省人力资源服务产业竞争格局分析

随着我国市场经济的不断深化改革，人力资源外包服务业逐步走上了市场化道路。近几年来，人力资源服务行业步入了高速发展阶段，市场潜力大，投资收益率增长较快。既加剧了行业内企业间争夺市场的激烈程度，也吸引着更多行业外企业的加入，行业竞争程度日趋激烈。

1）竞争局势分析

近年来，江苏省江苏人力资源服务业产业规模不断壮大，随着服务职能和服务领域的不断拓展，人力资源服务业为其他行业的服务内容也趋向扩大化和多元化，人力资源服务业整体水平有较大提高。但是总体实力与北京、上海等一线城市的同行相比仍有较大差距，统一、规范、有序的人力资源市场仍然尚未形成，人力资源服务业发展环境仍需完善，江苏省人力资源服务业的发展局势见表2（吴晓兰，2016）。

表2 江苏省人力资源服务业的SWOT模型分析

优势（S）	劣势（W）
政府对人力资源服务产业政策支持力度不断加强	行业成熟度偏低
人力资源服务业规模持续增长	服务理念有待提高
人力资源服务业态结构优化	IT技术和系统落后
	人才队伍素质亟待提高
机会（O）	威胁（T）
良好的发展环境	外资人力资源服务业的竞争
科学技术的提高，IT技术的发展	人力资源服务业的创新性不足
公平竞争的平台	人力资源服务业标准统一性不足

2）竞争战略分析

根据人力资源服务业的SWOT模型分析，结合波特的五力竞争模型，影响人力资源服务业竞争力的主要因素包括：人力资源服务性专业人才，客户（分为企业和个人），潜在竞争者进入的能力，多元化的服务产品和服务方式，行业内竞争者现在的竞争能力。下面从四个方面提出相关的战略。

（1）培养专业化的人才。作为一个发掘其他行业人才的服务机构，人力资源服务企业自身却也缺乏真正专业的人才。然而只有拥有人力资源专业能力的人才才能设计出更加具有竞争优势的服务产品。人力资源管理咨询和人事外包业务更是需要专业的服务团队。

（2）多元化和多层次的业务。丰富人力资源服务企业的服务业务能够从不同的角度和层次满足顾客的需求，提高客户的购买欲望进而使其忠实于企业。

（3）品牌化与个性化。品牌是企业的无形资产，其目的是使自身的产品或服务有别于其他竞争者。一个知名的品牌能够提高顾客对企业的认知度和忠诚感。

个性化的企业服务产品能够吸引更多的顾客，提高市场份额。而且个性化的服务不容易被市场竞争者模仿，有效地提高了企业的竞争优势。

（4）服务方式双向化。人力资源服务性企业的客户被分为相关联的两类，因此将个人和企业相联系，创造出一个双向的平台可以加强两类客户之间的相互沟通，资源的相互匹配。人力资源服务企业通过更好的服务方式为客户服务，能够增强客户满意度。

6.1.3 江苏省人力资源服务产业前景趋势分析

结合江苏省人力资源服务业的竞争局势分析，人力资源服务业存在整体实力不强、行业规模偏小、国际竞争力较弱、市场秩序有待进一步规范等问题，难以满足新时期经济社会发展的新要求。所以，要不断健全服务体系，完善服务功能，拓宽服务领域，规范市场秩序，推进人力资源服务业专业化、信息化、产业化、国际化，着力提升人力资源服务业在科教与人才强省战略、就业优先战略中的基础性作用和在促进经济发展方式转变中的先导作用。

1）行业规模进一步扩大

30多年来，江苏人力资源服务业从无到有，从小到大，产业规模不断壮大。随着服务职能和服务领域的不断拓展，人力资源服务业为其他行业服务的内容也逐渐扩大，日益多样。在国家鼓励政策的引导下，人力资源服务业将正式纳入国家服务经济体系。随着产业引导、政策扶持和环境营造等不断优化，通过不断的产业优化和结构调整，江苏省人力资源服务业具有很大的发展空间，行业规模将继续保持稳步增长态势。

2）市场进一步细分

随着各行业市场竞争的加剧，市场对人的需求日益增加，同时对服务价值的要求也日益提高，企业个性化的需求促使人力资源服务机构更侧重于为客户提供"专、精、深"的服务，人力资源服务业的市场将更加细化，产业结构也不断优化。在要求提供个性化服务的同时，企业也要求人力资源服务机构提供多品类的服务以满足行业市场频繁改变所带来的挑战。因此，在产业链的整合方面，统一解决方案正在成为人力资源行业发展的大势所趋。对于人力资源服务供应商而言，统一解决方案服务模式将实现客户、产品资源共享，提高企业的利润率。未来，人力资源服务企业要逐步提高服务的专注度，明确定位自身的优势和细分市场，为客户提供更多高附加值和综合性服务的解决方案。

3）人力资源服务行业的转型升级发展趋势

随着人力资源服务业的快速发展，江苏省人力资源服务业为其他行业服务内容逐渐扩大，层次不断提高，专业服务向纵深发展，综合服务向一体化方向发展。人力资源服务企业不再追求"大而全",而是侧重于向客户提供"专、精、深"的服务产品,分门别类地为中小型、大型和跨国企业提供"高/低定制化、高/低复杂化"的个性化服务(吴晓兰,2016)。江苏省的人力资源服务行业不断向专业化、品牌化、知识化、标准化和国际化趋势发展(表3),不断进行调整和转型升级。

表3 人力资源服务业的转型升级发展趋势

专业化发展趋势	"专、精、深",提供通用性服务,也提供差异化、个性化的服务产品
品牌化发展趋势	外包领域、网络招聘领域、软件领域、咨询领域等将逐步向品牌化发展
知识化发展趋势	服务对象的知识化、客户需求的知识化、竞争环境的知识化
标准化发展趋势	人力资源服务标准化建设不断拓展
国际化发展趋势	跨国人力资源企业通过并购、投资、入股等方式进入省人力资源市场

6.2 江苏省人力资源服务行业产业链分析

6.2.1 江苏省人力资源服务行业产业链结构分析

30多年来,江苏人力资源服务业从无到有,从小到大,产业规模不断壮大。由最初的招聘服务、人事代理、劳务派遣逐渐渗透到企业内部所有人事业务,包括:人力资源规划、制度设计与创新、员工满意度、薪酬调查及培训体系、员工关系、企业文化设计等各方面。一些人力资源服务机构甚至将各个业态组合初步形成产业链条,为客户提供全面的人力资源外包服务,促进了服务业态之间的融合,实现了商业模式创新。此外,江苏省人力资源服务业在服务内容日趋多元化的同时,层次也在不断提高,逐步尝试向专业化方向迈进,行业龙头企业不再仅仅追求"大而全",更侧重于服务的纵深发展,向客户提供更为"专、精、深"的服务产品,分门别类地为各类企业"私人订制"服务(吴晓兰,2016)。

目前江苏省人力资源服务行业已经基本形成了包括中高端人才访寻、灵活用工、人力资源外包、在线招聘、人力资源综合咨询、人力资源软件系统、转职服务等在内的产业链。其中,初级形态包括人才招聘、劳务派遣、人事代理等,中级形态包括专业技术人才招聘、人力资源培训、管理咨询、教育咨询等,高级形态包括高端人才访寻(猎头)、人才测评、人力资源软件服务等。江苏省人力资源服务业的产业链结构如图1所示。

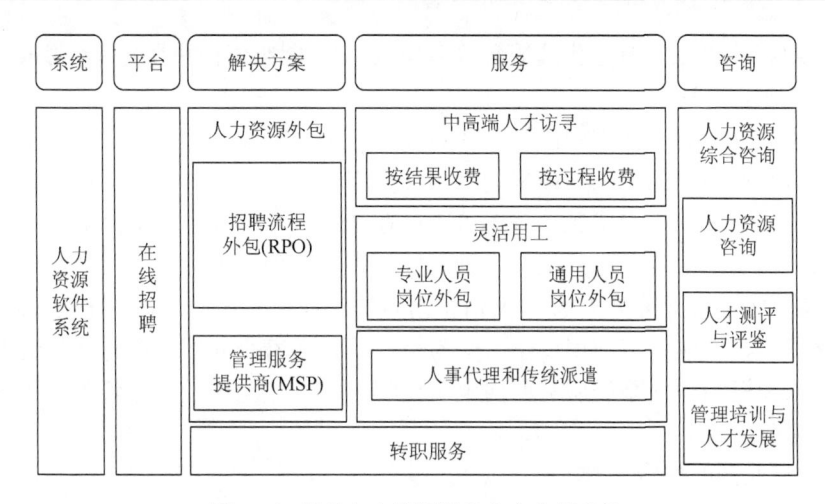

图 1　江苏省人力资源服务业产业链结构

从产业链的角度来看，人力资源外包即招聘流程外包、人事代理及传统派遣、薪酬/福利外包是人力资源服务产业链的中游产业，而人力资源综合咨询则是人力资源服务产业链的下游产业，软件行业则是人力资源服务产业链的上游产业。

但是，目前江苏省人力资源服务行业的产业链结构发展不够合理，尤其是低端服务和高端产品业务链不合理，目前多数人力资源服务机构的服务产品还集中于人事代理、档案管理等伏案环节，业务同质化和低水平竞争问题突出，现有服务产品结构相对滞后，难以满足客户差异化的服务需求（梅鹏和奚国泉，2015）。产业处于集聚的初级阶段，产业链尚不健全。

6.2.2　江苏省人力资源服务行业产业链形成途径

1）产业链的延伸

江苏省人力资源服务业起初为就业服务机构，进而发展转变为人才服务公司和人才交流服务机构。伴随着改革开放，人力资源服务机构不断转型以及业务拓展，民营和外资人力资源服务机构规模和市场占有率逐年提高，人力资源公共服务体系形成。紧接着，伴随着人力资源配置市场化改革的不断深化，市场在人力资源配置中的基础性地位逐步确立，围绕服务就业、人才资源优化配置的各类人力资源服务机构规模日益扩大，服务领域逐步拓展，服务业态也不断延伸创新，行业逐渐成形（谷卫英，2014）。江苏省人力资源市场服务职能和服务领域不断拓展，服务业态日益多元化，求职招聘服务、职业指导服务、咨询顾问服务、人才测评服务、培训服务、高级人才寻访服务、招聘洽谈会、人力资源信息网络服务、人力资源和社会保障事务代理服务等多层次、分类别的服务领域基本形成（来有为和袁东明，2014）。

在细分行业的专业型中高端人才访寻服务公司日益增多；在灵活用工细分领域，针对企业用户的需求，越来越多的细分岗位将持续涌现，不同用工模式组合也将进一步丰富。人力资源咨询覆盖了产业链的多个环节，根据企业在不同环节的需求，衍生出了专业化的细分咨询类别。管理培训与人才发展行业与人力资源外包、软件行业之间的横向拓展又衍生出新的商业模式和产品，如管理培训外包、电子化学习、终端学习应用、学习交易平台等。随着企业需求差异化与迫切性的增强，人力资源软件系统服务商向电子化学习与人才测评及人才管理系统等方向延伸更为明显。

2）产业链的整合

人力资源服务各业态相互整合、协调发展，从而提升产业竞争力，优化产业链结构。

中高端人才访寻与上下游的人力资源咨询、外包、软件等产业整合加速，形成新的业务组合，从单一招聘解决服务向招聘综合型解决方案转变。此外，人才测评与评鉴的上下游整合趋势主要包括将测评与培训结合，将测评与招聘管理结合。将测评与培训结合是倾向于向产业链后端发展，即在测评的基础上，提供培训发展服务，提高测评结果应用的效率和效果，提升人才的能力。管理培训与人才发展行业的发展又带动了中高端人才访寻、人力资源咨询、人才测评与评鉴等行业的发展。转职服务属于人力资源行业的利基市场，其目的是为了让雇员平稳度过退出阶段，根据其所提供的服务，促进其与人力资源综合咨询和中高端人才访寻上下游产业链的互相渗透。测评与培训结合如果倾向于向产业链后端发展，就能在测评的基础上提供培训发展服务，提高测评结果应用的效率和效果，从而提升人才的能力；如果倾向于前端发展，就能推出具有高价值的智能型招聘管理系统。

6.2.3　江苏省人力资源服务产业链发展趋势

目前，江苏省人力资源服务产业链正朝着多元化、多层次的方向发展（侯增艳，2014）。随着江苏省经济社会的快速发展，人力资源服务的市场规模日益扩大，客户的服务需求越来越个性化、专业化、高端化。人力资源服务业的市场将更加细分，产业结构也在不断优化，从传统的职业介绍、培训和流动人口档案管理等延伸至完整的人力资源服务产业链，包括政策咨询、劳动人事代理、就业指导、职业培训、薪酬服务、创业指导、社会保障、劳务派遣、人才测评、网络招聘与猎头、员工健康服务、管理咨询和外包等多种业务；继续丰富服务功能，构建多层次与多元化的产业发展格局;进一步健全服务的产品服务体系,从简单的事务操作服务向专业化、综合化的服务体系发展。

1)纵向专业化趋势

随着市场的发展,越来越多的服务机构开始注重专业化建设,出现了许多针对某一领域、地域、人群、企业及具体行业提供专门化服务的人力资源服务机构,同时也出现了许多不断创新的服务方式,不但提供不断细分的专业化服务,也提供依据客户需求的整合服务。只专注在细分行业的专业型中高端人才访寻服务公司日益增多,针对企业用户的需求,越来越多的细分岗位将持续涌现,不同用工模式组合也将进一步丰富。

2)横向整合趋势

产业链整合趋势大致分为 3 个层次:第一个层次是产业链的中游产业之间出现了较大幅度的整合,例如,就外包业务而言,不仅可以提供不同业务模块的流程外包,还可以提供整合的业务流程外包;第二个层次是中游产业在整体整合后又寻求突破与综合咨询产业进行整合,甚至与人力资源软件技术平台进行整合,达到更大范围全面整合的目的,即成为可以提供基于统一平台的解决方案型人力资源服务;第三个层次是企业在很好地完成了第二个层次的整合后,根据自身实力和发展需要,延长产业链的生命周期,不仅可以提供基于统一平台的解决方案型人力资源服务,而且向前延伸到整个人力资源信息系统的布局,全程实施与人力资源服务外包业务有关的管理咨询。

虽然江苏省人力资源服务业行业产业链已经基本形成,但产业链结构仍不合理,主要业务仍集中在低级形态。因此,江苏省人力资源服务业要加快资源整合和产业布局调整,创新发展载体,搭建发展平台。加强产业体系建设,增加服务的技术含量和附加价值,推动人力资源服务企业转型升级。推进服务机构体系的多元化、多层次,形成产业部门恰当的集聚效应与分散效应。实现不同类型人力资源服务机构的有效整合,根据不同经济区域及发达程度的现实情况,形成人力资源服务机构体系内部的合理布局,不同规模、不同服务层次和类型的机构构成人力资源服务机构的生态体系。坚持以服务为核心,引导人力资源服务业集群化发展,增强集聚区的配套条件和市场竞争力。推广人力资源服务产业园成功经验,形成人力资源服务业从研发、融资,到市场拓展、一线服务构成的产业链条(梅鹏和奚国泉,2015)。

6.3 江苏省人力资源服务业创新模式研究

在我国经济发展进入新常态的形势下,创新成为时代变革下各行各业的重要特征,代表着先进服务业的人力资源服务行业也不例外。在新形势下,通过创新驱动促进江苏省人力资源服务业更加健康快速地发展已经成为人力资源领域的广泛共识。以"改革创新模式"为中心，从业态创新、服务模式创新与盈利模式创新三个方面探索江苏省人力资源服务行业的创新模型，寻找江苏省人力资源服务行业新的增长点。

6.3.1 业态创新

1) 横向跨界融合

目前，江苏省人力资源服务领域主要集中在人才招聘、人才派遣、人才外包等初级业务方面，产业链较短且结构单一。而未来的人力资源服务公司必须具备综合性及专业化的服务能力。这就要求人力资源服务业与其他专业的生产、生活性服务业相融合。

（1）人力资源服务业与生活性服务业相融合

传统的人力资源服务机构，其代招和派遣一名工人，只负责代发和代缴这名工人的工资和社保等，至于其做得好不好，是否能使客户满意等方面，人力资源服务公司并不承担责任。而人力资源服务业在与家政服务公司、物业服务公司、律师事务所、会计师事务所，乃至婚介所等生活性服务业融合后，客户只需支付上门服务费，就可以获得更加专业及精准化的服务，为传统的人力资源服务业务创造新的机遇。

（2）人力资源服务业与生产性服务业相融合

在与生产性服务业相融合方面，人力资源服务业与科技服务相结合可以为科学研究成果转化成生产力和企业需要新技术增加企业效益之间能够连接提供中介服务；与商务服务相结合，可以提供生产性安全保护服务、市场管理服务、会议及展览服务以及办公服务等方面的综合性服务；与创业服务相结合，可以为创业者提供创业指导、创业咨询及创业帮助等方面的综合性管理与咨询服务。这些不同服务间的融合将为人力资源服务业提供更大的市场发展空间。

2) 纵向重度垂直细分

这几年人力资源服务业发展非常大的一个变化是传统的行业巨头面临市场被瓜分的挑战。因此，往往专注于某一细分市场才是人力资源服务企业得以迅猛发展的重要途径。在新的市场细分环境下，人力资源服务业的市场竞争格局将由过去的"大而全"的综合性业务竞争转向"小而美"的单个细分领域的深度竞争（吴帅，2016）。服务领域细分、服务地区细分以及服务客户细分将在各自领域获得巨大的发展机会。

（1）服务领域细分

随着人力资源服务产业链的不断延伸，进一步健全产品服务体系，从简单的事务操作服务向专业化、综合化的服务体系发展成为当前人力资源服务企业面临的重要问题（于飞，2016）。人力资源服务企业可以专注于做人才服务的某一个方面（如中高端人才招聘、人力资源管理外包等），通过对人才服务某一具体领域的专业精准研究，为客户提供高质量、全方位的人才服务。

（2）服务客户细分

随着我国经济社会的快速发展，人力资源服务的市场规模日益扩大，客户的服务需求越来越个性化、专业化、高端化。为了满足客户多样化的需求，则需要对服务客户的需求进行详细划分，并针对不同需求类型的客户提供个性化的、私人定制式的、专精深的人力资源服务。

（3）服务地区细分

由于区域发展不平衡，一些经济发展较好的地区对人才的需求量是巨大的，而在经济发展相对较弱的地方可能存在余留的劳动力，因此人力资源服务企业需要对不同区域的人才需求与人才供给方面进行调研，针对不同区域的不同情况进行人力资源服务。

与此同时，为了实现服务细分，还要求人力资源服务企业积极引进高素质、专业化人才，重点打造经营管理、市场开发、专业顾问、项目领军人才等关键性人才队伍，提高行业专业化水平和核心竞争力。通过专业化人才对各自细分领域的深度关注，从而形成"小而美"的竞争优势。

6.3.2 服务模式创新

随着网络信息技术的不断发展，以大数据、云计算、移动智能等多种技术为支撑的数据化时代已经到来。在数据化时代下，人力资源服务企业可以在充分挖掘和分析企业信息和数据的基础上，对企业的真实需求进行甄别和判断，对个人信息进行筛选和描述，从而为企业的战略目标实现给出更准确的判断依据（孙连才，2015）。因此，在数据挖掘上进行优化和创新将是人力资源资源服务企业服务模式创新的基础。

1）精准信息对接模式

对人力资源服务企业来说，建立平等的信息对接模式是十分重要的。在人力资源服务企业建立的传统招聘网站中，目标企业的信息多半由企业自身的人力资源部门提供，他们往往以优化企业自身信息为主要出发点，这就导致企业信息过于片面、不透明，影响求职者对于企业客观信息的准确判断。

随着互联网的发展，论坛、微博、贴吧等微平台的网络社交模式不断增多，人力资源服务企业可以借助社交网络的便利，将一些社交网络所提供的信息进行整合，为求职者提供查看某公司内部资讯、工作环境、薪酬待遇等方面内容的服务。可以借鉴的优秀公司有 Simply Hired 公司，它将 Google 地图、薪酬研究网站 PayScale.com、社交网络社区 LinkedIn、MySpace 等机构提供的内容整合在一起，为求职者提供查看某公司内部情况、查看某公司内部"是否有自己认识的人"、甚至能够查看某公司对职工婚姻状况是否存在"潜规定"等特色内容。企业信息的精准对接使得求职者对企业信息的判断不再局限于企业自身提供的信息，从而帮助求职者更好地选择适合的企业。

2）精准雇员筛选模式

（1）精准检索

传统的招聘网站上的个人信息不透明，都是应聘候选人自己编辑上传的文字，如今大数据技术可以实现从社交网络上来查询并深入挖掘应聘候选人的信息，让企业更清晰地了解应聘候选人的情况。大数据时代，有效的数据收集和分析工具在人们获取数据时是至关重要的。可以借鉴的企业是 TalentBin 公司，它通过收集应聘者在社交网络上的信息，整理编辑出一个以人为中心的数据库，为企业提供针对社交网络的职业搜索引擎服务。

（2）精准匹配

招聘过程最根本的诉求是解决企业职位与应聘候选人之间匹配的问题，而大数据技术恰恰能更高效精准地完成这个匹配过程。从用户上传的简历和社交网络上提取候选人的总量数据，然后用大数据技术进行分析，通过考察数千个数据点，给求职者和空缺职位的匹配度评分，分值越高则匹配度越高。可以借鉴的企业是 Bright 公司，它通过对空缺职位和求职者的匹配度进行评分，帮助企业和求职者有效地缩短应聘时间，为他们提供更好的服务。

6.3.3 盈利模式创新

由于行业起步较晚，江苏省多数人力资源服务企业的盈利模式较为单一、成长性不足，突出表现为：一是利润率不高，议价能力低；二是盈利点单一，增值服务价值挖掘不足。因此，江苏省人力资源服务业可以从品牌增值与服务增值两方面丰富盈利模式。

1）品牌增值盈利模式

传统的人力资源服务企业主要依靠收取服务费为利润来源，但在派遣、招聘、人事代理等传统业务领域，本身服务价值不高，盈利能力弱。同时，近年来随着行业竞争加剧，恶性竞争、相互压降进一步导致行业平均利润率下滑。目前我省人力资源服务企业普遍面临的生存现状是"营业额很高，但实际利润很低"。因此，人力资源服务企业要加强自身人才队伍，积极引进和培育高级专业人才，提升服务质量和专业化水平，形成品牌优势，从而提高人力资源服务的议价能力和利润率。

2）服务增值盈利模式

（1）价值链延伸服务增值

随着互联网技术的发展和应用软件的成熟，以云计算为核心的人力资源应用服务型模式（SaaS）和大数据分析将成为人力资源服务行业的发展趋势，云平台利用的能力将成为影响企业盈利能力的重要因素。人力资源服务企业除了可以在云平台上提供在线求职、招聘、咨询、测评、培训等一系列人力资源服务外，还可提供广告服务、拓展编写行业人力资源报告、出版相关研究书籍等盈利渠道，从而延伸人力资源价值链，以此形成价值链延伸增值模式（黎金荣和王晓晖，2013）。

（2）数据库服务增值

人力资源服务企业运用大数据分析构建多元化的信息数据库，并在日常的管理中注重数据积累和整理，在此基础上再通过人力资源服务实践、案例的积累来建立数据库，进而建设新的服务项目。例如，薪酬管理的数据收集就是一个创新方向。近年来，企业越来越关注薪酬设计和市场薪酬数据带给企业管理提升的价值，并且逐渐重视薪酬管理过程中的数据安全性和管理的高效性（孟晓蕊，2014）。未来，薪酬外包服务商可以建设这样一个平台，依托丰富的行业薪酬管理经验，引入先进的IT技术，通过实体服务网点有效收集各地、各个行业的薪酬市场信息，并将其整合成数据库，以此为基础，向购买服务的客户提供关于薪资措施的正确建议，从而增加营业收入。

（陈银飞　李　娅　焦梦露　朱　睿　吕　白）

参 考 文 献

梅鹏，奚国泉. 2015. 江苏省人力资源服务业转型升级中的发展探析[J]. 江苏商论，(6)：104-105.

吴帅. 2016. "互联网+"对我国人力资源服务业发展的影响和趋势分析[J]. 中国人力资源开发，(1)：90-94.

吴晓兰. 2016. 江苏省人力资源服务业转型升级的发展浅析[J]. 经营管理者，(12)：159-160.

于飞. 2016. 经济新常态时期人力资源服务业转型发展探析[J]. 吉林工程技术师范学院学报，(7)：71-73.

黎金荣，王晓晖. 2013. 云计算驱动人力资源服务企业经营模式创新[J]. 中国人力资源开发，(15)：19-23.

孟晓蕊. 2014. 人力资源服务行业应当跟上"大数据"趋势——访北京大学人力资源开发与管理研究中心主任萧鸣政[J]. 劳动保障世界，(23)：13-14.

谷卫英. 2014. 关于国有人力资源服务机构建设的思考[J]. 中国人才，(15)：56-57.

来有为，袁东明. 2014. 我国人力资源服务业的发展状况、问题及政策建议[J]. 生产力研究，(2)：89-93.

侯增艳. 2014. 我国人力资源服务产业园区发展状况及对策研究[J]. 经济研究参考，(56)：22-29.

孙连才. 2015. 数据化管理趋势下人力资源外包模式创新[J]. 中国人力资源开发，(7)：6-10.

朱跃. 2015. 浅议江苏人力资源服务产业园的管理模式及其对区域经济发展的作用[J]. 人才资源开发，(20)：11-11.

7 江苏省县级党委宣传部人才队伍分析报告

摘要： 党建宣传报道处在意识形态领域的最前沿，对群众的思想、精神都有着重大影响，宣传干部担负着宣传党的路线、方针、政策的重任，是党和政府的喉舌，是不可或缺的一支重要队伍。如何采取多种形式加强基层宣传干部队伍建设，打造一支政治过硬、作风优良、能力较强、思想纯正的基层宣传干部队伍，是各级党委、政府及宣传部门必须重视的课题。

新媒体方式的运用逐渐成为公众对现实生活中热点、焦点问题的观点和态度，发布信息、表达需求、抒发己见、建言献策等需求重要的途径。如何认识新媒体的出现给党的建设带来的新挑战，并且充分运用新媒体，为新时期党的建设服务，政府的宣传部门成为党建宣传工作不可或缺的新阵地，也是中国特色社会主义文化建设的新平台，是新媒体成为党传播主流信息、宣传党建理论的中流砥柱。

为了进一步推动基层文化宣传干部队伍建设，按照中国共产党中央委员会组织部关于开展2017年党员队伍、基层党组织、干部队伍和领导班子建设专题统计分析工作要求，江苏省委宣传部组织各设区市及其区县党委宣传部开展"县级党委宣传部干部队伍情况"专题调研。调研报告在数据汇总分析的基础上，认真研究了本地县级党委宣传部领导班子和干部队伍的主要特点、发展变化趋势以及存在的主要问题，进一步改进了县级宣传干部队伍建设的意见和建议。

关键词： 基层干部；人才队伍；人才发展

7.1 引　言

基层宣传文化队伍是做好新形势下宣传文化工作的重要力量，担负着用党的理论路线方针政策宣传群众、教育群众、服务群众的重要职责，在推动科学发展、促进社会和谐、繁荣文化事业中发挥着重要作用。好的宣传部门能时刻体现时代特性、富有辩证性、彰显民族性，能与主流意识形态同步、与世界科技浪潮同步（才华，2013）。为此，在新的社会发展趋势下，基层宣传部门需要进行一定的职能转变，在组织结构、自身定位、能力建设等方面都需要进行优化，提升宣传效能，进而提升民众的"政治信任"和"公众信任"（高小琪，2015）。

地方基层宣传部门功能建设的前提是人才队伍的建设，身兼数职、职务频繁变动、缺乏业务技能等现象阻碍了宣传工作职能的提升，需要在人才发展理念、人才管理办法上进行优化与变革（宋国庆，2016）。2017 年 7 月，根据中共中央宣传部《关于开展"县级党委宣传部干部队伍情况分析"专题调研的通知》（中宣干字〔2017〕160 号）的要求，在江苏省委宣传部的支持下，对江苏省各设区市（13 个市）及其区县党委宣传部开展调查统计，进行数据汇总分析，对江苏省加强县级宣传干部队伍建设提出了中肯的意见和建议。

以下所有进行分析的数据皆由江苏省委宣传部提供。

7.2 县级党委宣传部领导班子人员状况分析

7.2.1 职数设置与现有人员分布比较

在领导班子职数设置上，与现有人员相比较，江苏省内领导班子的岗位比例整体一致，宣传部长分别占比 18.4%（职数设置）、18.7%（现有人员）。但是，各城市之间存在差异。

在职数设置上（表 1），苏南城市的领导班子岗位比例较大，如镇江市、无锡市、苏州市；苏中、苏北城市的领导班子岗位比例较少，如宿迁市、南通市、泰州市。在现有人员中（表 2），领导班子比例较大的城市为镇江市、苏州市、徐州市；比例较小的为扬州市、泰州市、南通市。

将职数设置和现有人员的比例进行比较，建议扬州市、无锡市需要加大领导人员的提拔力度；淮安市、宿迁市需要考虑是否提拔过多或者职数设计中领导岗位比例过小的问题。

表 1　领导班子职数分布

城市	宣传部长（职数）	班子成员（职数）	班子成员合署办公（职数）	宣传部长占比（职数）
宿迁市	5	26	5	13.9%
南通市	10	48	8	15.2%
泰州市	7	32	7	15.2%
连云港市	6	28	3	16.2%
盐城市	9	32	12	17.0%
南京市	11	42	8	18.0%
淮安市	7	26	4	18.9%
常州市	6	22	3	19.4%
扬州市	6	20	5	19.4%
徐州市	11	36	5	21.2%

续表

城市	宣传部长（职数）	班子成员（职数）	班子成员合署办公（职数）	宣传部长占比（职数）
苏州市	10	33	0	23.3%
无锡市	7	19	4	23.3%
镇江市	7	21	2	23.3%
总计	102	385	66	18.4%

表2 领导班子现有人员分布

城市	宣传部长（现有）	班子成员（现有）	宣传部长占比（现有）
扬州市	4	25	13.8%
泰州市	7	41	14.6%
南通市	10	58	14.7%
宿迁市	5	26	16.1%
连云港市	6	30	16.7%
盐城市	9	40	18.4%
南京市	11	48	18.6%
无锡市	7	28	20.0%
常州市	6	23	20.7%
淮安市	7	26	21.2%
徐州市	11	37	22.9%
苏州市	10	33	23.3%
镇江市	7	21	25.0%
总计	100	436	18.7%

7.2.2 性别分布

在性别比例上（表3），宣传部长男性占比66.0%，班子成员男性占比75.3%，各个城市之间差异较为显著。

依据数据分析（表4），无锡市、宿迁市、南京市宣传部长的女性比例较高，盐城市、扬州市、常州市则需要有效提升宣传部长的女性比例。班子成员的性别比例差异中，淮安市、盐城市需要考虑提升女性比例。整体来看，南京市的性别比例最为均衡。

表 3　宣传部长性别分布

城市	宣传部长（男）	宣传部长（女）	宣传部长男性占比
无锡市	2	5	28.6%
宿迁市	2	3	40.0%
南京市	5	6	45.5%
连云港市	3	3	50.0%
镇江市	4	3	57.1%
泰州市	4	3	57.1%
苏州市	6	4	60.0%
淮安市	5	2	71.4%
徐州市	8	3	72.7%
南通市	8	2	80.0%
常州市	6	0	100.0%
扬州市	4	0	100.0%
盐城市	9	0	100.0%
总计	66	34	66.0%

表 4　班子成员性别分布

城市	班子成员（男）	班子成员（女）	班子成员男性占比
南京市	26	22	54.2%
无锡市	18	10	64.3%
常州市	16	7	69.6%
徐州市	27	10	73.0%
泰州市	30	11	73.2%
连云港市	22	8	73.3%
苏州市	25	8	75.8%
扬州市	20	5	80.0%
宿迁市	21	5	80.8%
南通市	47	11	81.0%
镇江市	19	3	86.4%
盐城市	35	5	87.5%
淮安市	23	3	88.5%
总计	329	108	75.3%

7.2.3 年龄结构

市委、县级党委宣传部领导班子的平均年龄为 46.50 岁（表 5）。不同城市的平均年龄存在差异，平均年龄较大的城市为盐城市、扬州市、淮安市和泰州市，平均年龄最低的为宿迁市。

表 5 不同地区市委、县级党委宣传部领导班子平均年龄

城市	平均年龄/岁
宿迁市	44.53
镇江市	45.74
南通市	46.14
无锡市	46.28
连云港市	46.53
南京市	46.54
常州市	46.57
苏州市	46.63
徐州市	46.67
泰州市	47.32
淮安市	47.35
扬州市	48.30
盐城市	48.44
总体	46.50

比较不同年龄段的人员分布比例，尤其关注 50 岁以上人员比例（表 6 和表 7）。宣传部长 50 岁以上的整体比例为 29.0%，整体比例较大的城市为扬州市、常州市，其次是徐州市、淮安市和苏州市，宣传部长 50 岁以上比例较小的是无锡市、宿迁市、南京市、南通市。班子成员 50 岁以上比例较大的城市为泰州市、盐城市、扬州市、淮安市，班子成员 50 岁以上比例小的是苏州市、常州市。

整体看，建议盐城市、扬州市、泰州市都需要考虑领导与班子成员的年轻化问题。

表6 宣传部长年龄段分布

城市	39岁以下	40~49岁	50岁以上
无锡市	0	100.0%	0
宿迁市	40.0%	60.0%	0
南京市	9.1%	81.8%	9.1%
南通市	0	90.0%	10.0%
镇江市	0	85.7%	14.3%
泰州市	14.3%	57.1%	28.6%
连云港市	0	66.7%	33.3%
盐城市	0	66.7%	33.3%
苏州市	10.0%	50.0%	40.0%
淮安市	0	57.1%	42.9%
徐州市	0	54.5%	45.5%
常州市	0	33.3%	66.7%
扬州市	0	25.0%	75.0%
总体比例	5.0%	66.0%	29.0%

表7 班子成员年龄段分布

城市	39岁以下	40~49岁	50岁以上
苏州市	9.1%	78.8%	12.1%
常州市	13.0%	73.9%	13.0%
镇江市	9.1%	72.7%	18.2%
宿迁市	26.9%	53.8%	19.2%
南京市	14.6%	62.5%	22.9%
连云港市	16.7%	60.0%	23.3%
南通市	10.3%	63.8%	25.9%
徐州市	10.8%	62.2%	27.0%
无锡市	14.3%	57.1%	28.6%
淮安市	0	65.4%	34.6%
扬州市	8.0%	56.0%	36.0%
盐城市	2.5%	60.0%	37.5%
泰州市	12.2%	48.8%	39.0%
总体比例	11.2%	62.2%	26.5%

7.2.4 学历结构

市委、县级党委宣传部领导班子中本科为最大群体，占比 55.9%，其次是硕士，占比 38%，博士占比 1.2%，大专及以下占比 4.9%。在城市差异分析中，整体学历水平显著最高的是苏州市，其次是南京市和镇江市；学历最低的是淮安市和泰州市。根据表 8 和表 9 可以看出，宣传部长研究生比例最高的是宿迁市，其次是南京市和南通市，最低的是镇江市、常州市、泰州市、淮安市。班子成员中，研究生比例最高的苏州市，最低是淮安市、盐城市、连云港市。学历比例与城市高校数量存在一定的关联，建议高校聚集较少的城市积极推进各种途径提升整体学历水平。

表 8 宣传部长学历分布

城市	研究生	本科	大专及以下
镇江市	14.3%	71.4%	14.3%
常州市	33.3%	50.0%	16.7%
泰州市	42.9%	57.1%	0
淮安市	42.9%	57.1%	0
扬州市	50.0%	50.0%	0
徐州市	54.5%	45.5%	0
无锡市	57.1%	42.9%	0
盐城市	66.7%	33.3%	0
苏州市	70.0%	30.0%	0
连云港市	83.3%	16.7%	0
南通市	90.0%	10.0%	0
南京市	90.9%	9.1%	0
宿迁市	100.0%	0	0
总体比例	63.0%	35.0%	2.0%

表 9 班子成员学历分布

城市	研究生	本科	大专及以下
淮安市	11.5%	69.2%	19.2%
盐城市	12.5%	82.5%	5.0%
连云港市	16.7%	80.0%	3.3%
徐州市	21.6%	78.4%	0
宿迁市	23.1%	65.4%	11.5%
泰州市	26.8%	53.7%	19.5%
南通市	27.6%	72.4%	0
常州市	30.4%	65.2%	4.3%

续表

城市	研究生	本科	大专及以下
无锡市	39.3%	57.1%	3.6%
镇江市	40.9%	50.0%	9.1%
南京市	43.8%	50.0%	6.3%
扬州市	44.0%	56.0%	0
苏州市	63.6%	36.4%	0
总体比例	30.7%	63.4%	5.9%

7.2.5 当前岗位任职状况分析

依据表10，领导班子当前岗位的平均任职时间为3.81年。各城市之间存在差异，任职时间最短的为常州市，最长的为苏州市，其次是南通市与扬州市。以5年为分界线看，宣传部长任职5年以上的比例中，扬州市最高，其次是盐城市和南京市；班子成员任职5年以上的比例中，南通市最高，其次是盐城市和南京市、泰州市。整体上，南通市需要考虑班子成员的晋升通道扩展问题，其次是盐城市和南京市。

依据表11，领导班子上一任职务，县市区旗班子副职占比一半以上（55.1%）。

表10 领导班子当前岗位任职时间分布

城市	平均任职时间/年	5年及以下（宣传部长）	5年以上（宣传部长）	5年及以下（班子成员）	5年以上（班子成员）
常州市	2.54	100.0%	0	100.0%	0
连云港市	3.05	100.0%	0	70.0%	30.0%
宿迁市	3.25	100.0%	0	84.6%	15.4%
镇江市	3.26	85.7%	14.3%	86.4%	13.6%
徐州市	3.39	90.9%	9.1%	78.4%	21.6%
淮安市	3.56	85.7%	14.3%	73.1%	26.9%
南京市	4.00	72.7%	27.3%	56.3%	43.8%
盐城市	4.02	66.7%	33.3%	55.0%	45.0%
无锡市	4.13	85.7%	14.3%	78.6%	21.4%
泰州市	4.24	100.0%	0	61.0%	39.0%
扬州市	4.54	50.0%	50.0%	76.0%	24.0%
南通市	4.64	100.0%	0.0%	32.8%	67.2%
苏州市	4.93	90.0%	10.0%	63.6%	36.4%
总体	3.81	87.0%	13.3%	70.4%	29.6%

表 11　领导班子上一任职务分布

分布	县市区旗班子副职	乡镇街道或委办局负责人	上级宣传文化单位有关负责人	其他
江苏省	55.1%	17.3%	10.2%	17.3%

7.2.6　党龄分析

从不同城市领导班子党龄（表 12）来看，整体的平均值为 21.07 年。各个城市之间存在差异，平均党龄最长的城市是盐城市、淮安市与扬州市，平均党龄显著最短的是无锡市，为 17.75 年。

表 12　不同城市领导班子平均党龄

城市	平均党龄/年
无锡市	17.75
宿迁市	19.55
连云港市	19.73
镇江市	20.77
徐州市	20.86
南通市	21.07
泰州市	21.28
常州市	21.68
苏州市	21.74
南京市	22.03
扬州市	22.14
淮安市	22.50
盐城市	22.75
总体	21.07

7.2.7　职级分布与个体特征差异

按照职级的提升，人员占比基本呈现金字塔型，其中，科级正职/乡级正职/主任科员这个群体的比例最高，为 41.1%，司级正职/厅级正职/巡视员比例最低，为 0.3%（表 13）。

表 13　市委、县级党委宣传部领导班子不同职级人数分布

职级	人数	百分比
部级副职/省级副职	20	3.4%
司级正职/厅级正职/巡视员	2	0.3%
司级副职/厅级副职/助理巡视员	11	1.9%

续表

职级	人数	百分比
处级正职/县级正职/调研员	67	11.3%
处级副职/县级副职/助理调研员	143	24.1%
科级正职/乡级正职/主任科员	244	41.1%
科级副职/乡级副职/副主任科员	107	18.0%
总计	594	100.0%

比较市委、县级党委宣传部领导班子不同职级的个体特征差异（表14），可得到以下结论。

（1）不同职级上年龄平均值存在差异，整体来说，按照职级的上升，平均年龄逐步上升，司级正职/厅级正职/巡视员这个职级的平均年龄最高，为51.50岁，但是最高职级的平均年龄下降，部级副职/省级副职这个职级的年龄较为年轻，为47.50岁。不同职级上的党龄平均值存在差异，按照职级的上升，党龄也逐步上升，司级正职/厅级正职/巡视员这个职级的平均党龄最高，为30.00年，但是最高职级的平均党龄下降，为22.50年。

（2）不同职级上的学历平均水平存在差异，按照职级的上升，学历也逐步上升，司级正职/厅级正职/巡视员这个职级的平均学历最高，但是最高职级的平均学历略下降，部级副职/省级副职这个职级的平均学历低于司级正职/厅级正职/巡视员。

（3）不同职级上的当前岗位任职时间存在差异，处级正职/县级正职/调研员这个层次的任职期最长，平均为4.37年，其次是科级正职/乡级正职/主任科员这个级别，平均为4.08年。当前岗位任职期时间最短的为司级副职/厅级副职/助理巡视这个级别，平均为2.91年。

另外，不同城市的职级分布水平存在差异，南京显著高于其他城市，其他城市的职级水平大致相当。

表14 市委、县级党委宣传部领导班子不同职级的个体特征差异

职级	人数	平均年龄/岁	平均党龄/年	学历水平	任职期长/年
部级副职/省级副职	20	47.50	22.50	2.85	3.40
司级正职/厅级正职/巡视员	2	51.50	30.00	3.00	3.50
司级副职/厅级副职/助理巡视员	11	51.36	27.91	2.64	2.91
处级正职/县级正职/调研员	67	50.07	24.52	2.58	4.37
处级副职/县级副职/助理调研员	143	46.76	22.59	2.54	3.69
科级正职/乡级正职/主任科员	244	47.03	21.04	2.22	4.08
科级副职/乡级副职/副主任科员	107	43.35	16.28	2.15	3.72
总计	594	48.22	23.55	2.57	3.67

7.3 县党委宣传部领导班子人员情况总结

7.3.1 班子结构合理，阅历丰富，知识化特征凸显

现有县级宣传部长共 100 人，男性 66 人，女性 34 人，男女比例约为 2∶1；39 岁以下占 5.0%，40～49 岁的占 66.0%，50 岁以上占 29.0%。班子成员 436 人，男女比例约为 2∶1；39 岁以下占 11.2%，40～49 岁占 62.2%，50 岁以上占 26.5%。

40～49 岁领导班子及其成员占比 63%，体现出年富力强，但 39 岁以下的领导班子及其成员总体占比仅 10%，50 岁以上的占比却为 27%，领导班子年轻化还有一定的空间。总体上看，全省县级宣传部领导班子中，女干部的比例比其他领域领导干部队伍中女干部的比例相对较高，年龄结构也较为合理，层次延续性较强，老中青搭配较为合理。

领导班子平均党龄为 21.15 年，阅历丰富，经历过较长时期的考验。宣传部长中，研究生 63 人，占比 63.0%，大学 35 人，占比 35.0%，大专及大专以下 2 人，占比 2.0%；班子成员中，研究生 134 人，占比 30.7%，大学 277 人，占比 63.4%，大专及大专以下 26 人，占比 5.9%；班子中有职称的 55 人，占比 12.6%，职称呈多样化态势。宣传部长的研究生层次学历占比大大高于班子成员的研究生学历层次占比，但大学以上的部长及班子成员的总体占比达到了 94.8%。所学专业方面，中文、历史、社会学、党政管理占大部分，经济学、法学以及外语和理科人员也占一定比重。总体上看，全省县级宣传干部领导班子群体的学养较为深厚，知识化特征非常突出，但是不同学历的班子成员的工作地与区域发展状况显著相关。

7.3.2 班子配备充足，流动性较强，主要领导任职来源多

全省县级宣传部长编制为 102，在编 100，配备率达 98.0%，班子成员编制为 451（其中合署办公机构编制 66 个，全部为班子成员，占比 14.6%），在编 436，配备率达 96.7%，总体比较充足。部长任职 5 年以下的有 87 人，占比 87.0%，班子成员任职 5 年以下的有 288，占比 70.4%，部长的流动性较强，班子成员的稳定性稍强。领导班子的平均任职时间为 3.91 年，基本符合干部队伍的成长规律。

主要领导任职来源于县市区旗班子副职、乡镇街道或委办局负责人、上级宣传文化单位有关负责人，分别占 55.1%、17.3%和 10.2%。总体上看，主要领导任职来源较多，县区副职转任占比高，这个群体的优势是熟悉本地情况，弱点可能是转行的相对较多，对于宣传知识与工作规律掌握不强，亟须加强培训学习。

7.4 县级党委宣传部干部队伍情况分析

7.4.1 核定编制情况

县级党委宣传干部队伍中，行政编制总体占比 60.6%，事业编制总体占比 39.4%，存在较为显著的城市差异，其中，行政编制比例最高的是镇江市、南京市和南通市，比例最低的是宿迁市、盐城市和连云港市（表 15）。

表 15　不同城市的行政编制与事业编制分布比例

城市	行政编制	事业编制
宿迁市	40.3%	59.7%
盐城市	42.5%	57.5%
连云港市	48.5%	51.5%
常州市	52.8%	47.2%
淮安市	54.2%	45.8%
无锡市	60.4%	39.6%
泰州市	62.2%	37.8%
徐州市	65.5%	34.5%
扬州市	67.0%	33.0%
苏州市	69.7%	30.3%
南通市	71.1%	28.9%
南京市	73.9%	26.1%
镇江市	79.8%	20.2%
总体比例	60.6%	39.4%

7.4.2 内设机构与直属单位人员分布

县级党委宣传干部队伍中，内设机构现有人员总体占比 68.4%，直属单位现有人员总体占比 31.6%。各城市差异上，内设机构人员比例最高的是镇江市、扬州市，比例最低的是连云港市和宿迁市，即他们的直属单位人员比例大（表 16）。

表 16　不同城市的内设机构与直属单位人员分布比例

城市	内设机构	直属单位
连云港市	46.9%	53.1%
宿迁市	50.4%	49.6%
常州市	58.8%	41.2%
无锡市	62.8%	37.2%
泰州市	64.9%	35.1%
盐城市	67.9%	32.1%
南通市	70.8%	29.2%
徐州市	70.9%	29.1%
淮安市	72.7%	27.3%
苏州市	77.3%	22.7%
南京市	79.0%	21.0%
扬州市	82.9%	17.1%
镇江市	84.5%	15.5%
总体比例	68.4%	31.6%

7.4.3　性别分布

内设机构宣传人员的男性总占比为 65.5%，其中徐州市、宿迁市占比最高，南通市占比最低（表 17）。直属单位宣传人员的男性总占比为 56.0%，整体比内设机构的宣传人员性别比例更为均衡（表 18）。

表 17　不同城市内设机构宣传干部的性别比例

城市	男	女	男性占比
南通市	82	66	55.4%
镇江市	53	34	60.9%
常州市	42	25	62.7%
连云港市	34	19	64.2%
淮安市	65	36	64.4%
南京市	96	51	65.3%
苏州市	87	46	65.4%
无锡市	53	28	65.4%
扬州市	39	19	67.2%

续表

城市	男	女	男性占比
盐城市	97	45	68.3%
泰州市	50	23	68.5%
宿迁市	44	16	73.3%
徐州市	93	31	75.0%
总体比例			65.5%

表 18　不同城市直属单位宣传干部的性别比例

城市	男	女	男性占比
常州市	20	27	42.6%
盐城市	31	36	46.3%
扬州市	6	6	50.0%
南通市	31	30	50.8%
连云港市	32	28	53.3%
徐州市	29	22	56.9%
宿迁市	35	24	59.3%
镇江市	9	6	60.0%
南京市	24	15	61.5%
淮安市	24	14	63.2%
苏州市	25	14	64.1%
泰州市	25	14	64.1%
无锡市	31	17	64.6%
总体比例			56.0%

7.4.4　年龄结构

比较不同年龄段的人员分布比例，尤其关注 50 岁以上人员比例。其中，内设机构宣传干部 50 岁以上的总体比例是 17.5%，各个城市之间，50 岁以上比例最大的是徐州市、淮安市，比例最小的是连云港市、宿迁市（表 19）。直属单位人员的年龄整体小于内设机构人员，50 岁以上的整体比例是 6.4%，各个城市之间，50 岁以上比例最大的是南京市、淮安市、常州市（表 20）。

表 19 不同城市内设机构宣传干部的年龄分布

城市	35 岁以下	36～49 岁	50 岁以上
连云港市	47.2%	47.2%	5.7%
宿迁市	51.7%	41.7%	6.7%
盐城市	40.1%	46.5%	13.4%
镇江市	42.7%	43.9%	13.4%
苏州市	37.6%	48.1%	14.3%
南通市	26.4%	57.4%	16.2%
无锡市	21.0%	61.7%	17.3%
扬州市	48.3%	32.8%	19.0%
常州市	35.8%	44.8%	19.4%
泰州市	34.2%	44.7%	21.1%
南京市	30.6%	47.6%	21.8%
淮安市	37.6%	37.6%	24.8%
徐州市	27.4%	38.7%	33.9%
总体比例	37.0%	45.6%	17.5%

表 20 不同城市直属单位宣传干部的年龄分布

城市	35 岁以下	36～49 岁	50 岁以上
苏州市	71.8%	28.2%	0
镇江市	62.5%	37.5%	0
泰州市	48.7%	48.7%	2.6%
南通市	47.5%	49.2%	3.3%
连云港市	48.3%	48.3%	3.3%
徐州市	51.0%	45.1%	3.9%
无锡市	45.8%	50.0%	4.2%
盐城市	64.2%	31.3%	4.5%
扬州市	75.0%	16.7%	8.3%
宿迁市	61.0%	30.5%	8.5%
常州市	51.1%	38.3%	10.6%
淮安市	50.0%	36.8%	13.2%
南京市	41.0%	38.5%	20.5%
总体比例	55.2%	38.4%	6.4%

7.4.5　学历结构

县级党委宣传部干部队伍内设机构人员的学历分布中，硕士总体比例为

19.8%，本科总体占比为 72.9%，为最大群体。各个城市的学历差异较为显著，内设机构宣传干部中研究生比例最高的是无锡市、南京市和苏州市，内设机构宣传干部中研究生比例最少的是淮安市、连云港市与盐城市（表21）。

直属单位宣传干部的学历整体低于内设机构宣传干部的学历。直属单位宣传干部的硕士总体比例为 17.3%，本科总体占比为 72.2%，为最大群体，大专及以下学历总体占比为 10.5%。各个城市的学历差异显著，直属单位宣传干部中研究生比例最高的是苏州市和扬州市，直属单位宣传干部中研究生比例最少的是淮安市与盐城市（表22）。

表21　不同城市内设机构宣传干部的学历分布

城市	研究生	本科	大专及以下
淮安市	5.0%	84.2%	10.9%
连云港市	5.7%	92.5%	1.9%
盐城市	8.5%	86.6%	4.9%
徐州市	12.9%	75.0%	12.1%
镇江市	13.4%	81.7%	4.9%
常州市	17.9%	65.7%	16.4%
南通市	18.9%	77.0%	4.1%
宿迁市	20.0%	73.3%	6.7%
泰州市	21.1%	68.4%	10.5%
扬州市	29.3%	69.0%	1.7%
苏州市	33.1%	60.2%	6.8%
南京市	34.7%	57.8%	7.5%
无锡市	37.5%	56.3%	6.3%
总体比例	19.8%	72.9%	7.3%

表22　不同城市直属单位宣传干部的学历分布

城市	研究生	本科	大专及以下
淮安市	2.6%	94.7%	2.6%
盐城市	4.5%	92.5%	3.0%
连云港市	5.0%	75.0%	20.0%
南京市	5.1%	74.4%	20.5%
镇江市	7.1%	85.7%	7.1%
宿迁市	10.2%	69.5%	20.3%
常州市	10.6%	83.0%	6.4%

续表

城市	研究生	本科	大专及以下
泰州市	12.8%	84.6%	2.6%
南通市	14.8%	83.6%	1.6%
徐州市	15.7%	80.4%	3.9%
无锡市	25.0%	68.8%	6.3%
扬州市	50.0%	8.3%	41.7%
苏州市	61.5%	38.5%	0
总体比例	17.3%	72.2%	10.5%

7.4.6 组织人员的主要来源

县级党委宣传部干部队伍内设机构人员的来源分布中，公开招考遴选的总体比例为23.7%，调动的为65.9%，为人员主要来源。各个城市差异较大，公开招考遴选比例最大的是盐城市、南通市、苏州市和连云港市，比例最小的是宿迁市（表23）。

直属单位宣传干部的人员来源分布中，公开招考遴选和调动的比例相当，分别为43.0%、46.6%。各个城市之间差异很大，公开招考遴选比例最大的是盐城市、宿迁市，比例最小的是镇江市（无人）。连云港市这部分数据缺失（表24）。

依据表23和表24，比较而言，直属单位宣传干部的来源方式中，公开招考遴选的比例显著大于内设机构的，建议内设机构整体扩大公开招考遴选的比例。

表23 不同城市内设机构宣传干部的来源分布

城市	公开招考遴选	调动	其他
宿迁市	5.0%	91.7%	3.3%
无锡市	14.8%	58.0%	27.2%
镇江市	17.1%	81.7%	1.2%
南京市	19.0%	56.5%	24.5%
常州市	20.9%	62.7%	16.4%
淮安市	22.8%	59.4%	17.8%
徐州市	23.4%	64.5%	12.1%
扬州市	27.6%	60.3%	12.1%
泰州市	27.6%	71.1%	1.3%

续表

城市	公开招考遴选	调动	其他
连云港市	30.2%	67.9%	1.9%
苏州市	30.8%	55.6%	13.5%
南通市	33.8%	65.5%	0.7%
盐城市	34.5%	62.0%	3.5%
总体比例	23.7%	65.9%	10.4%

表24 不同城市直属单位宣传干部的来源分布

城市	公开招考遴选	调动	其他
镇江市	0	57.1%	42.9%
常州市	25.5%	31.9%	42.6%
无锡市	33.3%	60.4%	6.3%
南京市	38.5%	38.5%	23.1%
泰州市	38.5%	61.5%	0
苏州市	43.6%	56.4%	0
徐州市	45.1%	47.1%	7.8%
淮安市	50.0%	47.4%	2.6%
南通市	57.4%	42.6%	0
扬州市	58.3%	41.7%	0
宿迁市	61.0%	39.0%	0
盐城市	64.2%	35.8%	0
连云港市			
总体比例	43.0%	46.6%	10.4%

7.4.7 合署办公情况分析

县级党委宣传部干部队伍合署办公的主要来源是文明办，占比49.1%，其次是信访办，占比18.5%（表25）。单从人数上看，合署办公人员最多的是徐州市和南通市，显著高于其他城市。

表25 宣传干部合署办公情况

合署办公	文明办	外宣办	网信办	社科联	其他	总计
人数	159	36	60	39	30	324
比例	49.1%	11.1%	18.5%	12.0%	9.3%	100.0%

7.5 县级党委宣传部干部队伍情况总结

7.5.1 队伍结构优良，年轻化知识化高，时代适应性强

内设机构中男性 835 人，占比 65.5%，女性 439 人，占比 34.5%；35 岁以下占比 37.0%，36~49 岁占比 45.6%，50 岁以上占比 17.5%；研究生占比 19.8%，本科学历占比 72.9%，大专及大专以下占比 7.3%；其中公开招考遴选占比 23.7%，调动占比 65.9%，其他占比 10.4%。直属单位中男性 322 人，占比 56.0%，女性 253 人，占比 44.0%；35 岁以下占比 55.2%，36~49 岁占比 38.4%，50 岁以上占比 6.4%；研究生占比 17.3%，本科学历占比 72.2%，大专及大专以下占比 10.5%；其中公开招考遴选占比 43.0%，调动占比 46.6%，其他占比 10.4%；少数民族人员共有 11 人，在全部人员中占比约 0.6%。

内设机构男女比例基本符合一般党政机关的干部性别结构特征，直属单位女性占到 44.0%，相对偏高；内设机构和直属单位的干部年轻化特征非常显著，本科以上学历均达到了 90.0%以上，呈现出可喜的高学历化特征，给基层宣传文化工作带来了全新的活力、创造力以及时代的适应性。

内设机构和直属单位宣传干部来源于公开招考遴选比例的提升有效促进了干部队伍的年轻化和知识化，也明显导致了基层宣传队伍中女性干部比例的大幅提升。同时，在人员来源分布中，内设机构的调动比例为 64.3%，直属单位的公开招考遴选比例和内部调动相当，这在一定程度上反映出基层宣传干部队伍的流动性较大，职业稳定性可能不太高，也容易导致宣传干部队伍的专业化程度不高，县情掌握不够等问题，究其流动性高的主要原因，可能是因为内部人员职业成长空间有限。

7.5.2 实际在编尚有缺口，合署办公占比较高

核定行政编制为 1363 人，事业编制为 886 人，总编制为 2249 人，事业编制占比 39.4%，占比相对较高。实际在编共 1843 人（其中内设机构在编 1268 人，占比 68.8%，直属单位在编共 575 人，占比 31.2%），行政编制配足率为 93.0%，事业编制配足率为 64.9%，总体配足率为 81.9%。虽然总体配足率缺口不小，但行政编制大体基本保障到位，缺口主要在事业编制人员。合署办公共有 324 人，占总人数的 17.6%，其中文明办占比 8.6%，外宣办占比 2.0%，网信办占比 3.3%，社科联占比 2.1%。

7.6 各城市宣传部人才队伍特征汇总

根据以上统计分析,对江苏省各城市宣传部的人才队伍特征做一个汇总,见表 26。

表 26 各城市宣传人才队伍画像

城市	人才队伍特色
南京市	女性比例较高,性别比例最为均衡;宣传部长 50 岁以上比例小;研究生比例最高;职级分布水平差异最大;行政编制比例最高;直属单位人员 50 岁以上比例最大;县级党委宣传部干部中内设机构研究生比例最高;职级层次最高;内设机构 50 岁以上比例最大
无锡市	女性比例较高;宣传部长 50 岁以上比例小;平均党龄最短;县级党委宣传干部中,内设机构研究生比例最高
苏州市	领导班子岗位比例较大;班子成员 50 岁以上比例较小;整体学历水平最高;研究生比例最高;领导班子任职期最长;县级党委宣传部干部中内设机构研究生比例最高;直属单位人员中内设机构研究生比例最高;县级党委宣传部干部中公开招考遴选比例最大
常州市	宣传部长 50 岁以上比例大;班子成员 50 岁以上比例较小;宣传部长研究生比例最低;领导班子任职期长最短;直属单位人员 50 岁以上比例最大
镇江市	领导班子岗位比例较大;宣传部长研究生比例最低;行政编制比例最高;内设机构人员比例最高;直属单位的人员中公开招考遴选比例最小(无人)
南通市	领导班子岗位比例较小;宣传部长 50 岁以上比例小,研究生比例最高;班子成员任职 5 年以上比例最高;行政编制比例最高;内设机构人员的男性总占比最低;县级党委宣传部干部中公开招考遴选比例最大;县级党委宣传部干部中合署办公人员最多
扬州市	领导班子岗位比例较小,平均年龄较大;宣传部长 50 岁以上比例大;班子成员 50 岁以上比例较大;宣传部长任职 5 年以上比例最高;平均党龄最长;内设机构人员比例最高;直属单位人员中内设机构研究生比例最高
泰州市	领导班子岗位比例较小,平均年龄较大;班子成员 50 岁以上比例较大;班子成员任职 5 年以上的比例较高;整体学历水平显著最低;内设机构 50 岁以上比例最大;内设机构研究生比例最高;宣传部长研究生比例最低
徐州市	现有人员中领导班子比例较大;宣传部长 50 岁以上的比例较大;内设机构人员的男性总占比最高;内设机构人员 50 岁以上比例最大;县级党委宣传部干部中合署办公人员最多
连云港市	研究生比例最低;行政编制比例最低;内设机构人员比例最低;内设机构人员 50 岁以上比例最小;县级党委宣传部干部中内设机构研究生比例最低;县级党委宣传部干部中公开招考遴选比例最大
淮安市	平均年龄较大,班子成员 50 岁以上比例较大;整体学历水平显著最低;研究生比例最低;宣传部长研究生比例最低;县级党委宣传部干部中内设机构研究生比例最低,直属单位人员中内设机构研究生比例最小;平均党龄最长;内设机构人员 50 岁以上比例最大;直属单位人员 50 岁以上比例最大
盐城市	宣传部长女性比例较低;平均年龄较大,班子成员 50 岁以上比例较大;研究生比例最低;平均党龄最长;行政编制比例最低;县级党委宣传部干部中内设机构研究生比例最低;直属单位人员中内设机构研究生比例最低;县级党委宣传部干部中公开招考遴选比例最大;直属单位的人员中公开招考遴选比例最大
宿迁市	女性比例较高;平均年龄最低,宣传部长 50 岁以上比例小;宣传部长研究生比例最高;行政编制比例最低;内设机构人员比例最低;内设机构人员的男性总占比最高;内设机构人员 50 岁以上比例最小;县级党委宣传部干部中公开招考遴选比例最小;直属单位的人员中公开招考遴选比例最大

7.7 各城市宣传人才队伍建设中存在的主要问题

根据各市、区、县委宣传干部队伍建设的调研情况了解到，由表 27 可见，各地宣传干部队伍建设问题主要集中在人才供需、人才培训和人才流动方面，编制与人才供需矛盾（人手不足问题）紧密相关。另外部分市县（苏州市、常州市、镇江市、连云港市）提出了人才考核激励问题，部分市县（镇江市、徐州市、淮安市）反映了资金投入问题。各地反映的具体问题见表 27。

表 27 各市、县委宣传干部队伍建设主要问题梳理

城市	编制	人才供需	人才培训	人才流动	考核激励	资金投入
南京市		存在人手不足与调配困难的矛盾	存在本领恐慌与教育培训针对性不够强的矛盾	存在个人进步与成长环境的矛盾		
无锡市	个别行政区编制、职位数量偏少	乡镇街道宣传干部人手不足且兼职较多		乡镇街道宣委员流动过快；县级党委宣传部副职领导流动性较差		
苏州市			全局意识有待加强；理论水平有待提高；业务能力有待增强；创新精神有待提升	干部队伍缺乏合理流动	人才考核评价机制需完善	
常州市			有效培训与工作要求存在落差	个人努力与发展愿景	考核激励与队伍建设存在落差	
镇江市		机构精简人手紧张，兼职较多精力分散；人才结构亟待优化，镇（街道）干部队伍年龄老化，专家型人才紧缺，梯队断层	知识结构相对老化		目标考核需强化、激励机制需完善	专项资金投入不足
南通市		兼职多，缺乏系统专业人才	缺乏基层工作经验，能力结构单一			
扬州市	人员编制偏少	干部队伍建设与宣传思想文化事业发展不相适应	干部培训学习需加强			
泰州市		干部队伍整体力量薄弱，领军人才缺乏，知识结构不尽合理	教育培训不足，培训模式单一，针对性不足	干部队伍缺乏合理流动		

续表

城市	编制	人才供需	人才培训	人才流动	考核激励	资金投入
徐州市	机构编制紧缺	兼职问题突出；专业化人才缺乏，供需矛盾凸显	培养机制需创新，干部能力需提升	缺乏合理流动，人员积极性受挫		政策扶持和资金投入需加大
连云港市		年轻领导干部的数量明显不足，未形成年龄梯次；专业机构人员配备不足		领导班子成员来源单一	考核、监督机制需完善	
淮安市		基层人手紧缺现象突出	能力提升方式单一、渠道不足	提拔、交流慢，流动动力不足		专项资金投入不足
盐城市		机构设置少，人手比较紧张	教育培训少，知识储备缺乏	上升空间小，人才流失严重		
宿迁市	编制数量不足		专业水平不高	人员流动不均衡		

当前，宣传思想文化工作的领域越来越宽、内容越来越广、任务越来越重、要求越来越高，江苏县级宣传干部队伍建设的整体推进力度与宣传文化事业快速多变的发展要求还不能很好地同步。

7.7.1 人员配备不足与事业快速发展的不同步

全省县级宣传干部核定编制为 2249 人，实际在编 1843 人，尚有一定缺口。而多数县市反馈，由于机构改革和事改企等原因，为解决部分人员的身份问题，出现了在编不在岗的挂靠现象，造成被挂靠部门人手紧张。个别地区机构经过精简，仅一个科室就承担了办公室、理论研究、文艺活动、新闻外宣、网络舆情、文化产业、精神文明建设、统战等职能。

7.7.2 能力素质不足与"行家里手"要求的不匹配

伴随着经济结构的深度调整与社会转型的快速变化，基层宣传工作也面临着许多新矛盾、新问题和新挑战，科学、主动、有效的应对能力素质要求越来越高。但是基层宣传干部队伍能力素质还不容乐观。比如，基层宣传干部半路出家的多，科班出身的少，经过短期上岗培训后就开展工作，干部队伍存在年龄老化现象，知识结构也相对老化，专家型人才紧缺，部分县市宣传干部梯队有潜在的断层危机。数据表明，宣传干部队伍来源于转岗调动的占比为 64.3%，这些转岗调动的人员，多数不太熟悉宣传工作规律，存在对具体工作钻研不透、知识储备不足、工作经验缺乏等问题,如何尽快地成为"行家里手",培育出长期从事宣传工作的热情和动力,提升应对新情况和新问题的能力素质,是当前宣传干部队伍建设中面临的重要难题。

7.7.3 干部专业结构与宣传工作技术需求的不相称

互联网深刻改变着人们的生产生活,对宣传工作也提出了新的需求。同时,宣传工作也是一个复杂的系统工程,需要精通网络技术、文艺发展、新闻策划等方面的专业技术人才,而区县目前的人员多半路出家,难以胜任岗位要求。这类人员一般市场需求比较大,市场待遇高,也不擅长公务员考试。基层单位如何通过调动或公开招考,或者创新其他的引才渠道,引进、培养、留住这类专业技术人才,从而优化宣传干部队伍结构,使其适合新形势下宣传工作的需求,是基层宣传部门亟须解决的难题。

7.7.4 成长空间狭窄与宣传干部成长预期不协调

随着宣传干部年轻化和知识化的深入,宣传干部的成长预期越来越高。但是多数县市反映基层宣传干部个人成长机制较单一和缺乏,可流动空间较为狭窄,一些干部长期在单个岗位工作而多年没有交流,即使交流也仅仅局限于系统内或上下级部门之间、直属单位与内设机构之间。但县级宣传主要领导干部流动调整却相对过多,班子成员相对较慢,缺乏流动导致活力不足,工作缺乏积极性、主动性、创新性。

7.8 关于宣传部领导干部班子发展相关建议

1)加强顶层设计,提高整体水平

发挥领导班子的整体效应,党政正职领导是班子整体效能发挥的关键,合理配备班子的组成人员,选准党政正职是强化班子整体功能的前提。针对宣传队伍建设中存在的突出问题,加强顶层设计,完善相关政策和措施,逐步建立健全机构体系。要分层分类建立宣传文化系统干部信息库,加强大数据的管理和运用,不断提高队伍建设科学化水平。

提高干部媒介素养,了解掌握新媒体语言、新媒体技术,懂得新媒体再现现实的特性,分析新媒体组织和传播影响及效果,努力把网络运用转化为一种工作方式、生活习惯和修养途径。根据工作实际需要,增设互联网信息研究中心、新闻应急处理中心等机构和编制,配备专职人员,提升宣传干部的专业素质和应对复杂多变的社会舆论环境的能力。要立足基层宣传思想文化工作的实际需要，统筹兼顾、突出重点、加强改革、整体推进，进一步提高队伍的思想理论素质和创新能力，努力造就一支政治坚定、素质优良、扎根基层、服务群众的工作队伍。

2）加强调整交流，畅通成长渠道

加大领导班子选拔培养力度，进一步优化年龄性别结构，杜绝年龄单一选拔标准，遵循"老、中、青相结合的梯次配备"原则，着力建设梯度合理的领导班子，有利于领导班子成员间相互取长补短，发挥个体的最佳效能，也有利于领导班子内部人员的有序更替，实现群体的最佳效能。提升统领宣传思想文化工作的能力和水平。

拓宽宣传干部"往上走"的渠道，上级宣传部门要开阔眼界，选人用人要多吸纳一些有基层实践经验的优秀干部特别是年轻干部。严把宣传干部"入口"关，充分考虑岗位专业需要，选配政治上可靠、群众认可度高，在理论上、文字上、抓落实上有"几把刷子"的优秀干部担当重任，对适岗性差的干部及时做出调整。

加大宣传干部在系统内以及机关与基层之间的交流力度，促使年轻干部通过岗位轮换丰富阅历、增长见识、积累经验。充分发挥县级党委宣传部领导班子政治素质好、理论水平高、协调能力强的优势，对于在县级党委宣传部副职领导岗位上时间达到10年的班子成员，加大交流力度。

3）加强人岗匹配，提升专业水平

根据岗位和职责需要，选配具备相应专业知识和业务能力的干部进领导班子，既要选配熟悉各方面业务工作的领导干部，又要重视成员间各方面业务能力的互补，充分考虑专业的对路性，打破体制制约，抓好专业人才的引进和培养，尤其是网络舆情管控引导及应急处置等方面的专业人才，将更多专业化人才吸纳到宣传队伍中来。

要坚持引人和引智相结合，秉持"不为所有，但为所用"的原则，集成资源、集聚优势，充分发挥高校专家、文化名人等各类文化人才资源作用，建设"文化智库"，形成宣传思想文化资源与社会资源的良性互动。同时，整合、统筹部门和单位的资源，建立、壮大新形势下宣传工作所急需的网络评论、新闻通信、舆论信息、志愿服务、理论宣讲、文艺社团等队伍，形成宣传队伍"一盘棋"的工作格局。

4）加强实践锻炼，促进能力提升

按照"政治强，业务强"的目标，突出提升思想政治素质和宣传工作业务能力建设，加大县级党委宣传部领导班子及干部队伍教育培训工作。要创新培训制度体系和培训模式，做到干部需要什么就培训什么，干部成长缺少什么，就补给什么的培训机制。要以提升创新能力为切入点，组织各类专业培训，有计划地输送一批基层宣传干部到高等院校或省级以及上干部培训机构学习，提高干部队伍综合素质和创新能力；推行"双向"挂职和对口交流工作，让更多的年轻同志跟上去、沉下去，在实践过程中积累经验、磨砺队伍。从宣传干部队伍建设的百年大计出发，鼓励有条件的院校根据新时期宣传思想文化工作的需要，加快培养宣传文化领域的急需人才。新任宣传文化部门领导班子成员、新进宣传文化部门工作的干部必须进行上岗培训。

5) 加强目标管理，激发干部活力

加大宣传思想文化工作目标管理力度，完善专业考核机制，通过建立科学合理的专业考核考评机制，促进领导能力专业化的提升。在各级各类的领导干部考核中，要把专业化水平作为考核的一项重要指标，考核内容可分为专业知识测评和专业业绩考核。加大考核结果的运用，树立科学用人导向。

6) 加强激励约束，增强战斗能力

坚持精神激励、事业激励、物质激励并举，建立健全激励机制，充分激发宣传干部队伍活力。进一步提高基层宣传文化工作者的政治待遇，积极推荐具有参政议政能力的人员作为人大、政协代表人选。对长期工作生活在基层的宣传文化工作者，在评奖评优、职务晋升等方面给予优先考虑，使宣传文化干部有干头、有盼头、有奔头。完善内部外部监督机制，形成多方位、多角度、多侧面、多层次的制约体系，切实增强县级宣传干部队伍的免疫力、战斗力和决胜力。

7) 深化人事制度，拓宽选择渠道

深化宣传文化系统干部人事制度改革，完善竞争上岗、社会公开招聘等方式，打破单位、地域、身份等界线的方式使用专业人才。推行专业技术干部聘用制，按岗选人，竞聘上岗，奖优罚劣，形成人尽其才、才尽其用的用人机制，形成良好的用人氛围。

注重从企事业单位中选拔各级党政领导班子成员，一是这些领域的人才有了更多专业才能发挥的地方；二是有针对性地在一些地区（部门）的党政领导班子中配备一定比例的"专家型"干部，可以完善党政领导班子的知识结构和能力结构，使各地决策更专业化、科学化。而针对某些特殊岗位，只有"女少非"干部才能将岗位工作做好，减少不必要的矛盾，发挥最大化效益。

（蒋　莹　姜农娟　曹　杰）

参 考 文 献

才华. 2013. 中国马克思主义宣传机构建设理论研究[D]. 天津: 南开大学.
高小琪. 2015. 中共宣传部门职能转变探索[D]. 南京: 南京大学.
宋国庆. 2016. 当前基层宣传工作存在的问题及对策[J]. 新闻研究导刊, 7 (5): 211.

第三篇　企业人才发展

8 网络平台战略驱动的江苏科技型中小企业人才竞争优势发展研究

摘要：科技型中小企业作为加快培育和发展战略性新兴产业的重要载体，针对以"小、快、灵"为发展优势的科技型中小企业而言，人才的作用尤为重要。然而由于其资金少、生产规模小、稳定性差，很难获得高新技术人才的青睐。如何开发、培养、激励、管理和留住人才仍是困扰科技型中小企业持续发展的难题。

首先，本文基于平台经济学、企业成长理论和动态能力理论，设计了江苏科技型中小企业成长发展能力的评估问卷，通过实际调研获取制约江苏科技型中小企业的技术、金融和人力发展等因素。

其次，本文将在网络平台战略驱动下，研究如何在更广泛的主体范围内，提高资源整合效率，激发网络效应，提升科技型中小企业的人才发展生态效率，促使其实现快速成长，确立并增强科技型中小企业的竞争优势。

关键词：科技型中小企业；人才竞争；平台战略驱动

8.1 问题提出

8.1.1 研究背景

战略性新兴产业是江苏省经济长远发展的重大战略选择，是适应经济科技变革、实现江苏省经济社会持续较快发展的重大战略举措。作为加快培育和发展战略性新兴产业的重要载体，科技型中小企业的发展程度已经成为衡量一个国家和地区经济竞争实力和经济发展潜力的一个关键因素（梁林和刘兵，2015）。科技型中小企业是一种知识、技术和人才密集型并以追求创新为核心的企业实体，是一种高效率的开发与经营组织。针对以"小、快、灵"为发展优势的科技型中小企业而言，技术和人力资源对科技型中小企业的成长起着最为关键的作用。

然而科技型中小企业自身稳定性差、寿命较短，企业之间恶性竞争相对突出，在资金、生产规模、人员、资产拥有量以及影响力方面都不如大企业，使它们难以用高薪、高福利等条件来吸引人才，改善和提升科技人力资源状况。最终导致核心技术流失、工作绩效干扰、在职员工的稳定性和忠诚度受损，甚至导致公司形象受损，文化蜕变。当前如何获取、培养、激励、管理和留住人才已成为科技型中小企业面临的首要难题，是制约其发展的"瓶颈"因素。

企业从创立时起，就伴随着合作、企业网络、社会资本、不同战略选择组合演化等多个外部要素的演化以及成长本身多要素之间的共同演化，来达到成长所需的资源管理和竞争环境的一致（Coad, 2010; Prashantham and Dhanaraj, 2010）。传统成长路径将企业成长限制在自身所控制的资源内，成长的落脚点只有一个或几个，动态能力获得难以持续。网络平台模式能有效激励多方群体互动，快速配置整合全球资源，弯曲打碎既有的产业链，重塑市场格局的商业生态系统架构（徐晋和张祥建，2006；陈威如和余卓轩，2013；李海舰等，2014）。在网络经济环境下，传统的内涵式成长方式和外延式成长方式已不再适用（刘江鹏，2015），因此，本文在网络平台战略驱动下，围绕技术产权交易平台，研究如何在更广泛的主体范围内，提高资源整合效率，激发网络效应，提升科技型中小企业的人才发展生态效率，促使其实现快速成长，确立并增强科技型中小企业的竞争优势。

8.1.2 研究思路

在"创新驱动战略"背景下，科技型中小企业需要利用互联网思维重新架构运营模式。平台作为其他企业发挥功能的必要、共享的"互补品"，并由于技术产权交易平台在核心技术、组织间界面、竞合规则等方面的设定和领导，使得众多参与主体之间的分工、合作、竞争等行为模式与认知框架逐渐强化，形成一个可以整合系统产品和服务供给、增强系统机体创新能力的产业生态系统。因此，本文将结合江苏的现实情境，构建科技型中小企业围绕技术产权交易平台为核心的虚拟立体网络式格局"产业生态系统"，以此为立足点破解科技型中小企业的人才困境和竞争优势的获取及保持。

本文首先基于平台经济学、企业成长理论和动态能力理论，在对南京市科技型中小企业调研访谈的基础上，分析当下制约科技型中小企业的人才发展因素，并通过对技术产权交易平台为核心的商业模式和数据驱动跨界模式进行整合，研究该虚拟网络式格局的宏观和微观结构，促进平台参与主体间在人才、技术、信息、资金等领域的深度破界合作；另外，在以技术产权交易平台为核心的虚拟网络式格局框架下，研究平台的注意力竞争、临界规模突破、身份锁定和人才发展竞争优势获取，从而实现"鸡蛋相生"的正反馈协同效应。具体的技术路线图如图1所示。

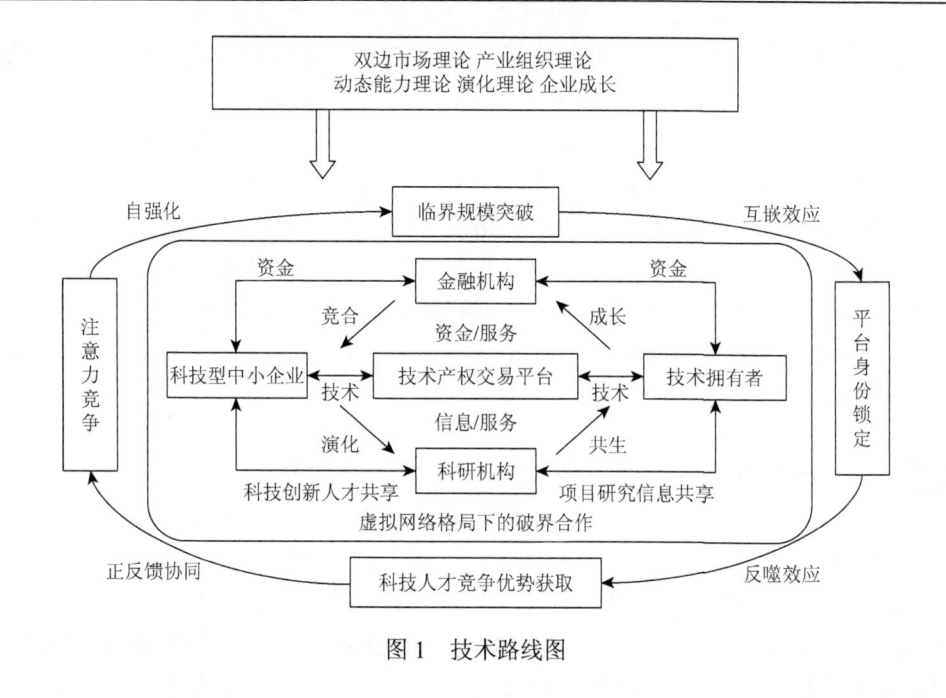

8 网络平台战略驱动的江苏科技型中小企业人才竞争优势发展研究 ·169·

图 1 技术路线图

8.2 科技型中小企业人才竞争发展能力评估指标体系设计

  杨浩和刘佳伟（2012）通过因子分析、结构方程模型等实证分析环境因素、组织因素、工作因素和个人因素都正向影响人力资源管理效果。Kuck 通过实验研究发现个人长期在某一项工作中的创造力是会下降的并稳定在一个固定值。如果公司的技术没有提升，创造力将在低水平上徘徊不前。Quinn 和 Mangione（1973）通过调查研究发现下列影响企业人才发展能力因素的影响程度由强到弱变化为对工作舒适的满足度、对同事的满足度、产业类别、年龄大小、任职期、职业种类、对货币性奖励的满足度、职业声望和对挑战性的满足度。魏新和李伟（2007）认为企业人才流失是因为货币和安全、人际关系、自我实现等主要特征没有得到满足，晏向华和黄时斌（2000）认为常见的离职原因有职业倦怠、对薪水不满意、与个人期望不符、想尝试新工作、追求晋升、企业教育和培训缺失、与上级理念不一致、公司福利不佳、与公司理念不合、工作单调。结合之前对于企业人才流失和人才发展能力的研究文献，以及政府相关研究报告，本文基于企业人力资源发展能力、技术能力和金融能力三个维度设计了科技型中小企业人才竞争发展能力评估问卷。

8.2.1 人力资源发展能力

  人力资源发展能力是指企业包括薪酬、晋升、培训、考核等一系列的关于人才培养发展方面的制度，人力资源发展能力是科技型中小企业人才发展能力中的重要一环。

肖章瑜（2013）基于实证分析发现不同的企业文化对于员工的工作绩效有明显影响。涂英（2014）在对于我国中小企业人才流失的影响因素分析中提出了五个因素，包括企业管理者因素、薪酬相关因素、职业和培训发展相关因素、企业文化因素和个人成就感因素。商开慧（2016）在研究商业银行人力资源流失时，认为银行没有合理的招聘、培训和激励机制，导致经营过程中存在人才流失，本文将人力资源发展能力分为薪酬福利、晋升、培训、考核和企业文化五个维度。

8.2.2 技术能力

企业技术能力是指企业为支持技术创新现实，附着在内部人员、设备、信息和组织中的所有内生化知识存量的总和，其本质是企业所拥有的知识。对于一部分初创期的科技型企业来说，技术是其主要的无形资产，技术创新导致环境改变才能更好地留住人才，技术能力也是决定企业人力发展能力的重要环节。

华荷锋和祁保华（2015）构建了科技型中小企业支持资产融资能力提升机制，研究了科技型中小企业知识产权对于竞争的影响。Samson（2005）指出，知识产权的真正价值是企业利用它作为企业战略、资产增值、研究开发和企业整体发展战略的一部分。Rivette 和 Kline（2000）提出，对专利的管理和利用可以从帮助公司建立专有市场优势，提升财务业绩，增强公司总体竞争力三大方面显著增强公司实力，提高公司价值。张涛和杨晨（2007）认为知识产权价值包括知识产权盈利价值与知识产权战略价值两方面内容。徐万里等（2013）在对小米科技有限责任公司进行案例分析，研究是什么推动高科技企业高速成长时，提出创新能力和吸收能力是高科技企业快速成长的秘诀之一，其中创新能力包括企业的科研能力及再孵技术能力。张笑楠和仲秋雁（2011）在研究软件外包企业技术能力提升机理时，发现企业的研发效率能很好地表现企业的技术能力，本文将企业技术能力分为知识产权（量）、科研条件、再孵技术能力（企业在原有研究成果基础上生产出新产品的能力）、研发效率和与龙头行业相比的技术能力五个维度。

8.2.3 金融能力

本文通过财务指标来衡量企业的金融能力。财务，如同企业的血液，与各项经营活动息息相关，并为人力资源制度中的薪酬与福利提供保障，也为企业的研发提供支持，因而金融能力是统筹大局的关键指标，它通过影响前两个准则层指标，同时也通过自身的作用机制，直接和间接地影响企业的人才竞争发展能力。

周百灵（2011）把企业的财务指标体系分为销售指标、投资回报指标、资源指标、市场价值指标和现金流量指标。刘尧飞（2014）把企业的财务能力分为资产质量、资本结构、盈利能力和现金状况，并用层次分析法进行了分析。孙林杰（2007）把财务能力分为平均销售利润率、净资产收益率、资产负债率、流动比率和应收账款周转率五个指标。周宗安等（2014）把企业的财务指标细分为了14个指标，分别为流动比率、速动比率、债务保障率、营业利润率、资产报酬率、净资产收益率、净利润增长率、净资产收益率增长率、存货周转率、流动资产周转率、总资产周转率、总资产增长率、资本保值增值率和可持续增长率。本文把企业金融能力分为资产质量、盈利能力和现金流量三个维度。

8.3 科技型中小企业人才竞争发展能力指标体系确定

8.3.1 数据收集

（1）预调查

为了保证问卷的可读性，在正式收集数据前，进行了预调查。分别请高校的教师和学生（10）、企业工作人员（3）、银行工作人员（5）对问卷中可能出现歧义或者难以理解的问题进行了调查，并与调查对象进行了深入交流，考察填答结果的有效性并征询问卷修改意见，形成了最终的调查问卷。

（2）正式调查

本次调研对象为获得了南京市科学技术委员会优惠政策的科技型中小企业，调研问卷通过网络形式发放，并确保了调查对象能正确理解问卷内容。本次发放问卷180份，回收166份，有效问卷153份。

（3）信度和效度分析

为了保证设计指标的可信度，本文采用 SPSS 19.0 软件进行了信度分析，最小的 α 值为 0.849，符合一般研究的信度要求（Nunnally，1967）。此外，KMO 检验值为 0.922，达到了 Kaiser 的 KMO 大于 0.9 的度量标准。

8.3.2 指标体系确定

分别去除了最高分和最低分的 11% 的数据后，计算每一题项的重要程度。具体结果如表 1 所示。

表1 最终重要程度得分

调查指标	最终重要程度分值
（1）企业人力资源发展能力	5.268908
①薪酬及福利	5.268908
员工平均收入高于行业平均	5.252101
高管人员平均收入高于行业平均	5.243697
研发人员平均收入高于行业平均	5.361345
是否允许核心员工入股	5.176471
②晋升	5.235294
内部晋升人数占总人数比例	5.058824
外部招聘管理层人数占总人数比例	4.857143
③培训	5.226891
研发人员培训次数占总次数比例	5.201681
研发人员培训人数占总次数比例	5.176471
④考核	5.159664
员工离职率	5.016807
科研人员服务于企业的平均时间	5.310924
考核指标标准量化程度	5.310924
⑤企业文化类型	5.134454
（2）企业技术能力	5.865546
①知识产权（量）	5.579832
知识产权数量	5.344538
有效知识产权数量	5.554622
自主研发知识产权数量	5.621849
合作或购买知识产权数量	5.050420
发明专利数量	5.436975
企业参编国家标准数量	5.184874
符合政府科技政策支持技术数量	5.403361
②科研条件	5.579832
③再孵技术能力	4.857143
再孵产品的数量	4.949580
再孵产品的价值	5.050420
④研发效率	5.445378
新产品产值率	5.394958
生产设备利用率	5.327731

续表

调查指标	最终重要程度分值
研发周期	5.487395
⑤与行业龙头企业相比的技术能力	5.436975
（3）企业金融能力	6.151261
①企业资产质量	6.092437
资产负债率	5.932773
流动资产增长率	5.848739
速动比率	5.781513
总资产周转率	5.756303
逾期应收账款比率	5.848739
资产现金回收率	5.873950
存货周转率	5.831933
应收账款周转率	5.873950
融资额占营业收入比例	5.731092
②盈利能力	6.168067
净资产收益率	6.067227
总资产回报率	5.991597
营业收入	6.092437
营业毛利率	6.042017
营业收入增长率	5.890756
营业利润	5.890756
营业净利率	6.000000
营业利润增长率	5.957983
息税前利润	5.966387
息税前利润增长率	5.882353
③现金流量能力	6.025210
流动比率	5.899160
经营性现金流净值	5.941176
经营性现金流增长率	5.857143

8.3.3 指标体系权重确定

根据递阶结构模型，结合上述指标的重要程度分值确定判断矩阵，经过层次分析法处理数据后得到科技型中小企业人才竞争发展能力指标体系的各项权重，如表 2 所示。

表2 科技型中小企业人才竞争发展能力指标的总排序权重

指标	企业人力资源制度	企业技术能力	企业财务能力	总排序权重
员工平均收入高于行业平均	0.0568			0.0070
高管人员平均收入高于行业平均	0.0568			0.0070
研发人员平均收入高于行业平均	0.1058			0.0130
是否允许核心员工入股	0.0306			0.0038
内部晋升人数占总人数比例	0.1875			0.0230
外部招聘管理层人数占总人数比例	0.0625			0.0077
研发人员培训次数占总次数比例	0.1675			0.0205
研发人员培训人数占总次数比例	0.0825			0.0101
员工离职率	0.0205			0.0025
科研人员服务于企业的平均时间	0.0673			0.0082
考核指标标准量化程度	0.0372			0.0045
企业文化类型	0.1250			0.0153
知识产权数量		0.0259		0.0083
有效知识产权数量		0.0674		0.0216
自主研发知识产权数量		0.1028		0.0329
合作或购买知识产权数量		0.0113		0.0036
发明专利数量		0.0417		0.0134
企业参编国家标准数量		0.0167		0.0053
符合政府科技政策支持技术数量		0.0417		0.0133
科研条件		0.3075		0.0985
再孵产品的数量		0.0141		0.0045
再孵产品的价值		0.0285		0.0091
新产品产值率		0.0508		0.0163
生产设备利用率		0.0280		0.009
研发周期		0.0924		0.0296
与行业龙头企业相比的技术能力		0.1712		0.0548
资产负债率			0.0648	0.0362
流动资产增长率			0.0355	0.0198
速动比率			0.0183	0.0102

续表

指标	企业人力资源制度	企业技术能力	企业财务能力	总排序权重
总资产周转率			0.0183	0.0102
逾期应收账款比率			0.0355	0.0198
资产现金回收率			0.0355	0.0198
存货周转率			0.0355	0.0198
应收账款周转率			0.0355	0.0198
融资额占营业收入比例			0.0183	0.0102
净资产收益率			0.0847	0.0472
总资产回报率			0.0435	0.0242
营业收入			0.0847	0.0472
营业毛利率			0.0847	0.0472
营业收入增长率			0.0435	0.0242
营业利润			0.0435	0.0242
营业净利率			0.0435	0.0242
营业利润增长率			0.0435	0.0242
息税前利润			0.0435	0.0242
息税前利润增长率			0.0238	0.0133
流动比率			0.0486	0.0271
经营性现金流净值			0.0884	0.0492
经营性现金流增长率			0.0268	0.0149

8.4 南京市科技型中小企业人才竞争发展能力的评估

根据得出的江苏省科技型中小企业人才竞争发展能力评价指标体系，本文对获得了南京市科学技术委员会支持政策的企业进行了调研。

8.4.1 人力资源发展能力

对人力资源发展能力的评估，本文选用的指标是研发人员平均收入是否高于行业平均、内部晋升人数、研发人员培训次数占总次数的比例及企业文化类型。

（1）研发人员平均收入是否高于行业平均

在接受调研的科技型中小企业中，只有60%的受调查企业认为其研发人员平均收入高于行业平均，这说明南京市科技型中小企业在对于给予重要人员报酬时还有所保留。

（2）内部晋升人数

受调查企业的平均内部晋升人数为 3.7 人，而科技型中小企业内部晋升人数较多的一般为 10 人，这说明南京市的科技型中小企业在内部晋升方面也有所不足，使得一些有能力的人员无法及时坐到符合其能力的岗位，最终导致人员流失。

（3）研发人员培训次数占总次数的比例

受调查企业的平均研发人员培训次数占总次数的比例为 68.88%，这说明科技型中小企业还是比较重视科技人才培训的，这对它们的人才竞争发展能力将产生正向影响。

（4）企业文化类型

基于居陆琴（2011）和卢美月（2006）的研究，企业的创新型文化、支持型文化、效率型文化和官僚型文化分别打分为 4、3、2、1。受调查的企业文化平均分为 3.5043 分，说明企业文化总体偏向于创新和支持，为人才的竞争发展提供了一个良好氛围。

综上所述，在人力资源发展能力方面，南京市科技型中小企业在培训和企业文化部分做得较好，而在对于重要科技型人才的物质奖励以及晋升方面还有待提升。

8.4.2　技术能力

对企业技术能力的评估，本文选用的指标是有效知识产权数量、自主研发知识产权数量、科研条件、研发周期和与行业龙头企业相比的技术能力。

（1）有效知识产权数量

受调查的南京市科技型中小企业有效知识产权数量平均值为 12.13，行业中领头企业一般有 40 个左右，南京市各企业在该项目中的表现参差不齐，少部分企业没有任何有效知识产权，大部分企业表现优秀。主要问题在于知识产权转化成科技成果和现金的能力。

（2）自主研发知识产权数量

自主研发知识产权数量与有效知识产权的结果基本完全相同，只有较少企业是通过外购的方式获得知识产权，自主研发能力较强。

（3）科研条件

科研条件是通过研发投入占营业收入的比例进行测量，平均值为 0.63，说明受调查的南京市科技型中小企业研发投入比例较高，研发条件较为良好，这有利于人才的集聚。

(4) 研发周期

受调查企业的平均研发周期约为 12 个月,比较符合一般科技型企业的特征,受调查企业的研发周期属于较高水平。

(5) 与行业龙头企业相比的技术能力

大多数受调查企业认为自身与行业龙头企业相比的技术能力还属于较低水平,小部分认为自身已经和行业龙头基本持平了。这符合科技型中小企业处于初创期和成长期的特征。总体而言,南京市科技型中小企业与行业龙头相比的技术能力还较弱。

综上所述,南京科技型中小企业的技术能力在大多数方面表现较为优异,与行业龙头企业相比还有一定差距。

8.4.3 金融能力

对企业金融能力的评估,本文选择的指标是资产负债率、净资产收益率和营业收入。

(1) 资产负债率

受调查企业的平均资产负债率为 41%,梁杰和赵翀(2009)通过实证研究我国中小企业的负债率保持在 60%左右为宜,中小企业可能由于处于初创期原因很难贷款,所以资产负债率偏低一些。

(2) 净资产收益率

受调查企业的平均净资产收益率为 17.52%,与行业中较高水平的 40%～50%还有一定差距,说明企业还没有完全把科研能力转化成经济效益,或者说还需要一定时间才能成功地转化自身的科研成果。

(3) 营业收入

受调查企业的营业收入平均值是 2383.37 万元,大多数企业的营业收入也处于参差不齐的状态,很难直观进行比较,很多企业的销售收入与行业龙头相比差距巨大。

综上所述,南京市科技型中小企业在金融能力方面还有巨大的提升空间,资产质量、盈利能力、负债管理能力及收入能力都还有待提升。

8.5 基于网络平台战略的科技型中小企业人才竞争优势发展

在"创新驱动战略"背景下,科技型中小企业需要利用互联网思维重新架构运营模式。平台作为其他企业发挥功能的必要、共享的"互补品",并由于技术产权交易平台在核心技术、组织间界面、竞合规则等方面的设定和领导,使得众多参与主体之间的分工、合作、竞争等行为模式与认知框架逐渐强化，亟须形成一个可以整合系统产品和服务供给、增强系统机体创新能力的人才发展生态系统。

8.5.1 以技术产权交易平台为核心的人才发展生态系统模式设计

网络平台商业生态系统是多主体参与的复杂系统，这些群体在系统中担当不同角色和功能，对系统中成员的角色定位和匹配是维持系统协调发展的前提（图2）。本文根据 Moore（1993）对商业生态系统内种群的划分，将平台型商业生态系统内的参与主体按照功能不同进行如下划分。

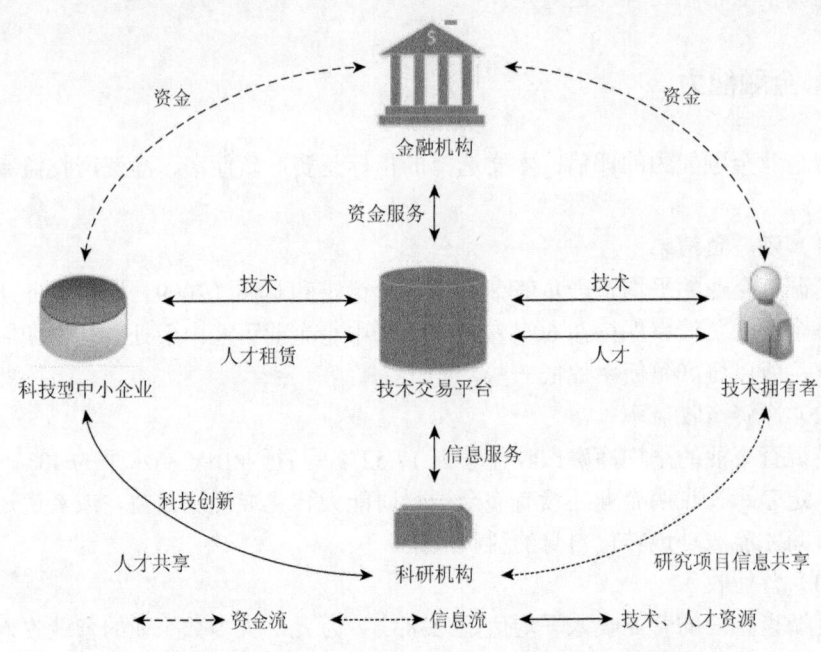

图 2 以技术产权交易平台为核心的企业人才发展生态系统模式

（1）核心种群——技术产权交易平台，是整个生态系统资源的领导者，为系统成员搭建共享式的平台服务，吸引其他成员加入，扮演着资源整合和协调的角色，促进生态系统的价值创造与价值分享。

（2）支配型种群——平台生态系统内围绕平台企业进行交易的主体，主要包括科技型中小企业和技术拥有者，是生态系统内其他群体服务的对象，该种群的用户需求是整个生态系统的核心驱动力。

（3）利基型种群——网络交易环境下，交易主体必须依靠的企业组织，科技型中小企业人才竞争发展能力的影响因素不仅包括自身的人力资源发展能力，还包括技术能力和金融能力。因此，这一部分的主体包括科研机构和金融机构等数量众多、差异明显的机构，它们不依赖于生态系统生存，但能够促进平台系统的互补性创新，提高系统整体竞争力。

8.5.2 政策建议

在网络平台战略驱动下，以技术产权交易平台为中心，构建企业人才、技术和资金的高效运作系统，从而提高资源整合效率，激发网络效应，提升科技型中小企业的人才发展生态系统效率。

1）注意力竞争

注意力是指人们对具有内在经济价值事件的关切程度（芙莺敏和吴之洪，2002）。注意力可以给企业带来无形资产增值、潜在产品或服务市场的稀缺资源。随着互联网功能的多样化发展，用户空余时间逐渐接近上限，获得更多用户的关注变得越来越困难。尤其是新上线的技术产权交易平台网站要为争取日益有限的注意力而加倍努力。

（1）扩大注意力范围策略

①定价策略

平台企业可以通过注册费、交易费或组合模式获得利润。但是在平台起步阶段，吸引注意力需要以人为本，趋利是经济人的特征，免费提供有价值的商品和服务，是很典型的获取注意力的策略行为。对于技术产权交易平台，其在壮大之后可以通过收取注册费和交易费或者各种附加费用来获取利润。

②包络策略

平台企业作为联系多方群体的基础架构，更多考虑的是提供某类共性资源和能力，使得各类用户能够在平台上共同合作、各取所需，平台企业需要向不同行业、产品、服务和功能实施包络战略。对于技术产权交易平台具体而言：一是转化已有的用户资源，将平台原有的用户数据充分线上化，促进技术需求方和供应方的匹配；二是通过平台包络增加平台功能模块，为更多的供应方和需求方提供产品和服务，技术产权交易平台可以招募各类专家，增加知识产权价值评估功能；三是为用户提供多样化的"捆绑服务"，增加多边用户之间的互动频率，增加用户黏性。

（2）增强注意力黏性

平台企业不断面临来自新产品以及新服务供应商的竞争，分散用户的注意力，平台企业通过提供个性化的产品或服务使自身显著区别于其他平台，满足长尾群体的需求，增强用户注意力的黏着力。

在大数据技术日益成熟的情况下，大数据精准营销成为平台挖掘潜在注意力、增强注意力黏性的有效策略。在"大数据"技术的支持下，技术产权交易平台通过大数据运算分析产权技术交易的企业信息，并为定制符合企业要求的技术产品。

平台企业为用户创造价值不仅体现在为其提供产品或服务，还体现在其平台架构能够降低用户的搜寻成本，帮助用户寻找到更满意更有效的产品或服务。技术产权平台通过设计、提炼、汇总有关产品及应用程序的评价，并向用户公开相关信息，一键解决科技型中小企业的需求，从而锁定其长久注意力。

平台企业为了突破地理、空间上的界限，需要通过其支持层提供的 APP 软件连接多方用户群体。在其他条件相同的情况下，用户更偏好容易使用的平台，因此，技术产权交易平台接口的优化就显得尤为重要。为了提高接口质量，一方面，技术产权交易平台需要重视企业的需求、搜集企业的意见，确定企业加入平台存在哪些困难；另一方面，技术产权交易平台需要重视应用程序开发人员针对企业需求的接口改进工作，通过优化平台的开发环境，提升平台接口的优化、创新速度。

2）临界规模突破

平台在达到临界规模前，其增长是不稳定的，只有突破临界规模后，网络交叉外部性才会使得平台增长成为内生的，自我实现的，甚至是无法阻挡的（Evans and Schmalensee, 2010）。根据网络效应特征、平台形成机制以及用户的影响力有以下四种临界规模突破策略选择。

（1）常规曲折向前策略

选择这一策略的平台企业本身不进行产品销售，只是作为多边群体的连接。平台往往采取免费甚至补贴的方式吸引早期用户的加入，随着网络效应的激发开始获得平台利润。

（2）两步走策略

采用这一策略的平台企业，其一边的用户对另一边用户存在较强的交叉网络外部性，平台需要采用免费的方式在那一边招募到足够数量的参与者，然后再去平台的另一边招募用户群体。

（3）大买家策略

当平台用户在一边甚至多边存在个人影响力的时候，其不仅能够提高所在平台对于潜在用户的价值，而且能够为平台吸引大量新的用户。因此，平台企业在创立初期可以通过实施大买家策略迅速获取足量的多边用户数量。

（4）自主供给的曲折向前策略

平台企业可以自行充当平台某一边的经济主体，至少在早期启动阶段，通过自身良好的信誉吸引多边群体的关注和加入。

产权技术交易平台双边用户的需求弹性以及交叉网络外部性几乎是相等的，

并且我国科技型中小企业市场中也不存在平台用户在一边甚至多边存在个人影响力的情况。因此，本文认为技术产权交易平台在临界规模突破中可以采用常规曲折向前策略或者自主供给的曲折向前策略，其中采用策略一时平台可以通过免费的策略吸引技术供给者和需求者进入市场，采用策略四时平台可以先自行购买一些具有发展前景的技术产权，吸引买方企业进入，再通过网络外部效应吸引更多的技术盈余企业进入。

3）竞争优势获取

技术产权交易平台在完成基础用户沉淀、网络效应激发、身份锁定之后，已经完成了平台竞争的主导框架。平台要想获得竞争优势，需要增加平台的创新流入，减少平台的创新流出（被竞争对手复制），使平台创新流入的速度大于流出的速度（Tiwana，2014），保持一定的具有竞争优势资源。

（1）模块化创新，降低竞争对手的替代威胁

为了满足消费者的个性化需求，技术产权交易平台必须自己储备技术人才，根据各个公司的具体需求设计出符合它们要求的知识产权，或者修改技术盈余公司出售的知识产权以满足消费者的需求。

（2）形成专属价值，降低竞争对手的模仿威胁

为了控制创新流出给平台造成的成本，平台需要形成专属价值。这种基于维持企业存在和发展的基础作用力，以品牌、文化为载体而形成的平台专属价值，存在形式稳定，变化可控，难以被竞争对手复制。平台可以通过积累的大量数据和技术人才以及平台的界面规则，借助技术和商业模式创新，实现平台升级，创造专属价值。

（3）形成开放式创新生态系统，创造更多的创新流

成型期的技术产权交易平台面临内部资源创新增速放缓，外部资源创新带来的竞争压力变大的境况。同时，互联网经济使得平台之间的资源竞争从物质资源上升到知识资源。技术产权交易平台应当克服知识流动、共享障碍，通过对高新技术人才的租赁和共享，实现企业之间的互动与合作。同时，利用互联网技术，突破物理时空约束向外无限拓展，实现实体与虚拟空间的互联互通，进行无边界发展。随着平台无边界的发展，平台与系统内的科技型中小企业逐渐融合，平台管理超越水平边界和垂直边界，在"共赢"的理念下，人才、技术、信息、资金不仅能够在企业内自由流动，还能在系统内自由流动，平台通过充分调动内部和外部资源，增强内外部的合作关系，灵活地反应市场需求，创造更多的创新流。

4）平台监管

技术产权由于具备一些一般资产不具备的特征，所以它们的交易平台更加需要被监管。这是因为：①技术产权比大多数其他商品更难以定价。它们缺乏"可比较性"，更重要的是，许多现在的专利价值都具有很强的互补性和专利效应，导

致单个专利的价值大打折扣。②技术产权市场双方搜寻成本太高,在本文中提到的理想中的技术产权交易平台,目前在上海曾经有过雏形,但是由于交易过少,在 2012 年停止运营了,这从侧面证明了技术产权市场流动性较差,双方搜寻成本高。③技术产权交易总是笼罩在诉讼阴影之下,例如,2012 年 9 月,三星对苹果公司官司的判决导致其损失了 10 亿美元。国外还因此出现了"专利巨魔"。由于这些特点,加上我国的国情,技术产权交易平台必须受到严格监管。

本文认为在平台监管方面需要落实:①自动采集,通过软件自动采集产权技术交易平台的交易信息数据。②统一监测,对于采集到的数据在监管平台上进行统计、分析、查询和各种交易信息的监测。③对于交易的技术产权,实物资产,人才租赁等信息进行集中再披露。

(侯赟慧)

参 考 文 献

陈威如,余卓轩. 2013. 平台战略:正在席卷全球的商业模式革命[M]. 北京:中信出版社.
华荷锋,祁保华. 2015. 科技型中小企业知识产权融资能力研究[J]. 财会通讯,(6):112-115.
荚鸳敏,吴之洪. 2002. 试述注意力经济. 唯实,(6):36-40.
居路琴. 2011. 科技型中小企业治理结构与绩效关系的实证研究——基于中小企业板上市公司经验数据[D]. 苏州:苏州大学.
李海舰,田跃新,李文杰. 2014. 互联网思维与传统企业再造[J]. 中国工业经济,(10):135-146.
梁杰,赵翀. 2009. 中小企业板块上市公司内部控制信息披露[J]. 商业经济,(14):66-69.
梁林,刘兵. 2015. 科技型中小企业如何在恰当时间获得匹配人才?——基于"聚集+培育"双轮驱动视角[J]. 科学学与科学技术管理,36(7):167-180.
刘江鹏. 2015. 企业成长的双元模型:平台增长及其内在机理[J]. 中国工业经济,(6):148-160.
刘尧飞. 2014. 科技型中小企业融资能力理论研究与实证分析. 南京邮电大学学报(社会科学版),16(2):34-41.
卢美月. 2006. 企业文化、企业培训与组织绩效关系研究[D]. 上海:复旦大学.
商开慧. 2016. 商业银行人力资源流失的原因与对策分析[J]. 中国市场,(1):67.
孙林杰. 2007. 科技型中小企业融资能力评价研究[J]. 科学学与科学技术管理,(5):146-150.
涂英. 2014. 中国中小企业人才流失的影响因素分析及对策研究[J]. 经济研究导刊,(28):185-187.
魏新,李伟. 2007. ERG 理论对人才流失的全面解析[J]. 商场现代化,(8):70-71.
肖章瑜. 2013. 内归因与员工工作绩效的关系[D]. 杭州:浙江理工大学.
徐晋,张祥建. 2006. 平台经济学初探[J]. 中国工业经济,(5):40-47.
徐万里,黄泽鹏,黄烨彤. 2013. 什么推动高科技企业高速成长——基于小米科技公司的案例分析[J]. 石河子大学学报(哲学社会科学版),(4):69-74.
晏向华,黄时斌. 2000. 企业减少人才流失的良方——注重员工心理健康[J]. 江西饲料,(3):32-34.
杨浩,刘佳伟. 2012. 中国企业国际化进程中人力资源管理的影响因素研究[J]. 中国管理科学,20(S2):664-669.
张涛,杨晨. 2007. 基于实物期权的知识产权价值评价体系研究[J]. 科学管理研究,(2):92-95+102.

张笑楠, 仲秋雁. 2011. 软件外包企业技术能力提升机理研究[J]. 管理科学, (6): 18-28.

周百灵. 2011. 浅议企业财务核心能力及其评价指标的构建[J]. 电子商务, (7): 49-51.

周宗安, 王显晖, 周沫. 2014. 科技型中小企业融资能力评价与创新研究——以山东省为例[J]. 经济与管理评论, (6): 89-98.

Coad A. 2010. Exploring the processes of firm growth: Evidence from a vector auto-regression[J]. Industrial and Corporate Change, 19 (6): 1677-1703.

Evans D S, Schmalensee R. 2010. Failure to launch: Critical mass in platform businesses[J]. Review of Network Economics, 9 (4): 1-28.

Ledwoch J, Franke J, Baldus S. et al. 2014. Impact of the learning curve on outcome after transcatheter mitral valve repair: Results from the German mitral valve registry[J]. Clinical Research in Cardiology, 103 (11): 930-937.

Moore J F. 1993. Predators and prey: A new ecoligy of competition[J]. Harvard Business Review, 71 (3): 75.

Nunnally J C. 1967. Psychometric Methods[M]. New York: McGraw Hill.

Prashantham S, Dhanaraj C. 2010. The dynamic influence of social capital on the international growth of new ventures[J]. Journal of Management Studies, 47 (6): 967-994.

Quinn R P, MangioneT W. 1973. Evaluating weighted models of measuring job satisfaction: A cinderella story[J]. Organizational Behavior and Human Performance, 10 (1): 1-23.

Rivette K G, Kline D. 2000. Rembrandts in the Attic: Unlocking the Hidden Value of Patents[M]. Cambridge: Harvard Business School Press.

Samson D. 2005. Intellectual property strategy and business strategy: Connections through innovation stratrgy[R]. Intellcetual Property Reasearch Institute of Australia Working Paper.

Tiwana A. 2014. Sepfarating signal from noise: Evaluating emerging technologies[J]. MIS Quarterly Executive, 13 (1): 45-61.

9 中小企业人力资源管理从业者职业发展与管理效能调查报告——以南京市为例

摘要: 中小企业的人才发展源于有效的组织人力资源管理,需要人力资源管理者提升专业理念和技能。本文调查针对两个层面的信息收集。一是在个体层面,包括中小企业人力资源管理者的人口特征、岗位胜任力、职业认同、职业高原、离职倾向等概念;二是在企业层面,包括企业所属行业、规模等基本信息、人力资源管理部门在组织中的角色单位与价值评价、企业紧缺人才需求、人力资源服务需求。本文调查报告提出当前中小企业的人力资源管理需要提升专业性、需要从企业发展战略的高度去发挥人力资源管理效能,从而完善组织中的人才管理。

关键词: 人力资源管理者;职业发展;人力资源管理效能;中小企业

9.1 引 言

资源是人类社会发展的基础,也是国民财富不断增长的源泉。在不同的生产力发展阶段,人们认识资源的重要性也不尽相同,"第一资源"是指那些与生产力水平最相适应的资源。工业革命之后,尤其是21世纪以来,生产力的跨越式进步,使得各种资源对经济增长的贡献率不断发生变化,"第一资源"也由此呈现出逐渐更替的动态过程。当今,人力资源是"第一资源"已经成为一种共识。

由于人的管理是一项复杂的管理,人力资源管理(human resources management, HRM)是一个复杂的系统工程,不同企业由于其自身文化不同,所建立起来的HRM机制也因企业自身文化的不同而具有独特性和适应性。加之HRM系统的建立和效果发挥往往都需要较长的时间,而我国企业又多数对HRM机制的建立缺乏应有的先见性和远见性,这就使得企业建立起的HRM机制不够健全和完善,且容易与其他企业相互模仿和复制,难以使企业自身能真正依靠人力资源优势建立起核心竞争力。因此,这就要求一个企业务必要利用和巩固自身的核心竞争优势——人才竞争优势,建立与其自身发展相适应的HRM机制,并不断提升其HRM的质量。

南京市作为快速发展中的新兴特大城市,将有一系列的经济发展举措,需要各类企业及时进行战略跟随、持续创新发展。这其中，HRM 部门也需要及时发挥积极作用，从人才引进、人才管理、人才培养的角度帮助企业提升人力资本的质量。但是，在实际的管理实践中，很多企业并没有把 HRM 部门定位为一个战略合作部门，HRM 部门过于关注具体的事务性操作，在功能方面及角色的扮演上还停留在原先的人事工作状态。相应地，HRM 从业者的专业素养和管理效能也有待提高。因此，对企业 HRM 职业发展与管理效能展开调查分析，做好企业的 HRM 质量评价工作，并对提升 HRM 管理效能提出合理建议，是非常必要的，这与 HRM 贯穿于企业的科研、生产、服务的全过程是分不开的。

9.2 文献综述

9.2.1 HRM 胜任力模型

胜任力是一系列能够使工作成功、非显性的个人特征，这些特征直接影响个人行为方式和表现，能将某一工作中的卓越成就者与普通者区分开来，是绩优者所具备的知识、技能、能力和特质。也就是说，个人的优秀程度和能力都与胜任力密不可分，而胜任力与组织绩效又紧密相关，能够为组织提升核心竞争力并创造价值。

美国管理学者 Dave Ulrich 致力于 HRM 胜任力的研究和开发，于 1987~2012 年间进行了 6 次大规模的调研（调研样本包括咨询顾问、HRM 经理、一线管理者等），参与人次逾 5 万以上，不断总结并完善 HRM 胜任力模型，其研究成果得到了学者和人力资源管理者的广泛认同。Ulrich 于 2012 年提出的 HRM 胜任力模型包含六个方面的胜任力维度，并界定了这些胜任力维度对于个体职业效能和企业业务成功的影响程度（表 1）。本文依据这个模型进行调研。

表 1　HRM 胜任力分析模型（Ulrich et al., 2013）

胜任力维度	意义解释	对个人效能影响度	对业务成功影响度
战略参与者	熟悉商业环境，可以将社会发展趋势转化为对公司业务的启示，参与战略目标和年度经营计划制定	22%	14%
可信赖的活动家	职业诚信度高，并具有高效的人际交往能力，善于与利益相关者打交道，能提供专业性的深度意见	17%	15%
组织能力构建者	组织能力包括创新、速度、以客户为中心、效率与明确工作的意义和目的等能力，HRM 能帮助企业的管理者提升这些能力，并进而提升组织的整体能力	16%	18%

续表

胜任力维度	意义解释	对个人效能影响度	对业务成功影响度
变革助推者	能帮助企业高层发起管理变革,并能克服各种抵制,为变革获取需要的资源,包括时间、人员、资金和信息	16%	16%
HRM 创新与整合者	能确保 HRM 实践、流程和步骤根据组织能力的要求进行调整和创新,进而对企业经营成果产生有效影响	17%	19%
信息技术支持者	善于将信息技术应用到 HRM 的基础工作中,包括 HRM 信息系统和社交网络	12%	18%

9.2.2 职业认同

职业认同是指从业者对所从事职业积极的正面评价,显示了个人自我认同中职业角色的重要性。围绕职业认同概念,学者有着多元化的观点。国外学者对于职业认同早有研究。Moore 和 Hofman（1988）认为职业认同意味着从业者能够多深入地察觉自身职业的重要性,强调了从业者自身对职业这一社会角色能够表现出多少认同感。Meyer 等（1993）定义职业认同为"个体对他所从事的工作的积极评价,并且表示自身所从事的工作对于自我定义而言有着重要性"。

国内学者也对于职业认同进行了了解探究。魏淑华（2005）对教师这一群体进行了研究,认为职业认同是一种"过程",也同样可以理解为一种"状态"。"过程"是说,职业认同是从业者自身通过在工作中的经验累积,对于自身所扮演的职业身份的理解产生了更加深入的变化;"状态"是说职业认同是从业者自身对所从事的职业已经达到了多高的认同。丁洁（2009）认为"状态"是指职业认同是从业者对自己的"职业角色特征"的认同状态,通过从业者的自我审视和改良逐步提升,对于其职业提升起到了积极的作用。

9.2.3 职业高原

早在 1997 年,Ference 等（1977）就描述了他认为的职业高原的概念。他认为,职业高原是指特定的时间段,员工职业发展处在这段时间时,他们所渴望得到的职位晋升机会十分渺茫。Feldman 和 Weitz（1988）则认为,Ference 提出的职业高原概念是有一个不得不加入考量的前提的,那就是员工所在工作岗位的结构层级水平与他个人的工作职责在一定程度上是相匹配的,然而社会中大多数企业内部常常不是这样,例如,员工工作岗位的结构层级没变但他所承担的工作责任却变大,或者说,员工个人的岗位层级得到了提升但他所应该承担的工作责任却没有因此增加。所以，Feldman 认为职业高原的定义如下：职业高原是一个有两种低可能的职业生涯阶段，即需要负担更重工作职责的可能和在工作中面临更难挑战的可能。Veiga（1981）认为职业高原是员工的这样一种工作状态，在这种状态里员工往往对工作感到没有激情，缺乏发展信心。自此，职业高原的定义大多从升职、调动和责任等几个方面切入并逐渐发展，概念的内涵也从更加丰富多元化。而造成职业高原的原因也大多如 Tremblay（2004）所认为的那样，从组织、个人、家庭三种因素展开。

在西方学者们所探讨的观点基础上，国内研究人员结合了国内企业人员的特点，对职业高原也进行了进一步的研究。翟金芝（2015）认为，用岗位流动、工作扩充等比较单一的切入点来解释职业高原是比较狭隘的，解释职业高原必须从宽泛的角度出发，她认为职业高原是个体在目前所在公司中职业发展停步不前所陷入的平台期，并且职业高原出现的原因主要有个人主客观原因、家庭支持、社会环境和组织结构的影响。何韶许和袁菁（2016）认为职业高原的概念有主客观之分是因为定义者的立足点不同，他们认为职业高原是个人由于主观晋升、责任意识、知识技能与客观现实的升职条件、组织层级结构等因素的不对等所造成的流于现状、无法晋升的状态。而李沫（2013）则强调人的主观感受，认为人力资源管理者的职业高原是指他们是否认为自己的职业生涯发展处于平台期的主观感受。同时，在越来越多的员工发现自己在组织内垂直晋升的可能性减小的情况下，员工对自己职业生涯发展处于平台期的自我感知成为出现职业高原现象的主要动力。

综合以往学者的观点，本文认为职业高原是指被赋予更多责任的概率变得微乎其微，其中包括四个维度，即结构高原、内容高原、中心化高原和动机高原。结构高原是指难以在目前所从事的工作组织结构中得到有效的职位或职级的调动。内容高原是指在当前从事的工作中学习到新知识和新技能的可能性不大，甚至没有这样的机会。中心化高原是员工在目前的职位上向组织的中心层级晋升的机会十分渺茫，难以获得承担重要工作的机会。动机高原即员工处于职业生涯发展的停滞阶段，其原因是自身不愿意接受更多的工作任务和更大的挑战。

9.2.4 离职倾向

离职倾向是指企业中个体在工作中感受到不满足时，萌生出要离开当前组织的想法。作为现实情况下离开组织前的最后一步，它成为预见员工是否离开组织行为最好的变量。早期学者们关注的重点在于利用本土数据来验证国外离职倾向的相关模型在我国企业或组织中的适用性，后来则转为关注具体特定群体的离职倾向差异。

罗文怡（2016）认为国内外学术界对离职倾向概念的研究已经比较成熟，对离职倾向概念的界定也形成了较为统一的定论，即离职倾向是个体员工进入并在企业组织中工作很久后，想要离开企业的状态。黄蓉和王刚（2017）提到在组织行为学中也有对离职倾向的描述，他们对离职倾向是这么定义的，离职倾向是指个体想离开当前企业或目前所从事工作的心理倾向，是个体对于工作感到不满、寻找其他工作的倾向、外部存在工作机会等各种可能性的集合。徐自强（2016）提到，离职倾向是员工离开组织的想法以及去寻找其他工作的意向和能够找到其他更好的工作的机会，预示着员工可能留在或是离开企业的主观感受，离职倾向实际上可以有效预示离职行为，它和离职行为是紧密联系着的。而胡溢烨（2015）提出离职倾向更强调一种心理状态的倾斜，与离职行为之间有一定空白，也不必然导致员工离职的结果。和研究离职行为比较，对离职倾向进行研究更加符合现实要求。

在离职倾向的影响因素方面，倪渊（2017）认为当代企业职工离职倾向的形成是由于两方因素的影响：一是员工个体自身的人格特质因素；二是其他外部因素，如工作设置、组织支持等。员工人格特质与企业外部环境互相影响，致使员工产生了离职倾向。韩红蕾（2016）认为企业职业管理人的离职倾向主要由发展机会、外部环境、工作情况、薪酬水平来影响，这其中影响最大的是发展机会，接下来依次是外部环境、工作情况和薪酬水平。因此，企业在改善企业职业管理人离职倾向的方法上，重中之重是以开拓他们在当前企业中的发展空间、增强工作满意度、改善企业环境及促进薪酬的公平性等方式来达到目的。

综合前人研究，本文认为：离职倾向是指个体在当前企业中工作很久后，在理智思考的前提下，最后决定离开企业的意向，离职倾向通常可以对个体的离职行为进行预测。包括两个子维度：①离开职业的倾向，即不再从事 HRM 职业；②离开组织的倾向，即切换工作平台，依旧从事 HRM 工作。

9.2.5　HRM 角色

角色反应是指具体行为方式在具体岗位上的特定体现。Scott 等（1972）提出的角色理论认为角色只涉及具体职务；角色是对一定岗位的预期；角色源于外部的期望。王养成（2006）认为人力资源在企业所扮演的主要角色，为人事管理专家、建议与帮助者、企业文化变革的推动者及战略支持者。

Ulrich 和 Beatty（2002）提出关于企业 HRM 的"四大职能"理论认为，现代 HRM 的职能有四种：战略 HRM 职能、输出服务职能、企业职工管理职能、改革与转型职能。与上述各个职能对应的是"四大角色"，即组织战略伙伴、HRM 管理专家、企业员工激励者和变革推动者。其中组织战略伙伴是参与制定企业战略，并确保人力资源战略得以有效的实施；HRM 专家需要进行各种 HRM 制度和政策的设计和执行，并承担相应的职能管理活动；员工激励者需构建员工与企业之间的心理契约，通过各种手段激励员工，使他们更加积极主动工作；变革推动者需积极推动组织各项变革，并能带动员工参与。本文将采用 Ulrich 教授对 HRM 的职能与角色的划分，对企业人力资源进行管理效能分析。

9.3 研究设计

本文从 6 个维度出发设计研究量表，分别是个人信息、所在公司信息、HRM 胜任力、职业满意度、HRM 培训需求、企业对 HRM 服务业的需求，具体见表 2。

表 2 研究设计维度

序号	一级维度	二级维度
1	个人信息	性别、年龄、学历、教育学科背景、工作年限、从事 HRM 工作年限、职位层级、年薪、工作地域、跳槽经历
		负责的 HRM 功能模块
		三类 HRM 活动的时间占比：战略性活动、职能型活动、行政事务性活动
2	所在公司信息	公司性质
		企业规模
		所属产业
		HRM 部门规模
3	HRM 胜任力	HRM 整体功能在组织中的价值，Ulrich 四个维度：战略参与、员工激励、业务专家、变革推进
		HRM 个体胜任力，Ulrich 6 个 HRM 胜任力维度：战略参与者、可信赖的活动家、组织能力构建者、变革助推者、HRM 创新与整合者、信息技术支持者
4	职业满意度	职业认同
		离职倾向（切换职能，离开 HRM）
		离职倾向（切换 HRM 平台）
		职业高原，在现在公司的 HRM 职业发展瓶颈
5	HRM 培训需求	自身职业能力成长需要的知识类型
		喜欢的学习培训方式
6	企业对 HRM 服务业的需求	企业目前紧缺人才
		企业对外部人力资源服务的需求类型
		企业对外部人力资源服务的获取渠道
		不选择外部人力资源服务的原因

9.4 数据分析

9.4.1 样本特征

1）样本特征

此次调查于 2016 年 6 月 25 日在南京"创新·系统·落地——HRM 江湖十一周年庆典暨 HRM 精英汇高峰论坛"会议上进行，共获得有效样本 206 份。样本统计结果显示：从事 HRM 工作的以女性居多，为男性从业者三倍以上，女性已成为 HRM 行业的主力军；从事 HRM 工作年限 5 年以下总占比 61.65%，这个群体的职业发展愿望强烈；从事 HRM 工作年限 16~20 年的样本较少，这个时间段的从业者多从人事管理或者行政管理转向过来，采集到的样本较少（表 3）。

表 3 人口特征

人口特征	选项	小计	比例
性别	男	44	21.36%
	女	162	78.64%
从事 HRM 相关工作年限	2 年以下	49	23.79%
	3~5 年	78	37.86%
	6~10 年	53	25.73%
	11~15 年	23	11.17%
	16~20 年	3	1.46%
地域	苏南	197	95.63%
	苏北	4	1.94%
	上海	2	0.97%
	浙江	2	0.97%
	北京	1	0.49%
小计		206	100.00%

95.63%的样本来自南京及周边地区，故此报告的分析内容基本上反映了南京及周边地区的 HRM 发展状况。

2）样本描述：年龄

26~35 岁为 HRM 从业人员的主要年龄段，总占比 73.31%（图 1）。

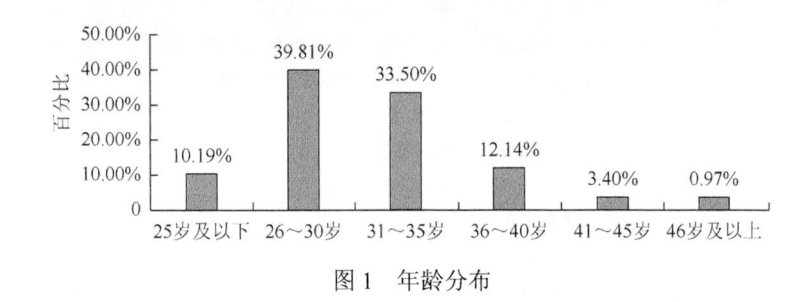

9 中小企业人力资源管理从业者职业发展与管理效能调查报告——以南京市为例

图 1 年龄分布

3）样本描述：学历、岗位层级

本科生是 HRM 从业人员的主要学历水平（图 2）。

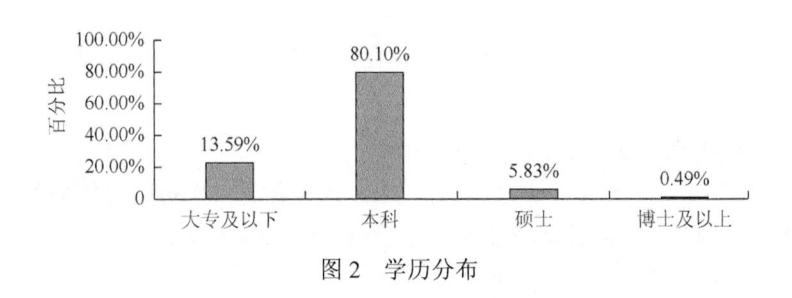

图 2 学历分布

基层与中层 HRM 从业人员总占比 68.93%，这两个层级也是最乐于参加各类学习和交流活动的（图 3）。

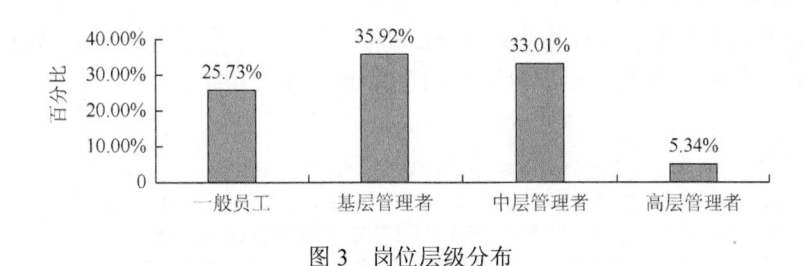

图 3 岗位层级分布

4）样本描述：学科背景

人力资源专业在国内高校已发展了十余年，高校已经培养和向社会输送了许多 HRM 专业的人才，南京作为经济发达地区，HRM 的专业化特征逐步凸显。经管类相关专业易转向 HRM 工作。同时，从专业技术类工作转向 HRM 工作也是职业发展路径之一（图 4）。

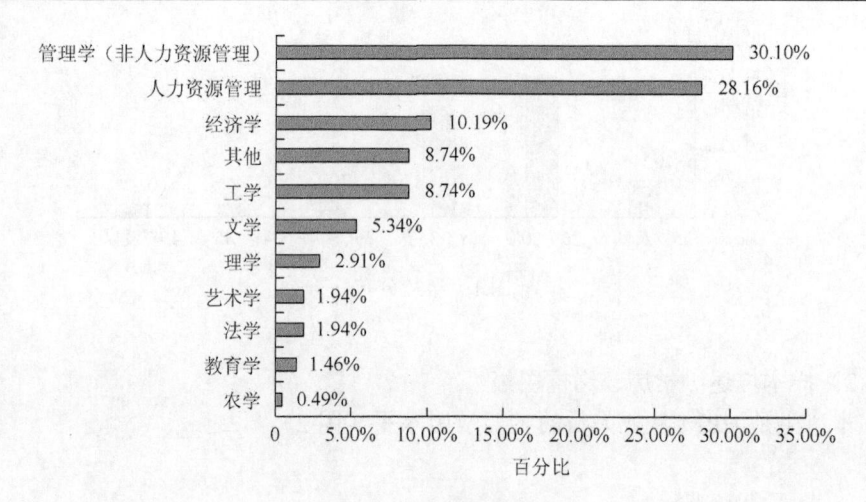

管理学（非人力资源管理） 30.10%
人力资源管理 28.16%
经济学 10.19%
其他 8.74%
工学 8.74%
文学 5.34%
理学 2.91%
艺术学 1.94%
法学 1.94%
教育学 1.46%
农学 0.49%

图 4　学科背景分布

5）样本描述：公司性质、产业分布

在公司性质上，民营企业占比 61.65%，国企占比 20.39%，中外合资企业占比 9.71%，外商独资企业占比 7.28%，政府或事业单位占比 0.97%。江苏省民营企业多集中在苏南地区，HRM 从业机会较多。

在产业分布上，第一产业占比 3.40%，第二产业占比 21.84%，第三产业（包括人力资源服务业）占比 74.76%。第三产业迅速发展，交通、住宿餐饮、软件和信息技术服务等产业发展壮大，需要的 HRM 从业者也越来越多。

6）样本描述：企业规模

500 人以下的中小型公司总占比 61.78%，由此可见中小企业目前已经成为南京地区经济发展和社会稳定不可缺少的重要组成部分（图 5）。

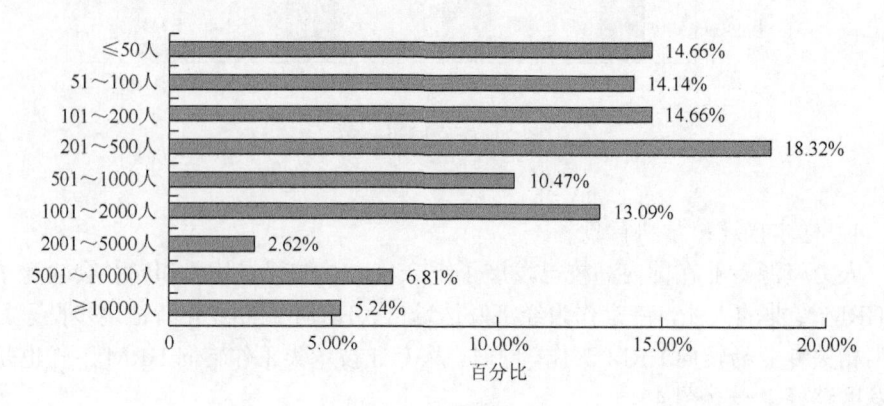

≤50人 14.66%
51～100人 14.14%
101～200人 14.66%
201～500人 18.32%
501～1000人 10.47%
1001～2000人 13.09%
2001～5000人 2.62%
5001～10000人 6.81%
≥10000人 5.24%

图 5　企业规模分布

9.4.2 HRM 职业发展状况分析

1）岗位层级

（1）岗位层级与性别

随着岗位层级的增高，女性比例较男性比例下降。但是，在统计学意义上，男性与女性在岗位层级分布上并无显著差异，即并不存在性别优势（图6）。

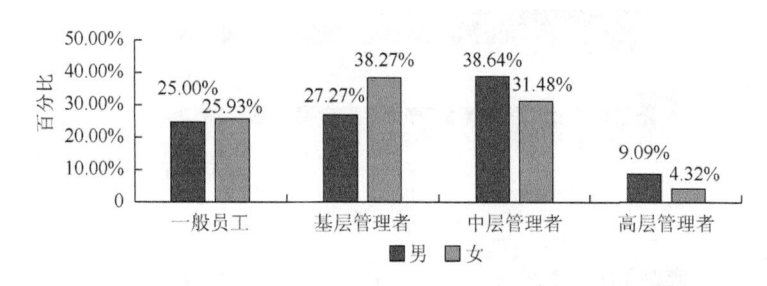

图 6　不同岗位层级上的性别分布

（2）岗位层级与学历

硕士在基层管理者岗位上的比例最高，博士仅出现在高层岗位。但是，学历在岗位层级上并无统计学意义上的显著差异，即并不存在学历优势（图7）。

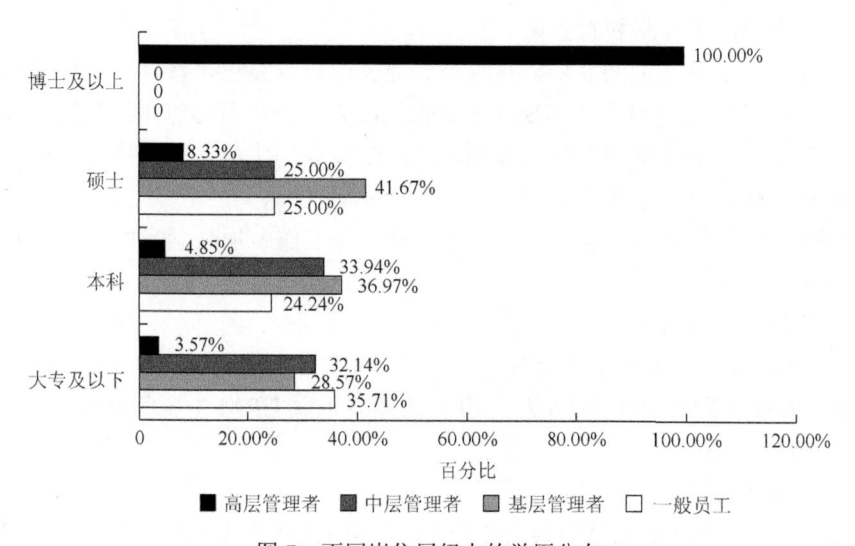

图 7　不同岗位层级上的学历分布

（3）岗位层级与 HRM 工作年限

这里的 HRM 工作年限是指从事与 HRM 相关工作的时间。不同岗位层级上，HRM 工作年限有统计学意义上的显著差异，随着年限增加，岗位层级也增加，意味着 HRM 工作是非常依赖于时间和经验积累的（图8）。

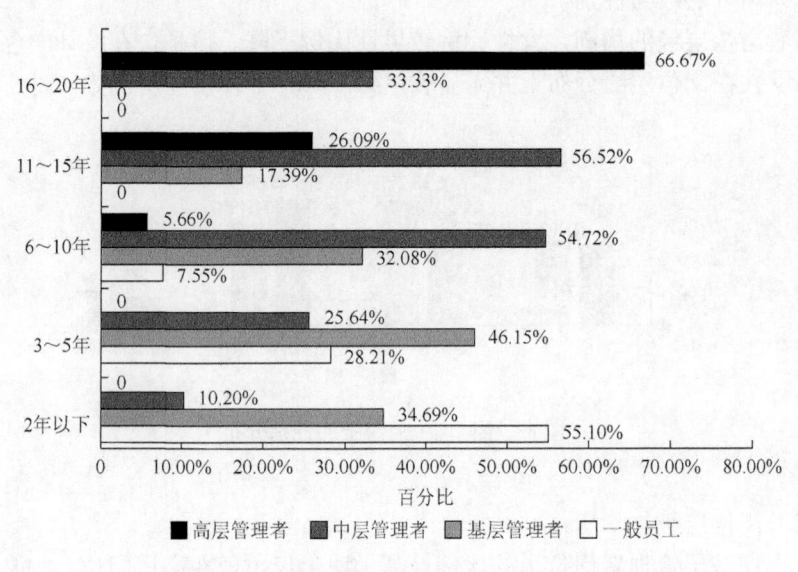

图8　不同岗位层级上的 HRM 工作年限分布

（4）岗位层级与学科背景

存在统计学意义上的差异，有三个专业表现较为突出，教育学、法学和经济学在中高层岗位上比例较多。教育学专业的优势在于对人心理和行为的把握，法律专业的优势在于企业用工风险控制，经济学专业的优势在于对行业发展、企业发展战略及社会经济态势的认识。

HRM 专业本身的竞争优势不明显，需要在工作中加强学习以上专业的知识（图9）。

2）HRM 薪酬水平

（1）HRM 薪酬水平总体分布

从 HRM 薪酬水平上看，6万～20万为南京地区 HRM 主要薪酬水平，总占比为 66.99%（图10）。

（2）HRM 薪酬水平与性别

男性女性 HRM 的薪酬有显著差异，在年薪10万及以下，女性 HRM 比例高，在11万以上，男性 HRM 比例高于女性（图11）。

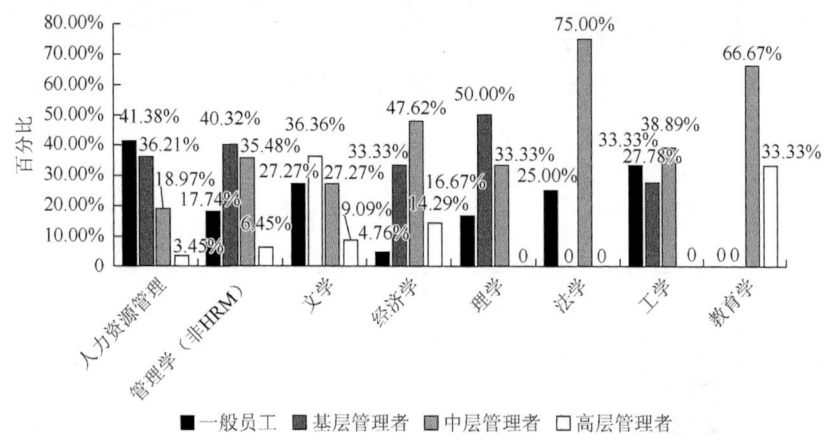

9 中小企业人力资源管理从业者职业发展与管理效能调查报告——以南京市为例 · 195 ·

图 9 不同岗位层级上的学科背景分布

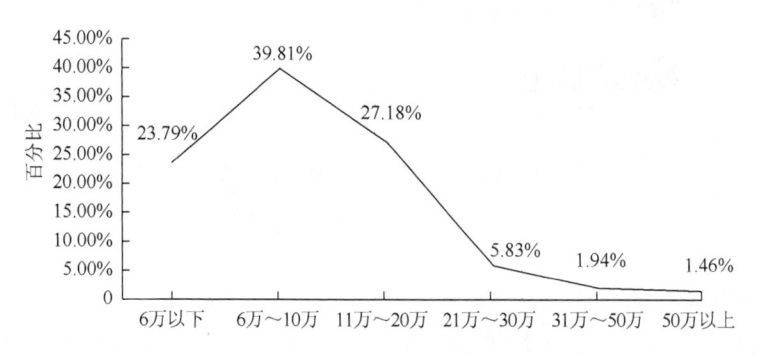

图 10 HRM 薪酬水平分布

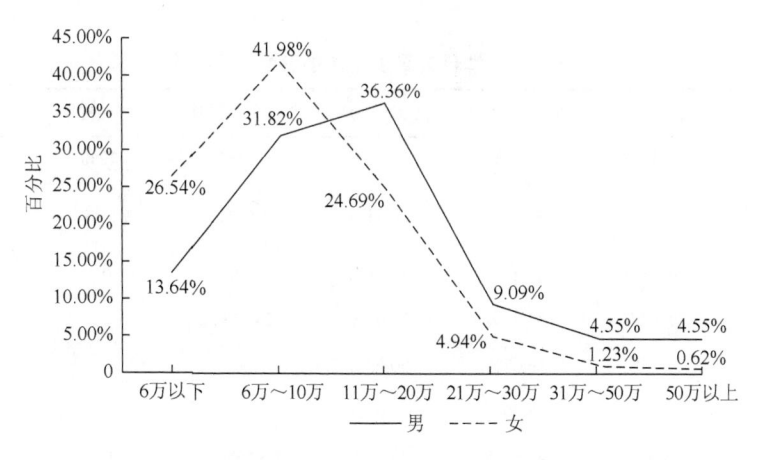

图 11 不同性别 HRM 的薪酬差异

（3）HRM 薪酬水平与学历

HRM 的薪酬随着学历的增加而显著增加。其中，本科相对于专科的增幅最小（图 12）。

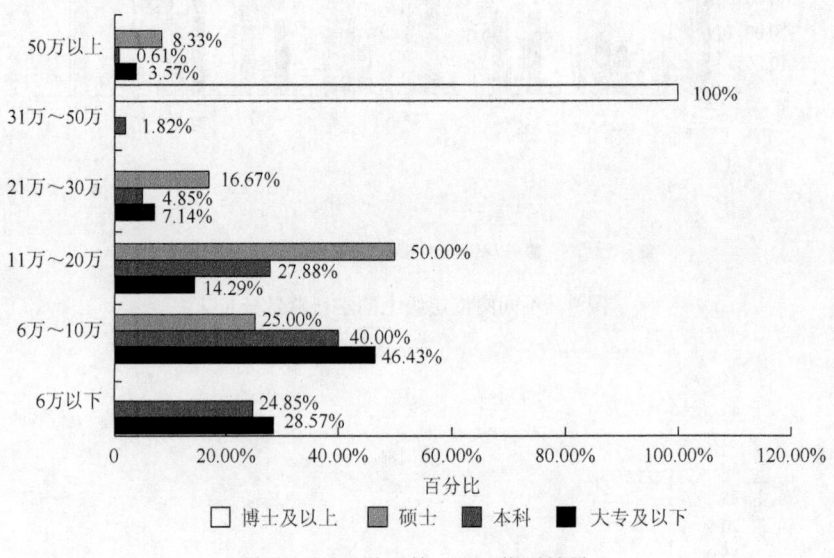

图 12　不同学历的 HRM 薪酬差异

（4）HRM 薪酬水平与学科背景

不同学科背景的 HRM 薪酬水平有显著差异，经济学背景整体薪酬水平最高，其次为教育学（表 4）。

表 4　不同学科背景 HRM 的薪酬水平差异

学科背景	6 万以下	6 万～10 万	11 万～20 万	21 万～30 万	31 万～50 万	50 万以上
HRM	43.10%	36.21%	15.52%	3.45%	1.72%	0
管理学（非HRM）	19.35%	35.48%	38.71%	1.61%	4.84%	0
文学	36.36%	27.27%	18.18%	18.18%	0	0
经济学	9.52%	33.33%	19.05%	23.81%	0	14.29%
理学	33.33%	16.67%	50.00%	0	0	0
法学	0	75.00%	25.00%	0	0	0
工学	16.67%	44.44%	33.33%	5.56%	0	0
教育学	0	33.33%	66.67%	0	0	0

9 中小企业人力资源管理从业者职业发展与管理效能调查报告——以南京市为例

（5）HRM薪酬水平与岗位层级、HRM工作年限

HRM的薪酬随着岗位的提升而显著增加。其中，从一般员工到基层管理者的增幅相对最小（图13）。

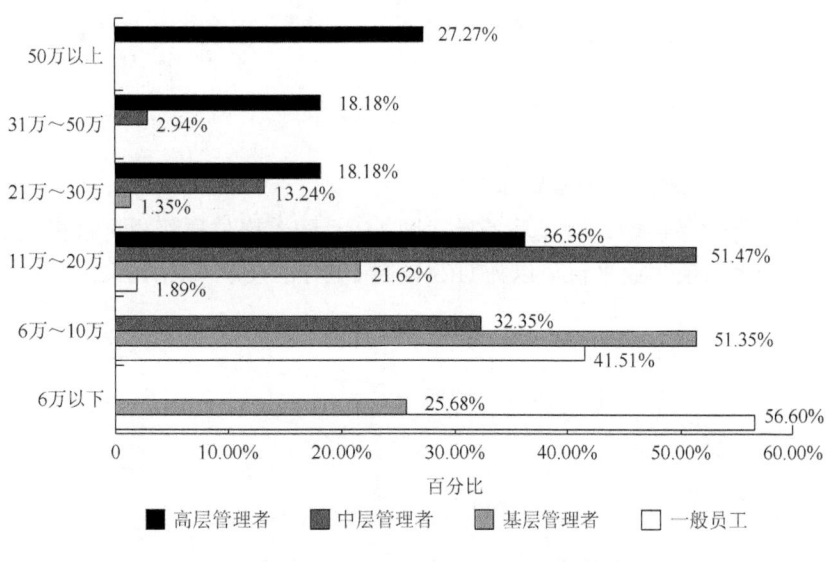

图13 不同岗位层级上的HRM薪酬差异

HRM的薪酬随着HRM工作年限的提升而显著增加（表5）。

表5 不同HRM工作年限的薪酬差异

薪酬	2年以下	3～5年	6～10年	11～15年	16～20年
6万以下	51.02%	26.92%	5.66%	0	0
6万～10万	36.73%	50.00%	35.85%	21.74%	33.33%
11万～20万	10.20%	17.95%	49.06%	47.83%	0
21万～30万	2.04%	5.13%	5.66%	17.39%	0
31万～50万	0	0	1.89%	8.70%	33.33%
50万以上	0	0	1.89%	4.35%	33.33%

3）HRM跳槽情况

（1）HRM跳槽情况

HRM跳槽较为普遍，1～3次跳槽总占比为71.85%（图14）。

图 14　跳槽次数

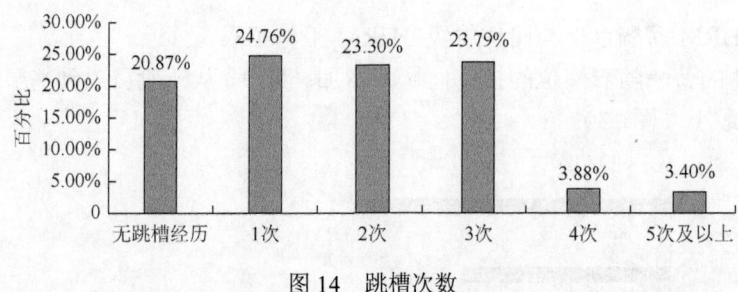

（2）HRM 跳槽情况的差异性分析

女性比男性易跳槽，有显著差异（图 15）。随着岗位层级提升跳槽次数显著增加，合理地切换职业平台可以为 HRM 带来更好的发展（图 16）。

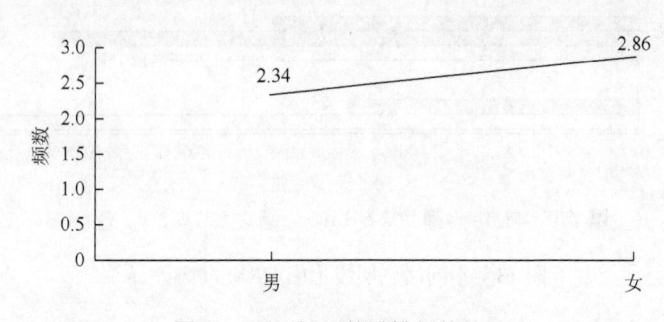

图 15　不同性别的跳槽频数差异

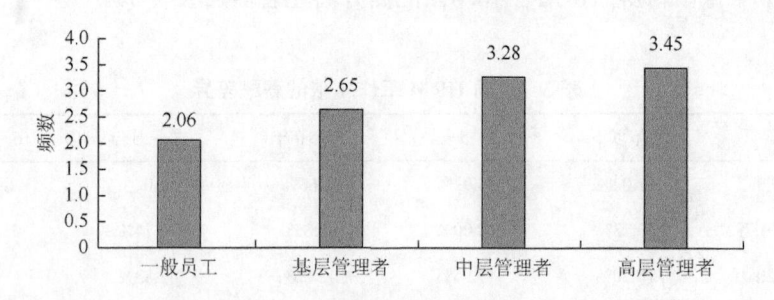

图 16　不同岗位层级 HRM 的跳槽频数差异

从专科到硕士，随着学历提升跳槽次数显著减少，博士学历 HRM 跳槽次数增加（图 17）。不同 HRM 工作年限跳槽次数有显著差异，11~15 年跳槽次数最多（图 18）。

（3）HRM 跳槽情况与薪酬水平

随着 HRM 跳槽次数的增加，薪水水平总体是上升趋势，但是其中有一些波动往复，不是单纯线性增加（表 6）。

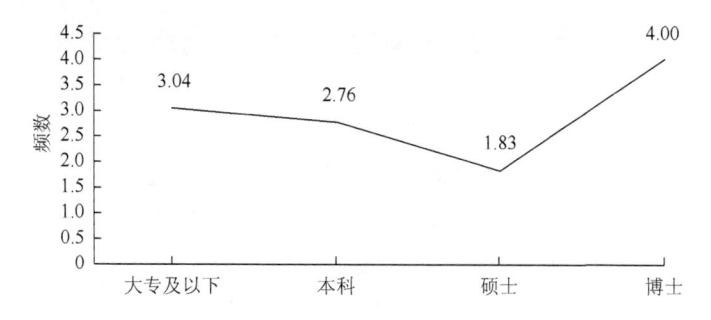

图 17　不同学历 HRM 的跳槽频数差异

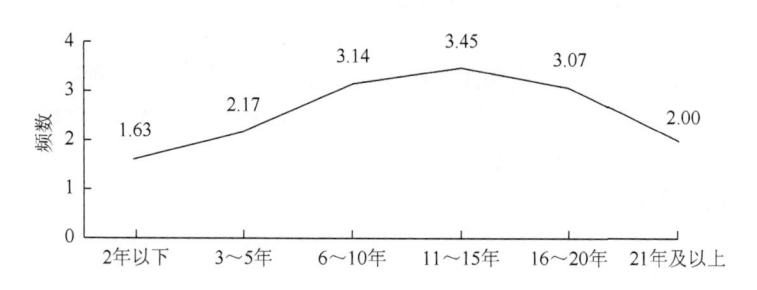

图 18　不同 HRM 工作年限的跳槽频数差异

表 6　HRM 跳槽频数与薪水水平的关系

薪酬	无跳槽经历	1 次	2 次	3 次	4 次	5 次及以上
6 万以下	37.21%	27.45%	22.92%	12.24%	12.50%	14.29%
6 万~10 万	39.53%	37.25%	45.83%	40.82%	37.50%	14.29%
11 万~20 万	16.28%	29.40%	27.08%	28.57%	50.00%	42.86%
21 万~30 万	6.98%	3.92%	4.17%	8.16%	0	14.29%
31 万~50 万	0	0	0	6.12%	0	14.29%
50 万以上	0	1.96%	0	4.08%	0	0

4）HRM 胜任力水平

（1）HRM 胜任力总体水平

本次调查所采用的量表为李克特 5 分制，最低分为 1 分，最高分为 5 分，分值越高，HRM 胜任力水平越高。HRM 胜任力整体均值为 3.49。HRM 胜任力最突出的维度是可信赖的活动家（4.03），最弱的是战略参与者（2.87）（图 19）。

（2）HRM 胜任力与学历

学历因素导致的 HRM 胜任力差异体现在组织能力构建这一维度上，其他 HRM 胜任力维度没有显著差异。组织能力包括创新、速度、以客户为中心、效

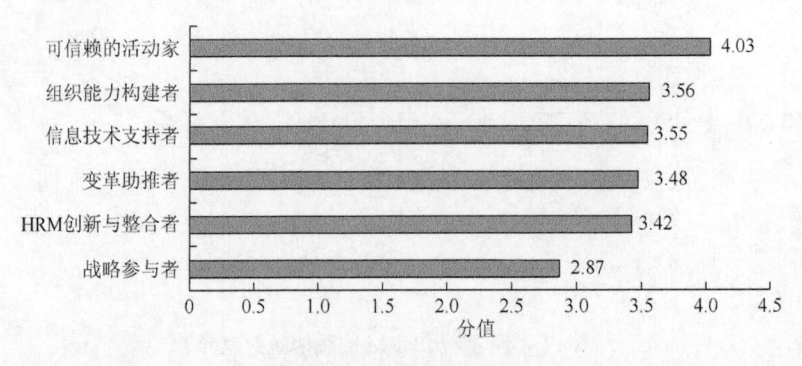

图 19 HRM 胜任力水平

率与明确工作的意义和目的等能力，HRM 能帮助企业的管理者提升这些能力，并进而提升组织的整体能力。从这一点上看，本科生具有较好的知识和实践能力的结合与平衡。而学历的进一步提升，包括硕士、博士，对 HRM 胜任力提升并无实际作用（图 20）。

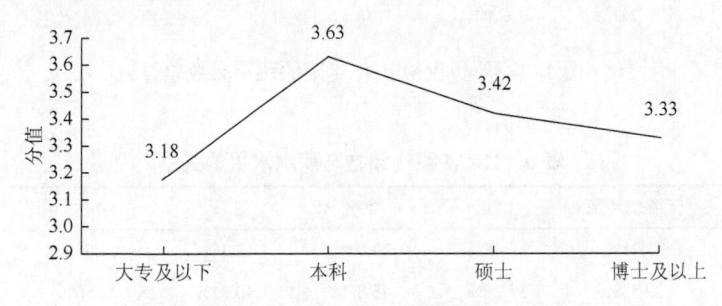

图 20 不同学历在组织能力构建维度上的差异

（3）HRM 胜任力与薪酬、HRM 工作年限

HRM 的薪酬水平和自身的 HRM 胜任力（包含 6 个维度）显著相关。50 万以上样本 HRM 胜任力下降，补充的解释原因可以包括年龄、学历、工作资历（图 21）。

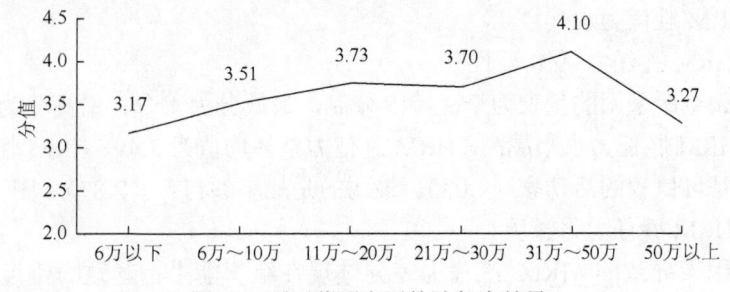

图 21 不同薪酬水平的胜任力差异

HRM 胜任力（包含 6 个维度）和 HRM 相关工作年限显著相关。16～20 年以上样本 HRM 胜任力下降，补充的解释原因可以包括年龄、学历（图 22）。

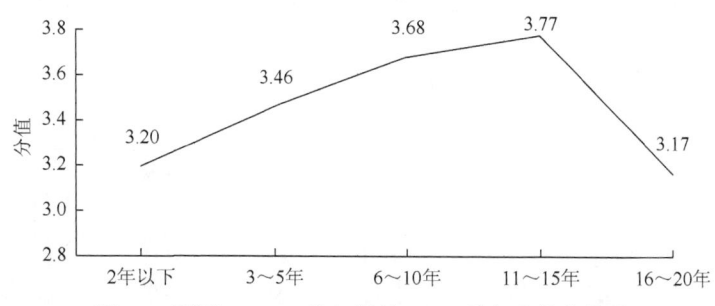

图 22　不同 HRM 工作年限的 HRM 胜任力均值差异

（4）HRM 胜任力与岗位层级

HRM 胜任力与岗位层级显著相关，随着岗位层级的提高，HRM 胜任力也逐步提高（图 23）。其中，差异较大的子维度有战略参与者、组织能力构建者、变革助推者、HRM 创新与整合者（图 24）。这意味着，在晋升的道路上，HRM 需要注重关注自己这些能力的提升。

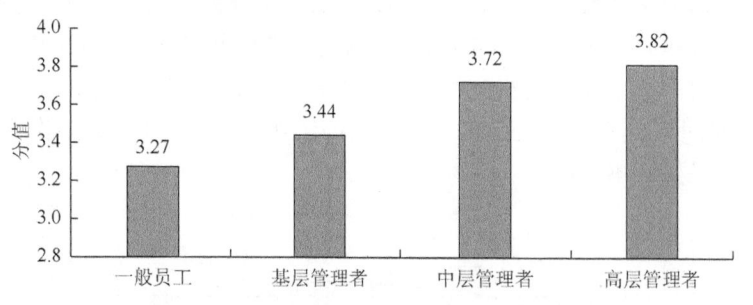

图 23　不同岗位层级的 HRM 胜任力差异

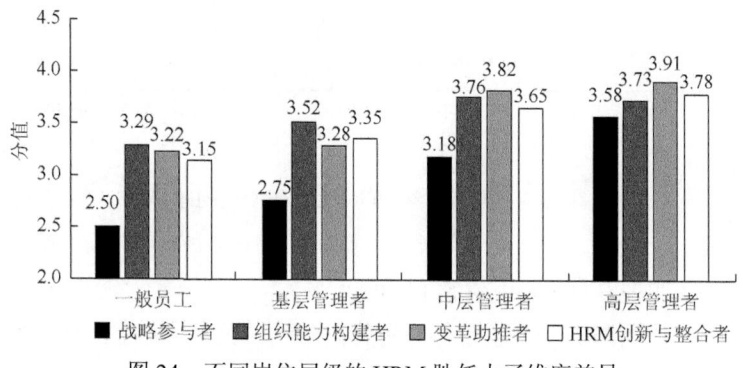

图 24　不同岗位层级的 HRM 胜任力子维度差异

(5) HRM 胜任力与跳槽频数

HRM 胜任力与跳槽次数呈现显著的相关关系，一次跳槽之后，跳槽次数越多，HRM 胜任力越高，并且表现最为显著的 HRM 胜任力维度是战略参与者和 HRM 创新与整合者（图25）。

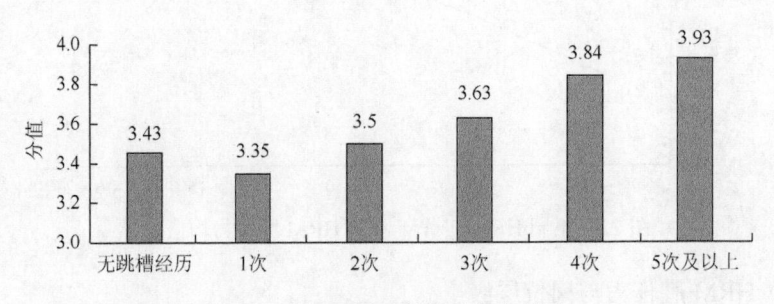

图 25 不同跳槽次数的胜任力差异

5) HRM 职业认同

（1）HRM 职业认同均值与工作年限

量表依旧为李克特 5 分制，1 分为最低分，5 分为最高分，分值越高，HRM 职业认同情况越好。这里的工作年限是指从事 HRM 相关工作的时间。HRM 职业认同是个体对所从事职业的肯定性评价，评定了个人自我认同中职业角色的重要性。HRM 职业认同总均值为 3.92，分值较高。其中，从事 HRM 工作 6~10 年职业认同情况最好（图26）。

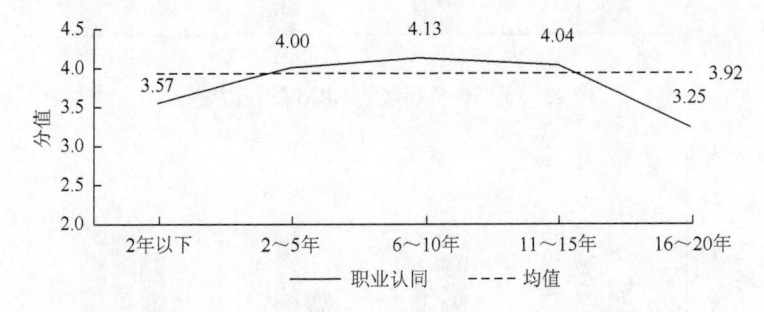

图 26 不同工作年限的 HRM 职业认同差异

（2）HRM 职业认同与 HRM 胜任力

HRM 职业认同与 HRM 胜任力为显著正向线性关系，随着 HRM 胜任力提升，HRM 职业认同度也提升（图27）。

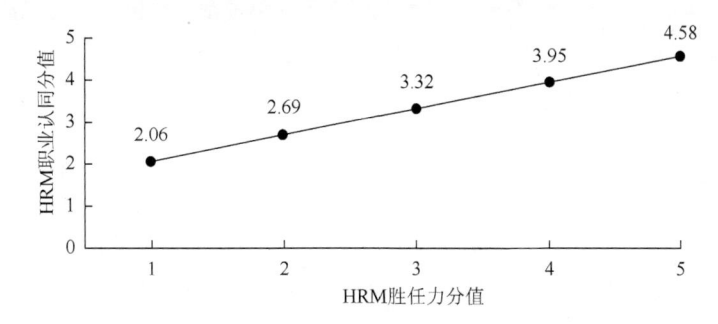

9 中小企业人力资源管理从业者职业发展与管理效能调查报告——以南京市为例 · 203 ·

图 27 HRM 职业认同与 HRM 胜任力的关系

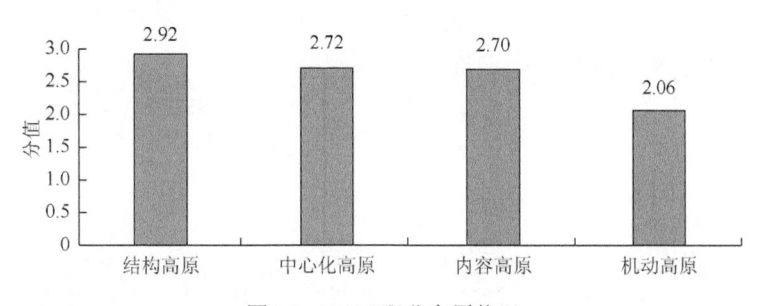

6）HRM 职业高原
（1）HRM 职业高原状况
问卷为李克特量表 5 分制，1～5 分，分值越高，HRM 职业高原现象越显著。相对而言，外部制约大于内部制约，HRM 有成长的动机，但会受到组织结构和岗位职责的限制（图 28）。

图 28 HRM 职业高原状况

（2）HRM 职业高原与岗位层级、年薪
随着岗位层级增加，年薪增加，中心化高原也显著性降低，即向组织核心层移动的可能性越大，越受组织的重视（图 29 和图 30）。

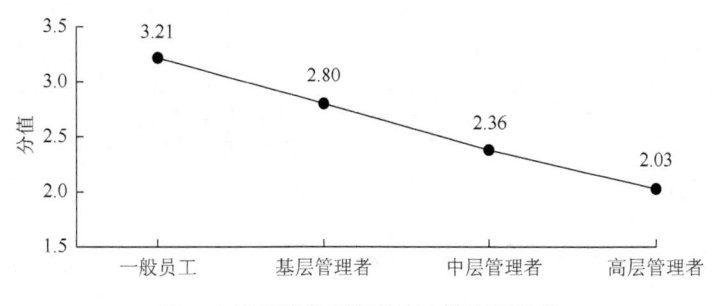

图 29 不同岗位层级的中心化高原差异

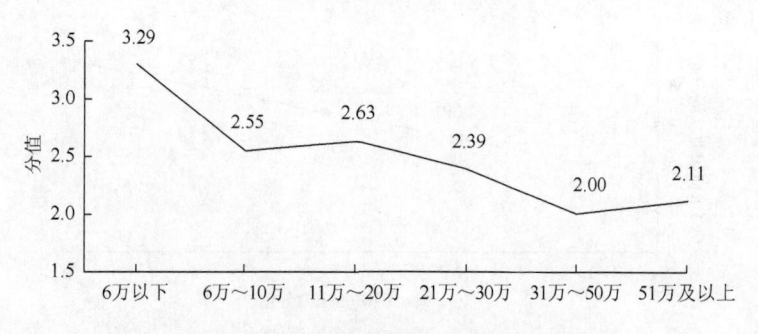

图 30 不同岗位年薪的中心化高原差异

（3）HRM 职业高原与 HRM 工作年限、岗位层级

中心化高原随着 HRM 工作年限的增长而显著降低，即工作年限增长，专业知识和经验积累，逐渐在组织中担任重要工作。HRM 工作年限增长，动机高原总体呈现下降趋势，职业发展主动性逐渐增加，11~15 年中间是一个波动（图 31）。

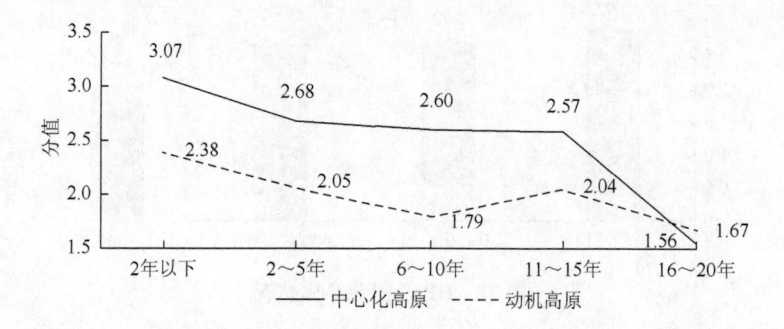

图 31 不同 HRM 工作年限的职业高原差异

随着跳槽次数增加，中心化高原呈现一定的下降趋势，即逐步向组织中心方向发展，但是其中的变化波动较大，需要慎重（图 32）。

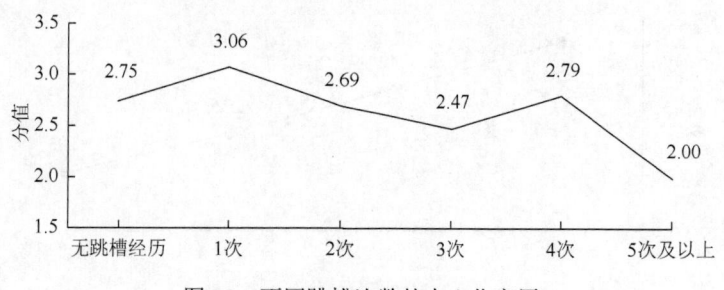

图 32 不同跳槽次数的中心化高原

（4）HRM 职业高原与 HRM 胜任力

HRM 职业高原（包括四个子维度）与 HRM 胜任力为显著负向线性关系，随着 HRM 胜任力提升，HRM 职业高原现象降低（图 33）。

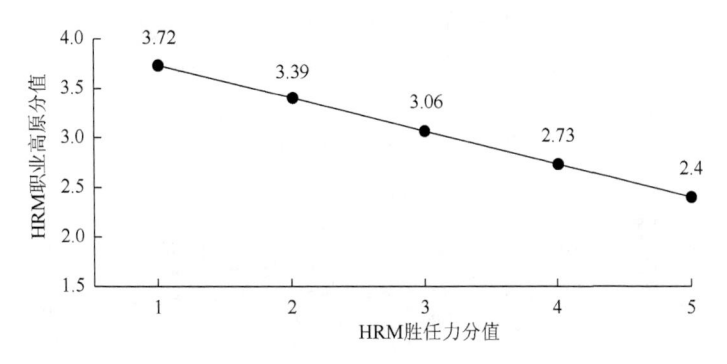

图 33　HRM 职业高原与 HRM 胜任力的关系

7）HRM 离职倾向

（1）HRM 离职倾向分析

量表为李克特 5 分制，分值越高，离职倾向越显著。本文调查两种离职倾向，一是离开职业，即不再从事 HRM。二是切换工作平台，依旧从事 HRM 工作。总体离职倾向不高，但是离开组织、切换 HRM 工作平台的意愿相对较高（图 34）。

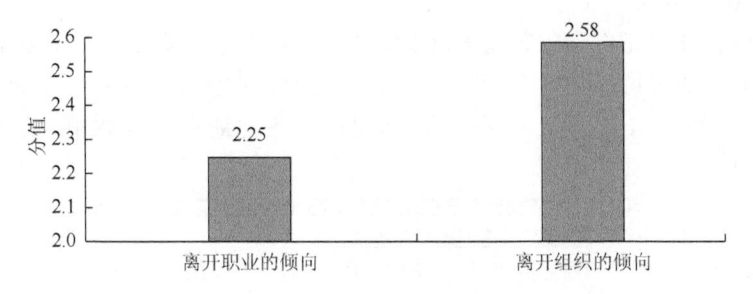

图 34　HRM 离职倾向

性别因素离开职业的倾向上有显著差异，男性高于女性，会更为乐意去寻找 HRM 之外的职业方式。年薪、工作年限、学历、学科背景等因素在离职倾向上皆没有显著差异（图 35）。

（2）HRM 离职倾向与 HRM 胜任力

HRM 离职倾向（包括离开职业和离开组织）与 HRM 胜任力为显著负向线性关系，随着 HRM 胜任力提升，HRM 离职倾向降低（图 36）。

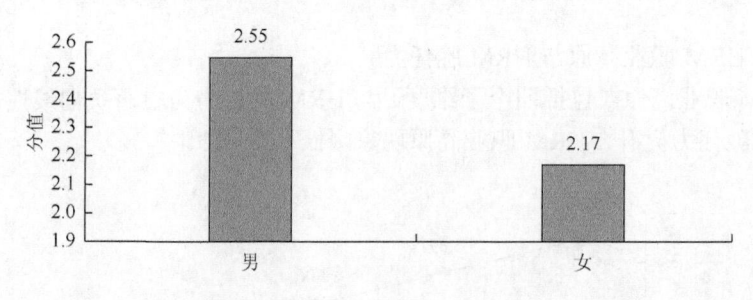

图 35 离开职业倾向的性别差异

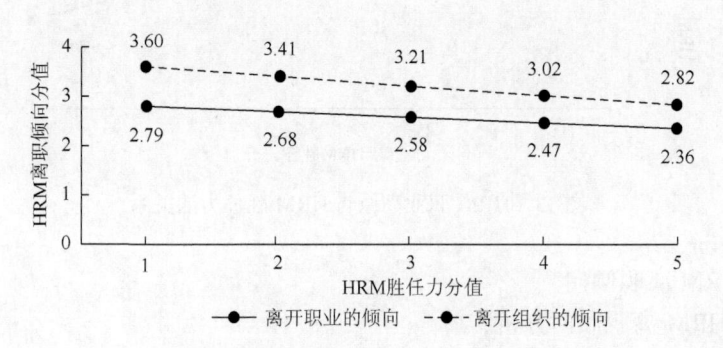

图 36 HRM 离职倾向与 HRM 胜任力的关系

9.4.3 HRM 管理效能分析

1) HRM 人员占比分析

HRM 占比是指在一家公司中,HRM 类员工数量和公司全部员工数量的比值。从小于 50 人的公司,到大于 1 万人的公司,HRM 占比呈现往复性波动(图 37)。第三产业 HRM 占比最高,中外合资企业 HRM 占比最高(图 38 和图 39)。

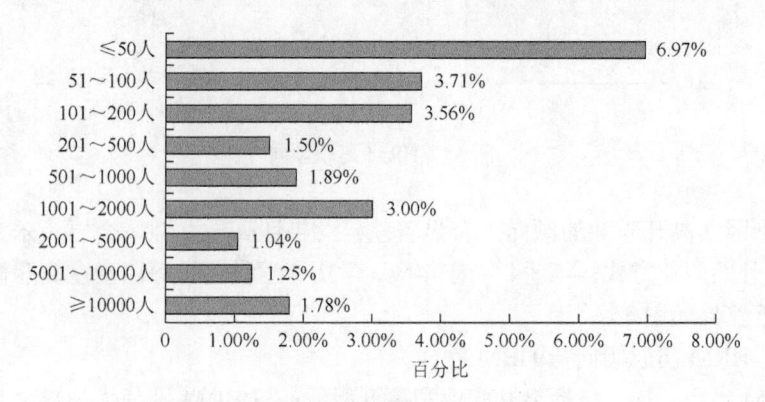

图 37 不同规模企业的 HRM 人员占比

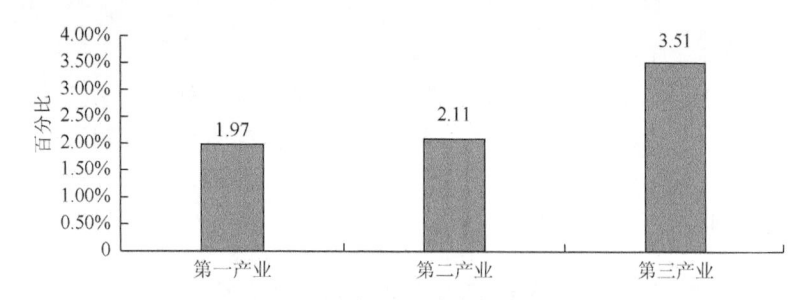

9 中小企业人力资源管理从业者职业发展与管理效能调查报告——以南京市为例 · 207 ·

图 38 不同产业企业的 HRM 人员占比

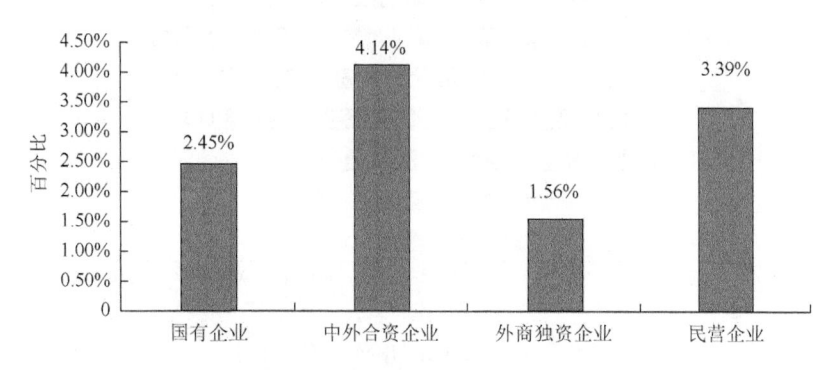

图 39 不同性质企业的 HRM 人员占比

2）HRM 职能分析

（1）HRM 负责职能总体分布

HRM 系统的职能模块有人才战略规划、组织设计与岗位分析、招聘、培训、劳动关系管理、薪酬管理、绩效管理、人力资源信息系统八大模块。招聘、培训与劳动关系处理在分布数量上为前三位（图 40）。

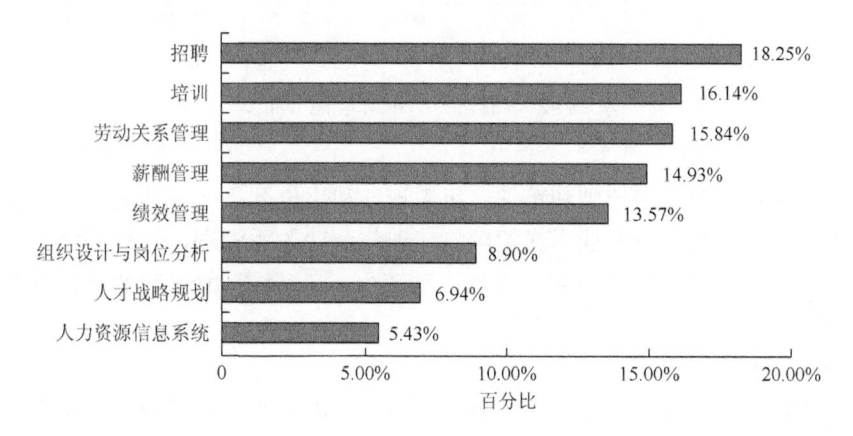

图 40 HRM 负责职能分布

（2）不同性质企业的 HRM 职能模块

国有企业 HRM 管理重在绩效管理、培训和劳动关系处理，招聘较其他性质企业较少，人员流动较少（图 41）。国有企业人才战略规划相比较于外资背景性质企业较少。民营企业重在招聘、薪酬、劳动关系与培训，人才战略规划相比较于其他性质企业较少（图 42）。

绩效管理 17.04%
培训 16.30%
劳动关系管理 15.56%
招聘 13.33%
薪酬 12.59%
组织设计与岗位分析 8.89%
人力资源信息系统 8.89%
人才战略规划 7.41%

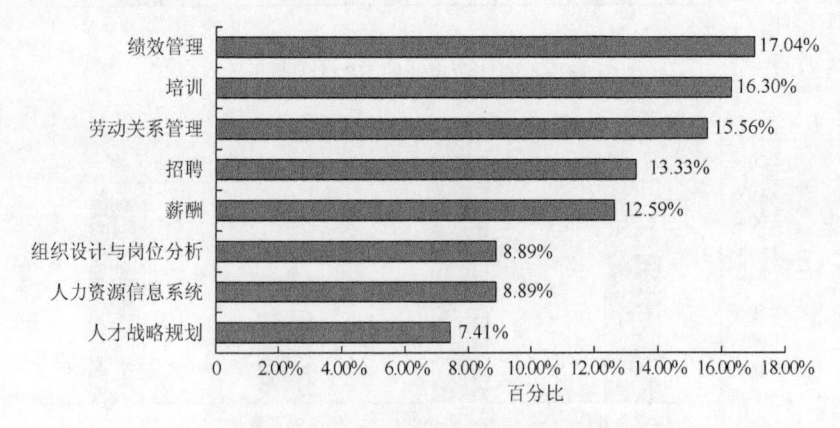

图 41　国有企业 HRM 职能分布

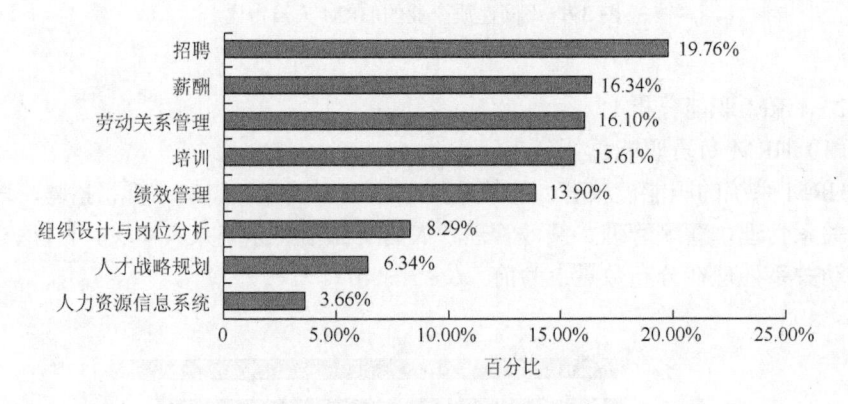

招聘 19.76%
薪酬 16.34%
劳动关系管理 16.10%
培训 15.61%
绩效管理 13.90%
组织设计与岗位分析 8.29%
人才战略规划 6.34%
人力资源信息系统 3.66%

图 42　民营企业 HRM 职能分布

外商独资企业重在招聘和培训，组织设计和岗位分析比其他类型企业相对较多（图 43）。中外合资企业重在招聘、培训与劳动关系管理，绩效管理相对较少（图 44）。有外资背景的企业绩效管理活动较少，与其绩效管理较为规范有关，其人才战略规划相对较多。

3）HRM 活动占比

本文将 HRM 活动分为 HRM 战略性活动、HRM 业务性活动和 HRM 行政性活动 3 个维度。其意义解释和价值分别如表 7 所示。

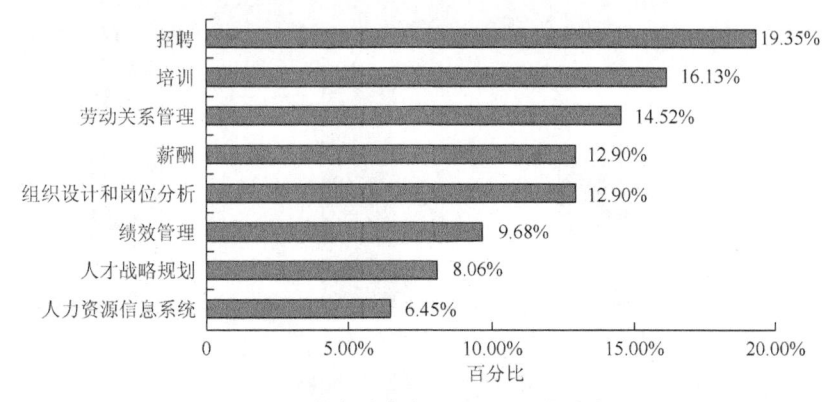

9 中小企业人力资源管理从业者职业发展与管理效能调查报告——以南京市为例

图43 外商独资企业HRM职能分布

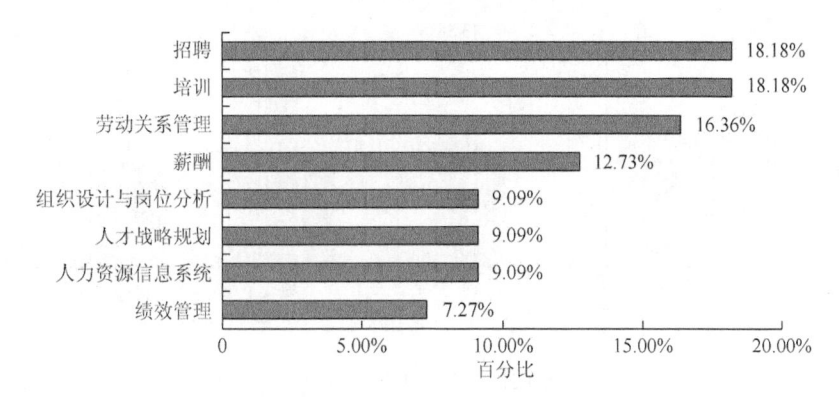

职能	百分比
招聘	19.35%
培训	16.13%
劳动关系管理	14.52%
薪酬	12.90%
组织设计和岗位分析	12.90%
绩效管理	9.68%
人才战略规划	8.06%
人力资源信息系统	6.45%

图44 中外合资企业HRM职能分布

职能	百分比
招聘	18.18%
培训	18.18%
劳动关系管理	16.36%
薪酬	12.73%
组织设计与岗位分析	9.09%
人才战略规划	9.09%
人力资源信息系统	9.09%
绩效管理	7.27%

表7 HRM活动

维度	意义解释	价值
HRM战略性活动	战略的制定和调整、组织变革的推动等内容	投入时间少,但是对公司发展产生的价值大
HRM业务性活动	岗位设计与工作分析、招聘、培训、绩效管理和薪酬管理等内容	投入时间和对公司发展产生的附加值大致相当
HRM行政性活动	员工档案管理、各种手续的办理、员工信息管理等内容	投入时间多,但是对公司发展产生的附加值低,可以适当外包

HRM战略性活动的占比并不低,说明南京地区企业对HRM战略功能的发挥越来越关注(图45)。业务性活动在不同性质企业中有统计学意义上的显著差异,外商独资企业的占比最小,从管理完善的角度来说,这类企业的管理制度规范性程度会好一些(图46)。同时,有外资背景的企业较为注重HRM的战略性或变革性活动。

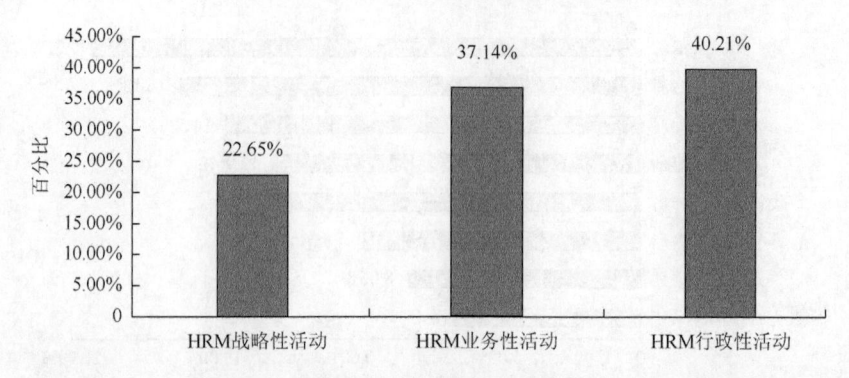

图 45　HRM 活动占比

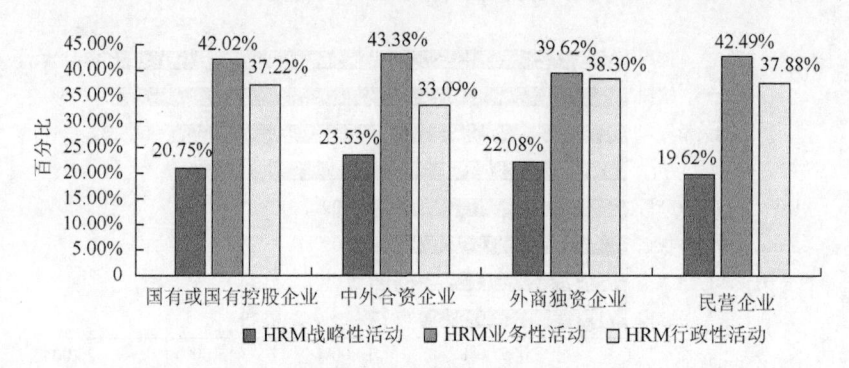

图 46　不同性质企业 HRM 活动占比差异

4）HRM 角色分析

采用 1~5 分李克特量表测量，5 分为最高分。被测优在员工激励者，弱在组织战略伙伴和变革助推者。在不同性质的企业中，四种 HRM 角色无显著差异（图 47）。

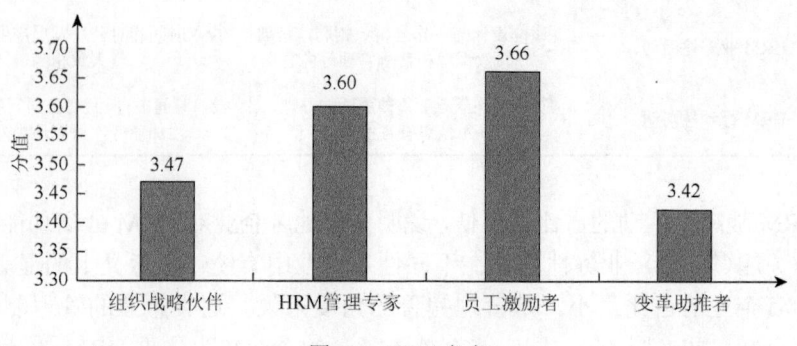

图 47　HRM 角色

5) 企业人才需求分析

(1) 企业人才需求分析

在 HRM 眼中，营销、研发、技术类员工为企业最紧缺人才，综合性高管也较为缺乏（图48）。

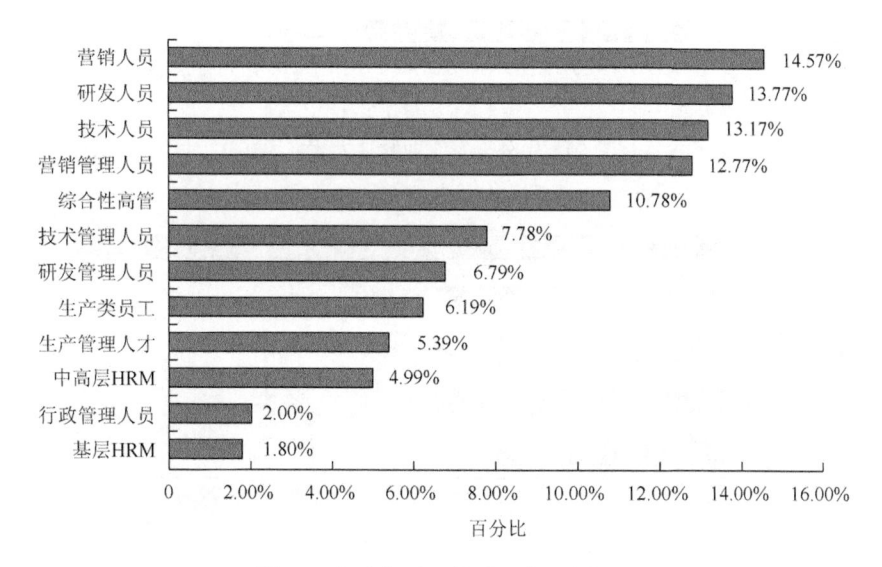

类型	百分比
营销人员	14.57%
研发人员	13.77%
技术人员	13.17%
营销管理人员	12.77%
综合性高管	10.78%
技术管理人员	7.78%
研发管理人员	6.79%
生产类员工	6.19%
生产管理人才	5.39%
中高层HRM	4.99%
行政管理人员	2.00%
基层HRM	1.80%

图48 企业中不同类型人才需求情况

(2) 不同类型的企业紧缺人才需求对比

不同类型企业的前五种人才需求差异显著：国企面临改革需求颇多，对综合性高管需求明显；外资背景企业对技术人员的需求明显；民营企业注重营销人员的引进（图49～图52）。

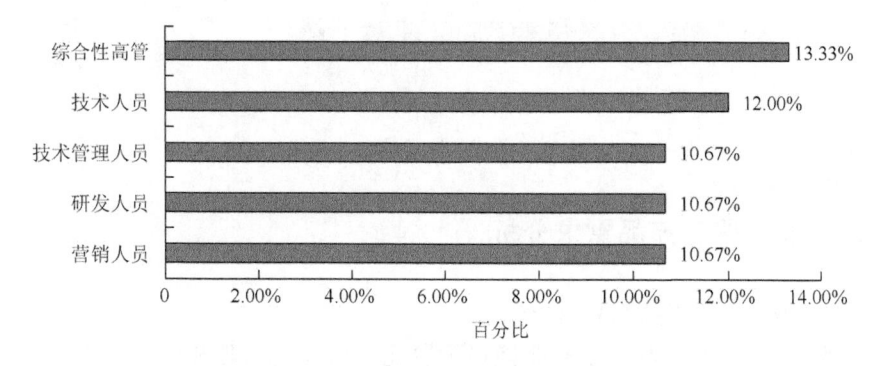

类型	百分比
综合性高管	13.33%
技术人员	12.00%
技术管理人员	10.67%
研发人员	10.67%
营销人员	10.67%

图49 国有或国有控股企业紧缺人才需求

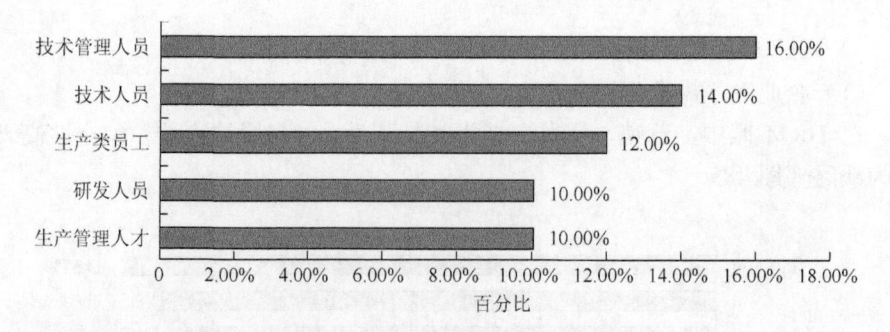

图 50　中外合资企业紧缺人才需求

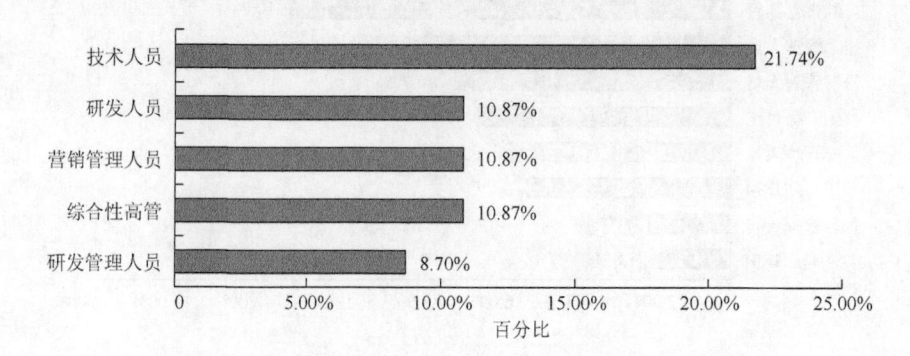

图 51　外商独资企业紧缺人才需求

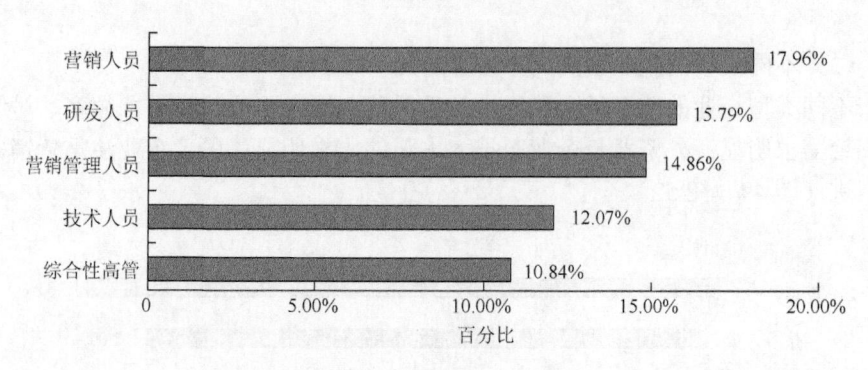

图 52　民营企业紧缺人才需求

9.4.4　HRM 服务产品需求分析

1）企业 HRM 服务产品需求分析

对应于企业 HRM 的招聘职能最为普遍，对在线招聘和中高端人才寻猎的 HRM 服务产品需求也最为明显（图 53）。

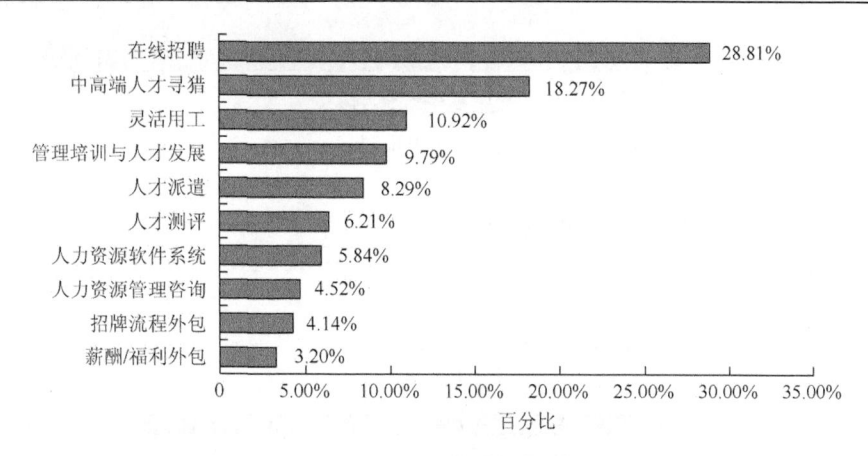

9 中小企业人力资源管理从业者职业发展与管理效能调查报告——以南京市为例

图 53 中,企业对 HRM 服务产品的需求数据如下:
- 在线招聘 28.81%
- 中高端人才寻猎 18.27%
- 灵活用工 10.92%
- 管理培训与人才发展 9.79%
- 人才派遣 8.29%
- 人才测评 6.21%
- 人力资源软件系统 5.84%
- 人力资源管理咨询 4.52%
- 招牌流程外包 4.14%
- 薪酬/福利外包 3.20%

图 53 企业对 HRM 服务产品的需求

2）不同类型企业 HRM 服务产品需求分析

对不同性质的企业来说，在线招聘和中高端人才寻猎都为前两位 HRM 服务产品需求。外商独资企业对管理培训与人才发展的需求相对较小，并且会具有对人力资源软件系统的较多需求（图 54～图 57）。

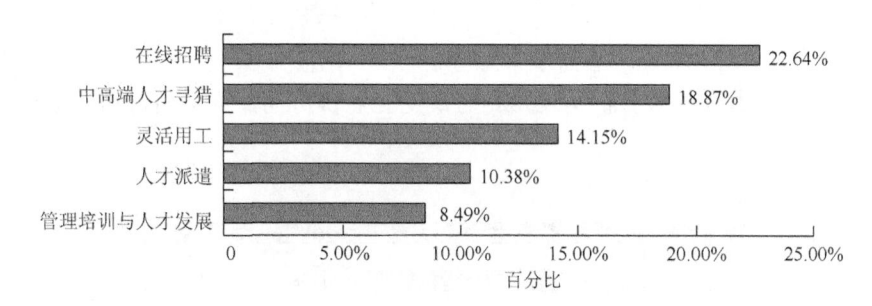

图 54 国企 HRM 服务产品需求数据：
- 在线招聘 22.64%
- 中高端人才寻猎 18.87%
- 灵活用工 14.15%
- 人才派遣 10.38%
- 管理培训与人才发展 8.49%

图 54 国企 HRM 服务产品需求

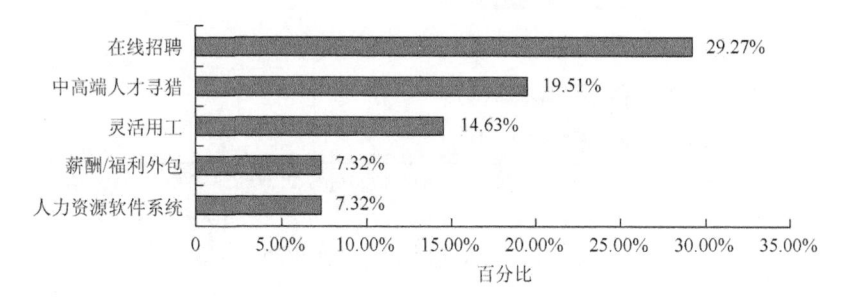

图 55 外商独资企业 HRM 服务产品需求数据：
- 在线招聘 29.27%
- 中高端人才寻猎 19.51%
- 灵活用工 14.63%
- 薪酬/福利外包 7.32%
- 人力资源软件系统 7.32%

图 55 外商独资企业 HRM 服务产品需求

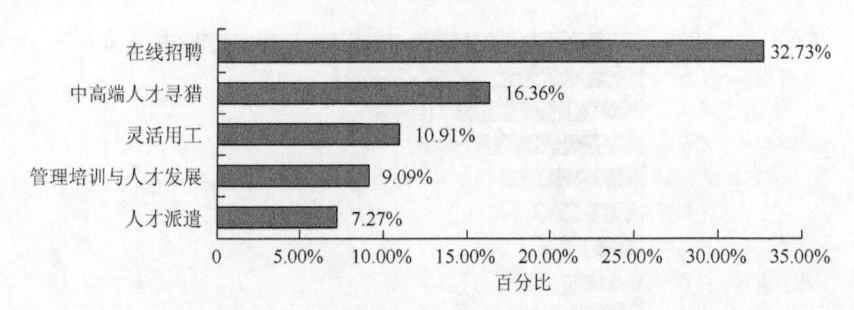

图 56　中外合资企业 HRM 服务产品需求

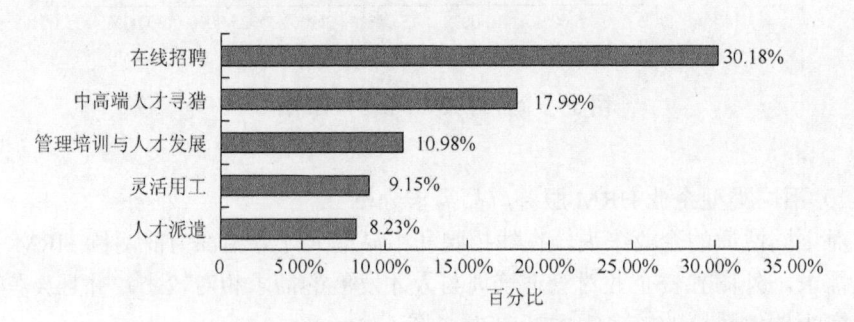

图 57　民营企业 HRM 服务产品需求

3）企业 HRM 服务产品需求来源分析

正规的人力资源服务机构还是相对最受企业认可的，人力资源服务业处于快速发展之中（图 58）。

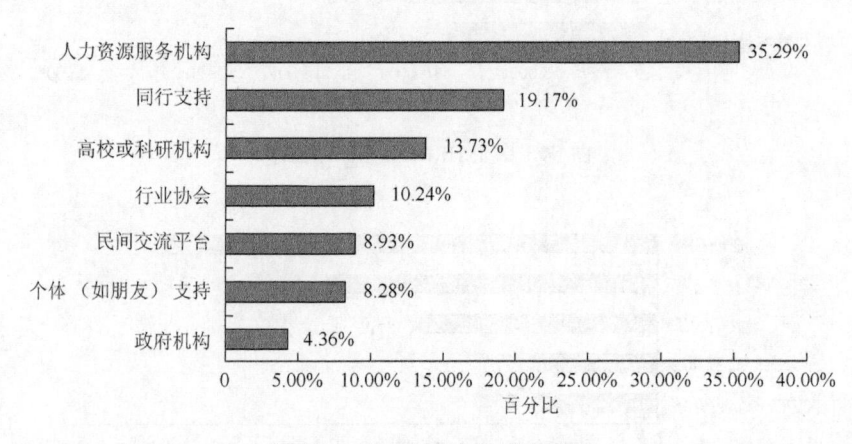

图 58　HRM 服务产品需求来源

4）企业 HRM 服务产品需求来源分析

不购买外部的 HRM 服务产品需求的首要原因是公司发展暂无需求，这是双方面的问题，一是企业自身认识的转变；二是需要 HRM 服务业对产品类型进行深度挖掘、不断创新。其他原因中，集中体现的一点是自有服务，不需外购（图 59）。

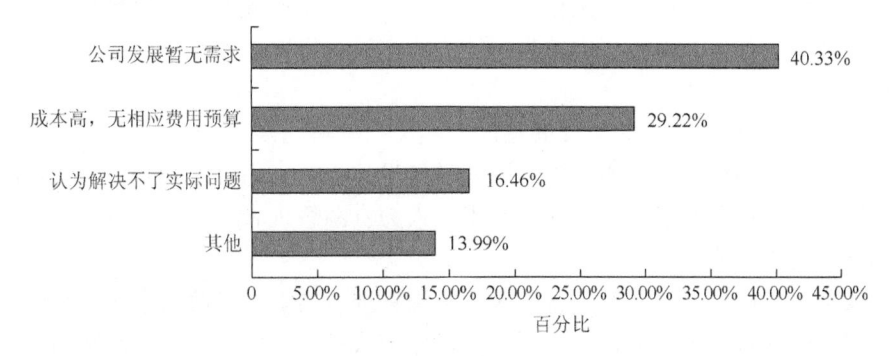

不购买原因	百分比
公司发展暂无需求	40.33%
成本高，无相应费用预算	29.22%
认为解决不了实际问题	16.46%
其他	13.99%

图 59　不购买 HRM 服务产品的原因

9.5　结　　论

1）HRM 职业发展特征

首先，HRM 胜任力较高。人力资源管理者是可信赖的活动家，人际交往能力好，善于与利益相关者打交道，能提供专业性的管理意见。而其弱点在于战略参与，不太善于将社会发展趋势转化为对公司业务的启示。

其次，HRM 职业认同较好。人力资源管理者对自身工作比较认可，离职倾向整体较低；但是离开组织、切换人力资源管理者工作平台的意愿相对于离开 HRM 圈子的意愿要高。

再次，人力资源管理者的职业发展停滞感不强，高原现象不严重，内部成长动机较强，但会受到一定的外部制约，包括职位轮换、晋升的机会与重要职责的赋予。

最后，人力资源管理者跳槽现象普遍。随着跳槽次数增加，岗位层级增加，薪水增加，但是其中有一定的波动。女性人力资源管理者更易跳槽，但是偏爱仍从事 HRM 工作，而男性则会更多考虑离开 HRM 工作岗位，职位类型选择会更多。

2）HRM 职业发展影响因素

在相关工作年限方面，从事 HRM 相关工作年限越长，随之提升的有岗位层级、薪水；从事 HRM 工作 6～10 年为职业发展蜜月期，职业认同感最高，职业内在动机最强烈；从事 HRM 工作 11～15 年为职业发展波动期，胜任力最高，跳槽频数最高，内在动机下降。

在胜任力方面，胜任力越高，随着提升的有岗位层级、薪水，并且职业认同上升，职业高原现象下降，离职倾向降低。

在性别因素下，男性女性在岗位层级上无显著差异，但是在薪酬水平上，男性高于女性，且女性更易跳槽，为此，女性 HRM 的职业发展受制约性强于男性。

在学历方面，学历在一定程度上被过分注重，学历提升带来薪水增高，但是胜任力并无提升。且在胜任力中组织能力构建这一方面，本科学历的表现优于硕士和博士。

3）人力资源管理者职业发展建议

首先，时间沉淀，积累经验。管理是情景化的，人力资源管理者的工作经验来自情景中的自身实践，在时间的积累中人力资源管理者需要不断总结与反思，才会有宝贵的经验。

其次，积极交流，有效学习。人力资源管理者需要在了解书本知识基础上进一步学习隐性知识，包括技巧、窍门、操作方式等，为此，带有沟通性的学习更为合适。

最后，提高胜任力，合理切换职业平台。表现卓越的胜任力是人力资源管理者有效切换职业平台的先决条件，战略参与、组织能力构建、变革助推、HRM 创新与整合四种胜任力优先培养。

4）人力资源管理者学习内容与方式建议

建议人力资源管理者掌握的学科知识有：HRM，是专业基础知识，模块化的 HRM 业务知识是入门基础；管理学，有助于人力资源管理者了解企业运作全貌，有助于人力资源业务合作伙伴（HR business parter，HRBP）的开展；心理学与教育学知识，有助于员工激励、领导力建设、人际沟通、企业文化的塑造等；经济学知识，是塑造人力资源管理者战略性思维的必要工具，能提升人力资源管理者的视野和思考层次。

建议人力资源管理者学习的方式是：在实践积累、不断获取经验和他人建议的基础上，注重知识的系统性建设，搭建合理的逻辑，有助于深入理解和思考，并转化为自己的行动，不要积攒碎片化知识。

5）HRM 管理效能特征

首先，HRM 的战略参与效能欠缺。HRM 战略性活动的比例并不低，但是在实现的效能上，HRM 成为企业组织战略伙伴和变革推动者的效用还不够，这和 HRM 个体的胜任力表现也是对应的。

其次，人才招聘活动独树一帜。企业中的招聘活动总体占比大，一方面说明目前企业发展对各类人才的需求，另一方面也需要从中思考招聘的有效性，保持合理的员工流动率。

最后，HRM 管理效能提升潜力大。注重对组织设计与岗位分析、绩效管理、HRMBP、战略管理与人才规划的学习，这将带来更多的 HRM 创新，并将进一步促进企业管理的全面创新。同时，企业对于中高层 HRM 人员有一定需求，为人力资源管理者的职业成长提供了成长空间。

6)不同性质企业 HRM 管理效能

国有企业注重绩效管理和内部培训,招聘活动较其他性质企业较少,人员流动率较小,尤为缺乏综合性的高管人才,面临管理变革需求实际较多。

外资企业注重 HRM 的战略性活动,企业人才战略规划相对较多,对技术性人才最为需求,注重本土化的技术应用和产品开发。绩效管理活动较少,与其绩效管理较为规范有关。同时,对人力资源信息系统有一定需求。

民营企业招聘活动突出,人才战略规划相比较于其他性质企业较少,且绩效管理活动偏少,需要进一步辨析是已经较为规范还是比较忽略。注重营销人员的引进,市场开发为优先。

7)HRM 服务业发展需求

HRM 服务业的发展有效削减了企业内部 HRM 行政性活动的比例,其中,企业对在线招聘和中高端人才寻猎的 HRM 服务产品需求最为明显。正规的人力资源服务机构相对最受认可。

从企业的需求来看,有较大的 HRM 服务产品挖掘空间。需要两个方面的推动,一是企业在 HRM 战略功能提升的过程中自身认识的转变;二是需要 HRM 服务业对产品类型进行深度挖掘、不断创新。

8)HRM 创新与地区经济发展的关系

人才推动创新、创新驱动发展。在地区经济的战略转型和产业升级过程中,创新是企业发展诉求,创新人才引进和培养是必备条件,而创新的 HRM 理念和能力是基础和保障。为此,HRM 从业人员需要提升自我定位,加强胜任力建设,充分发挥出 HRM 的重要作用,让更多人才实现价值,让更多企业创造辉煌。

(蒋 莹 姜农娟)

参 考 文 献

丁洁. 2009. 幼儿教师职业认同及其相关研究[D]. 上海: 上海师范大学.
韩红蕾. 2016. 中小企业职业经理人离职影响因素实证研究[J]. 齐齐哈尔大学学报(哲学社会科学版), 6(6): 57-59.
何韶许, 袁菁. 2016. 国内职业高原(2002—2016)研究进展与评述[J]. 现代商贸工业, (22): 92-95.
胡溢烨. 2015. P 银行青年员工离职倾向因素分析及应对策略研究[D]. 南京: 南京大学.
黄蓉, 王刚. 2017. 互联网产品人员职业成长与离职倾向研究——组织承诺的中介作用[J]. 人力资源管理, (2): 188-190.
李沫. 2013. 企业人力资源管理者职业高原的实证研究[D]. 北京: 首都经济贸易大学.
罗文怡. 2016. 组织职业生涯管理对基层员工离职倾向的影响研究——以重庆市国有银行为例[D]. 重庆: 西南大学.
倪渊. 2017. 新生代知识型员工离职倾向影响因素——基于互联网创业公司的实证研究[J]. 北京理工大学学报(社

会科学版），19（1）：108-114.

王养成. 2006. 我国企业人力资源管理角色定位的思考[J]. 安防科技, 2（2）：65-67.

魏淑华. 2005. 教师职业认同与教师专业发展[D]. 曲阜：曲阜师范大学.

徐自强. 2016. 企业新生代员工离职倾向产生机理研究——基于员工心理契约视角[D]. 安徽：安徽大学.

翟金芝. 2015. 酒店中层管理者职业高原现象探讨[J]. 科技视界,（21）：13-14.

Feldman D C, Weitz B A. 1988. Career plateaues reconsidered[J]. Journal of Management, 14: 69-80.

Ference T P, Stoner J A, Warren E K. 1977. Managing the career plateau[J]. Academy of Management Review, 2（4）：602-612.

Meyer J P, Allen N J, Smith C A. 1993. Commitment to organization and occupations: Extension and test of a three-component conceptualization[J]. Journal of Applied Psychology, 78（4）：538-551.

Moore M, Hofman J E. 1988. Professional identity in institution of higher learning in Israel[J]. Higher Education, 17（1）：69-79.

Scott W G, Mitchell T R, Birnbaum P H. 1972. Organization theory: A structural and behavioral analysis[J]. Investigative Ophthalmology and Visual Science, 54（5）：3115-3125.

Tremblay M. 2004. Career plateauing reactions: The moderating role of job scope, role ambiguity and participation among Canadian managers[J]. International Journal of Human Resource Management, 15（6）：996-1017.

Ulrich D, Beatty R W. 2002. The Role of the HR Professional in the Virtual Organization[M]. Michigan: University of Michigan, Ann Arbor.

Ulrich D, Younger J, Brockbank W, et al. 2013. The State of the HR Profession[J]. Human Resource Management, 52（3）：457-471.

Veiga J F. 1981. Plateaued versus nonplateaued managers: Career patterns, attitudes, and path potential[J]. The Academy of Management Journal, 24（3）：566-578.

10　聚焦于人——人力资源领先战略

摘要： 本文从企业家的视角出发，以"先人后事"、"先公后私"两个核心观点为主线，以人力资源管理的培训、薪酬、股权、绩效和文化五个角度为切入点，梳理出在经济转型期适合当代企业发展的人力资源体系。希望通过本文的介绍，能够帮助政府的人才管理者、企业家、人力资源管理者理解和了解先进的人力资源管理思想和应用实践，解决组织中的用人管理难题。

具体地，人力资源领先战略对企业发展有至关重要的影响作用，企业家应当培养"值得培养的人"和"能够培养的能力"，让有培养能力的人成为管理者。本文在总结出企业常见的七大薪酬浪费现象后，进一步提出"股权金条说"，构建出股权激励决策模型，以及确保股权激励方案落地的五大原则。对于传统绩效管理的弊病，提出了适合未来企业发展的团队绩效管理模型，并详细阐述了高严格、高人性的双高企业文化，提出支持和推动双高企业文化建设的五个关键点。在人力资源领先战略的实施过程中，企业家是首要责任人，优秀的企业家应当是人力资源管理高手。

关键词： 人力资源战略；薪酬管理；股权激励；企业文化；团队绩效管理

10.1　人力资源领先战略：先人后事

"人"作为推动社会进步、创造价值的主体，近两年来在我国社会各界的管理实践中被提升到了前所未有的高度。毫无疑问，现在的时代是以"人"为中心的时代，"人"靠知识、能力、智慧对企业价值的创造起到了主导甚至决定性的作用，"人"的价值成为衡量企业整体竞争力的标志。企业未来想要取得长期而持续的发展，其关键在于聚焦于人，充分发挥"人"这一主体的作用，将人与企业之间的"雇佣关系"转变为"合作关系"，重视并尊重人创造的价值，以此来推动企业更好、更快地发展。在"人"的时代，"人"作为一种资本成为价值创造的主导因素，成为最活跃、最具价值创造潜能的要素。因此，人才战略应当成为企业最高战略，人力资源领先战略应当成为企业战略中的第一竞争战略（李祖滨和汤鹏，2017）。

近20年来，人才决定战略已成为研究学者和企业家们的共识，相关实证研究也不绝于耳。而把"人"上升到战略高度，实证性总结出"人"决定"战略"，这要归功于吉姆·柯林斯和其团队在《从优秀到卓越》中先人后事、先公后私这两大观点的提出。"先人后事"的观点主要认为企业在战略制定之前应该先选择合适的人，让不合适的人离开；能否选择到合适的人，比制定正确的战略更加重要。同样的，那些实现了从优秀到卓越跨越的企业，其最大的共同点是它们的CEO除了有很强的能力和对事业执着的追求，最重要的是都有"先公后私"的境界。人们相信，一个卓越的企业家，首先自己就是一个人力资源管理高手。

建立、宣贯，并持之以恒地坚持领先的人力资源理念是人力资源领先战略制定和实施的第一步。"合适的人"如此重要，那么到底谁是"合适的人"？对众多标杆企业的用人理念研究后发现，"素质匹配，价值观相符"就是合适的人。其中"价值观相符"更是"合适的人"的首要因素。"素质匹配"是说任职者的能力状况能够胜任岗位需要，与岗位要求契合度较高。需要注意的是，这里所说的素质更多的是沟通、领导力、协调、学习等这些"冰山以下"的软性素质，而不是一般所强调的知识、技能、经验等这些"冰山以上"的硬性素质。组织行为学的研究发现，"冰山以下"的这些软性素质更能决定和衡量一个人未来的职业成就。"价值观相符"则要求任职者的价值观要与公司的价值观和企业文化相一致，不能出现冲突。因此可以认为，"先公后私"可以作为企业家们寻找"合适的人"所需要考察的第一标准。

吉姆·柯林斯发现，秉持先人后事观点的标杆公司都在极力寻找"合适的人"，它们在选人用人上严格而非冷酷地坚持着四个用人原则（表1）。人们发现很多国内外的卓越企业都在坚持这些用人原则，这些原则同样值得追求企业长期发展的企业家们学习。

表1　先人后事观点的四个用人原则

原则一：宁缺毋滥	公司选到错误的人会带来一系列的麻烦、高额的补偿金、辞退谈判、对组织氛围负面的影响、业绩下滑等情况。想要避免解雇不得力员工的窘境，最好的办法就是一开始就不要把他们招进来
原则二：当机立断解决换人之势	当发现员工不胜任时，管理层要快速决策。包容不胜任者，实际上是对员工不负责任。趁早让不合格者离开，不仅是企业发展的需要，更重要的是能够及时让员工找准自己的定位
原则三：尽快请离需要严加看管的员工	好的员工是不需要外在监督的。研究发现，"合适的人"一致性地表现出对企业价值观的高认同度。他们会自我激励、想尽办法克服困难达成目标；他们会因为自己出色的成绩而感到满足，会为给企业创造的价值而感到自豪，从而会更加努力争取更大的进步。对这些人，管理者只需给予充分的信任和授权即可。相反，如果一个员工需要管理者不断地给予监督、提点，交办的事情总是缺乏足够的可靠性，那么这样的员工还是尽快请离为妙
原则四：优胜劣汰，适者生存	卓越公司的领导者会花上很多的精力进行严格的人员挑选，当挑选到"合适的人"，就会想方设法把他们留在自己身边，委以重任，让他们在合适的位置上大展拳脚。同时，"合适的人"会认同公司的价值观，在公司快速成长，因此他们的忠诚度一般都很高，不会轻易离开公司。而"不合适的人"由于跟不上企业的发展，会主动或被动地离开公司

人力资源领先战略是指在企业的技术、资金、设备、产品、品牌、市场、成本、流程、关系、服务、人力资源等各种资源当中，企业家们要聚焦于人，优先投入和发展人力资源，将其作为企业的第一战略、首要战略，并从投入和发展之初就确保人力资源要素的先进性，在此基础上再去制定和实施公司的其他战略，并以此来持续长久地获得竞争优势，取得成功。优先投入和发展人力资源是任何一个企业发展效率最大化的最优路径。当一个企业优先投入和发展人力资源，相比优先投入其他资源有事半功倍的效果。

人力资源领先战略继承了先人后事的思想，也结合企业的应用实践对其内涵进行了延伸和扩展，不再局限于"人"这一点，而是扩展到"人力资源"。这样的扩展既保证了人力资源领先战略的先进性，同时也保证了其思想的系统性、完整性和可操作性。是否具备大量领先的人才是衡量人力资源体系领先性的标志。

总的来说，领先的人力资源体系主要包括领先的人才选择、领先的人才培养和领先的人才激励（企业文化属人才激励范畴）。很多企业家和人力资源从业者都会遇到人才选择、人才培养和人才激励三者孰轻孰重、孰先孰后的问题。案例研究发现，三者各有所长，组合使用当然效果最佳，但如果结合企业不同时期的战略和发展需要，三者的选择策略却各有侧重。高效而立竿见影的短期人力资源策略是人才激励第一，人才选择第二，人才培养第三。稳健而基业长青的人力资源策略是人才选择第一，人才培养第二，人才激励第三。

作为企业总体战略的有机组成部分和企业的第一战略，人力资源领先战略一旦启动实施，它就是一个逐步提速运转并自我优化的系统。拥有领先的人才，秉持领先的人力资源理念，逐渐打造出领先的人力资源体系，从而为企业提供越来越多领先的人才，进而逐步建立卓越领先的组织能力，拥有卓越领先组织能力的企业必将成为卓越领先的企业。为了保持企业的领先性，卓越的企业开始一轮又一轮循环运作上述系统，并不断保持迭代、更新、进化，实现企业的基业长青。

10.2　人才选择第一标准：先公后私

优秀的人才相比平庸的人更有可能创造出优良的业绩，一个员工能够创造的绩效价值往往在人才选择的时候就已经确定了。大多数企业寄希望于通过建立一套完善的培训体系、绩效管理体系来提升员工绩效，但结果往往不尽如人意。细分这里面最主要的原因是企业忽略了最开始选择人的重要性，而花费了大量的时间在弥补选人失误带来的附加工作。所以，企业家要像农夫挑选种子那样，从一开始就投入时间和精力选择人才,在人才选择的基础上再对其进行培育、辅导、激励,这样企业才能取得事半功倍的回报。

那么对于企业来说,什么样的人才是优良的"种子"?研究发现,先公后私是优秀企业所共同遵循的人才选择标准,而且是第一标准。先公后私不是指大公无私,也不是绝对的雷锋主义。它包含五个必备的行为素质:把长远利益和公司利益放在第一位;视公司的成功高于个人的财富和名誉;不以过往的贡献向公司提出过多的利益诉求;追求卓越永不放弃;成功时自谦,失败时自省。此外,先公后私的人自动自发地表现出两大行为特征:利他、心怀远大目标。由于人是由内在需求驱动的,所以人追求个人利益和自我实现是合理的。但先公后私的关键在于实现个人利益的途径一定是为功利他的。研究证明,为公利他程度越高,赢得的帮助支持也越高;为公利他程度越高的人,成长速度越快,职业成就更高。

人才分类是提高人才管理有效性的必要手段。在企业中,从个人发展速度和企业发展速度相关关系的角度分析可以将人才区分为四种:引领公司的员工,与时俱进的员工,不甘落后的员工和安于现状的员工。研究发现,占比为20%的引领公司的员工在很大程度上决定了企业能否超越竞争对手,达到优秀和卓越。与此同时,优秀的企业都极力清除安于现状的员工以提高企业发展速度。因为安于现状的员工不仅会降低企业的发展速度,还会影响先公后私员工的发展。对于企业来说,人是最重要的资产,企业只有把不合适的人剥离出组织,对合适的人加大激励和培养才能使资产保值和增值。因此,优秀企业人才结构的黄金比例为721配比模型(图1)。

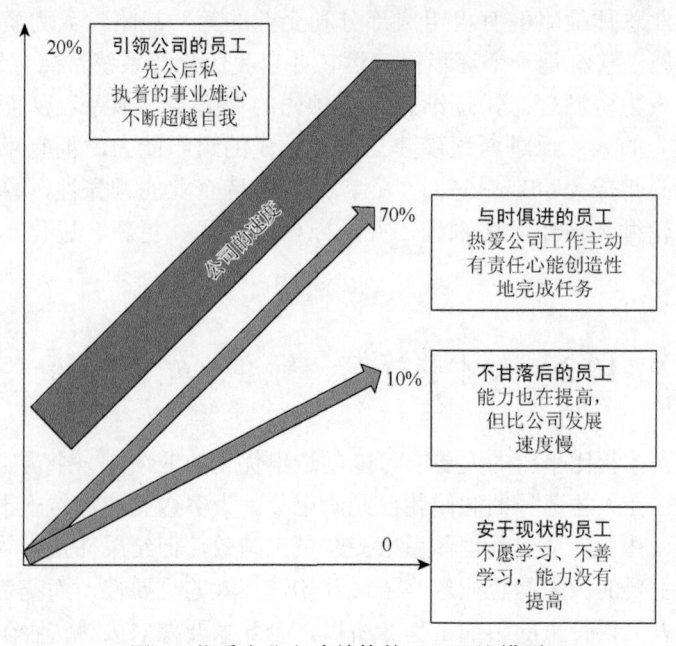

图1 优秀企业人才结构的721配比模型

所以，对企业家来说，要剔除安于现状的员工，重点关注、吸引、培养和激励引领公司的员工；与时俱进的员工是支撑企业发展的中坚力量，企业家们要任用好、激励好这类员工；而对于不甘落后的员工，企业家要通过培训和帮助，给这类员工发展上的支持，激励他们通过不断的努力发展成与公司发展速度相匹配的与时俱进的员工。不过，需要明确的是，先公后私是人才选择的第一标准，但不是唯一标准，强烈的成就动机、出色的执行力等也是卓越人才必备的重要素质与能力。

企业要选择到优秀的人才，必须靠具备选人能力的人去选人，对面试官进行培训和认证能够提高选人精准度。面试官是企业人才流入的质检员，合格面试官的直接产出是为企业选拔到优秀的人才，创造卓越的人才价值；不合格的面试官，不仅会错杀一些优秀的求职者，也会使不合格面试者像没有质检把关的问题产品一样流入企业，给企业带来巨大的直接和间接经济损失，更为严重的是企业苦心经营多年的雇主品牌形象往往被不合格的面试官在不经意间摧毁了。因此，面试官是选择优良"种子"，为企业创造人力资本价值尤为关键的一环。优秀的企业如龙湖、华为、联想等都有一整套严格的面试官管理体系，目的就是建立一支优秀的面试官队伍，保证选才的高效。

实践证明，越是优秀的企业家对人才招募就越重视、越精挑细选。先公后私的品质也没有企业家们想象的那么高不可攀。事实上，先公后私的人就在企业家的周围，关键在于企业家是否足够用心、花了足够多的时间去寻找他们、发现他们，然后为自己所用。企业家们可以从日常的工作中，通过观察员工真实的工作行为，辨别出员工的言语和行为的出发点是为自己、集体，还是为公司。此外，企业家应尽量避免单独面试并且依靠个人判断做出面试决策。企业家在面试的时候如能安排三位面试官集体面试，则能够降低单个面试官的判断误差，选人的风险将大大降低。在面试流程上，很多企业为了减少招聘时间的投入，一次或两次面试后就匆忙做出选人决策，这在很大程度上为企业选错人埋下了隐患。从企业的实践经验来看，3～4次是较为理想且高效的面试次数。为了在人才争夺战中赢得先机，企业需要加快招聘与面试周期，将每次面试的间隔时间缩短或集中安排，但不应该单纯为了加快招聘速度而减少面试次数或忽略重要的招聘环节。选择到优秀的人才是面试的最终目的。

10.3　培养人才引领企业发展

实证研究发现，几乎所有优秀的企业在充分重视人才招聘的同时，都很注重人才培养。人才招聘就如同到处摘果子，当企业选择以人才招聘为主的方式来获取人才时，不仅需要花费巨大的精力去"找果子"，同时还要承受"摘果子"带来的风险和损失：一是找不到"果子"，精力消耗的同时，让企业错失发展良机；二是摘到"毒果子"，影响企业发展，甚至威胁企业的生存。当然，如果能够摘到"好果子"，企业当期的人才需求就可以马上得到满足。相信这也是企业家热衷于"摘果子"的原因。然而，在当下这个"人"的时代，一将难求、人才战争在各行各业中生动上演，企业家要摘到"好果子"，不但需要运气，还需要实力，即招即用的美好愿望越来越难以实现。因此，企业家们在"摘果子"的同时，也要大力"种树"。

人才培养是最经济、最可靠的人才获取方式。在现代企业，业务的发展是可以倍增的，但是人才的成长速度却是线性的。如果企业不提前进行人才储备和培养，当业务发展越来越快时，人才供需的差距会越来越大，人才的瓶颈也会越来越明显，最终制约企业业务的发展。然而，如果依靠人才培养，前期企业人才培养的速度可能相对较慢；但随着人才培养体系的建立和不断完善、人才培养能力的不断提升、人才基数的不断扩大，企业内部人才培养速度将不断加快，同时随着内部人才造血机制逐步形成，人才增长的速度将逐渐跟上业务的发展。并且，企业内部培养的人才相比外部引进的人才具有更高的忠诚度和稳定性、更强的归属感和认同感，更愿意与企业共创、共享、共担等特点；对于职位级别越高、越重要的岗位，企业也越倾向使用内部选拔的人才，这也正是优秀企业注重人才培养的原因。面对当下社会快速的变迁和人才变革，综合考量当下人才短缺和未来人才培养两个方面，企业家们在保证外部招聘质量的同时，也要组合使用现有人才潜力挖掘、短期人才招聘和中长期人才储备与培养这三种人才获取策略，让人才引领企业发展（图2）。

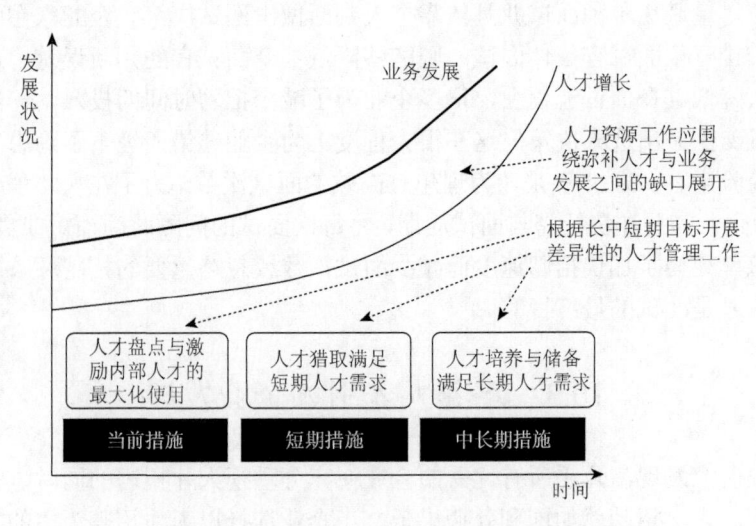

图2　企业不同发展时期的人才获取战略

人才选择是人才培养的前提，所以企业想要提升人才培养的效率，首先要重视培养对象的选择。值得培养的人需具备两大特征：一是具有先公后私的品质，与公司价值观相符；二是具有高潜力。除价值观外，企业通常会从业绩和潜力两大维度去选择培养对象，而且大多企业更看重业绩。一般而言，业绩代表员工对组织的当期贡献，潜力衡量的则是员工支持公司持续发展的可能性和稳定性。高业绩不等于高潜力，当期业绩高不代表未来能够持续地实现高业绩。然而高潜力代表了员工未来的可塑性和可成长性。调查研究显示，93%的高潜力人才都是高绩效人才。而在高绩效人群当中，只有29%的人拥有高潜力。企业高效人才培养的做法是要侧重对具备较强的学习能力和成就动机的高潜力人才进行培养。

对于企业来说，人才培养也是要追求投资回报率的，提高人才培养效率不仅要重视培养对象的选择，还要区分哪些能力素质是可以培养的，哪些能力素质是较难培养的。对于难以培养的素质，企业要侧重通过外部招聘来获得；对于较易培养的技能、专业知识，企业要不遗余力来培养。具体来讲，积极向上的活力和激励别人的能力属于个人的本性，是很难通过培养来获得的，因而企业在选人时，要尽量避免选择缺乏活力和激情的人，这样的人将削弱整个组织的活力。不过，决断力和执行力是可以靠经验积累和管理培训来提高的，所以这两项能力欠缺的人可以视情况选择。而对于难以培养的素质能力或特质，企业要靠人才招聘来获得。例如，先公后私的价值观，企业很难通过培训让一个比较自我、自私的人变得先公后私。如果企业在这些素质能力方面花费较大的精力去培养，很可能徒劳无功。

在工作实践中学习成长是人才培养的主要方式，也是人才培养最高效的方式。在实战中培养人才的方式主要有赋予挑战性的任务、轮岗、安排解决实际问题、行动学习等。需要注意的是，培训不是福利，不需要"雨露均沾"。提高培养效果的关键不在于培训的形式，而在于培养对象是不是值得培养。很多企业把培训当成一种福利，对培训对象不加筛选，通常都是"一刀切"。然而如果培训对象选择不当，不但培训效率很低，而且人才培养也会变成员工的负担，企业吃力不讨好。当然，基础的培训和基于岗位胜任力的培养投入对全体员工来说都是有必要的，针对企业未来发展角度提供的培训则需要有的放矢。让有培养能力的人成为管理者，企业才能培养更多的人才；让有培养能力的人去培养人，企业的人才培养才能更高效。

10.4　打造全面薪酬激励体系

薪酬管理是企业家及所有员工最为关注的内容，也是最敏感的管理内容，直接关系到企业人力资源管理的成效，乃至对企业的整体绩效产生影响。很多企业在薪酬管理上都关注如何在预算范围内调薪或如何优化薪酬结构,却没有意识到薪酬在容易忽视的方面存在严重浪费。企业家或许知道薪酬发放存在浪费,但不知道薪酬浪费在哪里。表 2 列出了七种较为常见的薪酬浪费现象和相应的解决办法(表 2)。

表 2 常见的薪酬浪费现象和相应的解决办法

序号	薪酬浪费现象	解决方法
1	工资发给不合适的人	强化人才盘点,请不合适的人离开,激励合适的人
2	低工资造成的浪费	高于市场平均水平的薪酬是最节省的薪酬
3	薪酬不保密造成的浪费	制度公开、金额保密的薪酬保密制
4	不规范地随机调薪造成的浪费	把调薪变成固化的机制,将薪酬谈判的机会降到最低
5	慷慨随意地承诺造成的浪费	管理薪酬期望
6	低固定高浮动的薪酬结构造成的浪费	从低固定高浮动到高固定低浮动
7	单纯用薪酬激励	实行全面薪酬激励,包括有竞争力的薪酬,有安全感的福利,有成就感的职业发展,有归属感的企业文化

许多企业千方百计地想要设计出一套完美的薪酬激励方案,但实践发现,领先的薪酬体系不是寻求多么标新立异的薪酬体系,而是要将现有薪酬体系的各个环节执行得更加精细,把该做的细节做好,用合适的方式把薪酬发给合适的人,减少、消除薪酬浪费现象。研究证明,即使企业的薪酬水平较低,如果企业能够积极明确地说明目前薪酬水平低的原因,也能够降低低薪的负面影响。

综合来看,对于以 80 后、90 后为代表的新生代员工、当代职场主力军,选择企业的时候更关注的是文化、工作环境、职业发展机会等,单纯用薪酬福利激励员工可能效果平平。企业应大力推行全面薪酬激励体系,充分利用挑战性的工作任务、扁平化的沟通渠道、职业发展等不花钱的激励方式,一方面可以弱化员工对绝对薪酬的依赖程度,另一方面也可以节省部分薪酬支付成本,且能起到非常好的激励效果。然而,根据 2016 年怡安翰威特咨询公司的调研,超过 90%的企业认同全面薪酬激励理念,但有近 40%的企业没有将职业发展、学习和企业文化定义在全面薪酬范畴之内。这给未来的薪酬体制改革留下了很大的操刀空间。

全面激励体系要求在人员激励方面做到外在激励和内在激励、物质激励和非物质激励的平衡。当物质激励低于市场水平时,非物质激励就会缺乏土壤甚至起到反效果,激励效果将会大打折扣。这好比管理者一边让员工饿着肚子,一边用各种打鸡血或者画饼的方式来激励员工,这样不仅很难激励员工,甚至会引起员工的反感和质疑。而当物质激励达到或高于市场水平时,加上非物质激励,激励效果将倍增。

全面激励体系是员工敬业度的驱动因素，企业管理者应全力推动打造全面薪酬激励体系（图3）。虽然每个企业所提供的薪酬大致都能覆盖图3中的四个象限，但领先企业更热衷于在保证物质激励较高水平的基础上，让全面薪酬的元素向右方倾斜。这是因为内在的、非物质的激励方式更能够让企业与员工建立更强的情感纽带。

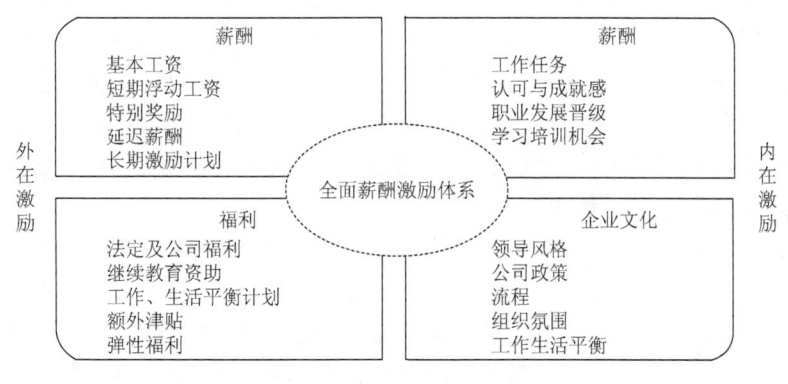

```
            薪酬                         薪酬
       基本工资                      工作任务
       短期浮动工资                  认可与成就感
       特别奖励                      职业发展晋级
外在   延迟薪酬                      学习培训机会        内在
激励   长期激励计划                                      激励
                    全面薪酬激励体系
            福利                         企业文化
       法定及公司福利                领导风格
       继续教育资助                  公司政策
       工作、生活平衡计划            流程
       额外津贴                      组织氛围
       弹性福利                      工作生活平衡
```

图3　全面薪酬激励体系

10.5　系统性设计股权激励方案

股权激励是企业整个激励体系中的重要一环，近几年来越来越多的企业开始重视股权激励，这是"人"的时代特征的重要体现。据不完全统计，2011年A股市场披露股权激励计划数量约130个，2013年约190个，2015年达到了近230个。新三板挂牌企业实施股权激励的数量更是增长迅速，从2014年的9家增加到2015年的143家。不过相比美国，A股上市公司和新三板挂牌企业实施股权激励计划的比例仍然偏低，未来上市公司的股权激励计划数量仍有较大的增长空间。此外，非上市公司实施股权激励的需求也在快速增长，这其中有传统企业转型期人才吸引与保留而产生的需求，也有初创企业在早期组建核心创业团队而产生的需求。尽管越来越多的企业提出了股权激励的需求，然而作为激励力度最强，同时也是成本最高、对操作的系统性和严密性要求最高的激励方式，股权激励是企业整体激励体系的组成部分，不能代替薪资、福利、职业发展等其他激励方式。相比其他激励方式，股权激励具有影响公司治理的特殊性，因此企业在使用时更应该慎重。

股权应基于明确的未来预期，在完备的短期激励基础上授予合适的人。未来预期越强的企业越适合做股权激励，也更易于推进股权激励。从全面薪酬激励体系的角度来说，股权是金条，工资、奖金、福利、职业发展、企业文化是钢筋、水泥和木材，它们各司其职、各有功用，不能用金条去做钢筋、水泥、木材该做的事情。如果把建立一套完整的企业激励体系比作盖房，那么股权激励就好比金条，非常珍贵，可以装饰在关键、有价值的地方，使整个房子更加富丽堂皇。但如果全部使用金条去搭建这座房子，不仅代价高昂，而且相比钢筋、水泥很难结实耐用，甚至还会因为使用不当而带来隐患。事实上，即使是资金短缺的创业公司，企业家也不能期望通过股权激励解决短期激励不足的问题。对于企业创始人来说，股权是金条，授出的每份股权都可能为公司未来的治理埋下隐患，而且对于未能通过现金激励到位的员工来说，接受一个初创企业的股权是很难的。所以，股权作为金条镶边、装饰是可行的，但不能期望用股权达成本应该用工资、奖金、福利、职业发展等达成短期激励效果。股权只有在短期激励完备的情况下授予才能最大限度地发挥激励作用。

股权应该给予投入企业运营中的人才，对于离开公司的关键管理者的股权应当及时收回。一方面，从对公司的投入度来说，全身心投入公司运营中的人理应掌握更多的股权，而那些只是在资金、创意或资源上给予投入、本人没有在企业内部任职的人不应掌握过多的股权。如果核心创始人与经营团队不能拥有公司控制权的股权结构，或者股权配置过度向外部人员和机构分散，那毫无疑问会对公司未来治理的稳定性埋下隐患。另一方面，从公司控制权的角度来说，不能让离职的关键人员将公司股权带走从而影响公司发展。股权意味着公司的控制权，也意味着公司发展方向的一贯性与延续性，避免股权分散是重中之重。只有在公司内部任职的高层管理者才应该获得更多股权，不在公司任职的人应该将股权留在公司，这样不至于未来影响公司的运转。当企业仍然需要通过股权的集中来保证决策的高效时，任何可能影响公司控制权的股东离开，都应及时收回股权。

该不该做股权激励比如何做股权激励更重要。本文基于大量股权激励的实施经验，提出股权激励决策模型（图4），建议企业家在做股权激励决策时考虑以下四个问题。

（1）企业发展是否处在上升期？
（2）企业未来预期是否很强？
（3）内部是否有成熟的股权激励对象？
（4）内部短期激励是否完备？

以上问题构成了股权激励决策模型的四要素：未来、当下、人才、机制。

研究发现，在这四要素中，企业家将内部是否有成熟的股权激励对象和是否有很强的未来预期作为考虑的主要因素，这与"先人后事"的理念不谋而合。首先，开展股权激励需要考虑是否有合适的人。对于合适的人，如何激励和管理都不是问题。而如果没有合适的人，那么即使投入了巨大的股权成本，也无法达到

10 聚焦于人——人力资源领先战略

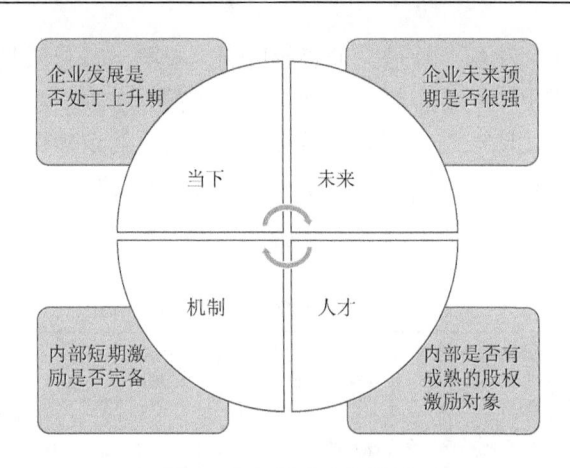

图 4　股权激励决策模型

激励的目的。其次，只有那些有很强未来预期的企业才能让股权激励真正发挥长期激励作用。对于有着良好前景、当前仍处于积累期的企业来说，企业家将公司未来的远大目标与未来规划清晰传达给员工至关重要。再者，如果内部没有完备的薪酬、绩效与福利机制，那么股权激励产生的激励作用将大打折扣。靠股权去弥补机制的不足，等于用金条去实现钢筋、水泥该起的作用，既造成了浪费，也存在极大的风险。最后，如果企业发展处于上升期，那么其当前良好的发展势头既保障了短期内较高的分红回报，又预示着企业未来良好的前景，其业绩的快速发展相当于为股权激励明确了其当前和未来的价值。公司如果处在非上升期，或者仍处在亏损和烧钱期，但又有强烈的股权激励需求，那就需要公司有更加强大诱人的未来发展预期。

激励谁比设计股权激励方案更重要。在考虑对谁做股权激励时，最重要的两个考量因素是价值认同与未来潜力。股权激励更多的是基于实现企业未来目标而开展的激励，如果忽视激励对象的选择，将很难发挥长期激励的效果。当下，测量"价值认同"和"未来潜力"对于优秀企业来说已经不是问题，在人力资源管理中测量心理特质、评估素质潜力的工具和方法已经非常成熟。优秀的外企和国内领先的企业很多已经掌握了价值观与潜力的测评方法和技术，并在选择人才方面进行了广泛的应用。只是这些方法和技术需要企业家投入时间去掌握、搭建领先的人力资源体系去运行。

无数案例研究表明，即使是非常有分享精神的企业家，在最后面临分配股权时都会犹豫不决。相对于股权激励设计方法、股权结构设计方案、购买股权资金来源等实际问题，最难的地方恰恰在于企业家的决心。究其原因，认为企业家在面临股权分配时有以下顾虑。

（1）股权给错人导致给企业发展带来隐患；

(2) 股权授出后稀释了原股东的股权比例及权益,引起原股东纷争;
(3) 投入和产出不对等,导致业绩没增长还得分享股权和分红;
(4) 激励核心团队成员的同时可能抑制其他成员的积极性。

因此,相对于流程和方法,在股权激励操作过程中遵循一些重要的原则(表3),以打消企业家顾虑就显得尤为重要。

表3 股权激励操作原则

原则一:收益增长原则	实施股权激励的最终目的是实现多方利益的最大化。授出股权的同时应保证公司获得更大收益,使原股东收益增长更快,确保原股东愿意支持股权激励原则
原则二:高标准选人原则	股权应授予极具才华、有工作才能且绝对合格,对企业理念具有高度认同感和责任感的、同意并愿意分享企业经营理念和愿景的高价值人才。面向未来的股权激励,选择对象的标准首先应该考虑价值认同,然后依次是未来潜力、近期业绩和历史贡献
原则三:全面薪酬原则	激励体系作为一个整体,股权激励只是其中的一个环节。在做股权激励之前,应当构建全面的薪酬体系
原则四:达标启动原则	企业启动股权激励计划且选好了激励对象,并不意味着激励对象必然成为公司的股东或者长期激励的受益者。股权激励计划应当设置计划实施的启动阀,这既是为了平衡收益与责任,也为了避免在公司业绩不理想的情况下仍要授予股权
原则五:强激励高约束原则	股权激励中,激励与约束是对等的,强激励对应的就是高约束。在激励方面,股权激励给予激励对象决策参与权、分红权与股份的增值权;在约束方面,则包括时间条件、业绩条件及退出方式等

企业在开展股权激励工作时,无论是自行设计方案还是借助外部力量,都需要贯彻以上原则并向激励对象明确传达。系统性地设计激励方案,能够最大限度地实现激励效果,以保证长期激励的高效运行。

10.6 走向团队绩效

传统的绩效管理存在诸多弊端,企业在绩效管理上的一些不良做法也给企业带来了很多危害。绩效考核频率过高、迷信个人绩效、过度将考核与奖金挂钩、追求绩效的绝对量化等都是绩效管理过度的病症。很多企业在实施绩效管理过程中,由于绩效管理理念落后、操作方法不当,很容易导致出现这些绩效管理过度现象,并由此引发一系列问题,使得企业在见到绩效管理的效果之前,就已经焦头烂额。

随着社会的不断进步,人员特征的不断变化,采取以团队为单位的工作模式已经成为时代的需要,团队越来越成为组织成功的关键因素。在当前形势下,团队绩效管理能够促进团队协作、知识沉淀和团队成员自我的优胜劣汰。注重团队管理已经成为组织发展的一种潮流,团队建设与团队绩效考评日益成为组织绩效管理建设的新趋势。

团队绩效管理对于组织的自我优化有强大的促进作用。团队绩效管理并不意味着对个人能力评价的放弃，它既包含团队的整体绩效，也包含团队成员的个体绩效。在团队绩效管理的理念中，团队是一种不同角色的平等组合。一方面，强调技能的互补，既要有职能部门专家，也要有专业技术人才；既要有决断剖析者，也要有沟通协调者，这样的组合才能在和谐的环境下产生优于简单加总的绩效水平。另一方面，强调团队内部共同参与决策，大家以较为平等的身份实现平等的交流，促进决策时智能的最大化，这样可以更加有效地促进人才的培养、知识沉淀、团队协作和组织自我优化。具体而言，团队绩效管理对于传统绩效管理的几大常见弊端有如下对策（表4）。

表4 团队绩效管理对于传统绩效管理弊端的对策

序号	弊端	危害	对策
1	考核频率过高	增加大量管理成本	根据目标合理确定考核周期
2	迷信个人绩效引发团队内部过度竞争	影响团队合力的作用，不利于团队建设	基于团队整体开展绩效管理
3	追求指标绝对量化	量化指标太多有着滞后性，增加管理成本	通过计划管理确定量化与行为化相结合的目标
4	将考核与奖金过度挂钩，忽略改进	打击员工的积极性和主动性，个人绩效和能力无法改进和提升	较之前减弱与奖金的挂钩程度，以绩效面谈、绩效复盘促进团队及员工改进

专注于企业战略与团队建设，从而更好地激发团队绩效的提升，本文提出以下团队绩效管理模型。该模型由五大核心要素组成：战略地图、平衡记分卡、计划管理、绩效复盘、绩效面谈。五大要素之间相互补充、相互承接、相互支撑，共同确保团队绩效管理的有效运行（图5）。

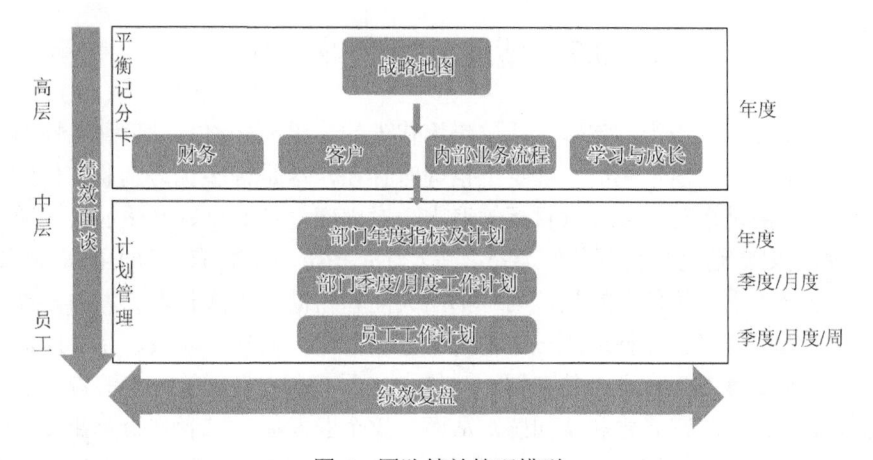

图5 团队绩效管理模型

从纵向的时间维度来看,开展团队绩效管理首先审视公司的内外部环境,抓住公司的关键战略环境因素,合理确定公司的战略规划,用战略地图来描述公司战略规划,找到公司在各个环节上的关键成功因素,以支撑公司战略规划的达成。然后运用平衡计分卡进一步解释战略地图,以表格的形式将"务虚的战略"落实为一步步可操作、可监控、具有明确时间节点和责任归属的部门级行动计划。最后以计划管理来贯彻基于平衡计分卡的行动计划。同时,在战略自上而下不断落实的过程中,将及时的绩效面谈贯穿其中,以促进各个层级上员工能力及绩效的不断改进。从横向的空间维度看,在计划执行的各个周期,需要开展团队内部以及横向团队之间的绩效复盘,建立全面的反思机制,做到团队及公司层面的不断反思及改进。这种纵向时间维度和横向空间维度开展团队绩效管理有几项显著优势。

(1)以公司战略规划为绩效管理中各项目标的源头,保证了绩效管理对公司战略的承接作用。用平衡计分卡实现了公司财务和非财务、短期和长期、过程控制和结果控制等各个关键层面的平衡;同时对组织目标进行了有效分解,能够合理分配各个团队需要承担的目标和责任。

(2)利用计划管理实现了指标责任的落地,计划管理的循环机制也可以推动绩效改进的持续循环;相对于用关键绩效指标(key performanceindicator,KPI)覆盖全员的方式,计划管理也显得更加柔性,可以更高效地落实战略目标。

(3)关注绩效面谈,使管理者着眼于员工能力素质的管理及员工能力与目标实现的匹配性,将管理者的视角从谈论工作等"事"转移到谈论员工个人发展等"人"上面,从而长远改善组织的文化氛围。

(4)通过绩效复盘实现团队及组织层面能力的不断提升,促进整个组织的绩效改善。

10.7 塑造双高企业文化

研究发现,以华为、谷歌、沃尔玛为代表的一手高严格、一手高人性的"双高企业文化"在其他卓越的企业身上也同时存在,这是许多优秀企业文化的共同特征。高严格是指对企业高远目标的追求,对内部规章制度、文化的认同和自律遵守,特别是对违背价值观的零容忍。高人性是指给员工富有竞争力的薪酬福利,对员工充分尊重、信任和授权,同时不断关注和帮助员工成长。一方面,高严格的企业文化可以将企业打造成一个精密的组织机器,顺畅、高效、完美地运行,使整个组织变得训练有素、整齐划一;另一方面,高人性的管理能够带来员工的高敬业度、强烈的归属感和认同感,从而支撑企业发展。二者作为企业文化中两条并行的轨道,相辅相成、相得益彰,能够给企业营造一种既追求卓越又充满自我激励的向上文化,从而使得企业的战略愿景和员工的个人发展都得到实现,进而形成共赢和可持续性发展。

执行高严格、高人性是建立一种在框架下实现自由和责任的文化。制度化管理是企业的基础,人性化管理则需要通过制度化管理来体现。目前我国许多企业管理的精细化程度不高,员工的职业化程度还在不断提升,此时制度化管理对于组织效率提升来说是一种最有效的规范化方式。与此同时,随着制度的完善,智力劳动者的活动也随之固化,不可避免地会降低人才的活动,所以企业在实行制度化管理的同时,还需要强调和注入人性化管理。因此,唯有一手高严格、一手高人性的刚柔并济,才是我国企业卓越文化促进企业发展之道。

双高企业文化的落地是一个系统性工程,也是企业是否具有灵魂和特质的关键。本文通过大量的案例研究提出支持和推动双高企业文化建设的五个关键点(表5)。

表5 支持和推动双高企业文化建设的五个关键点

关键点一:领导人身体力行是文化落地的核心	企业领导者是企业文化的第一诠释者。领导者的个人信念与价值观必然影响企业文化的形成,要使企业中的每位员工都相信企业文化的正确性并为之去实践,领导者的行为尤为重要
关键点二:制度、政策是双高企业文化落地的关键保障	制度、政策的建立要以高人性企业文化为基础,制度的实施要以企业文化为导向。企业应当建立有效的制度与政策,让高人性企业文化融入员工的日常工作中,指导员工的工作行为
关键点三:管理人员是文化传播与落地的一线保证	企业的中高层管理人员在企业中作为承上启下的中坚力量,对双高企业文化的落地具有影响与传递的作用。一个开放的、善于激励人心的管理者,应当能够营造彼此信任与合作的良好工作氛围,减少互相推卸责任的现象,充分发挥员工的自主性,指导企业文化的健康发展
关键点四:有效的沟通网络和仪式活动、可视化是文化传播的重要渠道	双高企业文化的落地需要建立有效的宣传、沟通、践行、反馈的沟通网络,以得到员工的认可。企业要定期开展文化活动,利用各种场合对文化进行宣传,积极寻求反馈,形成企业共同的价值观。同时要引导员工对企业文化的认知与认同,并共同在工作中恪守这样的文化
关键点五:文化是否转化成员工行为是判断文化落地成败的标准	企业文化落地的过程是将企业文化大力宣传并转化为员工自发自觉行为的过程。员工的任何行为只有与宣传的企业文化相一致,企业文化建设才算初步成功,否则再优秀的企业文化也只是形而上学

10.8 企业家成为人力资源高手

在组织中,企业家在人力资源管理方面发挥着不可替代的作用,是推动实施人力资源领先战略的首要责任人,一个优秀的企业家首先应当是一个人力资源高手。其通常主要的角色和任务体现在三个方面:一是作为企业人力资源体系的架构师,聚焦于人,贯彻领先的人力资源理念;二是选择和培养人力资源高手作为企业的二把手，这些高手秉持领先的人力资源理念、构造领先的人力资源体系、培养领先的人才，支撑着企业战略目标的实现；三是为企业选择合适的接班人——这是除了对经营业务负责之外企业家最重要的战略任务之一。

值得注意的是，选择人力资源高手当企业的二把手，给企业创造的价值超乎想象。对于企业家来说，找到人力资源高手辅佐运营能够使企业快速形成自身的造血机制，以最小的投入获得最大的成效。比竞争对手更快拥有领先的人才、领先的文化和领先的人力资源管理方法，能够使企业家不会陷入焦灼的状态，形成良好的企业运作机制。那么，具备什么特质的人力资源高手才是企业家真正需要的二把手？本文结合过往案例，提出以下三个原则（表6）。

表6 选择企业二把手的原则

原则一：先公后私	价值观是方向，能力是速度。专业领域的能力是可以培养的，而价值观则是很难改变的。先公后私作为最重要的企业价值观，应当成为首要衡量标准
原则二：内部培养	伴随企业成长的员工更适合组织发展的基因，更容易领会企业家的目标和理念，理解和认同企业战略经营目标，更好地配合、落实和引领企业战略的实现
原则三：懂业务、懂人才、懂经营	对企业家来说，空谈战略没有意义，需要更关注结果和回报。懂业务、懂经营的人力资源高手从人的角度出发，能够致力于打造良好的团队氛围，为企业发展构建人才储备，建立基于业务的人才培养机制和全面激励体系等，将一切人力资源工作与经营相结合，成为企业业务发展需要的帮手，这是人力资源高手作为二把手的核心能力

总体来说，企业家作为合格的人力资源高手需要具有领先的人力资源理念、坚持高标准的选人原则、掌握面试高端人才的技能、培养和激励高管团队的能力、塑造企业文化的能力等诸多项能力。实施人力资源领先战略需要恒定的坚持，并近乎宗教信仰般的追求，唯此企业家们才能到达卓越的彼岸。

（李祖滨　汤　鹏）

参 考 文 献

李祖滨, 汤鹏. 2017. 聚焦于人：人力资源领先战略[M]. 北京：电子工业出版社.

第四篇　创新创业人才

11　科技员工创业意向提升与创业行为转化研究

摘要：科技创业由于其在科技成果转化、经济转型以及区域经济发展方面的重要作用，近年来逐渐成为学术界、政府部门关注的热点。本文以我国"大众创新、万众创业"为研究背景，以科技人员为研究对象，基于动态视角的创业意向核心构建，对科技人员创业意向状况进行了调查，对创业意向影响因素进行了系统分析，提出了创业意向向创业行为转化的理论框架，从科技员工创业意向提升和创业意向向创业行为转化两个方面提出了对策体系。科技员工创业意向提升策略体系由目标意向提升策略、学习意向提升策略和实施意向提升策略构成，主要包括：培养积极的创业态度和完善的创业心理品质；接触创业者，提升创业认知；完善社会关系网络；提升自我效能；优化创业环境等策略。科技员工创业意向向创业行为转化分为个体、组织和政府三个层次，主要包括：制订创业计划；强化创业实践；抓住关键实践积极引导；建立分类评价体系；加强科技创业政策宣传；促进科技成果转化；完善科技人员创业的人事补偿机制；建立落实科技创新创业政策的协调制度和创业服务体系。以上对策体系对实现提升科技人员创业意向和促进科技人员创业具有重要意义。

关键词：科技员工；创业意向；创业行为

11.1　引　　言

知识经济时代，科技员工从事生产、创造知识活动，能够为企业或组织带来知识资本增值。嵌入在科技型员工身上的知识资本很多属于隐性知识，难以从科技型员工的头脑中析出或移植他处。保留在员工头脑中的知识总是要比他们可以说出来的东西多，用哲学家波拉尼的话来说，就是"知而不能言者众"，许多知识不可让渡地由独自工作或在团队中工作的个人所占有。由于这些知识具有专有性、稀缺性、难模仿性的特征，使这些知识成为科技员工赖以生存的基础，与优厚待遇和良好工作环境相比，他们更看重这些知识的使用，他们热衷于科技成果的转换，热衷于将自己掌握的专有技术转变为商品，实现专业技术的价值，并从中获取收益。科技创业就是实现科技成果转化，实现其价值的重要途径。因此，科技创业逐渐成为研究的热点问题。

科技创业是将知识创新的成果孵化为新技术和企业的创业，科技创业的内涵主要包括：开创新业务，创建新组织，依靠新的技术创业价值。科技创业研究主要关注科技创业者特征、公司特征、科技公司与其孵化组织之间的关系以及科技公司与非科技公司之间可能存在的差异。

科技员工与企业家是不同的主题，企业家更需要市场思维，更需要企业运营的全局观念，也面临着更多的风险。实现由科技员工向企业家的转化是一个渐进的过程，需要从意识形态的转变基础上，逐渐向行为层面进行转化。

11.2 科技人员创业意向基本态势与制约因素分析

在经济发展新常态背景下，大众创业成为经济发展的新引擎、新动力。科技人员文化水平较高、城市文化与价值观认同度较强，逐渐构成"大众创业、万众创新"的重要力量。创业不仅能帮助科技人员实现其成果的转化，进而创造经济财富，而且能够帮助他们实现自我价值，进而得到社会肯定。

创业意向是创业行为的最好预测指标（张秀娥等，2015），要促进科技人员创业，核心切入点之一是先了解科技人员的创业意向以及鼓励他们形成创业抱负（段锦云和田晓明，2014）。科技人员创业意向逐渐成为研究的热点问题，研究发现：意向一度被心理学认为是行为的最佳预测变量，与行为具有很强的关系，是预测行为的重要指标（Armitage and Conner，2001）。创业意向针对有计划的行为，是创业行为唯一、最好的预测变量。创业意向是创业行为的重要驱动因素，可用来回答为什么有些人选择自我雇佣并创办自己的事业，而另一些人宁愿受雇于人并成为薪水阶层的一分子这个创业研究的基本命题。Shapero 和 Sokol（1982）以及 Krueger 和 Carsrud（1993）构建的创业意向模型说明，个体只有具有创业意向，才会采取创业行动，而且，创业意向越明显，创业的可能性就越大。

本文拟对科技人员的创业意向与制约因素进行调查分析，从而总结出科技人员创业意向特征，找出制约科技人员的关键因素，从整体上把握当前科技人员创业意向总体情况和发展趋势，为提升科技人员创业意向提供现实基础。

11.2.1 科技人员创业意向现状调查

1）调研对象及调研步骤

创业意向是科技人员创业的第一步，如何提高科技人员创业意向，迈好创业第一步，是提升科技人员创业率的首要问题。针对这个问题课题组对科技人员创业意向相关问题进行调查，以深入了解科技人员对创业意向的态度，进而为政府和学校出台激励创业政策提供理论参考。

本文调研对象主要选择在江苏高校的科技工作者,有江苏科技大学,江苏大学,南京农业大学和南京大学四所高校。问卷共发放 400 份,其中男性 200 份,女性 200 份。其中有效问卷 312 份,男性 202 份,女性 110 份,有效回收率 78%。

2)问卷设计

Bird(1988)最早提出"创业意向"的概念并定义为"将创业者的注意力、精力和行为引向某个特定目标的一种心理状态",Katz 和 Gartner(1988)继承了 Bird 的概念,并将其区分为理性意向和直觉意向两个维度。这些研究将创业意向看作一种心理状态,从静态的视角解决了创业意向的定义与维度问题。虽然 Bird 的概念被众学者引用,但也有学者提出质疑,Krueger 和 Carsrud(1993)认为心理状态很难衡量和比较,意向代表着对将来目标行为的承诺。Thompson(2009)更是提出具有创业意向的个体不仅要具有创业信念,更会自觉履行这种计划。这两位学者虽然意识到创业意向动态变化的现象,但并未提出基于动态视角的创业意向构思,也未开发基于动态视角的创业意向量表。本文提出由目标意向、学习意向和实施意向构成的科技人员创业意向结构维度,编制基于动态视角的创业意向初步量表,用于考察被调研者对创业的关注程度以及科技人员创业意向的强弱,本文设计表 1,各项叙述内容,有从弱到强 5 个选项,被调研者需要选择与自己最符合或最接近的答案。量表共有 6 个问题,其中第 1 题和第 2 题是对目标意向的测量,第 3 题和第 4 题是对学习意向的测量,第 5 题和第 6 题是对实施意向的测量。

表 1 科技人员创业意向量表

问题	量尺
1. 经常思考进行自主创业	1 2 3 4 5
2. 会经常性地关注各类媒体渠道发布的关于创业的信息	1 2 3 4 5
3. 会主动积累经验,为自主创业做准备	1 2 3 4 5
4. 利用机会学习自主创业所需要的基本知识和技能	1 2 3 4 5
5. 已做好人力、资金等方面的准备	1 2 3 4 5
6. 已做好承担风险的准备	1 2 3 4 5

3)调查结果

根据大部分研究显示,我国科技人员的创业意向相对较弱。本文中,表 1 共有 6 题,每题 5 分,总分都为 30 分。主要根据科技人员在表中得分的均值和中值进行统计,来探讨科技人员创业意向的情况。

(1)总体情况分析

在表 1 中,被调研者的平均分值为 13.6 分,甚至低于中值 15 分,这个数据表示这些被调研的科技人员创业意向相对较弱。其中低于 10 分的占 21.9%左右(图 1)。

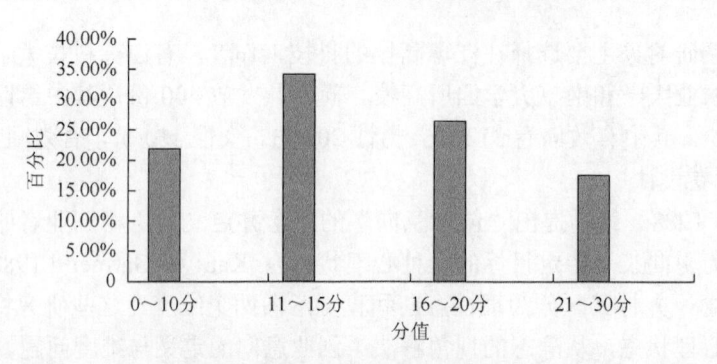

图 1　科技人员创业意向分值统计

（2）各类创业意向得分分析

从目标意向、学习意向和实施意向的得分可以看出，呈现逐步下降趋势，呈现出"心动多，行动少"的特征（图2）。

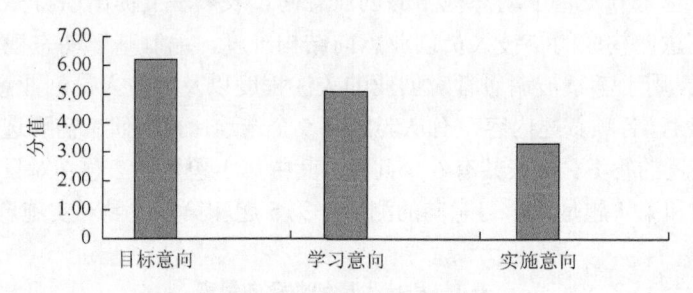

图 2　科技人员各类创业意向得分统计

11.2.2　科技人员创业意向影响因素调查

1）量表的设计

本文调查共包含 4 个问题，第 1 题是对科技人员创业意向影响最大的因素，第 2 题是家庭支持科技人员创业现状，第 3 题是家人不支持科技人员创业的原因，第 4 题是科技人员创业最希望得到哪些方面的支持（表2）。

表 2　科技人员创业意向影响因素表

问题	题支
1. 对科技人员创业意向影响最大的因素	①社会关系②机会识别③家庭背景④学校环境⑤政策支持
2. 家庭支持科技人员创业现状	①支持②不支持③态度一般
3. 家庭不支持科技人员创业的原因	①家庭缺乏充裕资金②观念保守③当下创业环境差
4. 科技人员创业最希望得到哪方面的支持	①国家出台有利政策②社会提供经验积累机会③家人支持④学校提供创业平台并培养创业素质

2）调查结果

调查显示，第1题中受访者认为对科技人员创业意向影响最大的因素是家庭65.0%，选择个人的机会识别能力、社会关系和学校环境的受访者分别占11.8%、10.5%和3.7%（图3）。

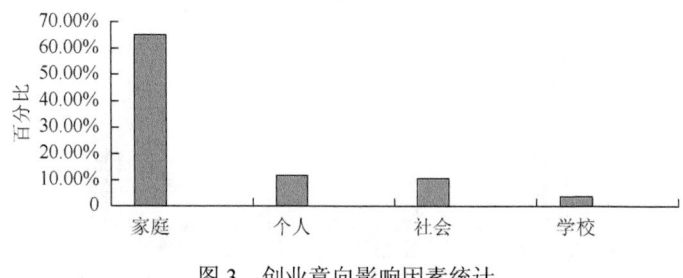

图3 创业意向影响因素统计

第2题中，27.6%的受访者感到家庭支持创业，22.2%的受访者认为家庭不支持创业，45.1%的受访者选择态度一般（图4）。

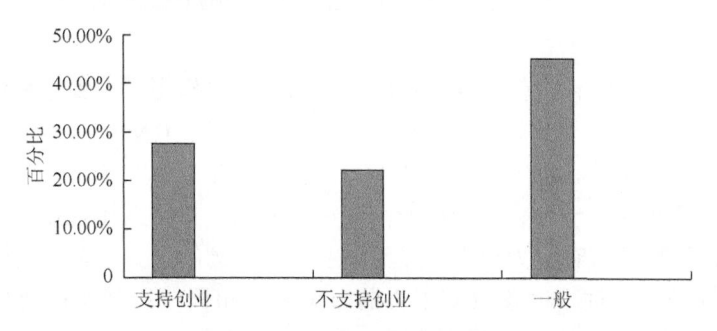

图4 家庭支持创业意向情况统计

第3题中家庭缺乏充裕资金（63.2%）是主要原因，其他原因依次是观念保守（12.0%），当下创业环境差（图5）。

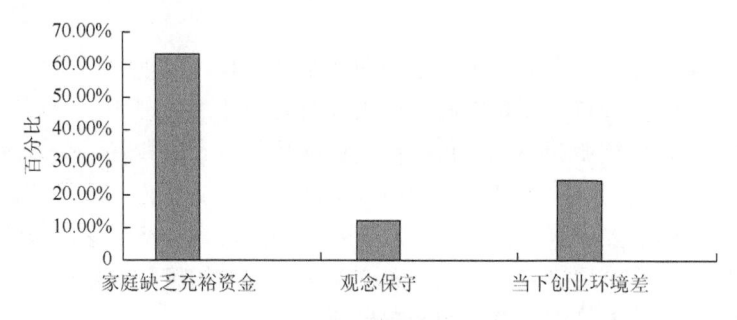

图5 家庭不支持创业意向原因

第 4 题中 43.0%的受访者期待国家出台更多有利科技人员创业的政策，22.6%的受访者希望社会提供更多的经验积累机会，10.5%的受访者认为家庭应该支持科技人员创业，23.9%的受访者建议学校提供创业平台并培养创业素质（图 6）。

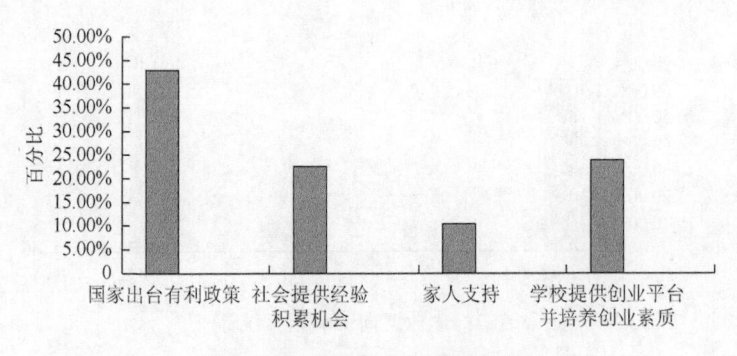

图 6　科技人员创业所需要素分析

11.3　科技人员创业意向影响机制研究

创业由于在稳增长、保就业、促转型方面的重要作用，受到党和政府的高度重视。2015 年 3 月份以来，国务院先后发布《关于发展众创空间推进大众创新创业的指导意见》、《关于进一步做好新形势下就业创业工作的意见》等五个文件，不断释放政策利好，一轮火热的创业浪潮正在来临。科技工作者知识含量高、创新意识强、年轻且富有活力，理应成为创业这场浪潮的主力军。但由于创业极大的不确定性和风险性，即使具有很强的政策激励和极好的创业机会感知，科技工作者却往往望而止步，研究政策感知和风险倾向对创业意向的影响，具有重要意义。

11.3.1　研究综述

国内外学者分别从个体心理特征视角和个体微观环境视角开展创业意向形成机理研究。个体心理特征视角的研究成果主要有创业事件理论、计划行为理论和自我效能理论。个体微观环境视角的研究逐渐从关注家庭背景、受教育背景、性别等个体背景因素向关注个体社会网络因素转变。本文认为，风险性是影响科技人员创业意向的重要因素，而我国为政府主导型的市场经济国家，政策对科技人员创业意向也有着重要影响。因此，本文从个人层面的风险性倾向和环境层面的政策感知研究科技人员创业意向的影响机理。

11.3.2 理论假设

1）政策感知对创业意向的影响

在创业研究中，良好的制度环境会对创业活动产生积极影响，是一个被学者普遍认可的命题。个体的主观能动性对于所颁布政策的分析并根据个人的分析结果对创业意识产生或多或少的影响，这是政策感知对主观性的强调，例如，Fischhoff 认为人们对于政策以及其所能带来收益的感知，是能够直接作用于创业意识的，也能够明显地表示一种偏好。在创业过程中，一些政府政策能有效减少业务失败的损失，创业主体感知到其明显的经济效益，因此更多的创业者愿意从事有风险的项目。政府对创业的正激励政策使创业企业能够获取资金支持、税收优惠，将吸引创业者产生创业的想法。但由于个体的认知水平、心理状态和社会特征是有差异的，在政策出台时，由于创业环境的复杂性，信息的传递过程首先出现偏差；其次，任何政策都会被个人的能力所束缚，即政策经由个体的认知水平、心理状态和社会特征的译码，会在潜意识中处理信息，产生或积极或消极的认知偏差，进而对创业者的创业意识进行影响。

因此，本文做出以下假设：政策感知对科技人员创业意向具有显著正向影响。

2）风险倾向对科技人员创业意向的影响

在风险倾向对于创业意识的影响方面，大部分学者也认可创业意识较强的人应当具备较高的风险倾向。他们对于创业活动中所存在的风险是较为认可的，这样不但能够增强创业者的创业意识，也能够促进下一步的创业决策和创业行为。而对于风险倾向的差异对创业意识的影响问题，不同的学者分别站在不同的立场给出了相应的解释。一些学者从内在动机的角度出发，他们表示，若个体的目标仅仅旨在获得利益，在利益的驱动下，其创业者的风险倾向可能相对较低，因此导致其创业意识也会较弱；除了这些学者，西蒙的决策理论也能够解释风险倾向对创业意识的影响，人们在面对可供选择的决策时，会不自觉地进行结果预测，并对自己多预测到的结果进行排序，这种排序完全是按照个人风险倾向的不同而生成，而正是这种因风险倾向而生成的排序对创业意识的强弱产生了影响。

因此，本文做出以下假设：风险意向对科技人员创业意向具有显著正向影响。

11.3.3 实证研究

1）量表设计

创业意向采取表 1，政策感知量表如表 3 所示，其中第 1 题和第 2 题为体制政策；第3题和第4题为财政政策；第5题和第6题为商务政策；第7题和第8题为文化政策。

表3 政策感知量表

问题	量尺
1. 对学校鼓励科技创业体制政策的满意程度	1 2 3 4 5
2. 对政府鼓励创业体制政策是否了解	1 2 3 4 5
3. 是否了解并会利用注册资金有所降低	1 2 3 4 5
4. 是否满意税收优惠政策	1 2 3 4 5
5. 是否认可科技创业服务政策	1 2 3 4 5
6. 是否认可注册地点及创业经营场所的政策	1 2 3 4 5
7. 是否会求助相关咨询机构	1 2 3 4 5
8. 全民创业的宣传和贯彻对你影响如何	1 2 3 4 5

风险倾向采取表4。

表4 科技人员风险倾向量表

问题	量尺
1. 会受信赖的人的影响做出决策	1 2 3 4 5
2. 会理性地经过分析做出决策	1 2 3 4 5
3. 重大决策时会采取冒险行动	1 2 3 4 5
4. 决策决定之后，即便有失误，也继续执行决策	1 2 3 4 5

2）实证分析（表5）

表5 创业政策与科技人员创业意向的相关性

自变量	目标意向	学习意向	实施意向
体制政策	0.611*	0.460**	0.047
财政政策	0.832**	0.569**	0.338**
商务政策	0.782**	0.190**	0.397**
文化政策	0.801**	0.338**	0.065
风险倾向	0.725**	0.397**	0.348**

**显著性水平 sig≤0.01。*显著性水平 sig≤0.05。

由以上分析可以看出，政策感知与风险倾向对目标意向和学习意向具有显著正相关关系，财政政策、商务政策和风险倾向对实施意向也呈现显著的正相关关系，而体制政策和文化政策对于实施意向并不相关。

11.4 创业意向向创业行为转化机理

创业由于在稳增长、保就业、促转型方面的重要作用受到党和国家的高度重视。2015 年 6 月 16 日，国务院专门印发了《国务院关于大力推进大众创业万众创新若干政策措施的意见》。意见要求通过创新体制机制、强化政府扶持、搞活金融市场等措施鼓励创业，使创业成为发展新引擎、增强发展新动力。在政府的鼓励下，众多国人已热血沸腾、摩拳擦掌，我国大地掀起了大众创业的新浪潮。然而，创业仅靠激情是无法实现的，在稳定的就业收益和高度不确性的创业风险面前很多人过早将创业意向扼杀在了摇篮里，使创业停留在了"心动"的层面。如何使创业由"心动"走向"行动"，将创业的热情转化为实际的创业行动，这不仅是落实大众创业政策的关键，也是实现群众智慧价值的关键。

11.4.1 创业意向与创业行为关系理论述评

意向对行为的直接预测作用并没有得到学者的一致认同，一些学者发现了从意向到行为的鸿沟。Hall（2005）提出，尽管人们具有强烈的意愿，但也并不总是遵循他们的意愿行事。Sheeran（2002）对意愿和行为之间关系的一项元分析显示实际上意愿只能解释行为 28%的变异。在创业领域意向对行为的预测能力可能会更加拙劣。一项针对我国大学生的调查显示，有自主创业意愿的达到 84%，但真正进行创业实践的大学生却仅有 3%。而这种现象却非我国所独有，一项针对新加坡大学生的调查也显示，有 50.7%的学生具有较强的创业意向，但只有 5.1%的大学生有真正的创业实践行为。Henley（2007）针对美国大学生的一项调查也显示，92.5%的潜在创业者毕业 2 年后也没有开办自己的企业。Thompson（2009）也指出，创业意愿仅仅是潜在创业者计划创办新企业的信念，并且在未来的某一时间点会有意识地履行这些计划。这个未来的时间点是个未知数，可能是马上发生的，也可能是很久以后发生，甚至永远没有发生。

近年来，一些学者开始意识到跨越创业意向到创业行为的鸿沟的重要性，开始着手研究创业意向向创业行为转化的机制。Shook 等（2003）构建"形成创业意向—搜寻和发现机会—做出创业决策—开发创业机会"的理论模型，证实了机会发现、创业决策在创业意向对创业行为影响中起到重要中介作用。也有学者从认知理论出发，发现创业实施计划的中介作用也十分明显，如地区、性别、工作经验等（姚晓莲，2014）。

综上所述，从研究结论看，创业意向对创业行为的预测作用还是存在一定的分歧，现有研究还不能有效解释"心动多，行动少"的创业现象。从研究方法看，大多数是以问卷调查的方式获取数据，然后根据数理统计的方法对模型进行验证。而创业意向是一种复杂的心理活动，创业行为也是应对不确定性、模糊性、复杂性及快速变化的环境所采取的一系列复杂行动。创业意向与创业行为都难以通过问卷调查的方式准确获取。不仅如此，从时间的维度看，先有创业意向，后有创业行动，而现有的定量研究却是要求被调查者同时填写创业意向和创业行为量表，按照时间先后顺序的历史追踪研究十分缺乏。从研究范式看，大多研究是以心理活动为研究对象，按照因果关系的逻辑构建模型。以往的研究范式一方面忽略了环境的重要作用，另一方面忽略了创业意向向创业行为转化过程中情感性因素的作用。创业行为是环境和创业者某些认知偏好相互作用的结果（朱秀梅和费宇鹏，2010），创业者之所以选择具有较大风险的创业行为，除了影响因素，还应该受到环境中某些特定事件的激发，使其打消疑虑，果断创业。正如通过对全球创业观察（GEM）德国报告中 2003 年前后的数据进行比较分析发现的"诱发性事件"那样，这些诱发性事件是引导个人从拥有创业意愿发展为形成创业行为的关键事件，把创业活动从量变发展到质变。

鉴于创业意向与创业行为研究的不足，本文提出并探索值得研究的重要问题，即剖析创业意向向创业行为转化的过程，揭开创业意向向创业行为转化的黑箱，寻找创业意向在向创业行为转化过程中的关键性事件，并回答这些关键性事件在创业意向向创业行为转换过程中发挥了什么作用？以及如何发挥作用的？等问题。

11.4.2 研究设计

1）研究方法选择

本文的目的是探讨现实情境中创业意向向创业行为转化的关键因素与影响机理，属于探索性研究理论问题，质性研究是比较适合的研究方法。而质性研究中的扎根理论因强调从情境中发现问题、提炼概念和建构理论而被认为是最能够确保研究客观性的最科学的质性研究方法。鉴于此，本文采取扎根理论的研究方法，按照扎根理论开放式编码、主轴编码、选择性编码的步骤，试图通过对资料的深入分析和持续的比较，不断提炼和修正理论，从资料中总结和发现创业意向向创业行为转化的关键因素和规律，逐渐形成理论框架。

2）样本选取

扎根理论研究方法并不像实证研究那样十分注重样本数量的多少，而更为注重研究对象信息的丰富度。为此，本文采取深度访谈的方法对八位创业者进行了调研，每个样本访谈时间至少 3 小时以上。典型访谈问题包括：您什么时候具有创业想法的？您什么时候开始创业的？从具有创业想法到采取创业行动这段时间发生了哪些事情？你是如何看待这些事情的？你认为在采取创业行为时有哪些关键的人、关键的事？等等（表 6）。

表 6 案例调研样本信息

序号	姓名	性别	年龄	创业年份	创办企业
1	王东林	男	48	1995	江苏远燕医疗设备有限公司
3	孔飞	男	50	2000	上海能天光电科技有限公司
2	倪合明	男	52	1996	南京金海田管理咨询有限公司
4	吴明卉	女	37	2012	苏州新爱婴早教中心
5	欧阳端	女	41	2004	镇江商易管理咨询有限公司
6	郁梁	男	48	2002	南京杰里纺织有限公司
7	王兴文	男	40	2004	江苏百瑞吉新材料有限公司
8	祁萍	女	36	2009	无锡市乐道管理咨询有限公司

3）创业意向向创业行为转化模型探索

为探索创业意向向创业行为转化的关键因素与影响机理，本文采用三级编码技术（开放性编码、主轴编码和选择性编码）对质性资料进行整理和分析。

（1）开放式编码

开放式编码为一级编码，其目的是对原始的资料进行逐字逐句地编码、标签和归类，以使蕴含在原始资料中的观点涌现出来，使其得以范畴化和概念化。在编码过程中概念是最基本的分析单元，属性相近或意义相关的概念被进一步聚敛并提炼为范畴。本文以"创业意向向创业行为转化的过程"为核心研究问题，秉承着开放的态度，对收集的资料进行开放性译码分析，并对原始资料贴上标签，本文最终得到 118 个标签（表 7）。

表 7 开放式编码部分示例

WDL：我自己开发新产品，公司当年盈利近百万，而总共只奖励了我 300 元，感觉自己被剥削了。感觉只有自己创业单干，才能体现自己价值	WDL1：因为被榨取剩余价值产生了被剥削的负面情感体验，为了消除负面情感体验而创业 WDL2：创业是体现自身价值的唯一手段
WXW：到一个与原公司有合作的小私营企业主家里参观，看到他家里装潢用的墙纸都是自己近半年的工资。而这个私营企业主无论是学历、经验、技术比自己都差远了，他能成功，我也一定能成功	WXW1：因没别人有钱而被瞧不起，为了让别人瞧得起就要创业赚钱 WXW2：能力不如自己的人，都能创业成功，我也一定可以
KF：国企改制后，不太愿意为私人企业打工，为国企做是为了群体、为团队，为私营企业做不情愿，不如自己创一条路出来。自己只有三十五岁，还是可以创出一片天地的，再不创可能就晚了	KF1：国企改制打破了原有生活 KF2：为别人打工不如为自己打工 KF3：对自己创业充满信心 KF4：为利用年龄优势，需要立刻去做

NHM：当公务员时，看到局长也只开个桑塔纳，自己想到到退休时最多有这样一个结果就不心甘 一个同学从一个大专生经过自己的奋斗成为博士、大学教授，让我看到只要自己努力就能成就梦想。励志的书让我知道，要做积极的人、正能量的人，才能实现自己的梦想	NHM1：对自己职业未来感到灰心 NHM2：自己具有创造一番事业的梦想 NHM3：榜样的作用证明了努力就会有结果 NHM4：榜样让我充满正能量
WMH：28岁就当了幼儿园园长，职业发展遇到了瓶颈 派我到比较远的一个幼儿园，打破我原有的生活，我不愿意去 一个同学开了培训中心，运作比较成功	WMH1：职业发展遇到了瓶颈，而自身又渴望打破瓶颈 WMH2：派我到更远的幼儿园，使原有生活无法维持 WHM3：榜样的作用，让其对创业产生了信心
OYD：自己在公司发展不再有优势，上升空间有限；自己授课能力和客户资源为自己单飞提供了基础，让我很有信心做出一番事业 到北京参加一个培训，主题是人生规划，促使我去重新思考人生	OYD1：职业无上升空间 OYD2：自身能力与资源让其创业充满信心 OYD3：对人生的重新思考，坚定创业是实现人生目标的手段

（2）主轴编码

主轴编码是在开放式编码的基础上，对初步贴上标签的资料进行整合分析，并逐步进行概念化的过程。通过主轴编码，逐步抽取研究的核心范畴。主轴编码首先要对语义相同或相近的标签进行合并。例如，KF1：国企改制打破了原有生活；WMH2：派我到更远的幼儿园，使原有生活无法维持。都是现有职业状态遇到破坏，原来的生活无法继续维持，因此需要合并。再例如，NHM1：对自己职业未来感到灰心；WMH1：职业发展遇到了瓶颈，而自身又渴望打破瓶颈；OYD1：职业无上升空间，表达的都是对现有职业前景的不满，因此需要合并。

在对所有标签进行语义合并形成独立的概念后，需要对这些概念之间的关系进行梳理，对这些概念进行范畴化的处理，并逐步提炼出次要和主要范畴（表8）。

表8　主轴编码分析表

主要范畴	次要范畴	概念	概念内涵
关键事件	振奋事件	榜样的力量	周围人成功创业案例
		高人指点	直接或间接获得专业人士指点
		获取机会	较强吸引力的、较为持久的有利于创业的商业机会
	麻烦事件	职业瓶颈	无法改变自身条件和外部环境的情况下，而产生的一个职业停滞时期
		环境变化	企业关闭、家庭变故使原来生活无法继续维持
		遭人鄙视	过去的生活、自身发展现状遭人轻蔑
情感体验	积极情感	兴奋	在关键事件的刺激下，呈现出的激昂、振奋情绪
		自信	经言语劝说或个人经历影响，相信自己创业成功的一种信念

续表

主要范畴	次要范畴	概念	概念内涵
情感体验	消极情感	焦虑	是对职业现实的潜在挑战或威胁的一种情绪反应
		愤怒	因他人不敬导致极度不满情绪
创业行为	创业准备	创业学习	为创业进行知识、经验准备与积累
		创业规划	制定创业时间表，做必要的资源、市场准备
	创业行动	开办企业	成立企业，开始创业活动

（3）选择性编码

选择性编码是在主轴编码的基础上，对研究所涉及的主要范畴之间的逻辑关系进行进一步提炼与归纳的过程。选择性编码的目的是通过建构性的解释来理顺各范畴的逻辑关系，描述出研究的整体结构以形成基本的理论框架。本文通过整理访谈材料，对研究所涉及的"关键事件"、"情感体验"、"创业行为"三个核心范畴逻辑关系进行系统梳理，构建了关键事件创业行为的影响逻辑模型：潜在的创业者经历的关键生活事件对创业者做出创业行为具有重要影响；振奋性的生活事件会让潜在创业者产生兴奋、自信等积极情感体验，积极情感体验对潜在创业者快速做出创业行为起到催化作用；麻烦性的生活事件会让潜在创业者产生焦虑、愤怒等消极情绪体验，这些消极情绪体验会对潜在创业者快速做出创业行为起到唤醒作用（图7）。

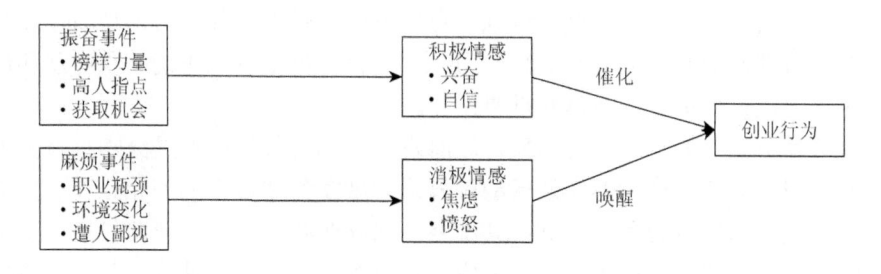

图 7 选择性编码分析图

（4）饱和度检验

饱和度检验主要是对收集案例样本的充足度进行检验，防止研究样本选择过少导致研究结论缺乏普适性。为了进行饱和度检验，需要在编码完成后，再增加几个研究样本，检查这些样本是否会发现新的范畴，以决定何时采取停止采样。为检验本文的饱和度，在编码之后又搜集了三个样本，并对样本进行了开放式编码分析，但并未发现新的范畴，本文的理论饱和度得到检验。

11.5 科技员工创业意向提升策略

11.5.1 创业目标意向提升策略

1）培养积极的创业态度

个体对事物的态度对个体参与该事件的动机可能产生关键的影响作用（贺丹，2006），成就动机、自主性、创业回报和追求变化等创业态度越强，创业对其的吸引力就会越大，创办企业的可能性也就越高，创业态度与创业意向呈现正相关关系（冉晓丽，2010）。

为培育出积极的创业态度，提升科技员工的创业倾向，一方面，政府要依靠公共舆论，向社会正面引导宣传科技创业产生的社会价值，政府也要提供政策支持，营造创业光荣的社会氛围；另一方面，应注重创业典型的宣传，采取多种途径报道科技员工创业的先进事迹，让科技员工树立以创业为荣的价值观，让科技员工充分认识到创业者的社会价值，让科技员工认识到创业的时代意义，营造浓厚的创业氛围。在这种创业氛围中，科技员工就会对创业者群体产生羡慕、敬佩等良好印象，就会培养科技员工对创业的情感，进而使科技员工萌生创业的想法。

2）培养完善的创业心理品质

奋发进取、乐观希望、坚韧顽强、自信勇敢、感恩责任等心理品质，使科技员工有积极理性的心理状态与心理能力，引导科技员工树立正确的职业观和创业观，对于促进科技员工创业具有重要作用。

为培养出完善的创业心理品质，政府及科技部门首先应通过鼓励科技员工加入创客空间和创新创业大赛实践活动等方式，激发科技员工的创业心理，保护并培养学生强烈的好奇心和求知欲；其次要加强创业心理指导，帮助科技员工掌握解决创业过程中常见的心理问题，形成对自己的全面、客观评价，并协助科技员工改进不合理的自我认知模式，培养完善的个性心理品质。

3）培育创业文化

从硅谷到以色列的特拉维夫，再到新加坡，每个地区都有其浓郁的创业文化。培育适合的创业文化，容忍失败，加强创业文化鼓励科技创业。创业文化，能够从创业动机上去影响科技人员的创业行为，能够使更多的科技人才将创业作为一种职业选择。开放、包容的创业氛围，使社会认知更大幅度地容忍科技创新、创业的失败。而对创业成功的尊重和宣传，又进一步加强了社会对创业的认知。

11.5.2 创业学习意向提升策略

1）接触创业者，增强创业认知

西方研究榜样作用的学者都一致认为榜样的力量是积极的，往往能给追随者带来正面的影响。创业榜样可以激发科技员工的创业理想和激情，提供创业经验，间接地促进创业活动的成功。因此，科技员工需要增加与创业者接触次数，进而能够对创业有更全面的认知，学习更多的创业经验。

首先，应采取"引进来、走出去"的方式创造更多的机会让科技员工与创业者进行接触，提升接触数量。"引进来"，就是让一些创业成功者走进校园、走上课堂，介绍创业经历、创业经验，让科技员工有机会与创业者进行面对面的交流。"走出去"，就是要利用假期社会实践的机会，让大学教师等科技员工走向企业，了解创业企业的运作过程，从创业者、企业员工、企业客户全方面了解创业企业，让科技员工对创业具有更为具体的认识。

其次，努力打造群际接触最优条件，提升接触质量。平等的地位、共同的目标、群际合作、权威法律支持既是群际接触的最优条件，也是提升群际接触质量的重要途径。大学应充分利用校友资源，以校友这种相对平等的关系连接科技员工与创业者。大学还可聘请创业者担任大学生创业项目辅导教师，鼓励创业者对大学生创业项目进行投资，让科技员工与创业具有合作的机会、共同的目标，让科技员工与创业者有更深刻、更具体的交流。

2）完善社会关系网络

个体网络、政府支持性网络及商业性网络对科技员工的创业意向有着显著的正向影响。科技员工得到来自家庭朋友的支持与帮助越多，政府激励、政策环境及经济环境越有利于创业，科技员工和顾客、投资者、竞争者及供应商等商业网络的接触交流越多，那么他们则有着更大的可能性对自己的研究成果进行商业性开发、从事创业活动。科技员工要突破狭隘的社会关系网络，通过参加商会活动、与官员频繁政治接触、积极寻求长期伙伴关系等多种方式完善自己的商业网络和政治网络，充分利用社会资本收集创业信息、识别创业机会，充分利用社会资本整合资源，开拓市场。

11.5.3 创业实施意向提升策略

1）提升创业自我效能

创业自我效能作为一种基于能力的信念，它是可塑的，其形成和发展有其信息源，包括主体经验、替代性经验、劝导信息和情绪心理状态信息，这些信息源是构成个体认知资源的重要部分。参与一些开发创意的活动、模拟团队、创业社团、基地等都对丰富主体经验产生良好正向影响。创业教育中可以充分借鉴 MBA 案例教育、研讨会、互动交流等方式方法，通过情境融入和体会增加受教育者的替代经验。

2）优化创业环境

环境越宽松，资源、信息和外部机会的获取数量和质量越高，潜在创业者和创业企业获取所需资源的可能性越大。环境中资源的可用性和可获取性对新创企业的生存和成长具有显著影响，同时也是刺激个体创业行为发生的重要外部因素。

首先要规范和落实创业政策，要注重创业活动的长期效应，妥善处理好创业政策的制定和落实，逐步建立起良好的法律法规环境；其次政府应有意识地为科技员工构建资本、技术、人力和知识的公共专业服务平台；最后要设立科技员工创业基金，建立多元化的融资渠道。

11.6 科技员工创业意向向创业行为转化策略

11.6.1 科技员工个体层面的对策

1）制订创业计划

让更多的科技员工了解创业实施计划的重要性，帮助他们在心中形成较好的创业实施计划。创业实施计划有助于个体发起行为去实现他们的创业意愿，防止创业意愿受其他不必要因素的影响。科技员工所在单位可以增强创业实施计划的相关知识，帮助他们在心中形成较好的创业实施计划，使科技员工处于一种准备的心态，引导他们关注可能的机会和时机将创业意愿付诸实践。

2）强化创业实践

应该充分注重科技员工社会经验的培养，不仅要对他们进行创业方面的教育，还要让他们适当地融入社会和经济活动，去社会中发现创业的机会，寻找创业所需的资源，汲取创业所需的经验。有关部门可以构建创业实践基地，开展创业实训和模拟创业的环境，为科技员工提供创业实践的便利。

11.6.2 科技员工所在单位层面的对策

1）抓住关键事件积极引导

当一个人具有初步的创业意向时，当振奋性的事件出现时，会增加这种情感体验的刺激，刺激越大、刺激越多这种情感体验的累积就会越大，当这种情感体验突破到一个极限值时，就会使创业意向向创业行为进行转变。应加强理想、信念教育，给潜在创业者注入正能量，让潜在创业者获取兴奋、自信等积极情感体验，发挥积极情感的催化作用，点燃创业激情。而当麻烦事件产生时，会使人们对现有的生活方式产生不满情绪，麻烦事件越多、麻烦事件越大，人对原有生活方式的否定就越大，改变现有生活方式的要求就越强烈，当达到一定的临界点，就会促使人们放弃原有稳定的就业行为，转而寻求收益和风险并存的创业行为。应加强职业指导工作，引导因职业瓶颈、外部环境变化导致的职业受挫者，能够将焦虑、愤怒的情感体验转化为创业的动力。

2）统一思想认识，做好典型示范

单位党政一把手对科技人员创业要统一认识，从大局出发，鼓励所在单位科技人员在完成本单位的各项工作任务的前提下在岗创业，认真落实现有的促进科技人员创业的政策，对政策落实中存在的问题，有针对性地提出相应措施。明确科技人员创新创业的收入分配，正确处理绩效工资改革中需要处理的调动科技人员创新创业积极性与绩效工资改革的关系。在包括高校在内的科技单位中，对拥有丰富科技成果特别是各类学科带头人，要强化企业转化创新成果，推出一批科技人员创业典型，实施"点、线、面"三维度创业教育，增加科技人员创业责任感和使命感，激发创新创业的自觉性和主动性，营造科技创业的浓厚氛围。

3）建立科技人员创业分类评价体系

基于目前科技人员创业局面，要对科技成果和科技人员创业进行筛选。建立和完善以发明专利、成果成熟度、市场需求量和产业化前景为主的科技成果评价体系，建立一套科技人员直接领办科技型中小微企业的能力考核评价体系，对符合要求的给予推荐鼓励，无能力创办企业的，建议转让科技成果，形成分类考核评价机制。

4）科技创业政策宣传

虽然规制环境并不会对科技人员创业认知与创业行为的关系起到调节作用，但一系列科技政策仍然能够通过改善科技人员创业知识结构、形成良好的创业预期等方式对创业行为产生积极影响，"大众创业、万众创新"政策在科技领域取得了积极成效，应继续深入进行科技体制改革，进一步推动政策的落实。同时，应重视政策的宣传工作，提高科技人员对政策的知晓率，以直接促进创业行为比例的提升。

11.6.3 政府层面的对策

1）促进科技成果转化

提高研究与试验发展（R&D）经费投入是科技创新成果产出的基础，能够显著地为科技人员创业提供现实保障；而在孵化器建设上则应该突出区域特色，以本地区科技产品或服务的特点为建设依据,尽量满足当地科技人员的创业需求。然而从长远来看,不应满足于内部研发投入创新成果产出的传统模式,而要充分发挥政府行为的引导作用,推动地区开放式创新模式的建立,降低研发投入对科技创新和创业的影响,从根本上提高技术创新能力,促进科技成果转化。

2)完善科技人员创业的人事补偿机制

基于科技人员创业期间会占用原单位编制数,各级政府出台调动所在单位促进科技人员创业积极性的政策文件,建立"走一补一"的专项人事补偿机制。按1∶1的比例予以增配科技人员,即一位科技人员领办科技型中小微企业,编办给予原单元新增一个编制,用于新进科技人员,形成科技人员能"走出去"和"引进来"平衡发展的良性人才流动机制。

3)建立落实科技创新创业政策的协调制度

由科技、人事、教育等相关部门联合组建科技人员创业指导委员会,协调政策落实过程中高校和政府之间的矛盾与问题。邀请各高校相关校领导出席高校科技人员创业政策解读宣传专题会议,强化自上而下创业政策的宣传指导。

4)建立和完善科技人员创业的服务体系

一是建立创新创业人才专项资金,着力解决科技人员创业初期困难。由专门机构管理,按市场化运作,每年择优支持一些有开发前景的科技创新项目的前期支持,重点用于孵化企业的创业投资,投资额不高于企业总资本的20%。二是完善科技人员创业保险体系,降低市场风险和管理风险,有效刺激科技人员创业积极性。三是整合资源降低小微科技创业企业商务运行成本,发挥政府创办的大学科技园孵化功能,通过降低创业经营场所租金、给予租金补贴等措施降低商务成本。对科技型企业实行鼓励性税收优惠政策,加大财政贴息力度和个人税收奖励补贴延长科技人员创业税收优惠政策时限,建立初创期企业所得税返税制等。四是加强对科技型科技创业企业的知识产权保护,保护创业人才的知识产权收益,发挥科技中介服务功能,强化科技创新公共服务平台科技资源配置共享和协作机制,加强信息沟通,优化企业创新发展"软环境"。

(崔祥民)

参 考 文 献

段锦云, 田晓明. 2014. 主动性个性、环境支持对农民工创业意向的影响[J]. 心理研究, 7(5): 75-81.
贺丹. 2006. 大学生创业倾向的影响因素分析[D]. 杭州: 浙江大学.
冉晓丽. 2010. 大学生创业态度与创业意向关系研究[D]. 开封: 河南大学.
姚晓莲. 2014. 从创业意愿到创业行为的认知失调模型研究[D]. 南京: 南京理工大学.

张秀娥, 张梦琪, 毛刚. 2015. 信息生态视角下创业意愿形成机制解析[J]. 科技进步与对策, (7): 18-23.

朱秀梅, 费宇鹏. 2010. 关系特征、资源获取与初创企业绩效关系实证研究[J]. 南开管理评论, 13 (3): 125-135.

Armitage C J, Conner M. 2001. Efficacy of the theory of planned behaviour: A meta-analytic review[J]. The British Journal of Social Psychology, 40 (4): 471.

Bird B. 1988. Implementing entrepreneurial ideas: The case for intention[J]. Academy of Management Review, 13 (3): 442-453.

Hall D E. 2005. The intention-behavior gap: To what degree does Fishbein's integrated model of behavioral prediction predict whether teachers implement material learned in a professional development workshop? [D]. Columbus: The Ohio State University.

Henley A. 2007. Entrepreneurial aspiration and transition into self-employment: Evidence from British longitudinal data[J]. Entrepreneurship and Regional Development, 19 (3): 253-280.

Katz J, Gartner W B. 1988. Properties of emerging organizations[J]. Academy of Management Review, 13 (3): 429-441.

Krueger N F, Carsrud A L. 1993. Entrepreneurial intentions: Applying the theory of planned behaviour[J]. Entrepreneurial and Regional Development, 5 (4): 315-330.

Krueger N F, Reilly M D, Carsrud A L. 2000. Competing models of entrepreneurial intentions[J]. Journal of Business Venturing, 15 (5): 411-432.

Shapero A, Sokol L. 1982. The Social Dimensions of Entrepreneurship, in Encyclopaedia of Entrepreneurship[M]. Englewood Cliffs: Prentice Hall.

Sheeran P. 2002. Intention-behavior relations: A conceptual and empirical review[J]. European Review of Social Psychology, 12 (1): 1-36.

Shook C L, Ketchen D J, Cycyota C S, et al. 2003. Data analytic trends and training in strategic management[J]. Strategic Management Journal, 24 (12): 1231-1237.

Thompson E R. 2009. Individual entrepreneurial intent: Construct clarification and development of an internationally reliable metric[J]. Entrepreneurship Theory and Practice, 33 (3): 669-694.

12 微观制度环境下的高校教师创业活动与创业环境研究——以江苏省为例

摘要： 随着创新创业驱动战略的推进，越来越多的高校教师开始进入创业领域。高校教师是科技创新创业者的重要组成部分，促进高校教师转型为创业者是提高科技成果转化率、解决产学研合作难题的重要举措。本文基于江苏省65所高校1092份高校教师问卷，分析了江苏省高校教师创业现状，并在此基础上，采用SPSS软件对江苏省高校教师的创业价值观、创业认知、创业环境等方面进行了深入分析。研究结果发现：①江苏省高校教师的创业意愿并不高，只占抽样比例的15.7%，其中49%的创业者年龄介于30~39岁，硕士、博士学历的高校教师创业者比例分别为56.3%和32.2%，高校教师创业意愿在男女性别上差异不明显。②创业价值观调查结果显示：大部分调查者认为应该将创业活动纳入对高校教师的绩效考核之中，并且认为离岗创业会影响未来晋升；相对于离岗创业，高校教师更赞同在岗创业；创业价值观与创业意愿之间呈正相关关系。③很多高校教师的创业自我效能感较强，但是创业意愿并不高。④从创业环境来看，江苏省高校在创业扶持平台和创业活动支持等方面能给创业者提供一定的帮助，但是创业者来自家庭和朋友的支持并不高；创业环境与创业意愿之间存在正相关。最后本文在相关研究结论的基础上，分别从创业支持环境提升、创业激励政策加强等角度对高校教师创业管理和实践提出了对策和建议。

关键词： 微观制度环境；创业；高校教师

12.1 引 言

推动大众创业、万众创新已成为我国经济发展新引擎。全面推动大众创新创业是实施创新驱动发展战略的重要举措，对于扩大就业、增加居民收入、调整经济结构具有重要的意义。《全球创业观察2016中国报告》显示：我国的创业活动指数高于美国、德国、英国和日本等发达国家，但是创新型企业比例为25.8%，落后于加拿大（36.1%）、美国（36.0%）、英国（36.0%）和德国（34.2%）（王聪聪，2016），说明我国创业活动的创新能力还有待提高。人力资本含量较高的高校教师群体，往往依托课题组研究中心重点实验室科技创新平台，立足科学前沿，崇尚知识创新，是最具有创新能力的潜在创业群体。因此，给高校教师提供良好的创业生态环境、提高创业参与度，成为各级政府重点关注的议题。

12.2 文献综述

12.2.1 高校教师创业现状

我国国家层面的政策保障体系已明确了鼓励、支持的改革方向，先后制定的《国家中长期人才发展规划纲要（2010—2020年）》《关于进一步做好新形势下就业创业工作的意见》（2015年），鼓励高校、科研院所等事业单位专业技术人员在职创业、离岗创业，对经同意离岗的在3年内保留人事关系，例如，南京市政府出台了"南京科技九条"，成都市政府出台了"成都十条"，北京市政府出台了"北京十条"，杭州市政府启动了"青蓝计划"等，各级政府出台的鼓励政策为高校教师离岗创业提供了制度上的合法性。新修订的《中华人民共和国促进科技成果转化法》，也对科技人员的技术转移进行激励性奖励。

12.2.2 高校教师创业研究现状

根据教育部官方网站2017年全国高等学校名单显示，江苏省在各省（市）中普通高校数量最多，高达167所，其中本科院校77所，拥有大量的潜在高质量创新创业后备军。江苏省是全国经济发展强省，地处全国经济活力最强的长三角，具有极佳的创业区位优势。江苏省历来鼓励高校科研人员创新创业，早在2015年的"创业九条"里也提到支持事业单位员工离岗创业，江苏省人力资源和社会保障厅、教育厅、科技厅2016年1月26日公布《关于鼓励高校、科研院所专业技术人员创新创业有关人事管理的意见》，鼓励省属及各地所属高校、科研院所事业单位的在编专业技术人员携带科技成果在职或离岗创业。另外，江苏省还鼓励高校、科研院所安排专业技术人员通过兼职、挂职、参与项目合作等方式到相关企业在职创业。鼓励高校教师创业的相关政策越来越细化且具备可操作性，缩短了科研成果和社会转化的距离，让不少奔波在公司与校园间的高校教师吃了颗定心丸，直接投身到成果的转化当中去。

例如，2012年10月，"科教九条"实施细则出台，高校反响热烈，当年就有16所在宁高校对照"科技九条"，制定出台或完善了学校的相关政策内容，至2012年底，全市有240位高校教师走出校门创业；2083名大学生在创业园里为创业梦想而打拼；20个紫金科技创业特别社区建成；新建大学科技园13家、战略性新兴产业创新中心 15 家。自 2011 年下半年"321"人才计划实施以来，至 2012 年底，全市共引进领军型科技创业人才 1440 名，110 名科技创业家列入培养计划，92 名国家"千人计划"特聘专家来（在）宁创业（黄榕等，2014）。

综上所述，江苏省高校教师创业活动具有"天时、地利和人和"的优势，但是具体创业活动现状如何，目前没有官方数据披露出来，但是截至 2017 年 8 月底，全江苏省去人社部门备案离岗创业的只有 10 个人，其中还包括非高校单位人员。由此可见，江苏省高校教师创业效果并不尽如人意。

12.2.3 微观制度环境对于高校教师创业的影响

为了有效使用制度环境三维度分析框架，有必要以 Kosotva 的国家制度环境三因素模型为理论基础，结合 Busnezti 的制度环境三个维度的指标，对高校教师制度环境的三个维度预先进行概念的区分和界定（魏红梅，2015）。

1）规制性维度

规制性维度，是指政府对创业者和创业活动的制度支持维度，主要包括政府层面支持创业的相关法律、规定和文件政策等（林嵩等，2014）。

高校教师创业的规制性环境，原本是反映政府对高校教师创业的制度支持维度，但高校教师创业者不同于其他普通创业者，其创业行为的发生必然和其所依存的组织存在联系，因此高校教师创业的规制性环境要从政府和高校两个层面分析。2015 年 3 月，中央政府印发《关于发展众创空间推进大众创新创业的指导意见》，鼓励科技人员和大学生创业，完善科技人员创业股权激励机制，并支持建设公共服务平台和服务机构，通过财政资金杠杆支持初创期科技型中小企业发展。为了促进科技创业、提高科研成果转化能力，2015 年 5 月，国务院明确提出"支持高校、科研院所等专业技术人员在职和离岗创业，对经同意离岗的可在 3 年内保留人事关系"。随后又出台《国务院关于大力推进大众创业万众创新若干政策措施的意见》，从创新体制机制、优化财税政策、搞活金融市场、扩大创业投资、发展创业服务、建设创业创新平台、激发创造活力、拓展城乡创业渠道等领域提出了具体政策措施。这一系列政策进一步确立了高校教师创业的制度合法性基础，逐渐发展成为科技创业发展的原动力。

尽管有了政府政策支持，但高校教师创业行为的支持最终还是要经过高校的认可。多数高校对于教师离岗创业尚停留在国家层面的政策上，缺乏宣传贯彻落实的措施和具体实施细则，对待教师创业的态度表现为不提倡、不支持、不反对、不表态。究其原因，一是传统的重科研、轻科技服务的观念一直存在，大学仍然将公开出版物的数量和级别以及政府基金项目、发明专利作为获取教育资源的主要竞争力。二是定岗定编的人事管理制度使教师离岗创业政策中"保留三年的编制"不易操作。三是作为教师创业重要支撑的科技成果与知识产权方面缺乏成果共享和利益分配机制。因此，教师创业来自高校层面的制度支持并不充分。

2）规范性维度

规范性维度，是指社会对创业者和创业活动的认同支持程度，与文化、社会规范有关。

规范性维度属于一种意识层面的文化与规范。文化与规范是社会集团潜在的社会约束机制，是为人类广泛的社会需要而形成的。它不仅为行动者本人提供了指南和标准，而且也为人们提供了判断其他人行为的标准。高校教师创业环境的规范性维度主要是观察社会层面是否具备鼓励支持创业的氛围和有效的行动支持，高校教师自身是否具备创业的意愿，并且社会层面的创业文化是否对个人创业有明显的影响。

目前，关于鼓励创业的文化氛围比以往任何时候都要浓厚，政府大力鼓励创业，已经把"大众创业、万众创新"确立为我国社会改革的动力之源和推动经济结构调整的新引擎，使得创新创业成为国家战略和施政纲要，创业已经成为当前社会经济发展的时代潮流和价值取向。

尽管当前社会创业活动氛围活跃，但来自社会各个层面在行动上的支持并不容乐观。首先，深受世界一流大学建设和学校评价体系等因素的影响，高校的主导文化依然以论文和纵向项目的学术研究文化为主，创业文化还是一种边缘文化。其次，金融支持获得困难。最后，一个创业型的社会文化应该具备良好的、专业化的服务环境为创业企业在整个生命周期中提供服务，包括法律、交易、金融服务、咨询、创业培训和教育等方面，但我国市场专业化服务系统尚不成熟。

3）认知性维度

认知性维度是指为建立和运作新企业创业者应该具备相关知识技能维度，与创业者的知识技能和信息获取有关。

认知性环境维度主要是衡量创业者在建立和运作新企业过程中应该具备的知识技能维度，也就是教师进行高科技创业的非技术能力。教师和企业家是两种不同性质的职业身份，创业能力对教师是否选择创业有重要影响，对新创企业的绩效具有显著作用。

清华大学唐婧和姜彦福（2008）在已有研究基础上构建了2个一阶和6个二阶创业能力维度，认为创业者在创业过程中需要完成两个任务，即"感知、发现和开发机会；运营管理新企业，构建组织能力并获取企业成长"。

第一，机会能力。机会能力包括机会识别能力和开发能力，要求创业者有足够的时间和精力及强烈的意愿去发现和寻找可以给市场带来真正有价值的产品或服务，能够捕获到高质量的商机，并擅长开发新产品和服务，发现新的市场区域（张菊等，2016）。高校教师拥有具有市场前景的知识产权和高科技技术，存在很多潜在的创业机会和信息,但往往因缺乏将机会转化为创业价值的意识而错失创业机会。还有的教师凭借着对自身"研究发现"技术的自信进行创业,缺乏对市场需求和各种变化进行及时反映的能力,在相关技能和经验方面更显不足。

第二,管理运营能力。管理运营能力包括组织管理、战略规划、关系处理等能力,要求创业者有能力领导和激励员工实现企业目标,有能力根据资源环境的变化及时调整目标和经营思路,制定战略规划,能与税收、工商、各种中介机构、掌握重要资源的人或组织及其他企业家建立良好的关系。而长期生活在体制内的高校教师特别是科技人员,并不需要处理如此复杂的管理和运营问题,也没有和政府、社会建立太多的关系网络。高校教师由于在知识结构、能力范围和价值期望上和普通创业者存在不同程度的差异,较难获得有效的社会资源和市场资源,造成信息不对称,以至于很多高校教师创业者难以实现"学者"和"企业家"二者角色之间的交融与转换,在创业过程中缺乏市场竞争力。

本文从高校教师的创业价值观、创业自我效能、创业团队人员选择自知、创业环境等几方面分析江苏省高校教师创业现状。

12.3 数据分析

本文通过问卷调查方法,针对江苏省高校教师创业活动和组织环境进行调查,问卷一共分为三部分:个人信息、创业认知、创业环境。主要发给江苏的65所高等学校教师填写,回收了1403份问卷,经过仔细检查,最终有效问卷为1194份,有效回收率为77.8%。从样本属性来看,调查对象主要集中在南京市。从学校属性来看,调查对象主要来自本科院校。根据问卷结果,主要对江苏省高校教师创业现状、江苏省高校教师创业价值观、江苏省高校教师创业认知、江苏省高校教师创业社会环境等方面进行深入分析,最后提出相关政策建议。

12.3.1 创业数量比例分析

根据表1可以看出,没有创业行为或是创业想法的教师占比72.9%,可见大多数高校教师没有创业行为或是创业的打算,只有少数教师目前已经在创业或是有开始创业的想法,部分教师处于观望状态。

表1 江苏省高校教师创业意愿

选项	次数	百分比
是	188	15.7%
否	870	72.9%
还在犹豫	136	11.4%

高校教师作为科技创新的主力军、高科技研发的主导者，其参与创业是有效推动科技成果转化的重要方式。但目前高校教师创业不仅受自己观念的影响，还面临外部因素的制约。教师创业目前在我国处于新生状态，我国教育"教书育人"的狭隘观念对教师的影响根深蒂固，高校教师到创业者的身份转变让很多人一时难以接受。同时，教师与企业家是两种不同性质的职业身份，角色的成功转换需要特定的素质能力。无论是在岗在职创业，还是离岗离职创业，在高校和社会支持环境不充分的情况下，高校教师在角色取舍中难免有所顾虑。

12.3.2 人口特征变量分析

1）性别分布

根据表 2 可以看出，接受问卷调查的男性有 679 人，女性有 515 人，男性略多于女性。

表 2　调查样本性别分布

选项	次数	百分比
男	679	56.9%
女	515	43.1%

根据表 3 可以看出，以 31～40 岁年龄段教师居多，占比 49.0%；41～50 岁和 22～30 岁年龄段人数相差不多，分别占比 24.3%、19.8%；61 岁及以上年龄段人数最少，仅占样本总量的 1.0%。

表 3　调查样本年龄分布

选项	次数	百分比
22～30 岁	237	19.8%
31～40 岁	585	49.0%
41～50 岁	290	24.3%
51～60 岁	70	5.9%
61 岁及以上	12	1.0%

根据图 1 和图 2 可以看出，有创业意向的男性占比高于女性，同时，31～40 岁年龄段的教师创业意向明显高于其他年龄段。

这说明了高校教师创业主体偏向中青年教师。这部分教师在多年的教学经历中积累了本专业相关知识，有能力进行科技创新，部分教师这时已经有自己的科

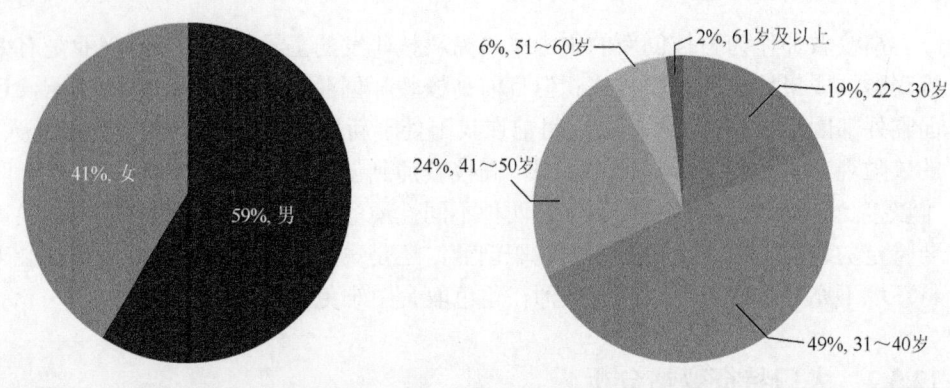

图1　创业意愿的性别分布　　　　图2　创业意愿的年龄分布

研成果,初步具备创业能力。男性的创业意向也普遍高于女性,由于当今社会男女性的社会分工不同,女性更看重家庭,男性注重事业,追求社会价值。

2) 学历分布

根据表4可以看出,拥有硕士学历的人占56.3%,占比最多;大部分人拥有博士学历;本科学历的人数占总人数的11.5%,占比最少。从图3中发现,有创业行为或创业意向的教师中,以硕士、博士为主,本科学历仅占13%。由此可见,学历高,掌握的知识技能多,其创业意向更强烈。

表4　调查样本的学历分布

选项	次数	百分比
本科	137	11.5%
硕士	672	56.3%
博士	385	32.2%

3) 职称分布

本文调查样本中讲师占总人数的50.0%,占比最多;教授占总人数的7.0%,占比最少(表5)。

表5　调查样本的职称分布

选项	次数	百分比
助教及以下(初级)	235	19.7%
讲师(中级)	597	50.0%
副教授(副高级)	279	23.4%
教授(正高级)	83	7.0%

从图 4 可以看出，有创业行为或创业意向的教师中，讲师占比最多，占 49%；教授和助教占比相近。综合分析可以看出，教授的创业人数最多，占样本教授总人数的 38.6%；助教及以下的创业人数最少，占样本助教人数的 21.2%。

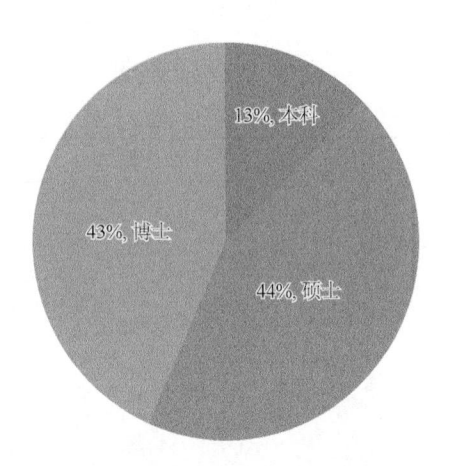

图 3　有创业意向的学历分布

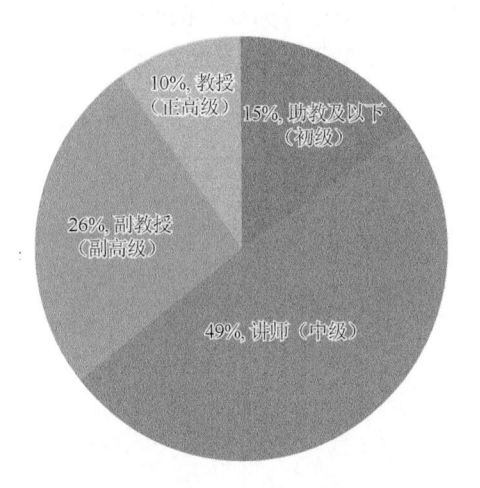

图 4　创业意向的职称分布

高校教师的职称评定一定程度上反映了教师本人的专业素养及科研水平，因此职称越高，教师的创业意向越强，创业行为越多的现象不难理解。教师在拥有了更高的职称后，开始将科研成果应用于创新创业。

创业意愿比例是指参与创业的人数与犹豫是否创业的人数之和与总样本数的比例。从图 5 可以看出，在所调查的高校教师中，职称越高，创业意愿越高，其中教授的创业意愿最高。这主要是因为职称高的教师，一方面积累的成果比较多，有一定的技术和研发成果做支持，有一定的资金和经验相辅助；另一方面，也是因为职称已经评定好了，有时间也有心情去追求下一个目标——创业成功。

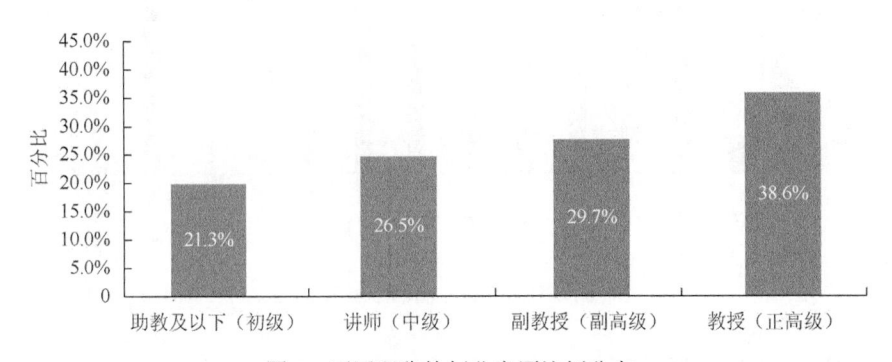

图 5　不同职称的创业意愿比例分布

4）专业与学科分析

根据表6和图6可以看出，管理学人数占样本总量的15.9%，占比最大；经济学人数占比14.2%，仅次于管理学；军事学人数仅占样本总量的0.3%，占比最小。已有创业行为或有创业意向的教师中，管理学、经济学、理学和工学人数占前三，军事学人数最少。

表6 所在学科

选项	次数	百分比
哲学	88	7.4%
经济学	170	14.2%
法学	88	7.4%
教育学	96	8.0%
文学	120	10.1%
历史学	67	5.6%
理学	158	13.2%
工学	119	10.0%
农学	17	1.4%
医学	14	1.2%
军事学	4	0.3%
管理学	190	15.9%
艺术学	63	5.3%

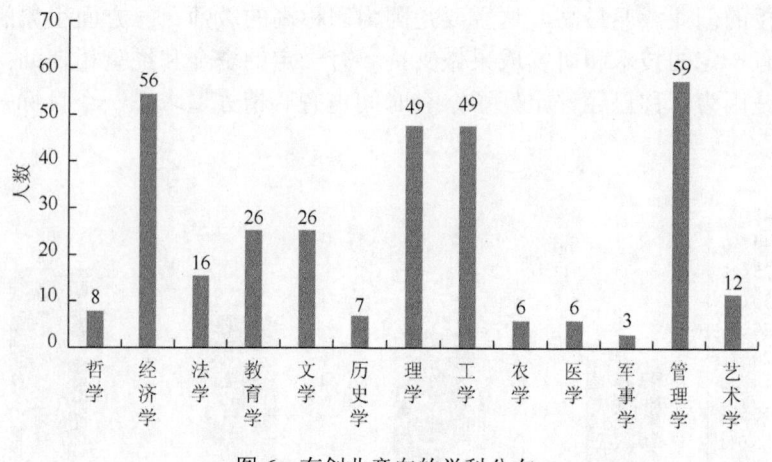

图6 有创业意向的学科分布

理学、工学的教师拥有独特的专业知识和技能，他们在创业中更有优势；而任何一个创业公司都需要进行财务管理及公司内部人员管理，经济学、管理学的教师的优越性显而易见。相比较而言，军事学、历史学和哲学这类人文学科的教师本身不具备专业技能方面的优势，创业意向并不明显。

根据表 7 和图 7 可以看出，任职年限在 6~10 年的教师人数最多，占总人数的 36.3%；其次是 1~5 年的，占比 26.5%；任职年限 31 年及以上的人数最少，仅占 1.5%。有创业意向的教师最多的是任职年限 6~10 年，最少的是任职年限 26 年及以上。任职年限在 26 年及以上的教师一般都在 50 岁以上，这部分教师更追求生活的安定，不像中青年教师一样有激情，敢于拼闯，他们的创业意向普遍不高。

表 7　任职年限

选项	次数	百分比
1 年以下	47	3.9%
1~5 年	316	26.5%
6~10 年	433	36.3%
11~15 年	185	15.5%
16~20 年	110	9.2%
21~25 年	62	5.2%
26~30 年	23	1.9%
31 年及以上	18	1.5%

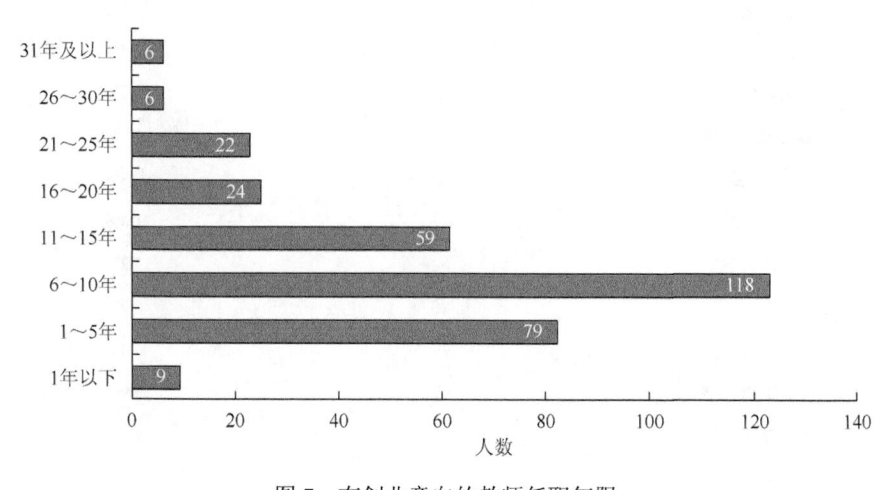

图 7　有创业意向的教师任职年限

根据表 8 可以看出，目前已有专利或打算申请专利的人数占样本总量的 14.8%，没有专利且没有申请专利想法的人数占 80.5%，由此可见，大多数的高校教师没有专利意识，没有创业意向。仅有少部分人目前已拥有自己的专利，或是有申请专利的想法，相比较而言，这部分人的创业意向要高于没有专利和还在犹豫要不要申请专利的人群。

表8　是否拥有或打算申请自己的专利

选项	次数	百分比
是	177	14.8%
否	961	80.5%
还在犹豫	56	4.7%

5）学校分析

根据表9可以看出，样本中南京地区的高校教师占大多数，这主要是因为江苏省的高校大部分集中在南京市。

表9　样本学校分布比例

选项	次数	百分比
南京大学	33	2.8%
东南大学	25	2.1%
中国矿业大学	1	0.1%
河海大学	26	2.2%
江南大学	2	0.2%
南京农业大学	30	2.5%
中国药科大学	2	0.2%
南京理工大学	26	2.2%
南京航空航天大学	4	0.3%
苏州大学	22	1.8%
扬州大学	62	5.2%
江苏大学	80	6.7%
江苏科技大学	77	6.4%
南京工业大学	47	3.9%
南京林业大学	54	4.5%
南京医科大学	2	0.2%
南京中医药大学	5	0.4%
南京师范大学	3	0.3%
徐州师范大学	2	0.2%

续表

选项	次数	百分比
南京财经大学	28	2.3%
南通大学	71	5.9%
南京邮电大学	18	1.5%
南京信息工程大学	85	7.1%
金陵科技学院	4	0.3%
盐城工学院	24	2.0%
常州工学院	37	3.1%
南京工程学院	2	0.2%
淮海工学院	2	0.2%
徐州工程学院	40	3.4%
淮阴工学院	29	2.4%
淮阴师范学院	58	4.9%
南京晓庄学院	59	4.9%
盐城师范学院	5	0.4%
江苏技术师范学院	1	0.1%
南京审计学院	2	0.2%
江苏警官学院	1	0.1%
南京体育学院	54	4.5%
南京艺术学院	15	1.3%
三江学院	62	5.2%
常熟理工学院	41	3.4%
南京信息职业技术学院	1	0.1%
无锡科技职业学院	52	4.4%

综合分析已有创业行为或有创业意向的教师，在同一所大学中，创业意向比例（同一所学校中参与调查的有创业行为和创业意向的人数之和与同一学校样本数的比例）比较高的学校有南通大学、三江学院等学校，如图8所示。图8展示出了创业意向比例较高的前9所学校，其中包括南京大学和东南大学等知名高校。

南京大学和东南大学是全部知名的部属高校，科研实力雄厚，其教师大多具有科研成果，为创业提供了良好的技术支持。南通和苏州依靠临近上海的独特地理位置经济发展迅速，良好的区位优势为当地高校教师的创业提供好的契机。

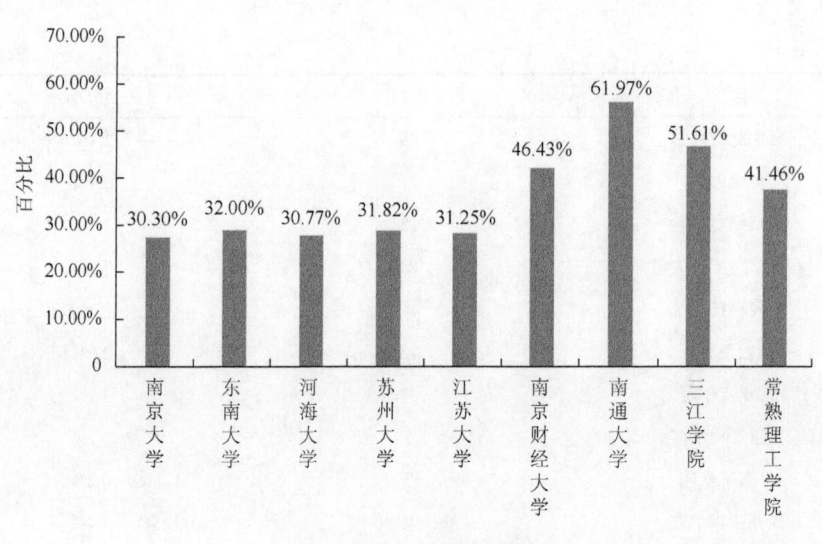

图 8 创业意向比例分析

由于调查的局限性，未能将江苏省所有高校教师纳入研究之列，所以可能导致研究的系统误差。但是从总体趋势上来看，科研实力较强的综合院校及理工科较强的院校创业意向较高，还有一些经济发达地区的地方性院校，创业氛围也较好。

12.3.3 江苏省高校教师创业价值观分析

创业价值观是主体以自身的需要为基础，对创业目标重要性的认识和在创业时采取的行为方式的判断和选择的标准，它指导着人们的创业意愿和创业行为（邓硕宁，2007）。本节将从创业意愿选择和创业行为评价两方面来分析创业价值观。

1）创业意愿选择分析

创业意愿选择主要是因创业主体对创业相关环境的认识而决定是否进行创业。创业意愿选择分析主要分析创业主体对与创业相关的制度环境的认识（表10）。

表 10 创业意愿选择分析

选项	平均值		
	是	否	犹豫中
高校是否应该把创业活动纳入对教师的绩效考核	3.81	3.69	3.55
是否认同离岗创业会影响教师未来晋升	3.39	3.63	3.45
是否认同高校教师缺乏有效的利益分配机制	3.56	3.54	3.53
是否认同科研人员收益占比少	2.79	2.60	2.80

续表

选项	平均值		
	是	否	犹豫中
是否认同商业运作后的科研价值被低估	2.45	2.29	2.54
是否认同科研成果专利归学校会挫伤创业热情	3.10	2.66	3.09
总平均值		3.14	

从表 10 可以看出，1~5 数字越大则越认同该项价值观。从表格数据可以得出，高校教师普遍比较认同所在高校重视科技研究，应该把创业活动纳入对教师的绩效考核，同时，离岗创业会影响教师未来晋升，也缺乏有效的利益分配机制。高校教师是否缺乏有效的利益机制对教师有没有创业意向几乎没有影响。创业意向高的教师更认同科研成果专利归学校会挫伤创业热情，有创业意向的教师更可能已经拥有一定科研成果，并想将其转向创业，他们更愿意科研成果归自己所有，这样一定程度上可以激励他们的创业激情。

多维度的创业政策组合为高校教师创业提供了良好的规制性制度环境。尽管有了政府政策支持，但高校教师创业行为的支持最终还是要经过高校的认可。从目前的情况来看，多数高校对于教师离岗创业尚停留在国家层面的政策上，缺乏宣传贯彻落实的措施和具体实施细则，对待教师创业的态度表现为不提倡、不支持、不反对、不表态。究其原因，一是传统的重科研、轻科技服务的观念一直存在，大学仍然将公开出版物的数量和级别及政府基金项目、发明专利作为获取教育资源的主要竞争力。二是定岗定编的人事管理制度使教师离岗创业政策中"保留三年的编制"不易操作（张呈念等，2015）。三是作为教师创业重要支撑的科技成果与知识产权方面缺乏成果共享和利益分配机制。高校教师所取得的科技成果均属于职务创造，其所有权归学校所有，但高校科技成果尤其是高精尖科技成果的实施和转化，往往离不开成果完成人的参与。因此，不管通过何种方式对科技成果进行转化，首先应该充分调动科研人员从事成果转化的积极性，在收益分配方面保障科研人员合理比例。必须通过建立起合理的收益分配制度，保障科研人员即使在不直接运营或者没有深度介入的情况下，不管通过哪种转化途径都能得到有保障的合理收益，从而彻底打消科研人员的思想顾虑，使之能够客观理性地处理离岗创业和成果转化的关系。因此，教师创业来自高校层面的制度支持并不充分。

2）创业行为评价分析

创业行为评价分析主要是对创业行为及创业手段的优劣好坏的认识进行分析。本文主要分析了高校教师对创业行为及创业形式的判断。主要是观察社会层面是否具备鼓励支持创业的氛围和有效的行动支持，高校教师自身是否具备创业的意愿,并且社会层面的创业文化是否对个人创业有明显的影响。伴随着市场化进程的加快和深入,私有产权获得法律的保护,社会大众对财富缔造者表现出极大的关注,对于财富遵从的态度已经从隐晦变为直接,社会观念对创业活动持支持和肯定的态度。现阶段,风险投资、互联网和电子商务在我国蓬勃发展,一批高科技创业企业相继诞生,主流媒体不断深入开展对创业者的关注和系列聚焦报道,成功创业者的个人魅力和奋斗经历正感染并激励着社会大众,使得处于转型时期的我国民众更加向往创业。创业已不仅仅是个人的选择,而是社会认同的一种有价值的行为。

从表 11 可以看出,1~5 数字越大则越认同该项价值观。从表 11 可以看出,大多数教师不同意"教师创业是不务正业",说明大多数教师是赞成高校教师创业行为的,尤其是相对于离岗创业来说,赞成在岗创业的呼声更高。这主要是因为在岗创业的保障性更强一些,对于创业者来说更保险更安稳。

表 11　创业行为评价分析

选项	均值		
	是	否	犹豫中
教师创业是不务正业为自己谋私利吗	1.66	1.72	1.89
教师创业是否一定会影响正常的本职工作	2.22	2.25	2.43
创业成功的高校教师是否会刻意隐藏创业行为	2.74	3.01	3.03
是否赞成离岗创业	2.95	3.00	2.93
是否赞成在岗创业	3.52	3.28	3.31

大学作为高新技术和科技人才密切集合的社会组织,在创新创业的社会主流价值活动中,无论是研究型大学还是应用型高校都需要深度参与和强力助推,高校教师作为高等教育中的主要成员,必然成为科技创业的领头羊、成为经济发展的生力军。尽管当前社会创业活动氛围活跃,但来自社会各个层面在行动上的支持并不容乐观。首先,深受世界一流大学建设和学校评价体系等因素的影响,高校的主导文化依然以论文和纵向项目的学术研究文化为主,创业文化还是一种边缘文化。其次,金融支持获得困难。高校教师创办企业一般都属于高成长的技术性企业,初期研发阶段需要大量的资金投入,但这些初创企业由于发展前景、盈利情况的高度不确定性,使得只掌握技术而社会关系网络贫乏的教师在融资过程中困难重重,直接融资与利用民间资本等方面相当有限。最后,一个创业型的社会文化应该具备良好的、专业化的服务环境为创业企业在整个生命周期中提供服务,包括法律、交易、金融服务、咨询、创业培训和教育等方面,但我国市场专业化服务系统尚不成熟。基于社会各个层面行动上支持的滞后,社会层面的创业

文化氛围对高校教师创业意愿的影响并没有如期而至，高校教师进行科技型创业的人数只占很少部分。这从另一个侧面反映出社会公众对待高校教师创业还是持一种保守的态度。鼓励通过产学研结合等方式转化科技成果。正如所分析的，总体而言只有少数高校教师具备良好的创业素质，对于教师离岗创业绝不能进行盲目鼓励和引导。对于持有科研成果的教师和团队，应该加大对其科技成果转化相关知识的宣传和普及，积极创造开展产学研合作的有利条件，鼓励和引导成果完成人进行产学研合作，通过专利转让、实施许可、合作实施等多种方式，对科技成果进行转移转化。既充分利用合作单位在产品生产、市场开拓等产业领域的优势，又积极发挥高校在产品研发、技术攻关等方面的特长，从而提高科技成果转化的效率和成功率。

12.3.4　江苏省高校教师创业认知分析

高校教师，特别是长期从事科学研究的高层次教师人才，具有很强的研究和创新能力，然而创新和创业是两个不同的范畴和概念，科技创新和科技创业所要求具备的素质并不一致，擅长科研并不意味着跨行创业毫无压力。美国约翰·霍普金斯大学心理学教授、著名职业指导专家霍兰德将人格分为研究型、企业型等6种类型，每一种人格对应一种典型职业。科研人员所对应的研究型人格和企业家所对应的企业型人格相比，具有相对内敛的个性特征，从一定程度来说并不适合从事创业这类面向市场的开拓型活动。科学研究主要是指对一些现象或问题经过调查、验证、讨论及思考，然后进行推论、分析和综合，来获得客观事实的过程。科研人员的主要优势在于好奇心、创造性和探索性精神，他们具有较强的独立性和自主性。而创业者需要很强的综合性技能，尤其是对市场和商机的认知和判断、对客户需求的把握、融资能力和管理能力等。对创业者来说最重要的不是某一特定领域有极高造诣，而是良好的领导能力、市场开拓能力等商业素养。高校教师因为没有接受过任何创业教育培训，缺乏将知识产品与市场相结合、把资源转化成市场商品的能力，缺乏创业经验，在创业过程中市场竞争力很弱。

1）创业自我效能

创业自我效能（entrepreneurial self-efficacy）是在 Bandura（1986）提出的自我效能理论的基础上，结合创业这一特定领域后产生的。在创业自我效能的研究上主要经历了两个研究阶段，早先学者主要从特质理论研究入手，后来学者主要从认知领域着手。从特质理论入手的研究主要有 Krueger 和 Brazeal（1994）将创业自我效能定义为个体能力和控制力的特征，有助于将失败知觉转换为学习经验。这时的研究者就不再将创业自我效能的研究仅仅认为是个体心理的特征，而是将目光扩展到个体心理特征和个体对外在刺激的感知与应对方式的结合上。

表 12 调查统计了调查对象的创业者自我效能分析，1~5 数字越大则对该项能力越有信心。从表格数据可以得出调查对象的识别创业时机、进行创新、发现潜在新市场与寻找资金的自我效能估计最低。对于人际沟通、协调合作伙伴关系等自我效能估计居中，对自己的抗压、直面逆境、做好运营管理等的自我效能估计最高。说明对于在校老师这一调查群体而言，在创业活动过程中最不自信的往往是创业前期的各种准备工作，中等自信的是创业活动中的协调沟通能力，最为自信的则是自己在创业活动中的抗挫折能力与管理能力，所以学校在教师创业前期提供帮助和支持是非常重要的。有或者打算开始创业的调查对象的创业者自我效能在每一项中都高于没有或者不打算开始创业的调查对象，尚在犹豫中的调查对象的创业者自我效能则居中，说明创业意向更高的教师拥有更高的自我效能估计，即创业自信程度越高。是否创业条件下自我效能估计最悬殊的几项也是前期准备工作相关的几项，而是否创业对其他如沟通和抗压等自我效能估计的影响并不显著，说明是否创业在一定程度上取决于创业前期条件的具备与否。最后综合所有题项，得出的均值为 3.20，说明调查对象总体的自我效能评价处于较高水平，有自信进行一些创业活动。

表 12 创业者自我效能分析相关问题的均值

选项	均值 是	否	犹豫中
我有能力识别出合适的创业时机	2.94	2.28	2.78
我有能力不断完善更新自己的产品或服务	3.38	2.55	3.01
我有能力发现潜在新市场	3.14	2.63	2.86
我有能力做好企业的管理运营	3.73	3.64	3.52
我有能力在新企业创办的过程中与他人协调沟通	3.35	2.96	3.04
我有能力与企业的合作伙伴等建立良好关系	3.46	3.29	3.19
我有能力为新企业的创办找到潜在的资金来源	3.11	2.72	2.71
我有能力在紧张压力冲突下有效工作	3.78	3.71	3.61
我有能力直面逆境	3.84	3.59	3.66

2）创业团队人员选择认知

目前，学者们主要从状态、过程、能力等视角对团队认知进行定义，基于状态视角的学者倾向于将团队认知视为一种集体信念或共享理解的涌现状态（emergent state），揭示团队由低层向高层所涌现的集体意义或共识，强调团队整体所体现出的认知结构或认知表征。而过程视角主要将团队认知视为团队成员之间对信息或知识进行加工处理的过程，更倾向于凸显团队成员间认知过程与互动关系；而能力视角认为团队认知是团队感知并适应外部环境变化，探知和识别相关线索、记忆相关信息、获得相关知识、调整相关行为并解决问题的能力（王国红等，2017）。

表 13 调查统计了调查对象的创业团队人员选择认知分析，1~5 数字越大则越认同该项观点。从表格数据可以得出调查对象较为认同创业活动的资金运作与科研创造同样重要，说明调查对象较为重视创业团队中各类人员的合理安排，具有统筹全局的意识。有或者打算开始创业的调查对象的创业团队人员选择认知在每一项中都高于没有或者不打算开始创业的调查对象，尚在犹豫中的调查对象的创业团队人员选择认知则居中。创业活动需要多方面综合考虑，不能只依靠科学技术上的突破与创新，技术持续创新的根基在于强大的经济支持，资金的高效运转也非常重要。从数据结果可得创业意向更高的教师往往有较强的团队整体观念，这也更加利于他们进行创业。原因可能在于有意向创业的教师对创业活动的流程和条件做了更充分的了解，所以更重视团队内合理的人员安排。

表 13 创业团队人员选择认知分析相关问题的均值

选项	均值		
	是	否	犹豫中
擅长营销管理资金运作的人与科研创造同等重要	3.91	3.72	3.75

12.3.5 江苏省高校教师创业支持环境分析

创业的环境，原本是反映政府对高校教师创业的制度支持，但高校教师创业者不同于其他普通创业者，其创业行为的发生必然和其所依存的组织存在联系，因此高校教师创业的规制性环境要从政府和高校两个层面分析。在现代经济增长理论中，制度学派认为有效的制度是促进经济增长的决定性因素。2015 年 3 月，中央政府印发《关于发展众创空间推进大众创新创业的指导意见》，鼓励科技人员和大学生创业，完善科技人员创业股权激励机制，并支持建设公共服务平台和服务机构，通过财政资金杠杆支持初创期科技型中小企业发展。为了促进科技创业、提高科研成果转化能力，2015 年 5 月，国务院明确提出"支持高校、科研院所等专业技术人员在职和离岗创业，对经同意离岗的可在 3 年内保留人事关系"。随后又出台《国务院关于大力推进大众创业万众创新若干政策措施的意见》，从创新体制机制、优化财税政策、搞活金融市场、扩大创业投资、发展创业服务、建设创业创新平台、激发创造活力、拓展城乡创业渠道等领域提出了具体政策措施。这一系列政策进一步确立了高校教师创业的制度合法性基础，逐渐发展成为科技创业发展的原动力。地方政府为了促进本地经济快速发展，更是积极采取措施为科技创业的发展提供明确的制度支持。例如,江苏省政府为鼓励高校、科研院所科技人员转化科技成果、创办科技企业,早在 2003 年就制定了关于鼓励高校和科研机构科技人员创业的若干措施,对科研人员离岗创业、注册资本最低限额、横向课题节余经费使用及政府服务和支持等方面做出了详细规定,有力地支持了科技人员创新创业。2012 年,南京市政府出台"南京科技九条",着重解决科技人员创业创新身份的制度保障,提高科技人员创业和科技成果转化的社会价值,解决创业人员初期的实际困难。

1)高校制度环境

高校对在校老师的创业行为的影响是最直接的,高校制度环境分析可以体现高校在教师创业活动中提供帮助的程度,根据程度的具体情况,能够判断高校制度环境是否能作为一个有效的载体刺激在校教师的创业活动(倪嘉成和李华晶,2017)。

表 14 调查统计了调查对象的高校制度环境分析,1~5 数字越大则越认同该题所述。从表格数据可以得出调查对象认为所在学校为其创业活动提供了帮助,结合总体均值为 3.50,说明调查对象认为高校制度环境对自己创业行为的影响比较大,在进行创业时将会较多考虑高校制度环境对自己创业活动可能带来的影响。有或者打算开始创业的调查对象认为高校制度环境为其提供的帮助在每一项中都高于没有或者不打算开始创业的调查对象,尚在犹豫中的调查对象的创业者则持中间态度,说明创业意向越高的调查对象越认同学校的相关制度对其创业提供了帮助,他们由于创业热情高,会经常主动收集学校在创业扶持方面的信息,所以了解到了更多的学校创业扶持平台。而创业意向低下的教师认为学校没有提供帮助的主要原因或许在于他们不知道学校提供了创业平台,同时也可以认为学校对创业意向不高的群体的宣传工作不够充分。

表 14　高校制度环境分析相关问题均值

选项	均值		
	是	否	犹豫中
所在学校为教师提供了创业扶持平台	3.77	3.62	3.71
学校领导对教师的创业活动很支持	3.29	3.06	3.21
所在高校重视科技研究	3.68	3.59	3.60

2)个体网络支持环境

创业活动的主要信息来源也包括创业者个人的人际网络,即创业者的家庭成员、同事、朋友等,个体网络环境分析可以体现人际网络在教师创业活动中提供帮助的程度,根据程度的具体情况,能够判断个体网络环境是否能作为一个有效的载体刺激在校老师的创业活动。

表 15 调查统计了调查对象的个体网络环境分析，1～5 数字越大则越认同该题所述。从表格数据可以得出调查对象认为在个体网络中，朋友为创业活动提供了最大的帮助，其次是同事，最后是家人，说明调查对象最认同朋友的帮助在创业活动中的重要性。有或者打算开始创业的调查对象认为个体制度环境为其提供的帮助在每一项中都高于没有或者不打算开始创业的调查对象，尚在犹豫中的调查对象则持中间态度。说明创业意向越高的群体越认为其身边的人际网络为创业带来了帮助，这是由于获得家人、朋友、同事的帮助后，将会更有决心开始进行自己的创业。反之如果自己身边的人都反对自己创业，则会面临很大的阻力，使创业意向变低。在是否创业的条件下个体网络环境分析最悬殊的一项是家庭成员为创业提供帮助的程度，说明家庭环境对教师是否创业影响较大。最后综合所有题项，得出的均值为 3.16，说明调查对象总体认为个体网络环境对自己创业行为的影响并不太大，在进行创业时不会过多考虑自己的个体网络环境。

表 15　个体网络环境分析相关问题均值

选项	均值		
	是	否	犹豫中
我的家庭成员都支持我创业并提供必要的帮助	3.39	2.51	2.95
我的同事都支持我创业并提供必要的帮助	3.44	2.98	3.20
我的朋友都支持我创业必要的帮助	3.63	3.03	3.33

3）学术支持环境

学术支持对创业者了解创业信息和提升创业技能提供了很大程度上的帮助，学术支持环境分析可以体现各类学术专业相关的事物等在教师创业活动中提供帮助的程度。根据程度的具体情况，能够判断学术支持环境是否能作为一个有效的载体刺激在校教师的创业活动。

表 16 调查统计了调查对象的学术支持环境分析，1～5 数字越大则越认同该题所述。从表格数据可以得出调查对象认为在学术支持中，会议课程、专业出版物、同僚之间的讨论都为创业活动提供了较大的帮助。有或者打算开始创业的调查对象认为学术支持环境为其提供的帮助在每一项中都高于没有或者不打算开始创业的调查对象，尚在犹豫中的调查对象则持中间态度。创业意向更高的教师会更主动地参与创业课程，购买创业相关的刊物以及与同僚分享创业经验，他们更多地在日常生活中涉足学术支持相关的领域，所以他们会认为学术环境为其创业活动提供了许多支持。对创业不感兴趣的人不会在生活中刻意关注创业相关的内容，所以较少接触学术支持环境，所以创业意向低的人不认为学术支持环境为创业带来了多大的帮助。在是否创业的条件下学术支持环境的各项差距不大，说明

学术支持环境对教师是否创业的影响不大。最后综合所有题项，得出的均值为3.33，说明调查对象认为学术支持环境对自己创业行为的影响比较大，在进行创业时将会较多考虑自己的学术支持环境。

表16　学术支持环境分析相关问题均值

选项	均值		
	是	否	犹豫中
各种会议课程为我提供创业所需的信息和技能	3.51	3.06	3.33
专业出版物为我提供相关创业信息	3.44	3.06	3.23
我与同僚的讨论为我提供有用的创业信息和技能	3.54	3.05	3.28

12.4　江苏省高校教师创业环境优化建议

根据本文的调查分析发现：①职称越高，创业意愿越强，创业参与度越高；②创业意愿较高者分布在经济、管理、理工等学科领域；③工作6～10年的高校教师创业意愿最强；④拥有专利的高校教师创业参与度和创业意向更强；⑤大多数高校教师都认为应该将创业成果纳入绩效考核体系之中；⑥大多数高校教师对创业还是持赞成态度的，其中赞成在岗创业的呼声要高于离岗创业；⑦大多数高校教师自认为创业机会识别能力不高；⑧已创业者的创业支持环境明显优于未创业者。

根据以上研究结果，本文就江苏省高校教师创业的微观支撑环境优化提出以下建议。

（1）政府应进一步优化创业支持环境。近年来，江苏省政府在支持高校教师等科技人才创业上除了积极响应和落实中央政府的创新创业政策，还根据地方特色出台了一系列的政策，如"科技九条"等，这些政策为高校教师的创业活动提供了一定的保障。但是创业行为仅仅有政策允许还远远不够，创业者的价值观、创业认知、创业能力等方面对创业行为意愿和创业结果都有重要影响。所以，政府可以对潜在的创业者提供一些指导和帮助，如创业机会识别培训、创业能力培训等，并且可以组织一些活动为创新团队组合提供舞台和机会。

（2）高校应进一步加强政策激励。虽然江苏省在支持高校教师创业上出台了一系列的政策，但是各高校在具体政策的落实上要尽快出台相应明确具体的制度和实施方案，做到不阻拦、不打折和不模糊。具体可将创业成果纳入高校的绩效考核系统之中，如科研成果的市场推广度等可作为考核指标。还可以将创业成果纳入职称评价体系之中，创业成绩也可以作为职称评价的加分项。在创业支持上，允许和鼓励在校教师创业，为创业的高校教师做好相应的制度支持，例如，在一定时间内保留原有职称和晋升渠道；在服务支持方面，高校应组建一支实战经验丰富、社会活动能力强的专业队伍，专门为科技人员提供创业指导。

（3）高校教师要提高创业自我效能感。高校教师因为长期待在校园内，大部分教师直接从高校毕业再到高校工作，对社会了解不多，甚至产生恐惧感，以至于坐拥较好的技术成果，不敢通过创业转化为科研成果，直接导致很多成果得不到社会推广和利用。所以，很多高校教师可以积极了解政府的创业支持政策，积极参加一些创业交流会和创业培训活动，帮助自己提升创业自我效能感。

（蒋 莹 王如镜 黄 芳）

参 考 文 献

邓硕宁. 2007. 大学生创业价值观问卷的初步编制与实测[D]. 重庆：西南大学.
黄榕, 曹阳, 曾绚, 等. 2014. 在宁高校科技人员创业方式分析[J]. 科技与经济, 27（4）：71-80.
林嵩, 谢靖屿, 封波. 2014. 创业制度环境的概念适用性及比较研究[J]. 科技进步与对策, (20)：81-87.
倪嘉成, 李华晶. 2017. 制度环境对科技人员创业认知和创业行为的影响[J]. 科学学研究, 35（4）：585-592.
唐靖, 姜彦福. 2008. 创业能力概念的理论构建及实证检验[J]. 科学学与科学技术管理, 29（8）：52-57.
王聪聪. 2016. 全球创业观察报告：中国早期创业活动指数超美国. http: //edu.sina.com.cn/l/2016-12-29/doc-ifxzcz fc6615260.shtml[2017-11-20].
王国红, 周建林, 秦兰. 2017. 创业团队认知研究现状探析与未来展望[J]. 外国经济与管理, 39（4）：3-14.
魏红梅. 2015. 高校教师创业制度环境分析——基于制度环境三维度框架的视角[J]. 教育发展研究, (17)：68-73.
张呈念, 谢志远, 徐丹彤, 等. 2015. 高校科技人员离岗创业的问题研究[J]. 高等工程教育研究, (3)：44-48.
张菊, 吴道友, 张巧巧. 2016. 高校教师创业现状及其管理机制研究[J]. 兰州教育学院学报, 32（3）：58-60.
Bandura A. 1986. Social Foundations of Thought and Action: A Social-Cognitive View[M]. Englewood Cliffs: Prentice Hall.
Krueger N F, Brazeal D V. 1994. Entrepreneurial potential and potential entrepreneurs[J]. Entrepreneurship Theory and Practice, 19（3）：91-104.

13　政策感知下的科创企业管理活动研究

摘要：本文对科技创新型企业进行了数据调研和实证分析，从高管团队能力、组织管理活动、政府创业政策支持感知、公司发展绩效等方面进行了数据分析。研究针对科创型企业存在的主要问题进行提炼，并集中分析了政府在针对这些企业创业活动的政策制定中，需要关注哪些问题。主要观点陈述如下。

（1）科技创新型公司高管团队的领导力水平亟待提升：科创型公司高管团队管理能力整体较好，包括技术研发能力、市场开拓能力、资本运作能力、组织运作能力及商业智慧都较高。但是，科创型公司高管团队的领导能力发展不如其他五项管理能力。

（2）需要提升科技创新型公司的市场营销与资金运作管理能力：科创型公司由于技术上的发展和变革先于顾客的需要，科技创新型企业通常先开发出某种产品，然后经由企业与市场的互动最终确定产品的真正用途，因此科创型公司在市场营销方面关注较少。面对竞争日益激烈的市场环境，科创型公司应关注目前及潜在客户的一般需要，尤其要找出那些将会成为普遍性需求的"领先"需求因素，这对于科创型公司抢占市场制高点、赢得竞争优势意义重大。

（3）政府对科技创业活动的支持重心要兼顾持续发展：科创型公司对政府政策的认知程度比较偏重于初期的政策引入、办公场地、创业申报平台等。但是，公司成立之后，在持续的资金融入、市场开拓、资源整合方面的政策认知程度较低。在此建议，创业政策要加强对中小企业生命发展中后期成长的培育。

（4）建议提升网络化的科技创业活动服务平台：此次调研中，在创业扶持及服务方面得分不高，在政策优势及服务效率方面需要提升。建议首先提升科创载体的品位品质，着力完善生活配套和公共服务；其次对比其他区域扶持政策，定期举办政策宣讲及交流活动，凸显扶持优势，搭建良好的沟通平台；最后优化服务流程、创新服务形式，积极搭建互联网+公共服务平台，主动和引导服务，打造更优质的创业创新环境。

（5）建议大力发展人力资源服务业，帮助提升科创企业的运作效率：科技创业型公司的后期发展，都离不开各类人才的引入，包括市场营销、研发、运营、内部组织管理等。为此，支持人力资源服务业的发展，将人力资源服务产品引入科技创业的支持平台，会有效帮助科创企业提升后续的发展竞争力。

关键词：科创企业；政策感知；创业；高管团队

13.1 引　言

　　科技人员创业包括独立创办企业、入股创办企业、带着成果直接进入企业与企业合作研发等。改革开放以来，我国科技人员踊跃从高校、科研院所进入市场创业，创办了如联想、方正、紫光等一大批企业，有力地推动了我国高新技术产业的发展。我国也陆续出台很多鼓励和扶持科技人员创新的政策，并取得了显著的成绩。2015 年，国务院印发《国务院关于进一步做好新形势下就业创业工作的意见》，鼓励高校、科研院所等事业单位专业技术人员在职创业、离岗创业，优惠条件是可以保留体制内身份和待遇三年。综合数据[①]显示，我国科技企业孵化器自 1987 年创办以来快速发展，尤其在 2005 年后呈加速发展趋势，孵化器数量由 2005 年 500 多家增至 2015 的 2000 多家，预计到 2020 年，我国的孵化器将接近 5000 家。

　　2016 年江苏省 15 家孵化机构牵头组织了 305 个创业项目，均属于江苏省重点发展的战略新兴产业领域，其中电子信息、高端装备、生物医药、新材料领域申报的项目占比分别达到 41.6%、19%、15.4%、14.1%；1/5 的项目由国家"千人计划"、省"双创"等人才或团队牵头实施，28%的项目负责人具有海外创业、留学经历；承担创业项目的企业平均研发人员占比达 66.6%，研发投入占销售收入比例达 69.3%，已经申请专利 732 件，授权专利 373 件，软件著作权 158 件[②]。

　　虽然如今创业企业如雨后春笋，国家和地方政府陆续增加了创新创业基金的额度，许多科技企业在创业初都拥有启动资金，但是在企业的发展过程中有许多需要花费资金的地方，尤其是随着企业规模的扩大，企业的资金将不能满足企业的资金需求，科技企业开发新产品及新技术都需要投入巨额资金。科技中小企业发展前景的不稳定性，且缺乏相应的社会信用保障体系，丧失了从银行获得货款的可能性也降低了从政府基金贷款的可能性。因此，不能取得贷款的企业，在创业初期便宣告破产。据不完全统计[③]，截至 2016 年 12 月初，全年创业公司倒闭、停业 364 家。2016 年，VC、PE 的投资项目数量下降，但和去年相比总投资额并没有明显下滑，这说明资本的投向也正在趋于集中，让更多的初创科技企业融资难上加难，这直接体现在 2016 年新增创业公司骤减 76%的数据上。

---

① 艾媒咨询（iiMedia Research），《2016 年中国孵化器市场发展概况》。
② 江苏省财政厅，《2016 年度省科技型创业企业孵育计划项目评审情况》。
③ 《创业公司报道》，2016。

13.2 文献综述

13.2.1 科技人员的界定

"中国科技网"是我国科技工作的官方网站，在统计口径上，该网站从专业技术人员、从事科技活动人员、科学家与工程师、R&D人员四个类别对全国科技人员进行了数据统计和分析。科技人员是指在科研、技术等岗位从事科学研究、技术开发的科技工作人员以及运用科学知识和技术解决实际工作中的各类技术问题的现场技术人员，或者接受过可获得学士学位及以上的高等教育或通过其他途径的学习与训练达到相当于学士学位及以上知识与能力水平的，在科学知识与工程技术原理的创造、开发、应用、传播岗位上工作的人员，或从事科学技术活动管理与决策的人员，同时，是以科技活动为职业的人员。本文中，将科技人员定义为掌握某种专门科学技术知识、技能并且能够把知识技能转化为直接生产力的人，包括各种专门的科学技术人才。

13.2.2 科技人员的创业动机与影响因素

1）创业动机的定义

在心理学中，学者普遍认为个体活动指向某一特定目标，这都是由个体内在驱动的，这种内部动力与倾向就是动机。18世纪以来，创业领域的研究越来越多，有学者将创业与动机两个研究领域相结合，研究创业动机。关于创业动机的概念，研究人员对它的定义不下几十种，不同学者根据各自不同的研究背景对创业动机给出了不同的定义。整体上，有关创业动机的定义可以归为两类，一类是"意愿、目标"学说，另一类是"创业者的心理倾向"学说。

在"意愿、目标"学说中，Shane等（2003）认为创业是不断演化的过程，而创业动机是个体的一种意愿和一种自发性，这种影响人们去发现机会、获取资源以及开展创业活动的意愿就是创业动机。何志聪（2004）将创业动机定义为企业家由于个体内在或外在的需要而在创业时所表现出来的目标或愿景，它在创业的过程中驱动着创业者的行为，并影响着创业行为和创业绩效。

在"创业者的心理倾向"学说中，曾照英和王重鸣（2009）提出创业动机是一种"动力"或"心理倾向"，促使个体做出创业行为，是创业个体将创业意愿付诸行动的特殊心理状态。严莉（2013）将创业动机定义为引起和维持个体从事创业活动，并使活动朝向某些目标的内部动力。

综上所述，对于创业动机的界定，两部分学者的研究结论均是从创业者个体角度出发,认为创业动机的产生主要与创业者的心理特征和行为倾向有关,创业动机是激发并维持个体创业的内在的根本的驱动力。

2) 创业动机研究模型

近年来,在创业动机概念研究的基础上,学者围绕创业动机进行了深入的探讨。关于创业动机的维度模型主要有以下两类。

第一类是以创业者个体为主的创业动机结构模型。经典模型如 Kuratko 等(1997)提出的创业动机四结构模型(表1),主要包括外部激励、内部激励、独立与自我控制、家庭保障。之后,Robichaud 等(2001)对此测量结构进行了校验,在肯定 Kuratko 四维结构的基础上进行了补充。因素内容没有变化,维度内的部分指标有所区别。在原有结构的基础上增加了"接近家庭"、"为退休做准备"、"生活改善"等维度,该模型的内容效度、结构效度和预测效度较高。Taormina 和 Lao(2007)提出用来测量我国创业者创业动机的四因素量表,包括成就驱动、社会网络/关系、乐观三个个体变量以及商业环境这一环境变量。

表1 创业动机四结构模型

结构维度	具体含义
外部激励	个人财富的需求、增加个人收入、增加收入增长的机会
内部激励	得到公众的认可、接受挑战、个人成长、证明自己有能力、享受激情
独立与自我控制	个人自由、个人保障、自我雇佣、成为自己的老板、控制个体的命运
家庭保障	成员的未来,建立一个可以传下去的家族式企业

第二类是集创业者个体—环境为一体的创业动机结构模型。创业来自于三种基本动机类型,包括机会型动机,创业者发现了一个可行的商业机会然后利用这个机会来成立公司;内部驱动型动机,又称为前摄式创业,创业者开始决定创立一个新的公司是为了满足内心想成为老板的需要,他们创立公司之后才开始寻找商业机会;外部驱动型动机,这种受外部环境影响的决策驱动,称为反应式创业,如外部环境激励创业者通过创立新公司来维持生活。王玉帅和尹继东(2008)通过对江西地区创业者的创业动机进行问卷调查,得出创业动机往往是经济性动机与社会性动机交织在一起而产生的结果,不同个体的不同动机在强弱上存在差异。曾照英和王重鸣(2009)提出了中国情境下创业者动机的二维模型(表2):事业成就型和生存需求型。

表2 曾照英和王重鸣的创业动机二维模型

结构维度	具体含义
事业成就型	获得成就认可、实现创业想法、扩大圈子影响、成为成功人士、控制自己人生
生存需求型	不满薪酬收入、提供经济保障、希望不再失业

3）创业动机影响因素

科技人员创业的影响因素很多，相关文献的研究观点主要集中在以下三个方面。

首先，是基于认知理论的视角。Shapero（1980）提出影响个人创业意愿的 3 个因素是创业对个人的吸引程度、个人的行动倾向、个体对创业能力的评价。Ajzen（1991）认为创业主要由态度、主观规范和感知行为控制力决定。刘建中（2011）提出创业本身是一种具有创新特征的经济活动。研究数据表明，个体创业意愿的强度与其对经济活动感兴趣程度成正比。

其次，是基于个人特质的视角。赵丹和凌峰（2014）认为创业与个体的成长背景、工作经历、创业能力、风险承受力、冒险精神、内源控制及前瞻性人格紧密相关，将创业能力划分为 3 个层次，即操作能力、认知能力和社会能力，认为创业人格特质、成就动机、能力素养、社会结构影响创业意愿和创业成功率。

最后，是基于创业环境的视角。张京等（2016）将影响科技人员创业意愿的因素归纳为个体特质和创业环境两个方面，并认为前者是内在因素，后者是外部因素，两者相辅相成、相互促进。其中，个体特质包括创业能力、资源获得能力、风险承受力；创业环境包括政策环境、投融资环境、营销支持体系、创业教育支持体系。

从上述学者的研究不难看出，科技人员的创业动机不是由单一因素所决定的，而是由多个不同维度的因素共同决定的，学者对创业动机的测量方面也在不断进行探索和完善。就创业影响因素来看，目前主要围绕认知理论、个人特质、创业环境三个视角进行研究。

13.2.3 科技人员创业行为与影响因素

1）创业行为的定义

科技型员工的创业行为是人力资本流动的一种特殊形态，长期以来，一直都是高科技产业和工业集聚区普遍存在的现象。陈柳和刘志彪（2006）提出目前较多的创业形式主要有两种，一是科技人员离开原雇佣企业，自己创业开办新企业；二是科技员工"跳槽"加盟其他行业的某家企业，帮助这家企业进入新行业参与市场竞争。从之前的研究来看，关于创业行为的定义大致可分为两种。第一种是对创业行为的内涵和作用做出了具体界定。McMullen 和 Sheperd（2006）认为创业行为是指创业者为实现创业目的而采取的一系列行为（主要包括创业决策、创业计划、创业融资等）。张玉利等（2008）认为创业行为是揭示创业过程和新创企业产生机理的关键，并认为创业行为是创业者感知机会、资源整合、组建创业团队、获取创业资源的逻辑过程。Bird 等（2012）认为创业行为是指个体或团队为了开创或成长新组织需要实施的具体任务或活动组合。闫华飞和胡蓓（2013）将创业者关键创业行为界定为：创业者集聚行为、关系网络建构行为、模仿创业行为和创新行为。第二种是将创业行为定义为一个过程。Krueger 和 Brazeal（1994）认为无论当前的资源情况如何，创业行为都是一个围绕特定理念，统筹人力、资本与信息等所有必要元素，高效地创造新的产品或者降低原有产品生产成本的过程。

王秀峰（2016）从时间、性质、层次三个方面对创业行为的定义进行了较为全面的界定。在时间上，创业行为是在创业者产生创业想法并做出创立新企业决定之后发生的行为；在性质上，创业行为是离散的、单元目标导向的行为；在层次上，创业行为属于个体层次而非企业层次的行为；创业行为的研究应该把行为与行为的结果区分开，创业者的行为结果不是创业行为。

2）创业行为的过程与影响因素

不少学者将创业行为定义为一个过程，而对于创业过程的具体划分的研究有以下几种。Greve 和 Salaff（2003）描述了创业者在新企业建立过程的动机产生、规划、建立三个阶段中如何通过网络行为建立与维持社会联系。袁闽川（2009）认为创业行为是由机会发现（意外发现的机会和深思熟虑的机会）、机会评价（与机会识别相互补充）、机会开发（将机会打造成具体商业概念）和创业结果（外在或内在）组成。闫华飞和胡蓓（2013）根据创业发展过程阶段，将创业行为划分为 3 种类型，即创业前行为（创业机会的感知和识别）、创业中行为（整合获取资源）和创业后行为（新创企业的生存和发展）。

关于创业行为的影响因素，不同学者进行了不同的划分，主要体现在创业者个人和外部环境两个方面。在创业者个人对创业行为的影响分析中，Forbes 等（2006）揭示了使用即时信息行为对创业者自我效能的影响。Hmieleski 和 Ensley（2007）使用创业者高层管理团队的共享真实领导行为去预测团队情调。徐进（2008）研究了创业者的学习行为对创业绩效的影响。袁闽川（2009）认为创业者的背景、特质因素（家庭背景、教育背景、年龄、创业精神、创业者个人特质）与创业行为有关。李新春等（2010）研究了创业者发展外部关系行为对新创企业成长的影响。孙晨（2013）研究了创业者的先前经验对其创业学习行为的影响。谢雅萍和黄美娇（2014）、徐进（2008）关注了创业者的学习行为对其创业能力的影响。陈平和和顾建平（2014）研究了创业者的愿景型领导行为对员工创新行为的影响。严莉（2013）将创业行为影响因素中的个体因素分为身体特征（先天因素）、能力素质（后天因素）、动机和态度三个维度。

在外部环境对创业行为的影响分析中，创业的核心要素包括机会、团队和资源，这三者在创业过程中构成一个倒三角形，并不断地发生着变化，必须始终保持这三者之间的平衡，并随着创业活动的发展不断进行调整（Delmar and Shane，2004）。Tornikoski 和 Newbert（2007）研究了合法化行为对新企业创立成功的影响。Brush 等（2008）研究了意向性、资源管理、边界建立、交换行为对新企业创立成功的影响。

通过对研究文献的梳理发现，国内外学者对创业行为从理论与实践两方面做了很有价值的研究，对本文的研究具有重要的启示作用。当前已有创业行为的研究中，主要集中于探索创业行为的过程、效应与影响因素。创业行为相关研究结论与发现，可以使得创业的学术领域与创业实践领域内更好地理解创业行为的影响因素与结果效应，但是缺乏针对创业者具体行为开展研究的指导性框架，难以指导创业者的创业行为。并且目前对于创业行为影响因素的研究主要集中在创业者个人，对外界环境因素的关注不足。

13.2.4 创业政策评价与感知

1）高新技术创业政策

（1）创业政策

创业政策就是一国政府为了激励本国经济主体积极发展创业活动而颁布的相关优惠和辅助的政策。从 20 世纪 90 年代中期开始，越来越多的研究学者开始将目光投向活动的研究，试图寻找如何提高创业活动的方法，并对创业政策进行了分析和界定。

从根本上来讲，创业政策的目的就是为了激励创业行为的发生，并为了减少新兴企业所面临的不稳定性，为"熊彼特式的企业家"的创业活动提供了优良的氛围。Lundström 和 Stevenson（2005）指出，创业政策会以一定的方式影响创业主体的创业行为，创业政策的实施就是政府为了鼓励创业主体的创业活动而颁布和落实的措施。

Degadh（2004）认为创业政策有两层意义。一方面，创业政策是为了提高主体的成活率，激励更多主体寻求新的方法来创造新的企业；另一方面，创业政策是为了给创业主体提供更多的优良环境，保护和辅助新的企业更好地发展，为其在竞争中能够具有一定的优势提供了各种需要的条件。它是直接影响创业活动水平的因素，通过激励主体的创业意愿，提供相应的环境与条件来鼓励主体，分为前期、中期和后期，共 42 个月。从广义上来看，创业政策考察了各国政府或地区为了提高本国或地区经济发展，如何通过制度制定或措施采纳，来解决本国或地区经济困难的局面。

（2）创业公共政策

创业公共政策的本质就是刺激创业，是直接影响一个国家或地区的创业活动水平的手段或策略，具体地说，是公共政策在创业的潜在意识阶段、初创阶段、启动阶段和启动后早期阶段，通过在创业动机、创业机会、创业技能方面发挥作用，来实现刺激更多人选择创业的公共目标。创业公共政策涉及的范围很广，从地区到国家，从低技术经济到高技术经济，它全面地涵盖了政府的管理能力，从制度政策到经济发展，进而改善贫困局面。

Lundström 和 Stevenson（2005）在对多个国家的情况进行研究之后，对创业公共政策进行了归类并提出了关于创业公共政策的理论框架，根据其框架，创业公共政策主要集中于六个方面：创业促进、创业教育、启动环境、启动期与种子期融资、启动期的商业支持措施和目标群体战略。这些创业公共政策的目标主要是为了培育创业文化企业家精神并培养潜在的创业者企业家群体，减少企业建立所遭遇的壁垒，降低启动和早期阶段的资本约束，加强对启动项目的商业支持，以及增加非目标群体的创业率。另外，在创业公共政策类型方面，主要包括中小企业政策的推广、新企业的创业政策、细分创业政策和全面的创业政策（高建和盖罗它，2007）。

（3）高新技术领域创业政策

OECD（2001）研究报告指出，由于私人对于研发和创新所要求的回报与社会所要求的回报存在差异，私人资本的流入并不能抵消政府对于高新技术中小企业的支持。较多研究支持了公共政策激励高新技术创业活动的做法。

在高新技术领域内关于创业公共政策的研究中，有一个重要的内容应该被提到，即对于企业孵化器的研究。企业孵化器，在有的国家被称作创新中心，在我国也被称作创业服务中心。在国外，企业孵化器的发展最初始于政府的支持、创新计划或国家创新体系的推广等，国内孵化器的发展则更多依赖于财政资金的投资与政策的扶持，政府在其中扮演的角色更为显著。孵化器是一个创新系统，此系统是为了协助创业者新创建企业的发展，向新创业或新生公司提供各种不同的服务与支援。同时，孵化器也是一座具有少数管理人员的设施，此设施以一个系统的形式来提供实体工作空间、公用的设备以及技术与商业帮助的渠道，如此可以降低新生企业的创业成本与改进商机的迟延，以降低创业阶段失败的概率。正是孵化器在促进创业方面所具有的作用，而获得了许多公共资源的资助，尤其是在我国，其发展变化的最大特征就在于政府的强力主导和支持（巫英坚，2004；郑孝国，2006）。

2）创业政策评价

（1）国外相关研究

1951 年，著名学者 Lasswell 创造性地提出了"政策科学"这一概念，从而使得政策评价体系的构建成为政策学家关注的焦点之一。Stufflebeam（1999）对 1950～1999 年这五十年中美国的政策评价方法进行了归纳和分类，并将其分为四大类，即伪评估、问题/方法取向评估、改善/绩效问责取向评估和社会议题导向评估。卡尔·帕顿和大卫·沙维奇（2001）将政策评价方法归纳为六种：准实验模型、实验模型、有无政策的比较、政策前后的比较、实际与规划的比较及成本评估法。

（2）国内相关研究

改革开放之后，政策科学日益发展，政策评价方法也得到了更多的重视和研究，但我国对政策评价法的研究还是多以定性研究为主（表3）。例如，宁骚（2005）认为政策评价包含以下几种方法：定性评价法、定量评价法、定性与定量相结合评价法、过程评价法、对比评价法。周炼石（2006）认为政策评价法有伪评价法、正式评价法、决策理论评价法等。

表3 国内政策评价相关研究综述

学者	年份	评价方法	评价内容
刘进才	2004	模糊数学法	对我国的"国企改革"政策及"三农"政策进行了评价研究
胡现，陈伟珂	2004	向量自回归法	对我国财政政策的有效性进行了实证研究
王谦	2006	模糊理论结合AHP法	解决了我国在实施政府绩效评价过程中模糊语义的权重转化问题
宋健峰	2006	政策评价指标体系的构建	实现了政策评价中定性和定量研究的有机结合
陈薇	2006	数据包络分析法	对河北省实施的财政扶贫政策的绩效评价
孙艳雷	2008	文献法	对我国的高等教育政策进行了评价研究
李川	2009	模糊白化理论结合灰色关联分析	完成了对我国创意产业政策有效性的评价研究
周广艳	2010	费用-效益的分析框架	对山东省实施的节能减排政策进行了评价研究
白帆	2010	系统动力学模型	对我国的电信重组政策进行了评价研究
郭姝宇	2011	系统动力学模型	对我国农业机械化政策的效果进行了评价研究
陈太明	2011	借助Lucas理论模型利用回归分析法	对我国实施的改革开放政策的有效性进行了评价研究
郭广坤	2012	模糊综合评价法以及层次分析法	对中、日、韩三国的贸易政策有效性进行了比较分析
杨晓冬、张黎黎	2012	在建立评价指标体系的基础上利用灰色综合评价模型	对我国现阶段住房政策的有效性进行了评价研究
王宏起	2013	模糊Borda数方法	对涉及我国战略性新兴企业自主创新的税收政策有效性进行了评价研究
李洁	2013	数据包络模型	对我国的生态政策进行了评价研究
朱道斋	2014	层次分析法	对我国的建筑节能减排政策进行了评价研究
魏兴	2015	灰色综合评价模型	对既有建筑节能改造政策的有效性进行了评价研究

目前来看，关于创业政策评价方法方面的文献并不是特别多，武超（2007）采用模糊数学法构建评价模型和评价的指标体系，对我国高新技术产业所实施的创业政策进行了定量评价研究。肖建忠等（2010）基于专家打分的政策评价模型，对武汉市所实施的全民创业政策的绩效进行了定量的评价。胡俊波（2014）从政策知晓度、利用度、难易度、满意度、重要度五个方面构建了农民工返乡创业扶持政策绩效评估体系，并以四川省为例实现了对政策效果的定量评价。肖潇和汪涛（2015）采用内容分析法实现了对国家自主创新示范区大学生创业政策定量化的评价研究。

综合已有研究可发现，政策评价方法可分为定性和定量方法。在定性方法中，学者更多使用问卷调查、专家评判、理论分析等方法；定量方法主要有主成分分析、数据包络模型、层次分析、专家打分、回归分析、灰色综合评价、模糊综合评价等方法。而在政策评价过程中，经常遇到很多指标难以精确描述模糊性较大的问题，从而导致难以计量，故在政策评价中灰色综合评价、模糊综合评价成为学者较常使用的方法。

3) 创业政策感知

关于创业政策感知的研究较少，还未有学者对此做出明确的界定。许国成（2013）指出，政策感知度主要包括政策了解度和政策满意度。彭华涛（2013）指出，创业主体对创业政策的感知是影响政策导向效果的关键要素。在创业过程中，一些政府政策能有效减少业务失败的损失，创业主体感知到其明显的经济效益，因此更多的创业者愿意从事有风险的项目。同时，进入一个竞争激烈的行业，创业企业的成长面临较大风险，因而对以降低行业壁垒为中心的政府政策加深认知，能使创业企业更具创新性与竞争性。此外，关于产业集群的研究也表明，同一集群内的创业企业面对政府提出的项目支持政策，了解并深化对政策的认识有助于创业企业自身发现和挑选合适的创业项目，以获得更高的绩效产出。崔祥民和杨东涛（2015）指出，政府政策对创业行为具有导向性的作用。当个体感受到政府对环境破坏行为给予更严厉的惩罚时，个体会坚信绿色发展为未来的发展趋势，会对尚未成熟的绿色市场增强信心，并对绿色创业机会的潜在价值予以更多的期望。

综上所述，本文认为，创业政策感知包括创业者对创业政策的了解度和满意度，对创业行为具有导向作用。

13.2.5 创业绩效

1) 创业绩效的定义

在很多的创业研究中，创业绩效作为一种标准出现，用以评价新业务创建的效果，是组织水平上的结果指标。但是国内外对创业绩效的具体内涵研究较少，研究者借用组织绩效的测量框架来构建创业绩效测量指标。绩效是组织行为的结果，创业绩效区别于一般组织绩效的关键在于新业务就像一个新生儿一样，首先必须能存活下去，然后才能不断成长以逐步适应激烈的市场竞争，不断提升企业抗风险能力。

在描述创业绩效的定义时，Bloom 和 Chatterji（2009）认为创业绩效是创业行为的最终整体性成果，可以用来衡量企业创业最初的目标达成程度。这是从目标—结果的角度出发对创业进行评价。丁高洁和郭红东（2013）对此持相似观点：创业绩效是指在创业过程中完成某项任务或达到某个目标的程度。崔小青（2014）也认为创业绩效是一个整体性的概念，表现的是一种结果。创业绩效是对创业活动目标完成程度的衡量，是创业企业竞争力好坏的标志，同时创业绩效也是衡量创业企业能否适应市场，持续成长和发展的一个重要指标。

2）创业绩效的评定方法

对于创业企业绩效的衡量，维度通常不止一个，且可以从多个角度进行分析，虽然有一些学者坚持从单一维度进行创业企业绩效的测量，但主流的研究还是通过多维度指标衡量企业绩效。Chrisman 等（1998）认为，出于对市场定位和企业战略的考虑，许多新创企业在成立的初期，往往处于非盈利状态，但此时的企业却具有很强的市场竞争力和成长潜力。因此，单纯的财务数据并不能准确地评价企业的绩效，可以考虑使用成长性指标来衡量企业未来的获利能力。他们将创业绩效分为获利性绩效和成长性绩效两个维度，指出在评价创业绩效时也应当从这两个方面进行。

Mcgrath 和 Macmillan（2001）提出相对一般的企业而言，创业型企业更加注重创新性，组织业务创新的程度和效果较好反映创业活动的成绩，成为创业绩效的一个重要维度。丁岳枫（2006）认为，创业绩效是指创业活动在组织水平上的绩效产出，它是一个多维的结构，主要包括生存绩效、增长绩效、创新绩效等维度。张炜和袁晓璐（2008）在研究创业组织的人力资源策略和技术策略行为对创业绩效的影响时，指出创业绩效的指标应该包括成长、竞争和潜力。

Covin 和 Slevin（1994）提出创业绩效应该是一个多维度概念，将创业绩效划分为创业绩效成长性维度和创业绩效获利性维度两个方面，并证明了企业创业绩效是各种企业创业活动在组织中所表现出的绩效产出，创业绩效的目标是保持企业持续成长。Bosma 等（2004）在研究中也把创业绩效划分为获利性和成长性两个维度，并进一步以销售回报率、固定资产回报率、投资回报率三个指标来反映获利性维度，以销售额增长、员工数量增长、利润增长三个指标反映成长性维度。

整体上，对创业绩效的内涵进行描述时，最重要的一个方面是既定目标的完成程度，在此基础上学者分别从不同的维度进行补充，其中获利性绩效、成长性绩效和创新性绩效是近来学者公认的定义创新绩效较为合适的维度。

在对创业绩效进行评价方面，当前研究基本上是借用组织与战略管理研究领域的绩效研究成果，以资源基础理论、过程理论与目标理论为基础理论，分别从企业的特质、行为和结果三个方面来评价创业绩效。绩效—信息—市场模型的提出也没能填补创业绩效评估的空白。相比较而言，以获利性指标、成长性指标和创新性指标对创业企业绩效进行评价显得更加全面，后来的学者在这三个方面填充了更加具体的财务及非财务指标，并且提出了主客观评价法，绝对、相对评价法对创新绩效进行衡量。

13.2.6　江苏省近年来科技创业政策与活动分析

本文梳理了近 5 年来，江苏省内在支持科技人员创业的相关政策和活动，详见表 4。

表 4　近年来江苏省的科技创业支持政策与相关活动（部分）

序号	出台时间	出台部门	政策与相关活动名称
1	2013/1/4	江苏省委省政府	《中共江苏省委江苏省人民政府关于加快企业为主体市场为导向产学研相结合技术创新体系建设的意见》
2	2013/3/4	中共江苏省委组织部办公室	《关于组织申报 2013 年度江苏省"高层次创新创业人才引进计划"的通知》
3	2013/6/7	南京市经济和信息化委员会	《关于举办首届中国江苏创新创业大赛的通知》
4	2013/6/7	科技部	《江苏省启动 2013 年创新人才推进计划》
5	2014/03/08	江苏省委省政府	《政府工作报告》
6	2014/2/26	省教育厅办公室	《关于组织申报 2014 年江苏省"双创计划"人才的通知》
7	2014/3/6	江苏省科学技术厅	《关于举办 2014 年第二届江苏科技创业大赛的通知》
8	2014/8/6	苏州高新区网站	《2014 年第一批"苏州高新区科技创新创业领军人才"名单》
9	2014/8/8	江苏省科技厅	首届江苏科技创业大赛获奖项目得到省科技计划重点支持
10	2014/9/15	苏州市科学技术局	科技人才企业服务对接会
11	2014/12/22	江苏省科技厅	《2013 年江苏省科技进步统计监测结果与科技统计公报》
12	2015/7/9	张家港市科技局	创新创业成就梦想——张家港市 2015 年科技活动周呈现三大特点
13	2015/8/31	江苏省科技厅	第三届江苏科技创业大赛暨第四届中国创新创业大赛
14	2015/10/18	江苏省科协	江苏科协科技创新创业系列公益培训开讲

续表

序号	出台时间	出台部门	政策与相关活动名称
15	2016/4/23	江苏省政府	《江苏省鼓励科技人员创新创业的若干规定》
16	2015/10/20	江苏省人才创新创业促进会	江苏省人才创新创业促进会：承接2015年省"双创计划"项目评审
17	2016/3/23	江苏省人社厅、教育厅、科技厅	《关于鼓励高校、科研院所专业技术人员创新创业有关人事管理的意见》
18	2016/10/24	江苏省政府	《关于加快推进产业科技创新中心和创新型省份建设的若干政策措施》
19	2017/4/28	东台市政府	《东台市"615"人才引进三年行动计划》
20	2017/3/7	江苏省政府	以体制创新打通产学研链条　优质科技成果半数"企业造"
21	2017/9/13	省科技厅等	第五届"创业江苏"科技创业大赛

在这些政策和相关的活动中，政府对科技人员创业的支持可以体现在以下几个方面。

(1) 资金支持

在各类政府出台的政策中，都明确提出给予创新创业企业一定的资金资助，给予优质项目投融资金对接、创业辅导等支持措施。例如，2014年江苏科技创业大赛获奖项目评选中，江苏省拨款资金达3000万元，引导创投机构等社会投入达2.73亿元。2015年，在《国务院关于进一步做好新形势下就业创业工作的实施意见》中明确提出，要完善科技人员创业股权激励政策。2016年，《关于加快推进产业科技创新中心和创新型省份建设的若干政策措施》提出要推进科技成果收益转移下放、完善股权激励，要强化金融支持和加大政府引导和支持力度、打通科技成果转移转化通道。一些地方城市也积极出台符合自身特色的相关政策，例如，2017年的《东台市"615"人才引进三年行动计划》中也明确提出，要加大本土科技人才培养资金拨付使用力度。

(2) 技术创新支持

技术创新是科技人员创业活动的最核心部分。但是，技术创新能够走出实验室，走进商业并生存下来，还需要更多的考验。技术创新需要符合市场的需求，并能引领市场的需求。在这方面，政府也不断在积极推进。例如，在2013年，南京市经济和信息化委员会举办的首届中国江苏创新创业大赛中，就采取奖励措施促进项目对接，在《2013年江苏省科技进步统计监测结果与科技统计公报》中就介绍到，江苏省重大成果科技奖、发明专利等科技产出持续增加。

近年来，江苏省也采取多种措施，大力推动科技人员创业。例如，2012年开始的创业南京计划，用5年时间，大力引进3000名领军型科技创业人才，重点培养200名科技创业家，加快集聚100名国家"千人计划"创业人才。2016年开始的创业南京计划,作为"321 人才引进计划"的改进升级版,明确提出要聚焦创新型、服务型、枢纽型、开放型、生态型的"五型经济"主攻方向,来支持科技创新型企业,并着力推动科技同经济、创新成果同产业、创新项目同现实生产力、研发人员创新劳动同其利益收入"四个对接",努力把南京建设成为高端人才汇聚城市、科技创业领军城市、人才改革先行城市,打造具有国际影响和独特优势的产业科技人才高地。可见,科技创新是引领创业活动的关键。

(3)人力支持

创业活动需要人才团队,并且是复合性知识的团队。为此,科技创业政策在人才流动、人才获取上也提出了相应的支持力度。2013 年,《中共江苏省委江苏省人民政府关于加快企业为主体市场为导向产学研相结合技术创新体系建设的意见》中提出,鼓励高校院所人才到企业任职或兼职、选聘优秀科技企业家。2013 年,江苏省高层次创新创业人才引进计划中提出,除了技术研发人才,还需要引进高层次、具有管理相关经验的自主创新创业人才。江苏省启动 2013 年创新人才推进计划中说明,科技部要优先从科技创新创业项目中选拔、推荐创新人才。2014 年,南京市科技局举行科技人才企业服务对接会,启动了线上科技人才招聘平台。

(4)平台支持

科技创业需要平台的支持,才能充分进行资源互补、信息对接等活动。为了调动科技人才的创业热情,平台的建设需要政府、原用人单位一起构建。2013 年,《中共江苏省委江苏省人民政府关于加快企业为主体市场为导向产学研相结合技术创新体系建设的意见》规定,企事业单位自行处置一定的成果收益,明确了科技成果的归属空间。2013 年度江苏省高层次创新创业人才引进计划中说明,科技创业人才享受医疗、落户、配偶安置等有关优惠政策和待遇。2014 年,江苏省委省政府的《政府工作报告》中,鼓励科研人员创办企业,要求各级单位简化创业行政审批的工作。2015 年,江苏省委省政府《国务院关于进一步做好新形势下就业创业工作的实施意见》中,说明了事业单位专业技术人员在职创业、离岗创业保留人事关系、享受职称评聘等相关待遇。2016 年,江苏省陆续出台政策,鼓励高校科技人员投身到"双创",给高校院所开展科研更大自主权、离岗创业,并鼓励省属事业单位专业技术人员携带科技成果在职或离岗创业,保留其人事关系、享受职称评聘和岗位等级晋升,并要求进一步推进简政放权,支持科技创业活动。

13.3　研究设计与调查

13.3.1　研究框架

基于文献综述,可以看出,政策感知是近年来在创新创业研究领域出现的新概念,超越将创业者视为环境依附者的资源依附理论研究视角,逐步转向创业环境和创业者互动的系统论研究视角。政府努力创造良好的创新创业制度环境,但不同创业者对这个环境的认知能力和理解能力存在差异。有限的政策感知,会影响创业活动的绩效,而良好的政策感知可以帮创业者度过发展瓶颈,获得必要的资金资助、税收减免等,同时,可以推动创业者和政府之间进行更多的互动和沟通,从而促进政府不断完善政策。

国内针对科技人员创业的政策感知研究较少,因为这是一个新兴的、逐步从探索走向明朗的事物。而从目前的国家创新创业需求来说,需要去分析科技人员在面对这些创业支持政策时,他们的认知程度、接受程度及存在的意见和建议,一方面有利于促进他们的创业动机和创业行为,另一方面也有利于政府在今后更有效地完善政策。

为此,本文的研究内容如图1所示,包含五个方面内容。

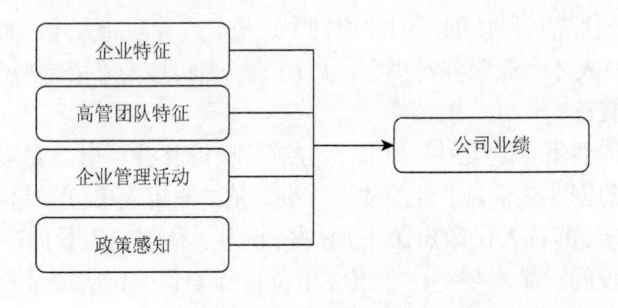

图 1 本文研究框架

(1)企业特征:企业创始人学历、高管团队成员平均年龄、公司成立年限、公司员工人数等。

(2)高管团队特征:公司核心高管团队的知识与能力评价,技术研发能力、市场开拓能力、资本运作能力、组织运作能力、领导能力、商业智慧等。

(3)企业管理活动:公司高管团队的活动中精力分配程度情况,如市场销售策略、关注合作伙伴、关注竞争者、核算原材料、场地、设备采购、人力成本等方面的成本、注重研发专家开发产品或者服务、调整商业模式和发展目标、资源建立、关注公司形象设计与社会声望建设等活动。

(4)政策感知:政府部门在创业融资过程中给公司提供了有效的优惠政策、为公司的发展方向提供了思路、现有优惠或扶持政策对创业人员有足够的吸引力、在创业过程中与政府部门经常沟通、获得创业的公共信息、帮助实现资源共享、企业融资难的问题得到了缓解、本地区创业方面的法规政策相对其他地区而言比较具有优势、非常了解国家和地方有关创业的政策法规等。

（5）公司业绩：公司成立至今的总体绩效评价、公司目前的发展是否符合原来的预期、对公司今后的发展预期如何等。

13.3.2 调研样本描述

本文的调研采用定量研究的方法，确定变量测量工具，确定较大范围的科技创业人员的调查样本，进行数据调研、数据统计和分析，验证研究模型假设。

本文于2017年3~5月，在南京某大型产业园区，对136家企业进行了调查，随后进行了数据收集和分析（表5）。其中，35家企业为科创型企业，都拥有较高水平的行业高新技术。采用了李克特5分制进行问卷设计。表5为35家科技创新企业的样本数据。

表5 初期调研样本描述

样本特征	分类	数量	百分比
公司性质	国有企业	2	5.7%
	民营企业	23	65.7%
	外商独资企业	4	11.4%
	合资企业	1	2.9%
	其他	5	14.3%
	总计	35	100.0%
所在行业	光电显示	3	8.6%
	高端装备	0	0
	生物医药	1	2.9%
	现代服务业	8	22.9%
	科创企业	8	22.9%
	其他	15	42.9%
	总计	35	100.0%
公司机构类型	总部	25	71.4%
	子公司	2	5.7%
	分公司	3	8.6%
	其他	5	14.3%
	总计	35	100.0%
公司总人数	1~50人	27	77.1%
	51~100人	7	20%
	101~500人	1	2.9%
	总计	35	100.0%

续表

样本特征	分类	数量	百分比
公司成立年限	1~2 年	16	45.7%
	3~5 年	11	31.4%
	6~10 年	3	8.6%
	11~20 年	5	14.3%
	总计	35	100.0%
创始人学历	博士研究生	9	25.7%
	硕士研究生	7	20.0%
	本科	6	17.1%
	大专	2	5.7%
	大专以下	1	2.9%
	其他	10	28.6%
	总计	35	100.0%
高管团队平均年龄	18~25 岁	0	0
	26~35 岁	18	51.4%
	36~50 岁	16	45.7%
	50 岁以上	1	2.9%
	总计	35	100.0%

（1）本次调查样本中，科技创新型企业共 35 家。从企业性质来看，民营企业最多，为 23 家，占比 65.7%；外商独资企业有 4 家，占比 11.4%；国有企业只有 2 家，占比 5.7%。

（2）从公司机构类型来看，71.4%是总部，占据多数；分公司和子公司较少，分别占比 8.6%、5.7%。

（3）从公司所在行业来看，高端装备为 0；现代服务业和科创企业各有 8 家，占比 22.9%；光电显示和生物医药行业分别占别 8.6%和 2.9%。

（4）从公司总人数来看，50 人以下的公司占大多数，占比 77.1%；51~100 人及 100 人以上的公司比较少，都不足 10 家。

（5）从公司成立年限来看，成立 1~2 年的企业较多，占比 45.7%，有 31.4% 的公司成立 3~5 年；成立 11~20 年的企业有 5 家，占比 14.3%；成立 6~10 年的企业较少，为 3 家，占 8.6%。

（6）从创始人学历来看，有 25.7%的创始人是博士研究生，占比最大；创始人学历为大专及大专以下的只有 3 人。

（7）从高管团队平均年龄来看，年龄在 26~35 岁及 36~50 岁的占多数，分别占 51.4%和 45.7%；50 岁以上的只有一位。

13.3.3 科创型公司创业活动分析

1）高管团队管理能力分析

在这里，技术研发能力主要描述是否熟悉行业技术发展状况、不断提升公司技术研发水平；资本运作能力描述是否能扩展资本来源，并能有效协调与监控；组织运作能力描述是否能合理设计运作流程，及时提供产品或服务；市场开拓能力描述是否能了解客户需求，制定有效的营销策略；商业智慧描述是否知道怎样在真实的商业社会中、行业竞争中生存下来；领导能力描述是否能合理管理员工，能有效激励员工，提升凝聚力（表6）。可见，科创型公司高管团队中，领导能力均值较低，为3.257。技术研发能力、资本运作能力、组织运作能力较好。

表6 科创型公司的高管团队管理能力评价

高管团队管理能力评价	均值
技术研发能力	3.371
资本运作能力	3.371
组织运作能力	3.371
市场开拓能力	3.343
商业智慧	3.343
领导能力	3.257
总均值	3.366

2）公司管理活动分析

调查问卷中，公司各项管理活动的频率，从1～5，频率逐步增加（表7）。可见，科创型公司最为注重研发与服务类管理活动，其次是公司形象、合作问题和商业模式问题。相对来说，科创型公司在市场营销策略和寻找资金两方面花费的时间较少。

表7 科创型公司管理活动评价

公司管理活动评价	均值
注重研发与服务	3.514
关注公司形象	3.457
关注合作	3.429
调整商业模式和目标	3.4
建立企业发展目标	3.371

续表

公司管理活动评价	均值
关注财务运作	3.371
核算成本	3.343
注重资源建立	3.314
市场营销策略	3.229
寻找资金来源	3.229

3）政府创业政策感知评价分析

表 8 中，显示出对服务效果评价的各项因素均值，较为突出的如下。

表 8 政府创业政策感知评价

创业政策感知评价	均值
政府帮助指导政策的运用	3.360
政府及时帮助解决难题	3.272
政府在税收方面进行支持	3.235
政府办事便捷效率高	3.353
政府提供良好的办公环境	3.309
政府提供创业融资方面的优惠政策	3.250
能够获取政府提供的创业资金	3.265
政府能够提供公平创业环境	3.346
本地区能够提供优于其他地区的创业政策	3.294
公司了解国家和地方的创业政策	3.294
政府组织交流帮助整合资源	3.265
政府提供市场宣传的机会	3.221
总均值	3.289

（1）政府帮助指导政策的运用，是指政府通过制定法律法规，规范和调整市场主体的行为和市场的竞争秩序；政府办事便捷效率高；政府能够提供公平创业环境，主要包括科技环境、融资环境、人才环境、政策法规环境、市场环境和文化环境。三项均值分别为 3.360、3.353、3.346，可以看出政府在企业的创业活动中扮演着不可或缺的角色，企业对政府政策的引导及行政的效率都有着良好的感知。

（2）政府提供市场宣传的机会是指帮助企业将有关产品或服务的信息传递给目标消费者，激发和强化其购买动机。

（3）政府在税收方面进行支持是指政府通过制定政策法规减免创业企业的税款。

（4）政府提供创业融资方面的优惠政策是指政府出台法规降低企业融资利率。表明政府在涉及企业创业效益的方面扮演着恰当的角色，并不会提供违背市场规律的帮助。

从表 8 中可以看出政府对公司创业的支持感知总均值为 3.289，处于中上水平，反映了从创业者角度来看，政府目前对公司的发展提供了良好有效的帮助。

4）公司的发展绩效主观评价分析

在公司发展绩效主观评价方面（表 9），总体绩效评价得分均值不高，处于中上水平（总均值3.076）。其中，公司发展是否符合预期一项，均值较低（2.829）。对于公司今后发展预期，均值相对较高（3.429），表明被调查者对公司今后的发展有着良好的预期，但是对前期的发展不甚满意。

表 9 科创型公司发展绩效评价

公司发展绩效评价	均值
公司成立至今总体绩效	2.971
公司发展是否符合预期	2.829
公司今后发展预期	3.429

13.3.4 科创型公司与非科创型公司的对比分析

1）高管团队管理能力对比

公司高管团队各项管理能力上，科创型公司和非科创型公司均值对比见表 10。

表 10 科创型公司与非科创型公司的高管团队管理能力比较

高管团队管理能力		均值
技术研发能力	科创型公司	3.371
	非科创型公司	3.218
市场开拓能力	科创型公司	3.343
	非科创型公司	3.257
资本运作能力	科创型公司	3.371
	非科创型公司	3.208
组织运作能力	科创型公司	3.371
	非科创型公司	3.228

续表

高管团队管理能力		均值
领导能力	科创型公司	3.257
	非科创型公司	3.257
商业智慧	科创型公司	3.343
	非科创型公司	3.287
总均值	科创型公司	3.366
	非科创型公司	3.213

科创型公司与非科创型公司高管团队的管理能力水平均为中等偏上但存在以下差异。

（1）两类公司高管团队的领导能力基本相同，均值为3.257。

（2）在其他五项管理能力上，科创型公司均值高于非科创型公司。两类公司技术研发能力有明显差异，均值差为0.153。另外，科创型公司的技术研发能力与其他能力相比水平相对较高；科创型公司与非科创型公司高管团队的市场开拓能力差异不大，均值差为0.086。科创型公司高管团队的市场开拓能力低于技术研发能力，而非科创型公司与其相反；相比其他能力，科创型公司与非科创型公司高管团队的资本运作能力差异最明显，均值差为0.163。科创型公司高管团队的资本运作能力在六项能力中是最高之一，而非科创型公司高管团队的资本运作能力在六项能力中最低；对于组织运作能力，科创型公司与非科创型公司高管团队差异较大，均值差为0.143；科创型公司与非科创型公司高管团队的商业智慧水平差异不大，均值差为0.056。非科创型公司高管团队的商业智慧水平在六项能力水平中最高。

2）公司管理活动对比

公司各项管理活动的频率，从1~5，频率逐步增加，对比见表11。

表11 科创型公司与非科创型公司的管理活动比较

公司管理活动		均值
市场营销策略	科创型公司	3.229
	非科创型公司	3.198
关注合作	科创型公司	3.429
	非科创型公司	3.228
建立企业发展目标	科创型公司	3.371
	非科创型公司	3.198

续表

公司管理活动		均值
核算成本	科创型公司	3.343
	非科创型公司	3.257
研发与服务	科创型公司	3.514
	非科创型公司	3.149
调整商业模式和目标	科创型公司	3.400
	非科创型公司	3.158
注重资源建立	科创型公司	3.314
	非科创型公司	3.109
关注财务运作	科创型公司	3.371
	非科创型公司	3.337
寻找资金来源	科创型公司	3.229
	非科创型公司	3.198
关注公司形象	科创型公司	3.457
	非科创型公司	3.297

从表 11 中可以看出，科创型公司与非科创型公司在各项管理活动方面花费的时间较多。

（1）整体上，科创型公司的管理活动多于其他公司。

（2）具体有三类管理活动较为一致：市场营销策略、关注财务运作及寻找资金来源。

（3）科创型公司最为注重研发与服务类管理活动，两类公司差异值最大，均值差为 0.365。

（4）与其他管理活动相比，科创型公司在市场营销策略和寻找资金来源两方面花费的时间较低，均值在 3.2 左右；非科创型公司在各项管理活动中最为关注财务运作，均值为 3.337。

（5）两类公司对其他七项管理活动的关注度不同。在关注合作方面，两类公司有明显差异，科创型公司比非科创型公司对合作的关注度高出 0.2 左右；科创型公司与非科创型公司在核算成本方面差异不大，成本核算类活动都较多；科创型公司对调整商业模式和目标与注重资源建立的关注度高于非科创型公司，均值差分别为 0.242 和 0.205。其中，非科创型公司对注重资源建立的关注度最低；由于企业的形象很大程度上影响客户和消费者的行为,科创型公司与非科创型公司都较关注公司形象但关注度不同,均值差为0.160。

3)公司发展绩效主观评价对比

该部分针对公司的发展绩效进行评价,科创型公司和非科创型公司的均值分布见表12。

表12 科创型公司与非科创型公司的发展绩效比较

发展绩效主观评价		均值
公司成立至今总体绩效	科创型公司	2.971
	非科创型公司	2.99
公司发展是否符合预期	科创型公司	2.829
	非科创型公司	2.822
公司今后发展预期	科创型公司	3.429
	非科创型公司	3.297
总均值	科创型公司	3.076
	非科创型公司	3.036

(1)科创型公司与非科创型公司成立至今的总体绩效得分基本相同,均值不高,处于中上水平。

(2)公司发展是否符合预期一项,两类公司均值较低,都在2.82左右。

(3)对于公司今后发展预期,两类公司均值相对较高,表明被调查者对公司今后的发展有着良好的预期。

13.4 研究讨论与建议

13.4.1 科创型公司高管团队的领导力水平亟待提升

科创型公司高管团队管理能力整体较好,技术研发能力、市场开拓能力、资本运作能力、组织运作能力及商业智慧都较高。可见,在科技创新为主导的公司中,技术革新快,行业竞争较为激烈,对组织的整体运作能力要求较高。能适应这种生存环境的公司,其高管团队需要有一定的高瞻远瞩、不断进行技术革新等能力。

研发与服务在科创型公司经营发展中具有举足轻重的地位,受公司自身业务影响,科创型公司对研发与服务的关注最大。而企业的形象在很大程度上影响客户和消费者的行为,从长期发展战略来看,它是企业经营活动中最为宝贵的资源,随着网络媒体的发展,企业形象将会是提高企业经营管理水平行之有效的战略手段。

但是,科创型公司高管团队的领导能力发展不如其他五项管理能力。科创型公司的高管团队多由专业技术人员组成,其知识结构不完善,缺乏一定的相关知识与领导经验。作为企业战略目标的决策者、创新资源的分配者,高管团队的领导能力是影响企业发展的重要因素。科创型公司应关注高管团队人员结构,并对其进行相应的领导力培训,注重对高管团队领导能力的培养。

13.4.2 需要提升科创型公司的市场营销与资金运作管理能力

科创型公司由于技术上的发展和变革先于顾客的需要,科创型企业通常先开发出某种产品,然后经由企业与市场的互动最终确定产品的真正用途,因此科创型公司在市场营销方面关注较少。面对竞争日益激烈的市场环境,科创型公司应关注目前及潜在客户的一般需要,尤其要找出那些将会成为普遍性需求的"领先"需求因素,这对于科创型公司抢占市场制高点、赢得竞争优势意义重大。

充足的资金是企业生产经营运作的保证,对提高公司的经济效益意义重大。近年来,政府在政策上对科创型企业融资给予大力支持,在政府、金融界等多方推动下,创新型融资方式不断涌现。科创型公司应注重持续寻找资金来源,疏通资金流转环节,从而促进公司的快速稳步发展。

13.4.3 科技创业活动支持重心要兼顾持续发展

根据数据分析(表13)可以看出,科创型公司对政府政策的认知程度比较偏重于初期的政策引入、办公场地、创业申报平台等。但是,在公司成立之后,在持续的资金融入、市场开拓、资源整合方面的政策认知程度较低。为此,在此建议,创业政策要加强对中小企业生命发展中后期成长的培育。

表 13 科创型公司的政策感知程度排序

创业政策感知评价	均值
政府帮助指导政策的运用	3.360
政府办事便捷效率高	3.353
政府能够提供公平创业环境	3.346
政府提供良好的办公环境	3.309
本地区能够提供优于其他地区的创业政策	3.294
公司了解国家和地方的创业政策	3.294

创业政策感知评价	续表 均值
政府及时帮助解决难题	3.272
能够获取政府提供的创业资金	3.265
政府组织交流帮助整合资源	3.265
政府提供创业融资方面的优惠政策	3.25
政府在税收方面进行支持	3.235
政府提供市场宣传的机会	3.221
总均值	3.289

13.4.4 建议提升网络化的创业活动服务平台

在此次调研中,在创业扶持及服务方面得分不高,在政策优势及服务效率方面需要提升。建议首先提升科创载体的品位品质,着力完善生活配套和公共服务;其次对比其他区域扶持政策,定期举办政策宣讲及交流活动,凸显扶持优势,搭建良好的沟通平台;最后优化服务流程、创新服务形式,积极搭建互联网+公共服务平台,主动和引导服务,打造更优质的创业创新环境。

优化服务流程、创新服务形式,提高公共服务的办事效率。积极落实"互联网+人社" 2020 行动计划,推动业务上网,实现线上线下联动;推进业务协同,减少业务环节和证明材料,变"群众跑腿"为"信息跑路";主动服务,通过对服务诉求的实时感知与动态分析,提供主动的个性化服务;利用大数据引导服务,对用人单位和劳动者的行为进行引导;运用大数据技术实现精准管理和监督。

13.4.5 建议大力发展人力资源服务业,帮助提升科创企业的运作效率

科创型公司的后期发展,都离不开各类人才的引入,包括市场营销、研发、运营、内部组织管理等。为此,支持人力资源服务业的发展,将人力资源服务产品引入科技创业的支持平台,会有效帮助科创企业提升后续的发展竞争力。具体建议有如下一些方面。

(1) 建议政府管理部门盘点主导关键岗位,监测人才流动情况,对接人才集聚资源,多渠道引进人才。

(2) 建议引导树立良好的新生代员工管理理念,主要从制度、待遇以及处理不同员工之间的关系几个角度入手。一方面,要着重考虑如何做到制度上、工资上和福利待遇上的多元化;另一方面,要从个体角度上,处理好员工间的待遇不

公平问题，对多元化员工的独特性进行妥善处理。对于新生代员工，组织需要在如何引才、招聘、激励和培养上，创建一个与新生代员工共鸣的文化，同时也要兼顾其他多元化员工的工作风格、职业价值观和个人目标。

（3）提高人力资源市场供求匹配针对能力，拓宽引才渠道。国务院《"十三五"促进就业规划》中提到要"提高人力资源市场的供求匹配能力，提升供求匹配效率"，此次调研中企业选用的招聘渠道，大部分还是通过委托招聘、网络招聘，人力资源市场的配置作用还没有体现，建议结合"互联网+人社"2020行动计划，建立O2O人力资源市场平台，对接国内外高校、科研院所等人才供给的优质资源，组织精英人才招聘月、校园招聘等系列引才活动，满足企业人才需求。

（4）充分发挥人力资源服务产业园的平台作用，本次调研的开发区人力资源服务产业园已建成一站式服务中心、人力资源市场交流中心、教育培训中心、众创服务中心、健康管理中心和人力资源服务企业集聚区，服务涉及招聘猎头、教育培训、管理咨询、健康体检、活动策划等。人力资源服务产业园可组织企业和机构开展人力资源服务需求对接会，搭建一个信息互通、有效配置的平台；组织多种多样的培训活动，重点培养高技能人才的同时，组织开展管理技能、职业素养、兴趣爱好等多种培训主题，并结合多种培训形式，满足多元化员工的培训需求。同时，建议在更多的产业园区推广人力资源服务业平台建设的经验。

（蒋　莹）

参 考 文 献

陈柳, 刘志彪. 2006. 国外科技型员工创业行为研究综述[J]. 外国经济与管理, 28（6）: 19-25.
陈平和, 顾建平. 2014. 智慧企业的愿景型领导对员工创新行为的影响研究[J]. 南京社会科学, （12）: 30-36.
陈淑妮, 肖凌琳, 裴瑞芳. 2012. 创业能力、组织创业气氛和内部创业意愿的实证研究——以深圳高新技术人员为背景的调节效应模型[J]. 中国人力资源开发, （10）: 95-100.
崔祥民, 杨东涛. 2015. 生态价值观、政策感知与绿色创业意向关系[J]. 中国科技论坛, （6）: 124-129.
崔小青. 2014. 创业政策对海归高技术创业绩效的影响——基于上海海归企业的实证[D]. 上海: 华东师范大学.
丁高洁, 郭红东. 2013. 社会资本对农民创业绩效的影响研究[J]. 华南农业大学学报, 2（12）: 51-52.
丁岳枫. 2006. 创业组织学习与创业绩效关系研究[D]. 杭州: 浙江大学.
高建, 盖罗它. 2007. 国外创业政策的理论研究综述[J]. 国外社会科学, （1）: 70-74.
何志聪. 2004. 中小民营企业家创业动机及其影响因素研究[D]. 杭州: 浙江大学.
胡俊波. 2014. 农民工返乡创业行为因素研究——以四川省为例[J]. 农村经济, （10）: 12-16.
卡尔·帕顿, 大卫·沙维奇. 2001. 政策分析和规划的初步方法[M]. 孙兰芝, 胡启生, 译. 北京: 华夏出版社.
李新春, 梁强, 宋丽红. 2010. 外部关系: 内部能力平衡与新创企业成长: 基于创业者行为视角的实证研究[J]. 中国工业经济, （12）: 97-107.
刘建中. 2011. 谁更愿意创业?谁更有可能创业? ——基于全国30所高校大学生创业意识调查的实证分析[J]. 中国

青年研究, (8): 94-97.

刘小春, 李婵, 朱红根. 2011. 农民工返乡创业扶持政策评价及其完善——基于江西省 1145 个返乡农民工调查数据[J]. 农村经济, (6): 101-102.

宁骚. 2005. 评《公共利益的权威性分配——公共政策过程研究》[J]. 湘潭大学学报（哲学社会科学版）, 29 (4): 174.

彭华涛. 2013. 创业企业成长瓶颈突破——政企互动的中介作用与政策感知的调节作用[J]. 科学学研究, 31 (7): 1077-1078.

孙晨. 2013. 创业者先前经验、创业学习与新创企业绩效：基于安徽省合肥市的实证研究[D]. 合肥：安徽财经大学.

王秀峰. 2016. 创业者行为研究文献综述——连接创业者个体因素与创业过程及结果[J]. 科学学与科学技术管理, 37 (8): 3-19.

王玉帅, 尹继东. 2008. 江西地区创业者创业动机实证分析[J]. 当代财经, (5): 80-84.

巫英坚. 2004. 高举创新旗帜, 促进科技企业孵化器新发展[J]. 中国科技产业, (9): 14-20.

武超. 2007. 我国高新技术产业创业政策评估[D]. 成都：西南交通大学.

肖建忠, 王振, 付宏. 2010. "两型社会"背景下武汉市创业政策的效果评估与建议[J]. 经济研究参考, (34): 50-51.

肖潇, 汪涛. 2015. 国家自主创新示范区大学生创业政策评价研究[J]. 科学学研究, 33 (10): 1511-1519.

谢雅萍, 黄美娇. 2014. 社会网络、创业学习与创业能力：基于小微企业创业者的实证研究[J]. 科学学研究, 32 (3): 400-409.

徐进. 2008. 中小企业创业者学习模式及其绩效影响研究[D]. 杭州：浙江大学.

许国成. 2013. 留学人员归国创业意愿为何不够强——杭州市吸引"海归"政策与"准海归"政策感知度研究[J]. 浙江经济, (11): 40-41.

闫华飞, 胡蓓. 2013. 创业者行为、知识溢出与产业集群发展[J]. 工业技术经济, (8): 27-32.

严莉. 2013. 科技特派员创业行为及影响因素分析[D]. 成都：四川农业大学.

袁闽川. 2009. 科技型创业者的创业行为及其影响因素的理论探讨[J]. 科技管理研究, (8): 446-448.

曾照英, 王重鸣. 2009. 关于我国创业者创业动机的调查分析[J]. 科技管理研究, (9): 285-287.

张京, 杜娜, 杜鹤丽. 2016. 科技企业创业主体及其创业意愿影响因素分析[J]. 科技进步与对策, (2): 137-141

张炜, 袁晓璐. 2008. 技术企业创业策略与创业绩效关系实证研究[J]. 科学学研究, 26 (s1): 166-170.

张玉利, 杨俊, 任兵. 2008. 社会资本、先前经验与创业机会——一个交互效应模型及其启示[J]. 管理世界, (7): 91-102.

赵丹, 凌峰. 2014. 安徽省大学生创业意愿实证研究[J]. 江淮论坛, 267 (5): 77－81.

郑孝国. 2006. 企业孵化器竞争力及其持续创造就业能力的研究[D]. 厦门：厦门大学.

周炼石. 2006. 高额储蓄存款：政策性质与结构分析[J]. 上海行政学院学报, 7 (3): 22-24.

Ajzen I. 1991. The theory of planned behavior[J]. Organizational Behavior and Human Decision Processes, 50 (2): 179-211.

Bird B, Schjoedt L, Baum R. 2012. Entrepreneurs' behavior: Elucidation and measurement[J]. Entrepreneurship Theory and Practice, 36 (5): 889-913.

Bloom P N, Chatterji A K. 2009. Scaling social entrepreneurial impact[J]. California Management Review, 51 (3): 114-133.

Bosma N, Praag M V, Thurik R, et al. 2004. The value of human and social capital investments for the business performance of startups[J]. Small Business Economics, 23 (3): 227-236.

Brush C G, Manolova T S, Edelman L F. 2008. Properties of emerging organizations: An empirical test[J]. Journal of Business Venturing, 23 (5): 547-566.

Chrisman J J, Bauerschmidt A, Hofer C W. 1998. The determinants of new venture performance: An extended model[J].

Entrepreneurship Theory and Practice, 23（1）: 5-30.

Covin J, Slevin D. 1994. Corporate entrepeneurship in high and low technology industries[J]. Journal of Euromarketing, 3(3): 99-127.

Degadh J. 2004. For a more effective entrepreneurship policy: Perception and feedback as preconditions[R]. Research Center for Entrepreneurship, Rencontres de Saint-Gall: 8-10.

Delmar F, Shane S. 2004. Legitimating first: Organizing activities and the survival of new ventures[J]. Journal of Business Venturing, 19（3）: 385-410.

Forbes D P, Borchert P S, Zellmer-Bruhn M E, et al. 2006. Entrepreneurial team formation: An exploration of new member addition[J]. Entrepreneurship Theory and Practice, 30（2）: 225-248.

Greve A, Salaff J W. 2003. Social networks and entrepreneurship[J]. Entrepreneurship Theory and Practice, 28（1）: 1-22.

Hmieleski K, Ensley M D. 2007. A contextual examination of new venture performance: Entrepreneur leadership behavior, top management, and environmental dynamism[J]. Journal of Organizational Behavior, 28（7）: 865-889.

Krueger N F, Brazeal D V. 1994. Entrepreneurial Potential and Potential Entrepreneurs[J]. Social Science Electronic Publishing, 18（3）: 91-104.

Kuratko D F, Hornsby J S, Naffzige D W. 1997. An examination of owner's goals in sustaining entrepreneurship[J]. Journal of Small Business Management, 35（1）: 24-33.

Lasswell H D. 1951. The Policy Orientation[A]. Lerner D, Lasswell H D. Policy Sciences: Recent Developments in Scope and Method[M]. Stanford: Stanford University Press.

Lundström A, Stevenson L A. 2005. Entrepreneurship policy: Theory and practice[J]. Springer US, 1（4）: 557-559.

Mcgrath R G, Macmillan I. 2001. Guidelines for managing with an entrepreneurial mindset[J]. Strategy and Leadership, 29（1）: 226.

McMullen J S, Shepherd D A. 2006. Entrepreneurial action and the role of uncertainty in the theory of the entrepreneur[J]. Academy of Managment Review, 31（1）: 132-152.

OECD. 2001. Innovative Networks: Cooperation in National Innovation System[R]. Pairs: OECD.

Robichaud Y, Mcgraw E, Roger A. 2001. Toward the development of a measuring instrument for entrepreneurial motivation[J]. Journal of Developmental Entrepreneurship, 6（2）: 189-201.

Shane S, Locke E A, Collins C J. 2003. Entrepreneurial motivation[J]. Human Resource Management Review, 13（2）: 257-279.

Shapero A. 1980. Some Social Dimensions of Entrepreneurship[J]. Adults, 25（8）: 28.

Stufflebeam D L. 1999. Using professional standards to legally and ethically release evaluation findings[J]. Studies in Educational Evaluation, 25（25）: 325-334.

Taormina R J, Lao K M. 2007. Measuring Chinese entrepreneurial motivation: Personality and environmental influences[J]. International Journal of Entrepreneurial Behaviour and Research, 13（4）: 200-221.

Tornikoski E T, Newbert S L. 2007. Exploring the determinants of organizational emergence: A legitimacy perspective[J]. Journal of Business Venturing, 22（2）: 311-335.

14 大学生创业意向与创业能力分析报告

摘要：作为创新型国家建设的重要举措，高校创业教育受到越来越多的关注。基于此，本文关注于如何构建江苏高校创业人才培养体系，来推进大学生创业教育、服务江苏发展需要。基于江苏4所高校3219份在校本科生问卷调查数据，课题组研究发现：江苏高校中有4.3%的在校生正在创业，23%的在校生准备毕业后创业；江苏高校在校生的创业兴趣较高，认为社会对大学创业的支持度较高且大学生创业阻力一般；江苏高校在校生具有较好的创业心理特质，创业自我效能感、成就动机、风险倾向和模糊容忍度都比较高。但是，目前江苏高校创业类课程的覆盖面不足，只有18.05%的在校生选修过创业类课程。

根据调查发现，目前国内高校的创业教育理念主要包括"三创融合"、"理论与实践相结合"和"面上覆盖+点上突破"三种类型。创业教育的机构设置，主要有创业教育领导小组负责制、多部门联合负责制和专门创业教育机构负责制等模式。创业教育课程，可以分为广谱式、精英式及专才式课程教学类等三种类型。

基于创业课程形式、系列学分证书化、创业教育活动和核心素质/能力等大学生创业教育需求调查结果，本文提出因校制宜选择创业人才培养模式，构建基于多部门合作的创业教育工作机制和通过多方合作构建创业教育支持体系等江苏高校构建创业人才培养体系的对策建议。

关键词：大学生创业；创业意向；创业能力；创业教育建议

14.1 引 言

14.1.1 大学生创业教育背景

"大众创业、万众创新"是我国政府提出的鼓励人们，尤其是大学生进行创业的一项政策，联合国教科文组织在《21世纪的高等教育：展望与行动的世界宣言》中也明确提出，培养学生的创业技能，应成为高等教育主要关心的问题。目前我国高校注重增强大学生的创业意识，培养大学生的创业能力，鼓励大学生自主创业，这不仅是高等教育发展的内在需要，更是缓解目前高校学生就业，突破就业困境的有效途径。

2002 年，清华大学、中国人民大学、北京航空航天大学等 9 所本科高校作为试点开展创新创业教育。2010 年，我国颁布《国家中长期教育改革和发展规划纲要（2010—2020 年）》，对培养创新创业型人才提出总体要求；出台《教育部关于大力推进高等学校创新创业教育和大学生自主创业工作的意见》（教办〔2010〕3 号）。2015 年 5 月，为落实和推进高校的创新创业教育工作，国务院办公厅颁发《国务院办公厅关于深化高等学校创新创业教育改革的实施意见》（国办发〔2015〕36 号）文件，明确指出要加快培养规模宏大、富有创新精神、勇于投身实践的创新创业人才。

深化高校创新创业教育对培养创新型人才，对建设创新型国家有重要的意义。作为推动创新型国家建设的重要举措，高校创新创业教育受到越来越多的关注。那么，应当如何建立以及建立怎样的高校创业人才培养体系，来优化和推进新时期的大学生创业教育，来为江苏省的未来发展服务呢？基于此，本文进行了"江苏高校创业人才培养体系"的课题研究，来对相关问题进行调研和探讨。

14.1.2 大学生创业现状

根据近年的一些报道和一些研究调查分析的结果，针对目前我国大学生的创业现状，可以总结出以下五点。

第一，从近年的趋势可以看出，大学毕业生自主创业的比例呈现上升趋势。根据麦可思调查研究，2014 届大学毕业生有 2.90%选择自主创业，按照教育部公布的 2014 年全国大学生规模为 727 万来计算，2014 届大学毕业生中约有 21 万大学生选择创业。根据国家统计局《2015 年国民经济和社会发展统计公报》发布的普通本专科毕业生人数 680.9 万估算，2015 届大学生中约有 20.4 万人选择了创业，自主创业比例是 3.00%，比 2014 届（2.90%）高出 0.1 个百分点（表 1）。

表 1　2010~2015 届大学毕业生自主创业的比例

毕业年份	百分比
2010 届	1.55%
2011 届	1.60%
2012 届	2.05%
2013 届	2.25%
2014 届	2.90%
2015 届	3.00%

注：数据来源于麦可思——《2016 年中国大学生就业报告》。

第二，因毕业生创业的资源更多的来自于家庭，包括资金和人际关系等，家庭能提供更好的创业环境（表2）。另外，这可能也与家乡所在省份创业成本投入相对较低有关。

表2 2014届大学毕业生自主创业所在地分布

创业地区	百分比
在家乡省读书外省创业	11%
外省读书回到家乡省创业	16%
在家乡省读书并创业	62%
外省读书留大学所在省创业	6%
外省读书异地创业	5%

注：数据来源于麦可思——《2016年中国大学生就业报告》。

第三，毕业三年后，自主创业存活率近半。由表3可知，毕业半年后自主创业的2011届大学毕业生中，有46.9%的人三年后还在继续自主创业，比2010届（42.2%）增长了4.7个百分点。2012届毕业生的创业三年存活率达到了47.8%，比2010届（42.2%）高出5.6个百分点，创业质量稳步提高。

表3 2010~2012届大学毕业生自主创业三年存活率

毕业年份	百分比
2010届	42.2%
2011届	46.9%
2012届	47.8%

注：数据来源于麦可思——《2016年中国大学生就业报告》。

第四，大学生创业想法来源多样，其中以家庭影响、朋友影响、传媒影响为主。根据腾讯《大学生创业调查报告》调查结果显示（表4），大学生是否创业很大程度上依赖于自己的亲朋好友。亲朋好友、自己的家人是大学生身边最依赖的人，创业所需的帮助往往也要从这些人手中获取。所以，自己身边的亲人是不是支持自己创业；自己身边是否有创业的榜样，这些都有可能大大影响大学生的创业行为。另外，大众传播媒介的宣传和学校的创业氛围的营造在推动大学生创业的事业上也起着重要作用。

表 4 大学生创业想法来源

来源	百分比
家庭影响	30.0%
朋友影响	24.2%
传媒影响	21.0%
学校创业氛围影响	5.6%
其他	10.8%
无创业想法	8.3%

注：数据来源于腾讯——《大学生创业调查报告》。

第五，大学生创业大部分集中在教育培训相关的、餐饮、百货零售和金融投资等行业（表5）。据 2015 年清华大学发布的《全球创业观察报告（2014）》中对青年创业者年龄的认定，大学生这一类的创业者应该归类于青年创业者。我国的青年创业者在技术方面没有特别突出的优势，所以大学生创业者选择的创业行业往往是那些服务类或者教育类的行业及其相关行业。另外高职毕业的大学生创业多选择一些餐饮业、零售业、建筑服务业等实体经济服务业，本科毕业的大学生更多的是选择一些教育业、互联网等技术、能力要求更高一些的行业。这种差异与本专科生的教育水平、教育培养方式、思维观念等的不同密不可分。

表 5 大学生创业选择行业情况

学历层次	行业	百分比
本科及以上	中小学教育机构	6.5%
	教育辅助服务业	3.2%
	互联网运营	2.8%
	其他金融投资业	2.4%
	其他学院和培训机构	2.4%
高职	其他个人服务业	4.4%
	综合性餐饮业	2.6%
	百货零售业	2.4%
	建筑装修业	2.3%
	其他金融投资业	2.3%

注：数据来源于麦可思——《中国 2014 届大学毕业生社会需求与培养质量调查》。

14.2 项目说明

2017年初，由江苏人才强省建设决策咨询研究基地，与南京大学教育经济与管理研究所、南京信息工程大学经济管理学院师生合作，共同组成了"就业创业教育研究"课题组，研制开发了《大学生职业发展意向与就业创业就业教育调查问卷》，并同步在一所研究型大学、一所教学研究型大学和两所应用型本科高校进行问卷调查。

项目组希望通过调查本科生的职业发展意向和就业创业能力培养情况，来完善学校的就业创业教育体系。本次调查的主要内容包括个人基本资料、职业发展意向和就业创业教育需求、思维方式与自我效能感、生活态度等，以及学生对就业创业能力培养情况的评价。希望通过这个研究活动，能促进完善学校的就业创业教育体系，有效将学生的创业创新能力提高到一个新的水平。

调查问卷的主要内容包括如下几点。

（1）个人基本资料：学院、专业、年级、性别、民族、出生年份、政治面貌、是否独生子女、高考时户口性质、学习成绩等；

（2）家庭背景：父母受教育程度、工作类型、家庭所在地、入学前户口性质、家庭经济状况等；

（3）个人职业发展意向：毕业后2年内/毕业后3～5年/毕业5年后的个人择业意向、计划获得的最高学位、职业倾向、择业区域和地点、是否正在创业；

（4）创业教育：包括是否曾选修过创业类课程，参加各种创业教育活动（如创业讲座、创业大赛、创业实践、创业训练项目、与创业者/企业家交流、与创业导师交流和参加创业社团）及创业榜样（祖父母、父母、兄弟姐妹、其他亲戚、朋友或熟人、本校教职工和同学是否创业）等；

（5）创业素养：包括创业意向、创业态度、创业自我效能感、内部控制源、成就需要、模糊容忍度和风险倾向等；

（6）创业教育需求：包括创业课程开设方式、是否需要学分证书/认证、具体创业教育的形式及核心素质能力等。

14.3 样本描述

问卷调查主要由被调查高校教务和学工人员邀请各高校在校本科生参与问卷调查。课题组设置了抽奖环节来吸引学生参与调查。课题组一共收到3562份问卷，在对核心问题进行甄别后，最终获得3219份有效调查问卷，有效问卷率为90.37%。具体样本分布见图1和图2。

14.3.1 学籍特征分布

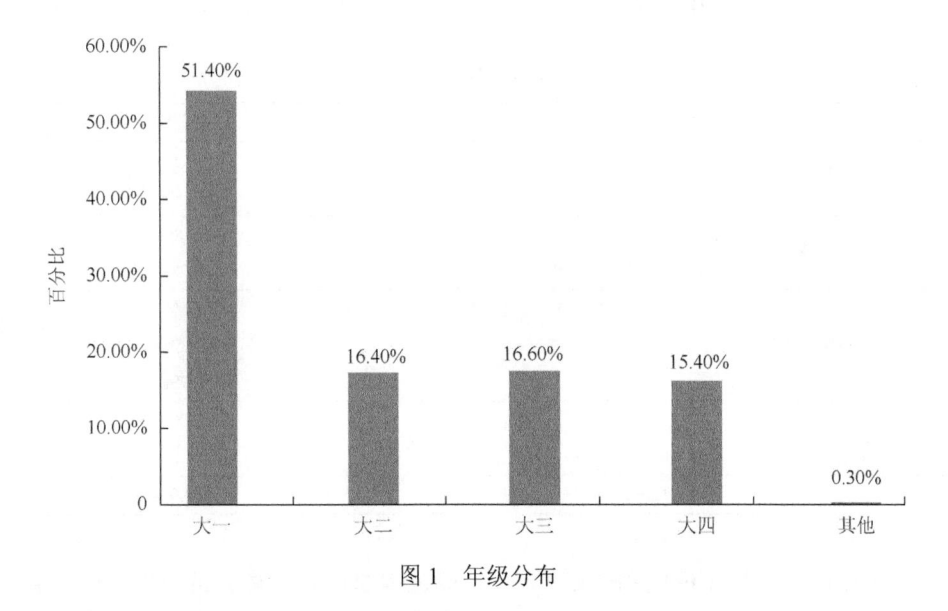

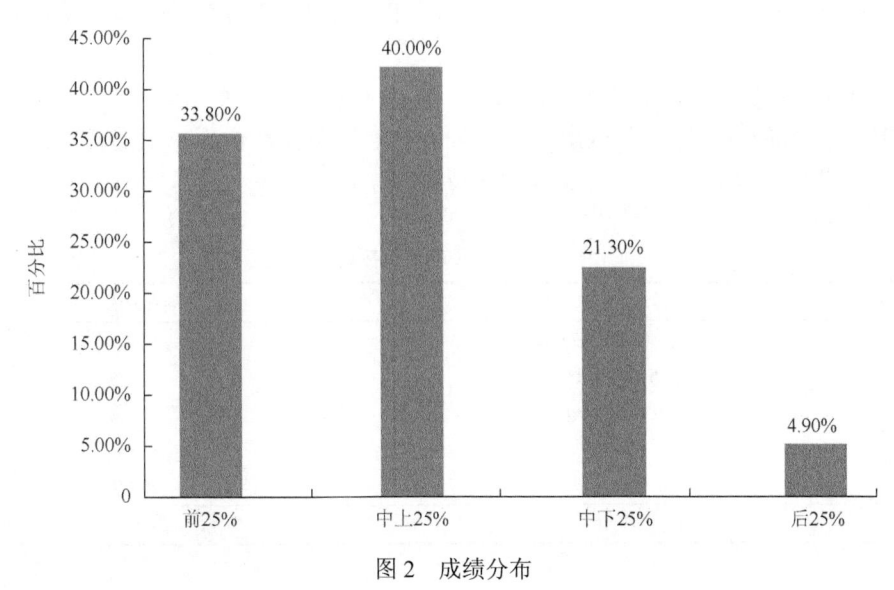

图 1 年级分布

图 2 成绩分布

14.3.2 基本人口特征分布

在问卷的填写中,由表 6 可知,女生比男生人数明显较多。汉族学生所占比例超过 95%，问卷结果基本反映汉族学生的家庭情况、特征、个人信息等因素；由于少数民族学生极少，他们的情况被问卷结果所掩盖，不能很好地反应。政治身份是团员的还是占绝大多数，党员人数较少，政治面貌为群众的人很少。

表 6 基本信息

特征	类别	百分比
性别	男	40.2%
	女	59.8%
民族	汉族	95.8%
	少数民族	4.2%
政治面貌	中共党员（含预备党员）	8.8%
	共青团员	87.5%
	群众	3.7%
是否为独生子女	是	58.8%
	否	41.2%
总计		100.0%

独生子女比非独生子女占比较大，可能被国家计划生育政策的落实所影响，可以反映出大学中目前独生子女较多。该问卷较好地反映了独生子女家庭的基本情况。

县级市或县城城区、农村人数较多，其次为地级市市区（表 7）。相比之下，乡镇及省会城市/直辖市市区所占比例偏低。户籍所在地位于乡镇的样本占比最小。总体上看，样本户籍所在地分布较为均匀。

表 7 高考户籍所在地

高考时户籍所在地	百分比
省会城市/直辖市市区	12.4%
地级市市区	22.8%
县级市或县城城区	31.6%
乡镇	7.6%
农村	25.6%
总计	100.0%

14.3.3 家庭特征分布

数据（表 8）集中在初中及普通高中水平，可见父亲受教育程度多为中等偏低水平。父亲受教育程度为小学水平及本科水平的人数相近。两极端值博士、文盲占比较少。

表 8 父母亲受教育程度

父亲受教育程度	百分比	母亲受教育程度	百分比
不识字或识字很少	1.1%	不识字或识字很少	4.4%
小学	10.8%	小学	14.4%
初中	36.6%	初中	37.4%
普通高中	20.4%	普通高中	19.1%
中等职业/技术/师范学校	6.1%	中等职业/技术/师范学校	6.9%
大专	8.1%	大专	7.9%
本科	15.2%	本科	8.5%
硕士	1.4%	硕士	1.0%
博士	0.4%	博士	0.5%
总计	100.0%	总计	100.0%

母亲受教育程度集中在小学，初中和普通高中。博士、硕士所占比率较小。文盲比例较父亲相比偏大。总体属于中下等水平。

父亲职业为农民、商人/买卖人、工人、其他所占比重较大，由于基础服务业从业人员的一定特殊性，父亲基础服务业较母亲相比，所占比重较小（表 9）。其中军人、办事人员、党、群、企事业单位负责人所占比例较小。

表 9 父母亲职业

父亲职业	百分比	母亲职业	百分比
党、群、企事业单位负责人	9.2%	党、群、企事业单位负责人	3.9%
专业技术人员	14.9%	专业技术人员	13.7%
办事人员和有关人员	4.0%	办事人员和有关人员	3.0%
商业、服务业从业人员	17.1%	商业、服务业从业人员	17.2%
农林牧渔林业从业人员	10.9%	农林牧渔林业从业人员	15.7%
生产、运输操作人员	24.2%	生产、运输操作人员	16.7%
军人及有关职业	0.6%	军人及有关职业	0%
其他职业	19.1%	其他职业	29.9%
总计	100.0%	总计	100.0%

除其他职业外，商业、服务业从业人员所占比重最大，这也与服务业女性偏多的行业状况有关。其次党、群、企事业单位负责人，农林牧渔林业从业人员占大多数。办事人员和有关人员占比最小。

由表 10 可知，私营/民营企事业、个体经营、其他类型所占比例大，三资企业占较小比例。三资企业是指在我国境内设立的中外合资经营企业、中外合作经营企业、外商独资经营企业三类外商投资企业。整体分布面较广，除了三个占比较大因素，其他因素所占比例较为均匀。

表 10　父母亲单位性质

父亲单位性质	百分比	母亲单位性质	百分比
党政机关	5.8%	党政机关	3.4%
国有企业	9.6%	国有企业	7.9%
国有事业	7.5%	国有事业	6.5%
集体企事业	4.3%	集体企事业	4.2%
个体经营	23.4%	个体经营	19.9%
私营/民营企事业	21.0%	私营/民营企事业	20.3%
三资企业	0.6%	三资企业	0.7%
其他类型	27.8%	其他类型	37.1%
总计	100.0%	总计	100.0%

在母亲的工作单位性质中，私营/民营企事业、个体经营、其他类型所占比例大，三资企业占较小比例。这一组数据与父亲工作单位性质的分布类似，其原因与我国劳动力在各个单位类型中分配的比例有直接关系。

家庭经济情况多属于平均收入水平的标准以上，其中可以明显观察到，较高收入水平的家庭与高收入家庭样本最少（图3）。这一分布与我国总体家庭经济状况的分布相接近。

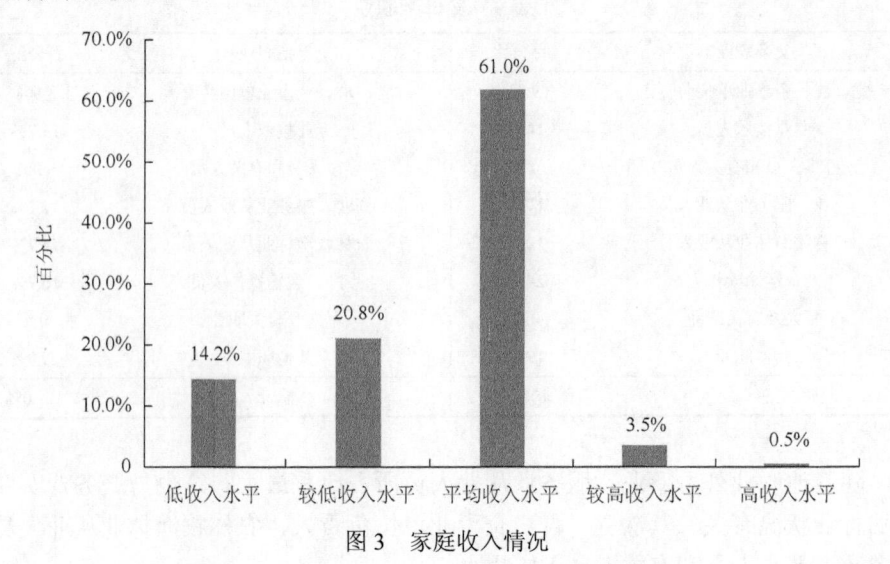

图 3　家庭收入情况

由表 11 可知,在样本总体中,身边亲朋好友有创业经历报告的共有 1685 人次。其中,其他亲戚占比达到 30.2%,比例最高,其次为同学和朋友熟人。而祖父母在所有选项中占比最低,仅为 1.8%。可以看出相对于父母和其他长辈,样本身边同辈人群中创业人数较多,包括同学、朋友熟人。

表 11 亲人朋友创业情况

亲人朋友创业情况	百分比
祖父母	1.8%
本校职工	4.6%
父母	8.9%
兄弟姐妹	9.3%
同学	22.1%
朋友熟人	23.2%
其他亲戚	30.2%
总计	100.0%

14.4 创业发展意向

14.4.1 本科毕业后的职业发展方向

1) 总体创业意向

江苏高校在校生的总体创业意向如图 4 所示。

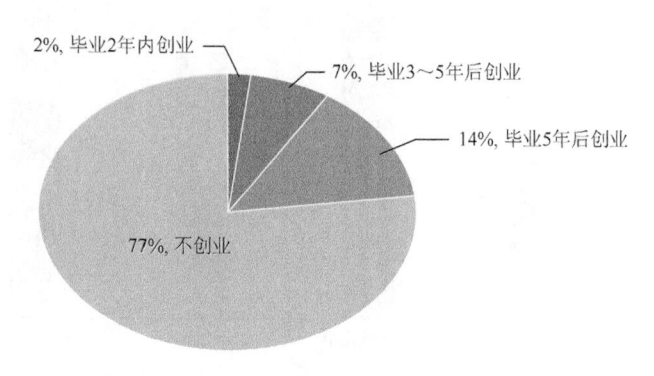

图 4 大学生总体创业意向

由图 4 可知，毕业后准备创业的大学生占 23%。其中，2%的大学生准备毕业 2 年内创业，7%的大学生准备毕业 3~5 年后创业，14%的大学生准备毕业 5 年后创业。

2）各类高校的比较

江苏各类高校在校生的创业意向具体情况如图 5 所示。

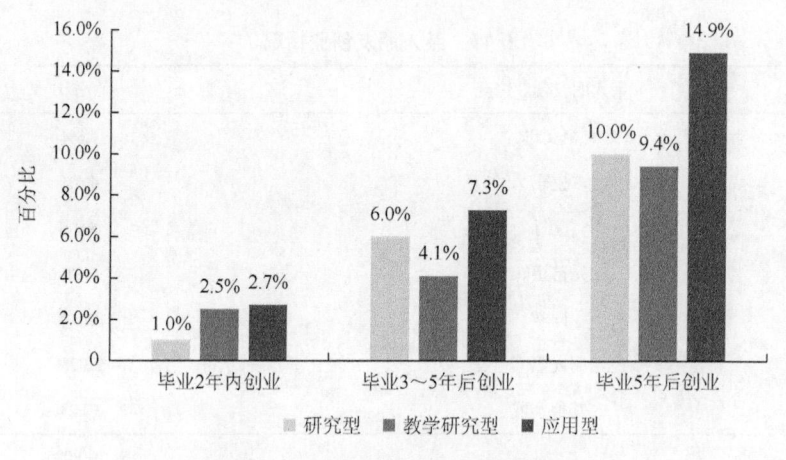

图 5 各类高校大学生创业意向

由图 5 可知，应用型本科院校大学生创业意向最高，达到 24.9%；研究型大学次之，达到 17.0%。对于各类高校而言，大学生准备毕业 5 年后创业的比例都最高，分别达到 10.0%、9.4%和 14.9%。

3）在校生创业情况

江苏高校生创业情况如图 6 所示。

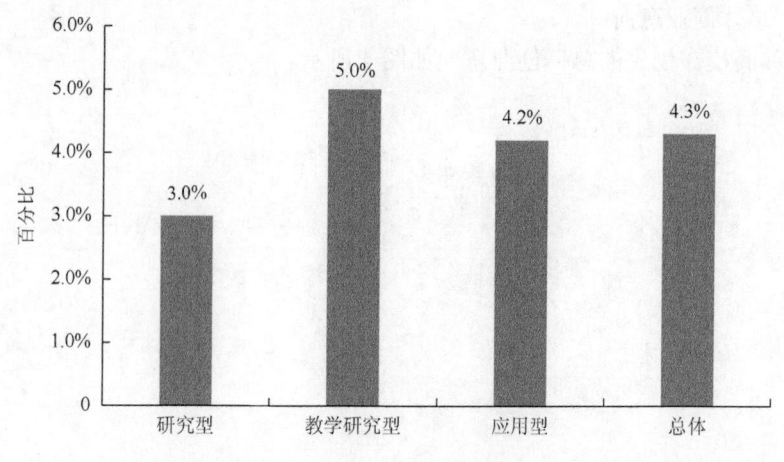

图 6 在校生创业情况

由图 6 可知，4.3%的在校本科生正在创业。在校生创业比例最高的是教学研究型大学，达到 5.0%；其次是应用型本科院校，达到 4.2%。

各个年级中，大一在样本中的创业比例是最高的（表 12）。大一的学生相对热情高，创业意向也是最高的。据了解，大一学生的创业模式以微商居多，门槛低，易进入。但是，后续能坚持下来的并不多。

表 12 各个年级已经创业学生在样本中的占比

年级	是	否	已经创业的在同一年级样本中的百分比
大一	40	476	7.75%
大二	11	153	6.71%
大三	7	159	4.22%
大四	8	146	5.19%

14.4.2 创业意向与创业束缚感

创业意向是指潜在创业者对从事创业活动与否的一种主观态度，是人们具有类似于创业者特质的程度以及人们对创业的态度、能力的一般描述。创业意向是预测创业行为最好的指标，个体因素和环境因素都必须通过它来影响创业行为。

本次调查创业意向的总均值达 3.821，创业意向的得分较高，有创业想法的人也占相当大的比例（表 13）。创业意向行为是最好的预测变量，其代表了潜在创业者未来是否从事创业活动的一种主观态度，只有具备相当创业意向的潜在创业者才有可能开始真正的创业行为。

表 13 对创业意向的看法

对下列有关创业的描述，您的看法如何	均值
我对自主创业很感兴趣	4.109
我会经常考虑去自主创业	3.735
我积极地为自主创业去做准备	3.710
我将尽最大努力去克服创业中遇到的困难	4.214
我会尽快开始自主创业	3.404
对我而言，创业的好处多过坏处	3.953
我对创业的兴趣比对找一份工作的兴趣更大	3.639
创业可以给我带来很大的满足感	3.981
创业是我实现人生目标的重要标志	3.734

续表

对下列有关创业的描述，您的看法如何	均值
创业活动尽管有风险但有价值	4.308
自己创业比做其他工作更有意义	3.709
我的家庭支持我创业	3.769
我的同学和朋友支持我创业	3.872
我的家庭认为创业比找一份工作更有价值	3.502
我的同学和朋友认为创业比找一份工作更有价值	3.674
总均值	3.821
量表信度	0.969

具体题项分中，1003名学生在问题"创业活动尽管有风险但有价值"中，得分均值为4.308，得分较高，说明大学生普遍认可这一观点，可以看得出来，摆在他们面前不选择自主创业的外部原因占很大的一部分。在"我将会尽最大努力去克服创业中遇到的困难"中，均值为4.214，得分较高，说明多数大学生都相信自己如果在创业中面对挫折苦难时，会尽力解决，心理承受力大；在问题"我会尽快开始自主创业"中，均值为3.404，得分较低，说明想要将创业尽快付诸实践的人数较多，但多数学生虽有创业的想法，却不选择尽快创业，原因可能缺少机会或资金匮乏。

根据单因素方差分析，创业意向受到以下因素的显著影响。

（1）年级：大一的创业意向最高，为3.939，大二的创业意向最低为3.620，作为刚刚开始大学生活的大一新生，对未来充满无限向往，对自己也充满信心，想要自己创业的想法就会高于其他年级的学生；大二学生的创业意向之所以低，原因可能是在他们经历大学生活之后，一些对自己的职业规划的想法会发生很大的变化，可能会使他们对未来产生迷茫等。

（2）性别：男生的均值为3.965，女生的均值为3.723，男生的创业意向之所以比女生的高，原因有男生的独立性更强，和女生相比更加自主，女生面对的个人问题要比男生多，如传统的观念等。

（3）是否为独生子女：非独生子女的创业意向均值为3.904，高于独生子女的创业意向均值3.762，非独生子女比独生子女有较高的自理能力，独立性强可能是其创业意向高的原因之一。

（4）父亲的职业：父亲是生产运输操作人员的创业意向最低为3.091，父亲是商业/服务人员的创业意向最高，为4.073，父母职业对孩子的影响很深远，如果父亲的职业是生产工人，会潜意识地影响他们求稳定的心理，不敢冒险创业。

(5) 父亲工作单位的类型：父亲是个体经营的创业意向最高为 4.013, 在三资单位的创业意向最低为 2.777, 由于个体经营和创业相似, 若经营良好则会影响自己的孩子未来子继父业, 父亲在三资企业单位工作也会使自己的孩子渴望在外找一个好工作来获得稳定的高报酬。

(6) 家庭经济收入状况：高收入水平家庭的创业意向最高为 4.373, 较低收入家庭的创业意向最低为 3.595, 家庭条件优越的学生自身条件较好, 创业有一定的物质基础。

创业束缚是指在创业中所遇到阻碍其发展进程的困难及挑战。在创业束缚的问卷（表 14）中, 克朗巴哈系数（Cronbach's alpha）为 0.901, 可靠性高, 说明创业束缚结果同样具有一致性。

表 14　对创业束缚的看法

对下列有关创业的描述，您的看法如何	均值
大学生创业缺乏商业技能	4.205
大学生创业缺乏创业教育	4.196
大学生创业缺乏创业资金	4.453
大学生创业没有时间筹备	3.972
总均值	4.207
量表信度	0.901

创业束缚的总均值达到 4.207, 比创业意向得分高, 直接反映了大学生创业面临的困难成为其发展的挑战。在问题"大学生创业缺乏商业技能、创业教育和创业基金"中, 均值分别是 4.205、4.196 和 4.453, 得分都比较高, 表明多数大学生都认为自己创业存在着知识技能的缺陷和资金周转的困难；在最后一个问题"大学生创业没有时间筹备"中, 得分均值为 3.972, 表明不够充分的时间准备也成为大学生创业所面临的束缚之一。

14.5　创业能力

14.5.1　创业自我效能感

创业自我效能是在 1977 年 Bandura 自我效能理论的基础上, 结合创业这一特定领域后产生的。在创业自我效能的研究上主要经历了两个研究阶段, 早先学者主要从特质理论研究入手, 后来学者主要从认知领域着手。从特质理论入手的研究主要将创业自我效能定义为个体能力和控制力的特征, 有助于将失败知觉转换为学习经验。这时的研究者就不再将创业自我效能的研究仅仅认为是个体心理的特征,而是将目光扩展到个体心理特征和个体对外在刺激的感知与应对方式的结合上(孙俊华和金丹,2017)。创业自我效能经过因子分析,拆分为两个变量,分别命名为创业自信程度和创业效能预期。

在创业自信程度的维度(表 15)中,总均值为 3.775,得分较高,说明大学生在创业活动中会比较自信地解决所面临的挑战。在"我能设计产品来解决现存的问题",均值为 3.620,相对前面的问题,得分较低,说明对于设计新产品,多数学生并没有太大的自信心;在能和其他人成为朋友或者结为同盟,并和潜在的投资者及与之相关的人物建立并保持良好的关系上,均值都在 4.1 左右,意味着多数大学生都认为自己有较强的人际交往能力,并能积极与他人建立合作关系。

表 15 创业自信程度

请判断您对完成下列任务的自信程度	均值
我能发现新产品/服务的市场机会	3.747
我能找到改进现有产品的新方法	3.761
我能辨识出具有增长潜力的新领域	3.781
我能设计产品来解决现存的问题	3.620
我能针对客户最迫切的需求开发新产品	3.741
我能及时地将新产品推向市场	3.745
我能确定公司业务的发展前景	3.725
我能创造一个让所有人都更加自主的工作环境	3.789
我能创造一个鼓励人们去尝试新事物的工作环境	3.888
我能鼓励人们更加主动、大胆地为自己的创意去努力并负责	3.953
总均值	3.775
量表信度	0.967

根据单因素方差分析,创业自信程度受到以下因素的影响。

(1)性别:男生的均值为 3.960,女生的均值为 3.650,男生自信程度高于女生。

(2)父亲受教育程度:父亲的学历是博士的均值高,为 4.675,父亲的学历为硕士的均值最低,为 3.543,父母的文化修养会影响孩子的性格特质,硕士学历的父亲可能相对博士学历的父亲保守一些。

(3)父亲工作单位的类型:父亲工作单位类型是集体企事业的均值最高为 4.065,三资企业的均值最低为 3.167,集体企事业注重团结,个人在团队中的作用，会潜意识地提高孩子的自信，三资企业的父母会面临出差等情况，可能缺失的家庭温暖使孩子缺少自信。

（4）家庭收入情况：家庭收入情况是较高收入水平的均值最高，为4.132，低收入水平的均值最低为3.620，较高收入的家庭有着比低收入家庭优越的物质条件，会使孩子产生优越感。

在调查的1003名学生中，他们的自我效能感都较强，总均值为3.974（表16）。在面对创业束缚上，大多能够积极面对。个体所具有的个人资源也是决定个体创业意向的重要影响因素。对创业所能带来回馈的个体评估会影响个体对创业的态度。创业需要个体具有相关的管理技能、市场渠道、运营团队和社会网络等方面的资源，个体对这些资源的拥有状况同样是影响个体创业意向的决定因素。

表16 创业效能预期

请判断您对完成下列任务的自信程度	均值
我能和其他人成为伙伴或结为联盟	4.170
我能和潜在的投资者建立并保持良好的关系	4.103
我能和投资者有关的关键人建立关系	4.038
我能辨识出潜在的投资资金来源	3.778
我能清晰地表达出组织的愿景和价值观	3.916
我能鼓励其他员工拥护公司的愿景和价值观	3.981
我能通过一系列的行动去寻找机会	4.041
我能在持续的紧张、高压和冲突条件下高效地工作	3.937
我能忍受市场环境中不可预测的变化	3.892
面对逆境我能坚持不懈	4.118
我能招募和培训重要岗位的员工	3.922
我能制定预防核心技术人员空缺的应急预案	3.807
我能挑选并组建优秀的管理团队	3.962
总均值	3.974
量表信度	0.971

创业效能预期受到以下因素的影响。

（1）性别：男生的效能预期均值为4.003，女生的均值为3.790，男生普遍比女生更加自信，决断力和执行力也更强。

（2）父亲受教育程度：父亲的学历是博士的均值最高，为4.728，父亲学历为硕士的均值最低，为3.649，高学历家庭出来的孩子文化气息更强。

（3）父亲工作单位的类型：父亲工作单位为集体企事业的均值最高为4.154，三资企业的均值最低为3.367，父亲本身的气质会影响孩子的自信。

(4)家庭收入情况：家庭收入情况是高收入水平的均值最高，为 4.304，较低收入水平的均值最低为 3.737，高收入家庭的学生更加自信并相信自己在创业中可以发挥自己的优势，在未来创业中有物质基础和资源，起点就高。

14.5.2 个体控制点

个体控制点由社会学习理论家罗特提出，也称为控制观，是描述个体在周围环境（包括心理环境）作用的过程中，认识到控制自己生活的力量，也就是每个人对自己的行为方式和行为结果的责任的认识和定向。结果因子分析，区分为两个二级变量，外部控制倾向与内部控制倾向。

由表 17 知，第一部分为外部控制点：此部分均值为 3.446。外部控制是指运用各种社会监督、约束和惩戒机制对人们的行为产生的影响。拥有这类特点的个体生活中多数事情的结果是个人不能控制的各种外部力量作用造成的，他们相信社会的安排，相信命运和机遇等因素决定了自己的状况。外部因素对于主体结果的影响较大，分析主体受到外部环境的影响会做出相应的反应。第 8 个与第 9 个问题的结果均值最大，分别为 3.590 和 3.626，第 10 个问题的结果均值最小为 3.295，这表明在所调查的大学生中，大多数人对于创业中所遇到的困难保持一种理性冷静的态度，但是受到的外界影响也是较大的，在社会现实面前，大多数人还是会选择顺从。这间接地阐述了外部控制点在大学生创业意向中的影响是较大的。

表 17 外部控制倾向相关问题均值

外部控制倾向	均值
能得到想要的东西通常是因为我运气好	3.430
制订长远计划是不明智的，因为很多事情是取决于运气好坏的	3.315
能否当上领导，取决于我是否足够幸运地在正确的时间出现在正确的地方	3.431
我经常没有机会在坏事中保护个人的利益	3.554
我的生活很大程度上为意外事件所左右	3.413
我觉得生活中发生的事情都取决于有权势的人	3.398
即使会是一个好领导，但是如果我不拉拢那些有权势的人就不能被委以重任	3.404
为了实行我的计划，我要确认它是否与那些比我更有权威的人的需要匹配	3.590
与有权势的人发生利益冲突时，像我这样的人很少能保护自己的利益	3.626
要得到想要的东西意味着我要取悦位子高于我的人	3.295
总均值	3.446
量表信度	0.887

外部控制倾向受到以下因素的影响：

（1）性别：外部控制倾向的均值明显呈现出男性远远大于女性的现象，男性数据的均值达到 3.600 左右，而女性的均值仅为 3.300。这一问题出现的原因可能与我国家庭的传统思想有关，女性身边的父母和长辈更希望其可以找到一个收入稳定、位置安全的工作。而男性家庭更希望其长远发展，创造更多的价值。

（2）家庭经济收入状况：较高收入家庭出身的学生外部控制倾向均值最低，高收入水平家庭出身的学生外部控制倾向均值最高。家庭水平处于中上等的家庭主体更多的属于安全型，在生活条件中上等的水平上稳定发展。而高收入水平家庭本身所从事的职业创新创业的部分就比较高，出于家庭价值观等影响，样本主体会更倾向未来的创业行为。而家庭良好的经济基础也可以为样本主体的创业提供一定的物质和信息基础。

由表 18 知，第二部分为内部控制点：自身内部因素所占比例小，发挥的作用也较小，并不占主导地位。本部分总均值为 3.957，而内部控制点中均值最大的为 4.266，最小的为 3.660，极差与范围也要略大于外部控制点，表明在这个问题上的分歧较大，自己是否能够决定自己的行为、是否坚决执行自己的意志是存在较大的不同的。

表 18　内部控制倾向相关问题均值

内部控制倾向	均值
我经常能够保护自己的利益	3.909
制订计划时，我非常确定能让它实行	3.831
我非常确定生活中将会发生什么	3.660
我的生活由我自己的行为决定	4.119
能得到想要的东西通常是因为我自己的努力	4.266
总均值	3.957
量表信度	0.951

内部控制倾向受到以下因素的影响。

（1）性别：男性内部控制倾向均值接近 4.100，女性为 3.850。男性的均值偏高。这一问题出现的原因可能与男性和女性的性格特质相关，年轻的男性更趋向于拥有挑战性、发展性强的职业生涯规划，而女性的性格特点更趋向于平稳安全。

（2）父亲受教育程度：父亲的学历为硕士的均值最低，博士的最高。大专、本科的处于中上等水平。总体上看，父亲受教育程度越高，主体的内部控制倾向均值越高。父亲受教育程度越高，可见主体的家庭教育就会相对来说较好，因此自身内部控制性也会较好。但当父亲受教育程度为硕士时，这一均值变为最低。这可能与特殊个体的保守程度有关联。

（3）父亲工作单位的类型（母亲工作单位的类型）：集体企事业、私营/民营内部控制倾向均值最大。三资企业及党政机关内部控制均值平均值偏小。由父亲所在的企业特点可以看出父亲的职业倾向对儿子的职业选择倾向有一定的影响。这可能与潜在的家庭生活方式、家庭价值观有关。

（4）家庭经济收入状况：低收入水平到高收入水平的倾向均值依次递增。低收入家庭对收入的安全和稳定相对来说有较高的要求，因此对主体的价值观会有一定的影响。而高收入水平的家庭可以给主体一定的安全感，并对其提供一定的经济基础和资源，因此主体的创业意向较强。

14.5.3 成就需求

美国哈佛大学教授戴维·麦克利兰通过对人的需求和动机进行研究，于50年代在一系列文章中提出成就动机理论，把人的高层次需求归纳为对成就、权力和亲和的需求。他对这三种需求，特别是成就需求做了深入的研究。

麦克利兰认为，具有强烈的成就需求的人渴望将事情做得更为完美，提高工作效率，获得更大的成功，他们追求的是在争取成功的过程中克服困难、解决难题、努力奋斗的乐趣，以及成功之后的个人成就感，他们并不看重成功所带来的物质奖励。个体的成就需求与他们所处的经济、文化、社会、政府的发展程度有关，社会风气也制约着人们的成就需求。

创业活动是一个重在内在需求的活动，更多源于自发性的动机，与成就需求密切相关。为此，本文中调查了成就需求这个概念。由因子分析得出，进一步分为两个子变量：实现自己的需求，实现他人的需求。

由表19知，第一部分为实现自己的需求（均值4.286）：从样本总体看，在实现自己的需求上，样本评分总分较高，从一定程度上来说实现自我需求是学生创业意向的主要动力，自我实现的效能感明显高于实现他人需求的效能感。学生创业更多是针对自己实现某种愿望或者是做自己认为有价值的事情，这几个因素的值明显高于其他，表明学生总是以自己的想法出发，以实现自己需求为目的来进行创业。

表 19　实现自己需求相关问题的均值

实现自己的需求	均值
不管事情有多困难，只要自己认为值得去做，我就会尽力而为	4.392
当我圆满完成一件工作时，即使没人知道，我也会觉得有成就感	4.414
不管别人怎么想，只要我认为有价值的事，我就会尽力去做	4.362
我时常在想，自己目前的表现是否已经达到自己的期望或标准	4.169
我时常为了完成一件自己喜欢的工作，而一直熬到深夜	4.092
总均值	4.286
量表信度	0.871

实现自己的需求受到以下因素的影响。

（1）性别：男性实现自己需求的均值高于女性，男性的自主意愿相对来说较高，而女性相对来说更愿意考虑家人、社会地位、安全等因素。同时，男性对自我未来意愿和定位较为明确，因此相对女性来说对自我需求的实现更迫切。

（2）父亲受教育程度：父亲的学历为博士实现自我需求均值最高，其次为大专；不识字均值最低，其次为硕士。高程度的教育一定程度上反映了父亲自身的价值观、为人处事方式以及一定的教育方式。因此对样本主体有一定的影响。

（3）母亲工作单位的类型：国有事业均值最低，国有企业的最高。其中三资企业及私营/民营企事业均值仅次于国有事业单位。相对来说，母亲的工作类型较为稳定，因此，从母亲影响的方面均值普遍较低。

由表 20 知，第二部分实现他人需求的均值为 3.817，低于实现自己需求的均值 4.286，表明创业者在决定创业途中大部分还是以自己的想法为奋斗目标，不在乎外部的因素，坚持自己的想法，这对于实现自己的需求的提升有很大的帮助。

表 20　实现他人需求相关问题的均值

实现他人的需求	均值
为了不让父母失望，我总是照着父母的期望努力去做	3.956
我生活的主要目标，是努力完成让公司引以为荣的事	3.936
要是我不能出人头地，那就实在对不起祖先了	3.609
我比较喜欢我的工作成果由别人来评定	3.704
社会上一般人认为有价值的东西，我都想努力去获得	3.880
总均值	3.817
量表信度	0.902

总体上看，在大学生创业能力分析中，实现自我需求所占比例更大一点，学生的创业意向受到自我需要、自我实现、自我价值的影响较大，对于满足他人的需求方面所显露出来的动机较弱。大学生创业能力分析的结果还是主要基于实现自我需求。

实现他人的需求受到以下因素的影响。

（1）性别：男性实现他人需求均值略高于女性，男性样本对于未来和周边环境的考虑会较为周全，出于对社会地位和人际关系以及未来所需承担家庭等因素，男性样本的创业取向中由实现他人需求形成的影响较大。

（2）父亲受教育程度：父亲学历为博士的均值最高；不识字的最低。父亲受教育程度越高，眼界越宽阔。同样，这个家庭的环境也会比较好。家庭对孩子的教育和辅导也会比较高。因此样本主体对自己的未来会有比较充分到位的考虑。

（3）家庭经济收入状况：较低收入水平的均值最低，高收入水平的最高。其中平均收入水平均值为中等水平。相对于低收入水平的家庭来说，高收入水平家庭的主体可以相对容易地满足自己的基本需求，因此，会在满足自己需求的基础上对他人的需求进行较为全面的考虑。而低收入家庭相对来说负担较重，需要在首先实现自我需求的前提下再完成对他人需求的考虑，因此在这一因素上，考虑得相对较少。

14.5.4 抗挫能力分析

创业是一个需要经历风险的活动。为此，在成就动机之后，需要了解学生的风险抗挫能力。这两者结合，才会进一步预测他们的创业行为。在这里，从两个方面来体现抗挫能力，一是风险倾向，二是不确定性容忍。

风险倾向，是指个体承担风险的基本态度，是个人感知决策情景及制定风险决策的重要主导因素。风险就是一种不确定性，投资实体面对这种不确定性所表现出的态度、倾向便是其风险偏好的具体体现。风险倾向可以解释为主动追求风险，喜欢收益的波动性胜于收益的稳定性的态度。风险倾向偏好者面对风险的原则是当预期收益相同时，选择风险大的，因为这会给他们带来更大的效益。

表21调查统计了调查对象的风险倾向，1～6数字越大则越同意承担该项风险。从表格数据可以得出愿意放弃稳定工作与贷款购房的风险倾向最低，分别为3.81和3.77。承担时间成本的风险的比例居中为4.07，而愿意放手一搏与从事非本专业工作的风险倾向最高，分别为4.19和4.20。说明对于尚未参加工作的大学生调查群体而言，工作的稳定性和有保障的住房是至关重要的，大家都不愿意承受这个方面的风险，时间成本对于大学生而言成本较低所以能较为接受，拼搏努

力和从事专业不对口工作的风险和代价则被更多人认为是风险很小的而选择接受。最后综合所有题项得出的均值为 4.01，说明调查对象总体的风险倾向还是居中偏高一些，愿意承受一些风险。

表 21　风险倾向相关问题的均值

风险倾向	均值
我宁愿向银行贷款购买自己的房子，也不租房子	3.77
如果有机会到待遇丰厚但规模稍小的企业，我愿意放弃目前稳定的工作	3.81
我宁愿多等待些时间以换取未来可能的高投资报酬	4.07
整体而言，只要有可能成功，我都愿意付出额外的心力，放手一搏	4.19
我愿意从事并非本专业的工作	4.20
问卷信度	0.82

风险倾向受到以下因素的显著影响。

（1）年级：大三与大一的学生均值较高，分别为 4.663 和 4.442。然后是大四的学生，为 3.932。最低的是大二的学生，为 3.883。大一新生刚进入校园，热衷于发现新鲜事物也愿意承受较多风险。而步入大二由于进入了学校一段时间，面对可能风险的积极性降低了。大三进入迷茫期，大家都在积极找到一个适合自己的发展方式，也必须承担一定的风险。大四趋于稳定，大家各自都有了归宿，不愿承担更多风险。而在其他这一项的高风险倾向，可以得出大学生毕业之后，或者说与社会进行了更多接触之后，愿意承担风险的倾向也会变高很多。

（2）性别：男性的风险倾向均值为 4.111，女性的风险倾向均值为 3.942。男性的风险倾向高于女性。可以见得男性在面对风险时更愿意冒险而女性则持更加谨慎的态度。

（3）父亲的受教育程度：父亲受教育程度为博士的学生的风险倾向均值最高，为 5.000。父亲受教育程度为不识字或识字很少和硕士的学生的风险倾向均值最低，分别为 3.673 和 3.543。总体上来说，父亲受教育程度最高的群体拥有非常高的风险倾向，而最低的群体拥有非常低的风险倾向。但是父亲受教育程度第二高为硕士的群体风险倾向最低，说明该群体寻求安稳的意愿很强。

（4）父亲工作单位的类型：父亲工作单位在私营/民营企事业的学生的风险倾向均值最高，为 4.102。父亲工作单位在国有企业和三资企业的学生的风险倾向均值最低，分别为 3.896 和 3.867。私营与民营企事业所处环境比较多变，会面临许多意想不到的风险,所以父辈在这些单位工作造成了风险倾向更大的影响。国有企业和三资企业所处环境比较稳定,面临风险较小,所以父辈在这些单位工作造成了风险倾向更小的影响。

(5)母亲工作单位的类型:母亲工作单位在三资企业的学生的风险倾向均值最高,为4.429。母亲工作单位在党政机关和国有企业的学生的风险倾向均值最低,分别为3.818和3.791。母亲在三资企业工作经常出差,会占用大量育儿时间,所以母亲在这类单位工作的群体独立性更强,承受风险的能力更强。而党政机关和国有企业的工作时间固定,有大量的育儿时间,所以母亲在这类单位工作的依赖性更强,承担风险的能力较弱。

(6)家庭经济收入状况:高收入水平家庭的学生的风险倾向均值最高,为4.760。低收入水平的家庭的学生的风险倾向均值最低,为3.893。平均收入水平家庭的学生的风险倾向均值高于较低收入水平与较高收入水平家庭的学生。家庭收入水平最高的群体拥有更多的资本来承担可能出现的风险,所以风险倾向最高。反之家庭收入水平最低的群体风险倾向就会最低。

(7)学习成绩:学习前25%的学生的风险倾向均值最高,为4.050。学习成绩后25%的学生的风险倾向均值最低,为3.894。而成绩中上的学生的风险倾向均值低于成绩中下的学生。总体而言学习成绩最好的群体有着更高的自信,所以会有更高的风险倾向。反之学习成绩不好的群体缺乏自信,风险倾向低。

不确定性容忍,是指某个体或群体对感受到的不确定性和模糊情景的容忍程度。生活充满了不确定性,一些早期心理学理论认为,不确定感和回避不确定状态的倾向在焦虑和心境精神病理学的形成和维持中发挥着核心作用。随着认识的深入,当代理论在继续强调不确定性和精神病理关系的同时,开始积极关注个体对不确定性忍受程度的差异在这一关系中所起的作用。面对不确定性,有些事件能够让人忍受并积极应对,适应良好;有些事件则会令人无法忍受,易感到困扰与压力,试图事先预防或逃避。这些差异则反映了某个体或群体对某件不确定事件的容忍程度。

表22调查统计了调查对象的不确定性容忍,1~6数字越大则越同意对该项的不确定性容忍度越高。从表格数据可以得出对不能给出明确答复的专家与不够详细的时间计划的不确定性容忍均值最低,分别为3.78和3.90。对发展个性和处理问题的方式的不确定性容忍均值居中为4.05,而对于上级分配不够明确的任务的不确定性容忍均值最高为4.15。说明调查对象对在大学生活中会经常接触到的相关学术专家和时间表安排的不确定性容忍度不会太高,对更多关乎自己个性层面的生活方式的不确定性能够较为容忍,对未来可能接触更多的上下级关系的不确定性容忍则最高。最后综合所有题项得出的均值为4.01,说明调查对象总体的不确定性容忍还是居中偏高一些,愿意容忍一定的不确定性。

表 22　不确定性容忍相关问题的均值

不确定性容忍	均值
一个不能给出明确答复的专家可能懂得不多	3.78
严格按照时间表生活的人可能会失去很多生活乐趣	3.90
处理难题比处理简单的问题更有趣	4.13
一般来说，最有趣的、最令人感到刺激的人是那些与众不同、标新立异的人	4.05
我们许多重要的决策都是在信息不充分的情况下做出的	4.05
分派没有明确要求的任务的管理者，为下属提供了表现主动性和创造性的机会	4.15
问卷信度	0.87

不确定性容忍受到以下因素的影响。

（1）年级：其他年级或年龄段的不确定性容忍均值最高，为 4.500。其次是大三与大一的学生，均值分别为 4.110 和 4.024。然后是大四的学生，均值为 3.932。最低的是大二的学生，均值为 3.921。大一新生刚进入校园，热衷于发现新鲜事物也愿意承受较多不确定性。而步入大二由于进入了学校一段时间，会追求更加稳定的状态。大三进入迷茫期，大家都在积极找到一个适合自己的发展方式，也必须承担一定的不确定性。大四趋于稳定，大家各自都有了归宿，不愿承担更多不确定性。而在其他这一项的高不确定倾向，可以得出大学生毕业之后，或者说与社会进行了更多接触之后，对不确定性会有更高的容忍。

（2）性别：男性的不确定性容忍均值为 4.148，女性的不确定性容忍均值为 3.915。男性的不确定性容忍高于女性，可以见得男性在面对不确定时更愿意冒险而女性则持更加谨慎的态度。

（3）父亲的受教育程度：父亲受教育程度为博士的学生的不确定性容忍均值最高，为 4.917。父亲受教育程度为不识字或识字很少和硕士的学生的风险倾向均值最低，分别为 3.773 和 3.655。总体上来说，父亲受教育程度最高的群体拥有非常高的不确定性容忍，而最低的群体拥有非常低的不确定性容忍。但是父亲受教育程度第二高为硕士的群体不确定性容忍最低，说明该群体寻求安稳的意愿很强。

（4）父亲工作单位的类型：父亲工作单位在集体企事业的学生的不确定性容忍均值最高，为 4.147。在国有企业和三资企业的均值最低，分别为 3.907 和 3.750。集体企事业是特定历史的产物，如今处于不断改革改制的时期，导致其制度体系的不确定性较高，所以父辈在这些单位工作造成了不确定性容忍更大的影响。国有企业和三资企业所处环境比较稳定，不确定性较小，所以父辈在这些单位工作造成了不确定性更小的影响。

（5）母亲工作单位的类型：母亲工作单位在三资企业的学生的不确定性容忍均值最高，为 4.429。母亲工作单位在国有企业的学生的不确定性容忍均值最低，为 3.741。母亲在三资企业工作经常出差，会占用大量育儿时间，所以母亲在这类单位工作的群体独立性更强，能够忍受更多不确定的情况。而党政机关和国有企业的工作时间固定，有大量的育儿时间，所以母亲在这类单位工作的依赖性更强，对不确定的容忍较低。

（6）家庭经济收入状况：高收入水平家庭的学生的不确定性容忍均值最高，为 4.867。低收入水平家庭的学生的不确定性容忍均值最低，为 3.851。平均收入水平家庭的学生的不确定容忍均值高于较低收入水平与较高收入水平家庭的学生。家庭收入水平最高的群体拥有更多的资本来面临各种不确定性，所以不确定性容忍最高。反之家庭收入水平最低的群体不确定性容忍就会最低。

（7）学习成绩：学习前 25%的学生的不确定性容忍均值最高，为 4.052。学习成绩后 25%的学生的不确定性容忍均值最低，为 3.881。而学习成绩中上的学生的不确定性容忍均值低于学习成绩中下的学生。总体而言学习成绩最好的群体有着更高的自信，能够容忍更多的不确定性。反之，学习成绩不好的群体缺乏自信，不确定性容忍低。

14.6 创业教育与社会实践的参与

14.6.1 创业教育

调查结果显示，18.05%的江苏高校在校生选修过创业类课程，28.64%的大学生选修过就业类课程，就业创业类课程覆盖面略有不足。

14.6.2 创业活动参与

江苏高校大学生参加各类创业活动情况如图 7 所示。

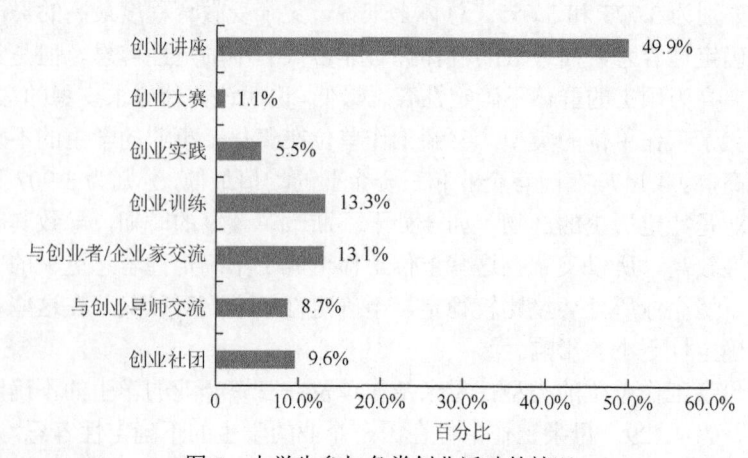

图 7 大学生参加各类创业活动的情况

由图 7 可知，听过创业讲座的最多，占比 49.9%；参加过创业大赛的最少，占比仅为 1.1%。

14.6.3 创业榜样

江苏高校在校生接触创业榜样的情况如图 8 所示。

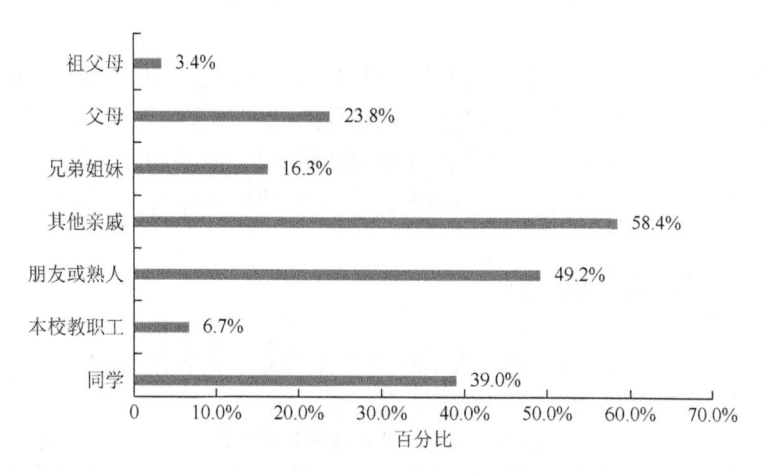

图 8 大学生接触创业榜样的情况

由图 8 可知，大学生接触的人中，其他亲戚创业的最多，达到 58.4%；之后依次是朋友或熟人（49.2%）、同学（39.0%）。

14.6.4 创业教育的效果

江苏高校大学生选修创业课程、参加创业活动和接触创业榜样对其创业意向、创业态度和创业心理特质影响的 F 检验结果见表 23。

表 23 创业教育效果分析表（F 检验）

指标	创业榜样接触	参加创业活动	创业课程选修
创业承诺	2.14*	9.09***	2.83**
正在创业	20.07***	18.22***	9.93***
创业意向	11.27***	21.32***	14.60***
创业自我效能	12.25***	24.38***	8.63***
内部控制源	4.73***	7.31***	1.86

续表

指标	创业榜样接触	参加创业活动	创业课程选修
内部成就动机	3.96***	4.30***	0.35
外部成就动机	1.70	10.39***	8.48***
风险倾向	1.96*	5.93***	2.56**
模糊容忍度	1.50	3.20***	2.64**

*，$p<0.1$；**，$p<0.05$；***，$p<0.01$。6点李克特量表，期望均值为3.5。

由表23可知，参加创业活动对提升创业意向和创业心理特质具有显著效果，F检验结果表明，参加创业活动越多，其创业意向和各心理特质都显著得到提高。F检验结果表明，创业榜样接触对提升外部成就动机和模糊容忍度的影响不显著，创业课程选修对内部控制源和内部成就动机的影响也不显著。

14.6.5 创业课程开设方式

江苏高校在校生对就业创业类课程开设方式的偏好如表24所示。

表24 就业创业类课程开设方式

开设方式	创业课程	就业课程
与专业课程体系完全分开	8.9%	9.1%
部分包含在专业课程中，同时提供额外的活动/课程	76.2%	79.3%
完全嵌入我的专业课程之中	14.9%	11.6%

由表24可知，大学生最倾向于以"部分包含在专业课程中，同时提供额外的活动/课程"的方式来开设就业类（79.3%）和创业类课程（76.2%）。之后依次为"完全嵌入我的专业课程之中"和"与专业课程体系完全分开"。总体而言，部分嵌入式课程将更受大学生的欢迎。

对于"就业类或创业类课程的学分是否需要最终以证书的形式体现"这一问题，47.43%的大学生选择了"是"。也就是说，有必要对就业创业类课程学分进行证书化/认证，以调动在校生选修相关课程的积极性。

14.6.6 就业创业教育活动

江苏高校在校生对学校提供创业教育、就业教育的具体需求情况如表25和表26所示。

表 25　创业教育活动需求

创业教育活动	百分比	排序
工作实习	62.42%	1
事业发展建议	60.47%	2
普通创业培训	56.08%	3
顾问指导	53.48%	4
提供接触商业机构的机会	51.27%	5
创业技巧培训	48.41%	6
融资建议	46.01%	7
参与相关社会活动的机会	42.32%	8
更多参与创业活动的机会	39.61%	9
有关知识产权的建议	39.12%	10
创业场所或设施	38.95%	11
产品创新和研发建议	37.80%	12
创业主题的暑期班或周末课程	35.36%	13
更多参与创业社团的机会	31.60%	14
一对一的咨询与指导	31.00%	15
其他	5.45%	16

由表 25 可知，江苏高校在校生最希望学校提供的 5 项创业教育活动依次是：工作实习（62.42%）、事业发展建议（60.47%）、普通创业培训（56.08%）、顾问指导（53.48%）和提供接触商业机构的机会（51.27%）。

表 26　就业教育活动需求

就业教育活动	百分比	排序
提供实习或兼职的机会	71.11%	1
个人职业生涯规划方面的建议和指导	69.73%	2
关于简历写作的建议和指导	67.49%	3
有关面试的练习和建议	66.21%	4
组织校园招聘宣讲会、双选会等毕业生招聘活动	64.03%	5
有关求职策略与技巧的建议和指导	57.52%	6
搜集和发布招聘信息	55.95%	7
有关常用职业技能的培训课程	52.74%	8
其他	5.93%	9

由表 26 可知，江苏高校在校生最希望学校提供的 5 项就业教育活动依次是：提供实习或兼职的机会（71.11%）、个人职业生涯规划方面的建议和指导（69.73%）、关于简历写作的建议和指导（67.49%）、有关面试的练习和建议（66.21%）和组织校园招聘宣讲会、双选会等毕业生招聘活动（64.03%）。

14.6.7 核心素质/能力

江苏高校在校生对各类核心素质/能力的重要性评价结果见表 27。

表 27 通用素质/能力培养重要性评价结果

通用素质/能力	重要性	排序
分析和综合能力	2.53	14
将知识应用于实践的能力	2.56	13
计划和时间管理能力	2.56	12
所学专业领域内的基本知识	2.34	26
掌握专业实践中的基础知识	2.44	19
口头表达和写作能力	2.52	16
外语能力	2.31	28
基本的计算能力	2.30	29
研究能力	2.33	27
学习能力	2.63	5
从不同来源获取信息和分析信息的能力	2.57	9
批判和自我批判能力	2.52	15
适应新环境的能力	2.61	7
产生新想法的能力（创造力）	2.56	11
解决问题能力	2.63	3
决策能力	2.52	17
团队合作能力	2.63	4
处理人际关系能力	2.62	6
领导能力	2.41	22
在跨学科团队中工作的能力	2.43	20
与本领域内非专业人士沟通的能力	2.46	18
崇尚多样化和多元文化	2.37	24

续表

通用素质/能力	重要性	排序
在国际化环境中工作的能力	2.40	23
理解其他国家的文化习俗	2.29	30
自主工作的能力	2.58	8
项目设计与管理（能力）	2.42	21
具有首创精神和企业家品质	2.35	25
讲道德	2.63	2
关注质量	2.64	1
树立成功的志向	2.57	10

注：4点李克特量表（0表示不重要，3表示很重要），期望均值为2。

由表27可知，大学生认为对其未来职业发展或者创业最重要的10项通用素质/能力分别如下：

（1）关注质量，重要性均值为2.64；

（2）讲道德，重要性均值为2.63；

（3）解决问题能力，重要性均值为2.63；

（4）团队合作能力，重要性均值为2.63；

（5）学习能力，重要性均值为2.63；

（6）处理人际关系能力，重要性均值为2.62；

（7）适应新环境的能力，重要性均值为2.61；

（8）自主工作的能力，重要性均值为2.58；

（9）从不同来源获取信息和分析信息的能力，重要性均值为2.57；

（10）树立成功的志向，重要性均值为2.57。

14.6.8 创业教育模式

为了解我国高校创业教育的开展现状和模式，本文通过对国内典型高校创业教育实践的研究文献和新闻报道进行搜集整理，从创业教育理念、创业教育机构设置和创业教育课程体系等方面来分析创业教育的模式，供江苏高校设计或完善其创业教育模式参考。

14.6.9 创业教育理念

在创业教育具体实施开展中，各高校结合自身发展优势，创业教育理念均有不同的侧重点，提出了许多具有时代性与科学性的教育理念。创业教育的理念主要包括"三创融合"、"理论与实践相结合"和"面上覆盖＋点上突破"三种基本类型。

"三创融合"的理念，主张将创业教育、创新教育、创造教育或创意教育结合起来，将其渗透到创业教育实践的全过程之中：2001年，武汉大学正式将"三创教育"写入《武汉大学本科教学改革与发展行动计划》，并以此深化教育教学综合改革。同期，黑龙江大学将"三创教育"作为开展创业教育的人才培养模式，以课程群和学业生涯导师制为基础，传授创业知识与技能，培养学生创业意识与精神；以创业团队为依托，以创业园区为载体，以创业基金为支撑，促成创业教育的产业转化，实现学生的创业梦想。中国人民大学也明确提出了"培养具有创新、创造、创业能力的高素质人才"的创业教育培养目标，认同三创结合的教育理念。清华大学提出了创意、创新、创业"三创融合"的高层次创新创业教育，旨在激发和培养学生的首创精神、企业家精神和创新创业能力。大连理工大学通过多年的积淀提出了"创意＋创新＋创业"的"三创教育"理念，注重学生创新意识和创新能力的培养。东南大学以"创新驱动创业、创业支撑创新"为基本理念，以培养学生的创新开拓精神为目的，为未来创业播撒种子，提倡个性化发展，为将来有志于创业的学生提供发展平台，实质上支持了"三创教育"。

"理论与实践相结合"的理念，注重专业教育与实践应用相结合。北京大学坚持理论与实践相结合，重在交叉培养，结合不同专业需求，着力培养学生的创新思维、创造能力和创业意识；黑龙江大学明确提出了"专业＋特色"的培养目标，从而真正实现专业教育与创业教育的高度统一；南京大学将通识教育与个性化培养相融通的理念融入整个"三三制"人才培养体系，以创新创业课程、讲堂、训练、竞赛和成果孵化为主构建了"五位一体"的创业教育体系；南京财经大学结合财经类院校的专业特色，明确提出了"培养职业经理人"的创业教育目标，从创业教育理念高度将创业教育与专业教育紧密结合起来，大大促进了大学生专业知识向创业实践的转化（刘茜玉和孙俊华，2016）。

"面上覆盖＋点上突破"的理念，注重将广谱式培养和小规模精英团体培养相结合。上海交通大学明确提出"面上覆盖、点上突破"的理念，将面向全校全体学生的教育和部分有强烈创业意愿的同学的教育相结合，专门在创业学院设立一个"宣怀班"，选拔具有强烈创业意愿全日制在校生进行系统化培养；南京航空航天大学一方面从广义上理解创业教育，开展"普惠式"的创业教育，另一方面又注重创业教育的狭义内涵，采取精英式、个性化的创业教育，建立了"未来精英培育工程"的特殊潜质类学生培养体系，选拔具有一定潜质和浓厚兴趣的学生对其进行小班培训，提升学生个性素质和能力；东北大学创造性地提出了"先创新后创业"的教育理念，意图在创新取得成效的基础上对学生的创业进行指导和扶持。

14.6.10 创业教育机构设置

国内高校创业教育机构设置情况如图 9 所示。

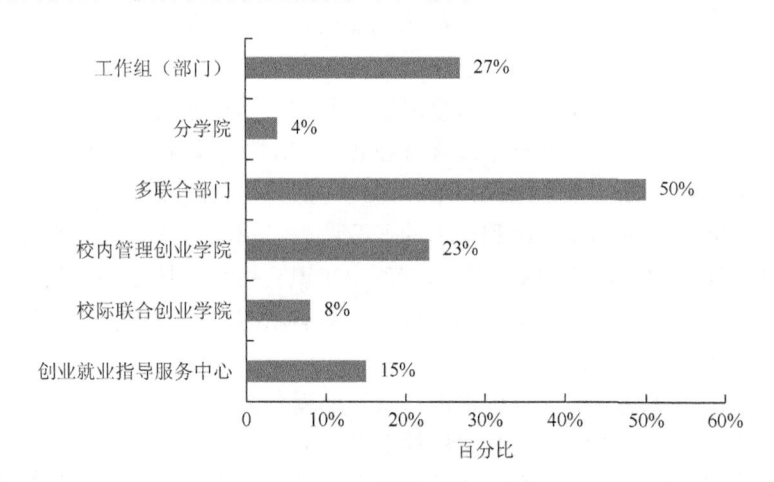

图 9 国内高校创业教育结构设置情况

数据来源：根据王占仁（2016）修改

从中可知，50%的样本高校都是采取多部门联合的方式来开展创业教育，这与创业教育往往需要牵涉多个部门的具体工作性质有关。比较常见的是教务处负责创业教育的课程管理，学工处和团委负责创业实践（如带领创业学生团队及指导学生创业活动、竞赛等），科技园负责创业孵化，具体的院系负责创业课程的开设和教学。

同时，27%的样本高校采取了创业工作组（部门）的方式来开展创业教育，有 23%的样本高校成立了校内管理的创业学院来负责创业教育，15%的样本高校由创业就业指导服务中心来负责创业教育。

高校创新创业教育工作的开展方式主要呈现出以上几种类型，但是在实践运行中往往不是非此即彼的，大部分学校同时采用两到三种机构设置方式。以黑龙江大学为例，学校成立专门的组织机构——创业教育学院，负责全校创业教育的宣传、组织、协调、实施；成立创新创业教育领导小组，负责学校创业教育重大决策的制定；也成立由教学、科研、学生、后勤、财务、产业、保卫工作等职能部门负责人组成的创新创业教育协调委员会，负责组织协调全校的创业教育工作；同时还组建了创业教育指导委员会，负责创业教育的督学；组建了由省教育厅、省科技厅、省人事厅等厅局领导和企业家组成的创业教育顾问团，负责为学校创业教育提供政策和信息支持。

14.6.11 创业教育课程体系

课程是高校教育教学活动的主要载体,是实现教育目标的主要途径。目前,创业教育课程属新兴课程,我国高校的创业课程建设工作仍处于探索阶段。国内各高校根据自身的学科优势和创业目标要求,在理论教学与实践教学相结合的基础上,坚持教学内容与学科专业深度融合的原则,坚持探索创新创业教育学科专业化的发展方向,面向全体学生逐步开设各类创新创业课程。在课程设置的形式和内容上大致可以分为三个层次:第一层次是面向全体学生,旨在培养学生创新创业意识、激发学生创业兴趣和动力的普及课程;第二层次是面向有较强创新创业意愿和潜质的学生,旨在提高其基本理论知识、技巧、技能的专门的系列专业课程;第三层次是旨在培养学生创新创业实际运用能力,以项目、赛事、活动为牵引的各类实践活动课程。

按照课程的受众群体,可以将创业教育课程分为三大类,即广谱式课程教学类、精英式课程教学类及专才式课程教学类。

广谱式课程教学类的受众群体是全校学生,是以向学生普及创新创业基本常识,提高学生创新创业意识和实践能力训练为重点的课程。各高校依托学校职能部门相关资源、基层院系学科力量,均面向全校学生开设创新创业选修课或必修课或设置创新学分、实践学分、创业学分予以兑换,创新创业课程基本实现全覆盖。

精英式课程教学类的受众群体是有较强创新创业意愿和潜质的学生,是以跨学院、跨学科、跨专业,整合校内外资源开展融合培养,着力培养学生创新创业实操能力为特点的课程。部分对于创新创业教育的深层次培养方式都相继予以探索,通过开设辅修专业、创业实验班、合作项目、合作班的形式,小规模、有针对性地进行教学训练。

专才型课程教学类体现高校创新创业教育专业化发展趋势,旨在为创新创业者或有意投身创新创业的学生搭建激荡智慧的高层思想平台,帮助其掌握经济、技术、产业和商业模式的发展趋势,解决创新创业企业在不同阶段面临的具体问题。

14.7 学校创业教育现状总结与发展建议

14.7.1 现状一:学生富有创业激情,意愿与束缚感共存

大学生有较好的创业意向,且目前已经有 6.60% 的学生开始创业。准备 5 年

后创业的比例大幅升高（18.00%），说明学生对创业行为的思考还是较为成熟稳重的，具备一定职业经历和社会资源后再进行创业是一种更为现实的考虑。

对创业意向存在有利意向的因素中，可以看出学生的实现自己的需求最高，高于实现他人的需求，且内部控制倾向高于外部控制倾向，说明学生有较好的自主性，愿意把握自己的生活与命运。同时，学生对创业风险和不确定性的挑战还是具有较好的心理准备的（孙俊华等，2017）。

对创业意向有负向意向的因素中，可以看出，束缚感较强，普遍认为自己缺乏商业技能，希望更多的创业教育，没有创业资金来源，也没有多少时间去筹备创业，对具体的商业管理缺乏基本的了解。

在已有的创业行为中，大一学生占比较大。但估计了解，大一学生以相对进入门槛低的微商、淘宝店铺为主要创业形式，还需要进一步提升创业平台。

整体来说，江苏高校学生具有较好的创业激情，但缺乏必要的创业技能，为此，创新意向打折，进一步会减少真实的创业行为。

14.7.2 现状二：创业教育相对匮乏，还处于基础阶段

具体的创业活动之前是创业意愿，从数据分析可以看出，创业意愿与个体的家庭背景（如经济条件、父亲职业等）、个体的人格特质（如个体控制点、风险倾向等）都存在关系。这些因素来自于学生的自然社会属性。那么从教育的角度来说，一个人所存在的社会氛围是影响其活动的重要因素，为此，培育良好的、积极健康的创业氛围，是高校能提供给学生的真实有效的教育基础。

学校学生认为自己接受过创业课程的比例偏低，仅有 30.9%。在希望学校提供哪些创业教育的调查中，可以看出，学生需求大的往往是目前最为缺乏的。整体来说，学生最为需要的是具有实践指导性的创业教育，这就意味着需要：

（1）要有懂得创业、有创业经验的教师；
（2）要有企业家来分享创业经验；
（3）想听到案例式的培训课程；
（4）能有广泛沟通与交流的平台，包括网络平台；
（5）能参与到各类创业活动中，包括竞赛、真实的创业；
（6）能有贴身式、个性化的指导。

那么这些需求，恰恰反映了学校在创业教育建设中的不足，是需要加强管理、提升教育水平的地方。

另外，在数据分析中注意到一点，就是学院之间的差异较大，传媒与艺术学院和信息与控制学院的创业意愿最高，一定程度上与专业性质有关。但另外一些学院，如经济管理学院、计算机与软件学院，在专业上也可以是创业行为较多的，

实际数据显示并没有优势。这在一定程度上说明，目前学生的创业意向是一种自然状态，学校在创业氛围培育上还没有很好的引导。

总体而言，目前江苏高校创业类课程的覆盖面不足，只有18.05%的在校生选修过创业类课程，28.64%的在校生选修过就业类课程。江苏高校在校生参加创业教育活动，以参加过创业讲座的最多，占49.9%；参加过创业大赛的最少，仅为1.1%。在校生接触的人群中，亲戚创业的最多，之后依次是朋友或熟人、同学。调查结果表明，参加创业活动对提升创业意向和创业心理特质具有显著的效果。

对创业教育需求的调查表明，部分嵌入式课程将更受学生的欢迎，学生希望对系列创业课程学分进行证书化。学生最希望学校提供的5项创业教育活动包括工作实习、事业发展建议、普通创业培训、顾问指导和提供接触商业机构的机会。学生认为最重要的10项通用素质/能力包括关注质量、讲道德、解决问题能力、团队合作能力、学习能力、处理人际关系能力、适应新环境的能力、自主工作的能力、从不同来源获取信息和分析信息的能力和树立成功的志向。

14.7.3 现状三：国内高校创业教育模式

从创业教育的理念来看，各高校结合自身发展优势，创业教育理念均有不同的侧重点，创业教育的理念主要包括"三创融合"、"理论与实践相结合"和"面上覆盖+点上突破"三种基本类型。

从创业教育的机构设置上来看，各高校主要有创业领导小组负责制、多部门联合负责制、专门创业教育机构负责制等模式。具体而言，有工作组（部门）、分学院、多部门联合、校内管理创业学院、校际联合创业学院、就业创业指导服务中心负责创业教育等具体的机构设置模式。

在课程设置的形式和内容上大致可以分为三个层次：第一层次是面向全体学生普及课程，第二层次是面向有较强创新创业意愿和潜质的学生的系列专业课程，第三层次是旨在培养学生创新创业实际运用能力的各类实践活动课程。按照课程的受众群体，可以将创业教育课程分为广谱式课程教学类、精英式课程教学类及专才式课程教学类三种类型。

14.7.4 建议一：平台提升、资源引导、规则设立

创业教育对于高校来说，应该是整体教育水平提升到一定高度后的集中体现，从产学研的角度，从科技引导创新的角度，高校创业教育确实在整个社会的创业活动中处于非常重要的地位。为此，高校的创业教育理念应该具有一定的高度，并在平台建设上有一定的顶层设计规划的需求。

从整体来看，高校的创业生态体系包含四个层面，其一是理念文化，包括学校领导层的态度和师生的共识；其二是环境文化，学校对于创业文化的环境和氛围营造，创业成功校友的经验分享；其三是人脉文化，让具有强烈创业意愿的学生，能便捷地找寻到创业导师，或是有志于加盟团队的志同道合者；其四是制度文化，学校对于大学生创业、师生共同创业、教职工保留教职离校全职创业等方面的制度保障。为此，建议学校以系统的视角，用平台战略实现创业教育的综合集成，做好组织结构、管理制度、文化宣传、资源集聚等多方面的框架设计。然后，逐步进入良性发展的通道。

14.7.5 建议二：创业教育课程体系的层级式扩展与完善

创业教育与一般的专业课程不一样，既要普及，又要有所重点培育，要充分引导、充分尊重学生的自我发展需求。为此，在课程设计上，需要考虑普惠式与精英式教育结合的理念，构建层级推进式的创新创业教育通道。

目前，我国高校创新创业教育课程体系一般包括这样几个方面，将创新创业元素融入专业教学、专门的创新创业类课程、创新创业类专项培训课程等；学生社团活动、各类创新创业竞赛、大学生科研立项，以及其他各类课外创业类活动等；创新创业实践实习、创业项目孵化运营等；线上创新创业课程及在线宣传引导等。从南京高校目前的状况来看，都有所涉及，但是从学生反馈的需求来看，还存在着课程知识体系的实践操作性不强、指导教师不充足的情况。在这样的情况下，建议学校采用层级推进式的教育通道设计，首先开展创新创业普及教育，然后遴选具有较强创业精神意识的学生，使一部分学生能有效结合学科专业背景修读创新创业类的系统、专门课程，致力于向特定领域的学习与研究发展，使他们能获得参与各类创业培训的机会，进一步提升创新创业能力与素养。进一步，遴选学生参与创业实践孵化，搭建创业孵化载体，为大学生创业者提供共享服务空间、经营场地、政策指导、资金申请、技术鉴定、咨询策划、项目顾问、人才培训等多类创业服务，引导大学生投身自主创业。最终，进一步扶持一部分具有较高创新创业能力的大学生最终走上自主创业之路。

14.7.6 建议三：多元化激励导向下的师资培养

创业教育发展对高校教师的创业教育能力提出了很高的要求，在教学态度上，对创业教育要基本认同，自己也要具备创新精神；在知识体系上，要具备必要的教育理论知识、学科专业知识和基本的商业运作与管理知识；在教学技能上，自己也要有较好的商业机会识别能力，才能在案例分析、实践活动中给予学生真实有效的指导。为此，高校需要认真考虑创业教育指导教师的培育工作，从制度激励角度引导一部分教师侧重发展创业教育的能力，对他们的创业教育成果给予充分的肯定与支持，设计好绩效考核标准，优化晋升晋级通道。

目前，学校的战略发展逐步多元化，管理制度上也将逐步更新、优化，科研、教学不可偏颇，相辅相成，希望能借此机会在创业教育的师资力量完善上有所收获。

14.7.7 建议四：创业教育平台的社会化延伸

高校的创业教育提升离不开地域性的社会化支持、行业性的社会化支持。无论从培训师资、创业指导专家、企业家经验分享，或是技术创新、成果转化，还是融资渠道引入、创业平台建设等方面，高校必须与外界社会各界建立密切的联系，包括企业家、行业协会、产业园区、当地政府相关部门等。

从南京高校所处的地理位置来看，除了江苏省南京市本身的创业氛围和资源，目前的江北新区开发对我校的社会资源建立是一个很好的契机。在江北新区建设过程中，陆续有很多知名企业进入，政府也打造了多项创业产业园区。在这过程中，从无到有建立一些社会化联系，包括人脉、空间、资金等多方面资源，逐步打造本校的创业教育平台，是很有机遇的。同时，继续发挥气象行业的全球化技术创新共享的行业优势，多在本地落地完成成果转化，可以充分发挥本校的行业优势，进一步提升社会知名度。

14.7.8 建议五：产学研引领下的创客空间建设

产学研合作是指企业、科研院所和高等学校之间的合作，通常指以企业为技术需求方与以科研院所或高等学校为技术供给方之间的合作，可以有效促进技术创新所需各种生产要素的有效组合。南京高校作为具有理工科优势学科的高校，长期以来充分发挥地域优势和学校的气象特色，重视产学研合作。良好的产学研运作可以让多方优质科教资源得以有效整合，提升学生的实践创新能力，提升人才培养的成效。

基于产学研，在创业教育上可以进一步有效开展以创客形式为主要载体的创意创新创业教育，这也是目前高等教育领域的热点议题。清华大学等知名高校通过建设多学科交叉融合的创客空间，开展了全球创客马拉松、中美青年创客大赛、国际创客教育论坛等系列有影响的活动，开出了"创业导引课——与创业名家面对面"等系列创新创业课程，建立了较为系统化的创新实践教育体系。这个可以成为南京高校学习和借鉴的标杆。

目前，江苏省大力推进众创空间建设，以激发全社会创新创业活力，营造良好创新氛围。在这其中，高校是发展创客的主要阵地。高校的创客空间建设，有助于从文化、制度、人员素质、硬件和平台建设方面推动高校创新创业教育，为大众创业、万众创新培养更多更好的人才。在这方面，建议学校能投入一定的支持，抓住发展契机，建设具有本校特色的创客空间，充分发挥产学研合作，提升本校创业教育的档次。

（孙俊华　蒋　莹）

参 考 文 献

刘茜玉, 孙俊华. 2016. 大学生创业课程选修动因及课程效果研究——基于南京大学本科生的分析[J]. 扬州大学学报（高教研究版），20（2）：64-68.

孙俊华, 金丹. 2017. 在校大学生创业自我效能感实证研究——基于江苏省 8 所高校的问卷调查数据[J]. 煤炭高等教育, 35（2）：86-91 + 122.

孙俊华, 周小虎, 金丹. 2017. 大学生创业意向及其影响因素研究——基于高校在校生的实证分析[J]. 扬州大学学报（高教研究版），21（2）：67-73.

王占仁. 2016. 中国高校创新创业教育的学科化特性与发展取向研究[J]. 教育研究, 37（3）：56-63.

第五篇　人才政策专题

15 江苏省人才发展政策分析及区域比较

摘要： 人才对江苏省经济社会发展至关重要，新时期、新形势下，江苏省对省人才发展做出了重要规划和部署，全面对接和组织实施国家和部委重点人才工程，开展省人才工程，制定实施促进人才发展的人才政策，促进人才集聚、培养和发展，引领省经济社会全面发展。本文主要对江苏省重要人才发展规划和政策进行梳理和比较分析，明确江苏省人才发展取向和未来重要任务，反映苏南、苏中、苏北三地区域人才发展的共性和差异问题。在"迈上新台阶、建设新江苏"、"两聚一高"的发展战略指引下，江苏省强调深入实施科教与人才强省战略，更大力度推进人才优先发展，突出"高精尖缺"导向人才引进与培养，实施更加开放的人才政策，注重人才结构战略性调整，全面加强人才队伍建设，深化人才管理体制改革、创新人才发展体制机制，加快建设具有全球影响力和竞争力的国际化、高端化、特色化人才集聚中心，构筑人才驱动发展高地、人才环境建设高地和人才价值实现高地。同时，江苏省注重并大力推进区域人才的协调发展。江苏省苏南、苏中、苏北区域人才发展存在共性，突出"高精尖缺"导向高层次人才引进和培养，注重各层次各领域人才发展，创新人才体制机制，加强载体建设等。然而，区域经济发展程度、创新需求、开放程度、产业发展、资源禀赋差异使各地人才发展各有侧重和特色。本文关于江苏省人才发展取向、发展目标和发展重点及区域人才发展的比较研究，期望为江苏省未来人才发展目标实现和经济社会发展的推动提供有价值的信息参考。

"十三五"时期是深入贯彻落实习近平总书记系列重要讲话特别是视察江苏省重要讲话精神、推动"迈上新台阶、建设新江苏"取得重大进展的关键时期。中国共产党江苏省第十三次代表大会做出了"聚力创新、聚焦富民，高水平全面建成小康社会"的部署，努力以"两聚一高"的过硬成果，一步一个脚印把"强富美高"新江苏的美好蓝图变成现实。"两聚一高"成为江苏省未来五年的战略选择和发展走向。2017年江苏省召开传达党的十九大精神大会，强调要丰富"两聚一高"的实践内涵，提升工作标准和发展质量，要以现代化的理念引领"两聚一高"实践。人才是经济社会发展的第一资源，是江苏省发展的重要（动力）支撑。江苏省委、省政府高度重视江苏省人才发展，强调切实做好人才工作，根据国家关于国民经济发展、人才发展规划文件和政策精神，结合省经济社会发展实际，制定了相应的人才发展规划和人才政策，推行实施了系列人才工程等，推动人才发展,以人才优先发展引领经济社会全面发展。本文梳理江苏省及各市人才发展政策,对比分析苏南、苏中、苏北区域的人才发展政策,反映省人才发展政策取向与发展趋势,以及省各区域间人才发展的共性和差异问题,为省经济社会发展和人才发展提供信息参考。

关键词：人才发展政策；人才发展取向；区域比较；人才发展特色

15.1 江苏省市人才发展规划与政策

15.1.1 江苏省市人才发展规划

2011 年,江苏根据《国家中长期人才发展规划纲要（2010—2020 年）》和江苏省经济社会发展实际,制定了《江苏省中长期人才发展规划纲要（2010—2020 年）》,纲要提出了战略目标,到2020 年,全面提升人才国际化素质,增强人才的核心竞争力,把江苏建成全国高层次人才集聚中心、海外英才创业首选之地、高技能人才培育大省,人才发展的综合指标达到同期中等发达国家水平。纲要明确人才队伍建设重点和主要任务,突出培养造就高层次创新创业人才,全面加强人才队伍建设；强调制度创新,深化人才管理体制改革,创新人才发展机制,明确政策取向（八类重大政策）；推进十大重点人才工程。

围绕"迈上新台阶、建设新江苏"重点任务,2016 年《江苏省国民经济和社会发展第十三个五年规划纲要》提出加快人才强省和人力资源强省建设,深入实施科教与人才强省战略,更大力度推进人才优先发展,加快建设具有全球影响力和竞争力的国际化、高端化、特色化人才集聚中心,构筑人才驱动发展高地、人才环境建设高地和人才价值实现高地。

根据国家和省经济发展和人才发展目标,江苏省制定《江苏省"十三五"人才发展规划》,提出重要发展任务,具体包括建设"五个迈上新台阶"人才队伍；突出围绕"一中心"、"一基地"建设,培养聚集"四支队伍"全球配置高精尖缺人才；持续加大投入,提供资金制度双重保障；在整合现有人才工程的基础上,推出十大配套工程；深化体制机制,向用人主体放权、为人才松绑,建立健全充分体现人才价值的激励保障机制；推进人才发展与产业发展深度融合；等等。

此外,江苏省根据经济社会发展目标,结合国家和省市经济发展和人才发展规划,编制了地区、行业人才发展规划,突出各地区、行业人才发展重点。例如,在编制全省"十三五"人才发展规划的基础上,同步编制战略性新兴产业人才、现代服务业人才、文化人才等20 个专项人才发展规划,调动产业部门积极性,不断推进产业人才协同发展。江苏省13 个市分别编制了市中长期人才发展规划纲要、"十三五"人才发展规划或"十三五"人力资源和社会保障发展规划,提出了人才发展的目标任务和政策措施。

15.1.2 江苏省市重要人才工程与政策

在人才发展的具体工作方面,江苏省全面对接国家和部委重点人才工程,同时开展省人才工程,制定实施促进人才发展的人才政策。

江苏对接并精心组织实施国家和部委人才工程,主要包括:国家"千人计划"、"万人计划"、百千万人才工程、高层次留学人才回国资助计划、中国留学人员回国创业启动支持计划、长江学者奖励计划、长江学者创新团队发展计划、中科院百人计划、国家杰出青年科学基金、创新人才推进计划、"高等学校学科创新引智计划"(111 计划)等。

江苏省围绕国家和部委人才发展政策,结合江苏经济社会发展战略和人才发展目标,制定了系列人才政策,开展了人才引进、培养、激励等方面的人才工程。重要的人才工程包括:江苏省高层次创新创业人才引进计划("双创计划")、333 高层次人才培养工程、青蓝工程、"六大人才高峰"高层次人才项目、江苏特聘教授、科技企业家培育工程、高校毕业生基层培养计划、苏北发展急需人才引进计划等。近年,江苏省根据社会发展目标,结合国家和省市经济发展和人才发展规划,编制了地区、行业的人才发展政策,如《发展众创空间推进大众创新创业带动就业工作实施方案(2015—2020 年)》(2016),《关于聚力创新深化改革打造具有国际竞争力人才发展环境的意见》(2017),《江苏省外国人来华工作许可制度实施方案》(2017)等。江苏省各市围绕省人才发展目标任务,根据自身经济社会发展需求及人才现状,贯彻国家和省人才政策,对接和推进国家和省人才工程项目,开展各市人才工程并制定相应人才政策或实施办法等。

江苏省市人才发展规划、省市人才发展工程及相关政策详见表 1。

15.2 江苏省人才发展取向与发展任务

新时期、新形势下,江苏省对人才发展做出了规划和重要部署,在人才发展取向、人才培养开发、人才引进、人才体制机制保障等方面明确方向、重点任务和提出新要求。

15.2.1 明确人才发展取向,分类制定重大人才政策

江苏省率先提出科教兴省战略,又较早做出了实施人才强省战略的重大决策。

表1 江苏省及各市人才发展规划与政策

区域	城市	人才发展规划	人才工程与人才政策	备注
江苏省		《江苏省中长期人才发展规划纲要（2010—2020年）》（2011）、《江苏省国民经济和社会发展第十三个五年规划纲要》（2016）、《江苏省"十三五"人才发展规划》（2016）战略性新兴产业人才、现代服务业人才、文化人才等20个专项人才发展规划	江苏省高层次创新创业人才引进计划（2007）、企业博士集聚计划（1997）、"六大人才高峰"培养工程（2004）、江苏特聘教授（2010）、科技企业家培育工程（2010）、苏北发展急需人才计划（2004）等《发展众创空间推进大众创新创业带动就业工作实施方案》（2016）、《关于聚力创新改革深化人才发展体制机制改革打造具有国际竞争力的人才许可制度的意见》（2017）、江苏省外国人来华工作许可制度实施方案（2017）等	对接和实施国家和部委人才工程、国家"千人计划"（2008）、"万人计划"（2012）、百千万人才工程（2004）、高层次留学人才回国资助计划（2002）、中国留学人员回国创业启动支持计划（2006）、长江学者和创新团队发展计划（2004）、中科院百人计划（1994）、国家杰出青年科学基金（1994）、创新人才推进计划（2010）、高等学校学科创新引智计划（111计划）（2006）等
苏南	南京市	《南京市中长期人才发展规划纲要（2010—2020年）》（2010）、《南京市"十三五"人才发展规划》（2016）	紫金人才计划（2010）、"创业南京"人才计划（2015）、高层次创业人才引进计划（2016）、《南京市人才安居办法》（2017）、《关于加强技能人才队伍建设的意见》（2016）等	对接和实施国家、部委相关人才工程及相关人才政策、包括国家"千人计划"、"万人计划"等，省"双创计划"、省"333工程"、"科技企业家培育工程、"风还巢"计划等
	苏州市	《苏州市中长期人才发展规划纲要（2011—2020年）》（2011）、《苏州市"十三五"人口发展规划》（2017）	姑苏人才计划（2010）、《姑苏高技能人才计划》（2011）、《姑苏创新创业领军人才计划实施细则》（2016）、深入推进创新驱动发展3+1政策文件（2016）、姑苏重点产业紧缺人才计划（2017）等	
	常州市	《常州市中长期人才发展规划纲要（2010—2020年）》（2010）、《常州市"十三五"人力资源和社会保障发展规划》（2016）	千名海外人才集聚工程（2007）、龙城英才计划（2011）、杰出创新人才"云计划"（2014）、"技能龙城"建设行动计划（2017）等	
	无锡市	《无锡市中长期人才发展规划纲要（2010—2020年）》（2010）、《无锡市"十三五"人口发展规划》（2016）	无锡千人计划（2009）、"太湖人才计划"（2016）、"金山英才"创新创业支持计划（2017）等	
	镇江市	《镇江市"十三五"人力资源和社会保障发展规划》（2016）	331计划（2008）、311高层次人才培育工程（2009）、"金山英才"计划（2016）、"镇江制造2025"领军人才计划（2016）、镇江市万名高技能人才引进培育工程（2016）等	
苏中	泰州市	《泰州市人力资源和社会保障"十三五"专项规划》（2017）	凤城千人计划（2009）、311高层次人才培养工程（2006）、千名盛领精英培育工程（2014）等《关于打造最优人才发展生态环境的政策措施》（2017）	

续表

区域	城市	人才发展规划	人才工程与人才政策	备注
苏中	扬州市	《扬州市"十三五"人力资源和社会保障发展规划》(2017)、《扬州市"十三五"人才发展规划》(2016)	绿扬金凤计划(2010)、扬州英才培育计划(2013)等	对接和实施国家、部委和省人才工程及相关人才政策,包括国家"千人计划"、省"双创计划"、"333人计划"工程、"万人计划"、科技企业培育工程、"凤还巢"计划等
	南通市	《南通市"十三五"人口发展规划》(2016)	226高层次人才培养工程、"江海英才"培育工程、"江海英才计划"升级工程(2017)、高技能人才"十百千万"培育工程(2017)、"1111"引智工程、青年众创人才培养计划、外国专家设立企业家日等《关于进一步鼓励高层次人才创新创业的若干政策意见》(2016)等	
苏北	徐州市	《徐州市"十三五"人才发展规划》(2016)	彭城英才计划(2010)、徐州市高层次人才引进(2014)、双百高层次人才培养工程(2008)等	
	连云港市	《连云港市中长期人才发展规划纲要(2012—2020年)》(2013)、《连云港市"十三五"人力资源和社会保障发展规划》(2017)	连云港市创业创新领军人才集聚工程(2009)、三百六十一才工程(2012)、港城英才计划(2016)、521高层次人才培养工程等	对接和实施国家、部委和省人才工程及相关人才政策,包括国家"千人计划"、省"双创计划"、"333人计划"工程、"万人计划"、"凤还巢"计划、苏北人才支撑计划等
	淮安市	《淮安市中长期人才发展规划纲要(2011—2020年)》(2011)、淮安市"十三五"人才发展规划》(2016)	淮上英才计划(2009)、533英才工程(2011)、市"名校优生"引才工程(2016)、"宁淮同城"人才融通工程(2016)等	
	宿迁市	《宿迁市中长期人才发展规划纲要(2010—2020年)》(2010)、宿迁市"十三五"人力资源和社会保障事业发展规划》(2017)	百名创业创新领军人才集聚工程、金蓝领培养计划(2010)、中青年专家"135培养工程"、市"名校优生"引才工程、千名校长人才培养计划(2017)、《关于深入实施"五大行动计划"全面推进人才发展体制机制改革的意见》(2016)	
	盐城市	《盐城市"515"人才引进三年行动计划》(2015)、《盐城市"十三五"人力资源和社会保障事业发展规划》(2016)	盐城市创新创业领军人才引进计划(2009)、515领军人才引进计划(2015)、沿海发展人才峰会(2011)等	

在"迈上新台阶、建设新江苏"、"两聚一高"的发展战略指引下，江苏省强调深入实施科教与人才强省战略，更大力度推进人才优先发展，人才引进和培养开发上突出"高精尖缺"导向，实施更加开放的人才政策，注重人才结构战略性调整，全面加强人才队伍建设，深化人才管理体制改革，创新人才发展体制机制，优化人才发展环境，推动区域人才协调发展，加快建设具有全球影响力和竞争力的国际化、高端化、特色化人才集聚中心，构筑人才驱动发展高地、人才环境建设高地和人才价值实现高地。

围绕江苏省经济发展需求和人才发展目标，江苏省分类制定了重大人才政策，具体包括人才投入优先保证政策、人才国际化政策、人才创新创业载体建设政策、人才创新创业集成支持政策、产学研合作培养人才政策、引导人才向沿海和苏北地区流动政策、促进人才发展的公共服务政策、知识产权保护政策。围绕这些重大人才政策，江苏省及各市制定了相应的具体人才政策，开展人才工程，并推进实施，促进人才发展，围绕省市经济持续发展提供坚实的人才保障。

15.2.2 加大人才引进和培养力度

1）"高精尖缺"导向的人才队伍建设

突出"高精尖缺"导向，大力加强复合型创新创业人才、高科技领军人才、战略性新兴产业高端人才和高技能人才队伍建设。建设具有全球影响力的产业科技创新中心和具有国际竞争力的先进制造业基地，是江苏省委立足创新驱动发展大局做出的重大决策。围绕"一中心"、"一基地"建设，大力培养聚集既懂科技又懂市场的复合型创新创业人才、处在国内外学术前沿的高科技领军人才、能够突破发展关键技术的战略性新兴产业高端人才、掌握绝技绝活的高技能领军人才等四支高精尖人才队伍。

坚持高端引领和基层开发并重，打造人才队伍新质态，造就大批高素质基层人才队伍。统筹抓好党政人才、企业经营管理人才、专业技术人才、技能人才、农村实用人才、社会工作人才等队伍建设，推进人力资源强省建设。

2）实施更开放的人才政策，加大引才引智力度

实施更加开放的人才政策，加大全球引才引智力度，全面用好国际国内人才资源。实施"十大领域海内外引才行动计划"，组织"海外博士江苏行"等活动，广泛汇聚海内外高层次、高技能人才创新创业。采取柔性引进、项目引进、专项资助引进等方式，大力引进国外人才和智力，构建引智成果发现推广体系。

3）实施重大人才工程，提升人才引进培养成效

围绕江苏省经济社会发展目标和实际发展需求，江苏省提出培养集聚四支"人才新军"、大力引进海内外高端人才等重要任务，基于此，江苏整合现有人才工程，

推出十大配套工程,包括百千科技企业家培育工程、产业人才高峰行动计划、新一轮"双创计划"、"333高层次人才培养工程"、用好江苏籍在外高层次人才的"凤还巢"计划、扶持草根创业的"众创人才"推进计划、国外人才智力引进工程、新型技能大军培育工程、苏北人才支撑计划、行业人才协同发展计划。这些人才工程提升了人才引进和培养成效,为推进江苏省经济转型升级、提高自主创新能力、推动产业优化升级、协调区域人才和经济发展提供有力的人才保障,助推江苏省人才发展目标实现和经济转型发展。

15.2.3 推进产业与人才协同发展

针对抓产业的不抓人才、抓人才的不了解产业等人才发展与产业发展"两张皮"问题,江苏省发挥"党管人才"制度优势,加强宏观管理、科学谋划,促进人才布局、质量、结构与产业布局、层次、结构相适应。江苏省在编制全省"十三五"人才发展规划的基础上,编制战略性新兴产业人才、现代服务业人才、文化人才等20个专项人才发展规划,切实把产业部门积极性调动起来,不断推进产业人才协同发展。

开展产学研人才工程、行业人才协同发展计划,产学研人才工程,围绕加快产学研结合,进一步整合资源,加大政策引导和待遇激励的力度,推动高校、科研院所的人才和科研成果向企业和经济发展一线集聚,行业人才协同发展计划推进19个行业领域结合行业发展重点分别制定专项人才发展规划,实现精准引才、精准施策。

根据省产业发展规划,实施"一行业领域一人才工程",推动人才发展与产业发展深度融合。

15.2.4 深化人才体制机制改革

1)深化人才管理体制改革

(1)坚持党管人才的领导体制。将人才工作纳入经济社会发展总体规划,建立全面考核体系,建立各级党政领导班子和领导干部人才工作目标责任制,人才发展绩效纳入设区市、县(市、区)和省级以上开发区的经济社会发展综合考核体系,开展对省级机关相关部门、国有企业、高校、科研院所等人才工作年度考核;完善党委统一领导,组织部门牵头抓总,人力资源社会保障、教育、科技、财政等部门各司其职、密切配合、具体落实,社会力量发挥重要作用,适应江苏经济社会发展的人才工作新格局。

(2)加强政府人才管理职能。完善政府宏观管理、市场有效配置、单位自主用人、人才自主择业的管理体制。充分发挥政府人力资源管理部门作用,建立与国际接轨的人才资源开发机制。深化企事业人事制度改革,扩大和落实单位用人自主权。构建统一开放的人才市场体系,大力发展人才服务业,积极培育专业性、社会化人才服务组织。加快建成规范有序、公开透明、便捷高效的人才公共服务体系。

(3)推进人才工作法制化进程。完善人才法规体系,形成有利于人才全面发展的法制环境,推动人才工作从行政管理向依法管理转变。推行人才执法责任制、评议考核制,加大人才法规执行力度。

2)创新人才发展机制

健全符合人才成长规律的人才培养开发机制,更加开放地引进使用机制,科学化、市场化、社会化的评价发现机制,充分体现人才价值的激励保障机制,有利于释放人才活力的流动配置机制,营造良好的人才发展环境。深化干部人事制度改革,完善职称评定制度。大力发展人力资源服务业,培育发展专业性、行业性人才市场。加快人才大数据和信息管理平台建设,定期编制发布人才需求信息。加快苏南人才管理改革试验区建设,选择有条件的县(市、区)和单位开展人才工作综合改革试点。

15.2.5 打造具有国际竞争力的人才发展环境

(1)坚持人才发展多元投入。建立政府、企业、社会多元投入机制,引导社会资本支持人才创新创业;各级政府建立稳定增长机制,足额安排人才专项资金;产业类引导资金等安排一定比例用于相关领域人才培养、引进工作,政府投资基金优先支持人才项目;积极发展人才金融,鼓励引导企业和社会资本积极参与,完善人才创新创业金融支持体系,加大对人才创新创业的信贷支持,鼓励各地设立人才创新创业风险补偿资金池,积极支持符合条件的人才企业挂牌上市。

(2)打造功能强大的支撑平台。围绕南京软件与新一代信息技术、苏州纳米材料、无锡物联网、常州石墨烯、泰州生物医药等战略性新兴产业布局,重点部署相关产业人才集聚。在平台载体方面,支持"招院引所",鼓励开发区与高校、科研院所共建研究院(所),共建产业技术创新联盟,共同引才育才,共享科研设备设施。加快苏南人才管理改革试验区建设和南京江北新区等人才管理制度创新,支持省产业技术研究院开展人才综合改革试点,探索更加开放高效的人才培养、引进、使用、激励机制。

(3)提供优质高效的生活服务。住房方面,鼓励通过建设人才周转公寓、购买或租赁商品住房向人才出租、发放购房租房补贴等形式,多渠道解决人才阶段性居住需求。健康保障方面,建立人才健康档案和补充医疗保险,优先为高层次人才配备家庭医生,适当提高诊疗待遇。教育方面,鼓励有条件的地方建设外籍人员子女学校,支持中小学接收外籍人才子女入学。

（4）营造尊才重才的社会环境。推行支持人才创新创业决策容错免责政策，培育鼓励创新、宽容失败的创新创业文化；完善人才工作法规体系，加大知识产权保护力度，建立人才维权快速援助机制，切实维护各类人才和用人主体的合法权益；完善人才奖励制度，加大对有突出贡献人才的褒奖力度。

15.3 江苏省苏南、苏中、苏北区域人才发展政策比较

江苏省按区域位置划分为苏南、苏中、苏北三地，其中苏南地区包括南京、苏州、无锡、常州、镇江五市，苏中地区包括扬州、泰州、南通三市，苏北地区包括盐城、徐州、连云港、淮安、宿迁五市。关于江苏南中北三地的发展，江苏国民经济与社会发展"十三五"规划中提出要加快南中北区域发展与沿江沿海等发展带建设良性互动，坚定不移推动苏南提升、苏中崛起、苏北振兴，以创新引领、转型升级为重点推进苏南提升，以融合发展、特色发展为重点推进苏中崛起，以四化联动、开放带动为重点加快苏北振兴。人才发展上，江苏注重并推进区域人才的协调和互动发展。苏南、苏中、苏北区域人才发展存在共性，然而区域经济发展、资源禀赋等差异使各地人才发展各有侧重和特色。

15.3.1 苏南、苏中、苏北人才发展的共性

人才是经济社会发展的重要支撑，江苏各区域各市都重视人才、重视人才工作，围绕江苏经济整体发展目标和未来人才发展规划，制定了各市人才发展相关规划，并明确未来人才发展工作重点，以及对接和推进国家和省人才工程项目，开展各市人才工程并制定相应人才政策或实施办法等。

人才发展政策取向上，各市坚持人才优先发展战略导向，大力推进人才优先发展；聚焦需求，以"高精尖缺"导向引进和培养人才；统筹兼顾，抓好各领域各层次人才队伍建设；优化人才结构，提升人才整体素质和人才效能；强调产业、人才的协同发展；优化人才发展环境，创新人才发展体制机制，提升人才环境开发度、国际竞争力等。

一是从人才工程与相关人才政策上，各市积极对接和组织实施国家"千人计划"、"万人计划"等，省"双创计划"、科技企业家培育工程、"333 工程"、"凤还巢"计划等；二是普遍开展高层次人才引进和培养工程，推进创新创业，如南京高层次创业人才引进计划、苏州海鸥计划、姑苏创新创业领军人才计划、常州龙城英才计划、无锡太湖人才计划、镇江"金山英才"计划、泰州 311 高层次人才培养、扬州英才培育计划、南通 226 高层次人才培养工程、徐州彭城英才计划、连云港 521 高层次人才培养工程、淮安淮上英才计划、宿迁市百名创业创新领军

人才集聚计划、盐城515领军人才引进计划；三是注重各层次各领域人才发展，例如，各市相应开展实施了企业家、乡土人才、高技能人才等引进培育计划/工程；四是注重完善、优化和创新人才体制机制，提供人才发展事业、施展才能和创新创业的平台，构筑吸引人才、留住人才的体制环境。

15.3.2 苏南、苏中、苏北人才发展重点与特色

苏南、中、北三地经济发展程度、创新需求、开放程度、产业发展、资源禀赋不同，发展方向和目标存在差异，各有侧重，其人才发展重点不同，且各有特色。

处于提升阶段的苏南地区，强调率先突破新技术、新产业、新业态、新机制，重点发展高端产业，突破高端技术，集聚高端要素，加快推进机制创新，集中力量建设苏南国家自主创新示范区等重大平台，深度融入国际经济体系等。强调创新，特别是自主创新，高端产业发展，高端技术突破、高端要素集聚，国际化、国际竞争力。为此，首先，在"高精尖"导向的人才引进和培养上的需求和要求更高，实施更加开放的人才政策，全球引才引智力度更大，广泛汇聚海内外高层次、高技能人才创新创业。其次，苏南围绕高新技术产业、战略性新兴产业、先进制造业和现代服务业发展需要，加大对科技创业、产业升级创新、企业经营管理、先进制造、新兴产业创业和现代服务业领域领军型人才和高技能人才的引进与培育。最后，创新人才体制机制，加强人才创新创业载体建设，推进国家级（中国苏州）和省级人力资源服务产业园、南京国家领军人才创业园、常州国家科技领军人才创新驱动中心等集聚区建设。

对于崛起的苏中地区，强调融合特色发展，深入推进陆海统筹、跨江融合、江海联动发展，加快融入苏南、融入长三角核心区，打造特色产业发展高地，推进创新跨越。为此，人才引进和培养上，围绕地方经济发展、重点产业、新兴产业发展目标，大力引进高层次创新创业人才特别是行业领军人才，着力培养、集聚一批科技领军人才、企业家人才、高技能人才队伍，打造长三角区域人才高地，全面提升区域人才资源发展核心竞争力。其次，产业和人才发展方面，苏中地区围绕地方经济发展、重点产业发展目标，突出先进制造业、现代服务业及战略性新兴产业，集聚和培养各层次人才，促进产业—人才融合发展。例如，扬州围绕市产业链打造人才链、创新链。南通努力打造产业人才高地，立足于经济社会发展大局，深入实施新一轮江海英才计划，突出创新驱动，紧紧围绕产业发展和项目建设推动人才工作，加强人才发展规划与产业发展规划深度对接，实现人才与项目融合发展。泰州围绕生物医药及高性能医疗器械、高技术船舶及海工装备、节能与新能源三大新兴产业及若干个新兴产品集群为主体的产业体系，大力引进

国内外高层次创新创业人才特别是行业领军人才，加速高层次人才集聚。优化技能人才队伍结构，建立与产业发展相适应的技能人才供给体系。

对于苏北地区，提出以四化联动、开放带动为重点加快苏北振兴，苏北地区深度挖掘和利用资源禀赋，积极探索生态优先、绿色发展新路径，推进创新突破。省政府加大对苏北地区的政策支持力度。在人才引进培养上，江苏省加强苏北地区人才引进培养力度，例如，支持苏北地区围绕支柱产业、特色产业、战略性新兴产业集聚高层次、高技能人才；继续实施"苏北发展急需人才引进计划"、每年选聘300名"苏北发展特聘专家"，实施苏北专业技术人才知识更新项目，每年培训7000名专业技术骨干；支持苏北地区引进境外智力资源；继续实施苏北科技与人才支撑工程，鼓励各类专业技术技能人才服务苏北发展。第一，苏北各市充分利用各项支持政策，制定和实施市人才工程，大力引进和培养经济、产业发展所需的领军人才、专门人才（技术技能人才）及大学生等。第二，产业和人才发展上，苏北地区主动承接国内外先进制造业和高端产业转移，做强做大传统优势产业和特色产业，基于此集聚和培养人才。徐州提出围绕推动制造业迈向中高端、培育壮大战略性新兴产业、加快现代服务业扩容提质、推进农业现代化建设等重点任务，着力集聚产业高端人才，打造特色产业人才集群。连云港为适应建设"东部沿海新兴的产业高地"的需要，加大重点产业和重点领域急需紧缺专门人才开发力度。淮安围绕推动重点行业和技术领域实现重点突破，加大科技创新人才引进培育力度，围绕市产业链，打造支撑工业强市战略的人才队伍等。第三，人才支撑绿色发展方面，围绕生态优先、绿色发展之路，苏北地区着手规划和建设支撑绿色发展战略的人才队伍，为绿色发展引进和培养专门人才、科技创新人才，例如，淮安提出打造实施生态保护和环境治理，提高资源节约和高效利用的人才队伍；盐城近年坚持绿色发展、人才为先，积极畅通人才引进"绿色通道"，大力引进"绿色人才"，着力打造"绿色环境"，加快实现"绿色转型"；同时省政府提出加强苏北绿色发展科技创新支持，支持苏北引进海内外高层次人才和紧缺人才、急需人才，培育发展创新型企业等。第四，加强引进和培养支撑现代农业、城乡一体化发展人才。宿迁实施智慧农业工程，组织实施现代农业人才"田园精英工程"，大规模开展农村实用人才培训等。淮安提出围绕农村一、二、三产业融合发展，加快农业科研人才、农技推广人才、农业生产经营人才、农村管理服务人才队伍建设，提出引进培养城市发展规划、城镇建设人才。

15.4 总　　结

人才对江苏省经济社会发展至关重要，江苏省大力推进人才优先发展，新时期、新形势下，江苏对人才发展做出了规划和重要部署，省市制定了人才发展规划和人才政策，推行实施系列人才工程，集聚和发展人才，引领和促进经济社会全面发展。

本文首先主要对江苏省及各市人才发展规划和人才政策进行梳理和分析，明确了江苏省人才发展取向和未来重要任务，深入实施科教与人才强省战略，"高精尖缺"导向的人才引进和培养，深化人才体制机制改革，打造具有国际竞争力的人才发展环境，推进产业与人才协同发展，推进区域人才协调发展等。其次比较分析了苏南、苏中、苏北区域的人才政策，反映了区域人才发展共性和特色。江苏各区域制定了市人才发展规划，对接和推进国家和省人才工程项目，开展各市人才工程并制定相应人才政策，推进人才发展，突出"高精尖缺"导向高层次人才引进和培养，注重各层次各领域人才发展，创新人才体制机制，加强载体建设等。然而，江苏南中北三地人才发展因经济发展程度、创新需求、开放程度、产业发展、资源禀赋差异而各有侧重和特色。苏南地区在"高精尖"导向的人才引进和培养上的需求和要求更高，实施更加开放的人才政策，全球引才引智力度更大；围绕苏南产业转型升级发展，侧重对科技创业、产业升级创新、企业经营管理、先进制造、新兴产业创业和现代服务业领域领军型人才和高技能人才的引进与培育。苏中地区着力打造长三角区域人才高地，全面提升区域人才资源发展核心竞争力；围绕地方经济发展、重点产业发展目标，突出先进制造业、现代服务业及战略性新兴产业，集聚和培养各层次人才。苏北各市则应充分利用省支持政策，大力引进和培养经济、产业发展所需的领军人才、专门人才（技术技能人才）及大学生等；主动承接国内外先进制造业和高端产业转移，做强做大传统优势产业和特色产业，基于此集聚和培养人才；着手规划和建设支撑绿色发展战略的人才队伍；引进和培养支撑现代农业、城乡一体化发展人才。江苏省市人才政策取向、人才发展目标和发展重点的明确，为未来人才发展目标实现和经济社会发展的推动具有较强的理论指导意义。

（姜农娟）

参 考 文 献

江苏省人民政府. 2010. 中共江苏省委江苏省人民政府关于印发《江苏省中长期人才发展规划纲要（2010—2020年）》的通知[EB/OL]. http://www.jiangsu.gov.cn/art/2010/11/23/art_46836_2680936.html[2010-11-23].

江苏省人民政府. 2016. 省政府关于印发江苏省国民经济和社会发展第十三个五年规划纲要的通知[EB/OL]. http://www.jiangsu.gov.cn/art/2016/3/18/art_46141_2542364.html[2016-03-18].

中共江苏省委. 2016. 江苏省贯彻国家创新驱动发展战略纲要实施方案[EB/OL]. http://www.zgjssw.gov.cn/fabuting/shengweiwenjian/201612/t20161223_3215653.shtml[2016-12-23].

中共江苏省委. 2017. 关于聚力创新深化改革打造具有国际竞争力人才发展环境的意见[EB/OL]. http://www.zgjssw.gov.cn/fabuting/shengweiwenjian/201701/t20170125_3403031.shtml[2017-01-25].

中国共产党中央委员会、中华人民共和国国务院. 2010. 国家中长期人才发展规划纲要（2010—2020年）[EB/OL]. http://www.gov.cn/jrzg/2010-06/06/content_1621777.htm[2010-06-06].

后　　记

　　一个科学研究项目的顺利进行，一定是团队行为。

　　近年来，区域人才发展迅猛，人才活动多样化，大数据的思维方式带来了数据积累上的新要求。为此，人才领域的科学研究活动要紧随这些新生事物，并高于实践进行思考和理论探索，形成有针对性的科研成果，并进一步形成对政府管理有借鉴意义的决策建议报告。为此，此书的每个项目，从选题、到社会调研、到数据分析、到撰写分析报告，再到形成书稿，是各个参与者通力合作的结果。因此，在这里，感谢以下合作者与相关机构，为这些研究项目的顺利开展提供了极大的帮助。

　　范远飞（南京金三力橡塑有限公司）
　　施琦、张丽丽（人才金港江苏有限公司）
　　路晓曼（拉钩网）
　　姜艳（锐仕方达）
　　刘玖峰（上海德锐人才战略咨询公司）
　　张丽杰（南京信息工程大学）
　　李玮玮（南京信息工程大学）
　　陈理飞（南京信息工程大学）
　　袁嘉、刘瑞平、刘媛媛、蔡容毅、卞锦宸、俞鸿远、缪雨萌、李佳辉、武逸博、韩君、宋昌昊、缪静、蔡琳、孙扬、王宇、钟雪、王璐璐、赵铭、郑妍等（南京信息工程大学人力资源管理系学生）

　　希望此书能促进更多人才管理领域的交流和合作研究机会。

曹　杰　蒋　莹

2017年12月